检察机关专项业务培训教材

最高人民检察院政治部组织编写

中国特色社会主义检察制度

ZHONGGUO TESE SHEHUI ZHUYI JIANCHA ZHIDU

主　编◎孙　谦

中国检察出版社

主 编 孙 谦

副主编 张智辉 童建明 谢鹏程

撰稿人（按章节为顺序）

孙 谦 童建明 谢鹏程

徐鹤喃 张智辉 郭立新

万 春 高景峰 邓思清

詹复亮 张步洪

出版说明

  党的十七大从党和国家事业发展的全局出发，作出了继续加强党的执政能力建设、加快建设社会主义法治国家、着力造就高素质干部队伍和人才队伍等重大战略部署，提出了继续大规模培训干部、大幅度提高干部素质的战略任务。这不仅对全党在新形势下加强和改进干部教育培训工作，推动党的执政能力建设和党的先进性建设具有重要意义，而且对加强和改进检察教育培训工作，加强检察机关法律监督建设，促进检察工作又好又快发展也具有重要而深远的意义。

  检察机关法律监督能力建设是党的执政能力建设的重要组成部分，关系着检察事业的兴衰成败。检察机关法律监督能力的提高，在很大程度上取决于检察教育培训工作。党的十七大后，检察机关面临着新一轮大规模培训检察人员、大幅度提高检察队伍素质的繁重任务。检察机关要学习贯彻好党的十七大精神，必须深入贯彻落实科学发展观，努力做好新一轮大规模培训检察人员、大幅度提高检察队伍素质工作，充分发挥教育培训工作在加强法律监督能力建设中的基础地位和作用。为此，依据中共中央《干部教育培训工作条例（试行）》，高检院修订了《检察官培训条例》，制定下发了《"十一五"期间全国检察干部教育培训规划》，对今后的检察教育培训工作作出全面部署。按照"十一五"规划的要求，当前和今后一个时期检察教育培训工作要"以增强法律监督能力为核心，以促进专业化建设为方向，以领导骨干和业务一线检察官为重点，大规模开展正规化岗位培训和岗位练兵"。

  根据检察业务各岗位专业化的实际需要，组织编写以专业技能为核心的专项业务培训教材，努力构建能够满足各类专项业务培训需要的教材体系，是加强法律监督能力建设，深入开展社会主义法治理念教育活动，促进检察官队伍专业化和执法规范化建设的重要举措之一。根据高检院政治部与有关业务部门联合下发的《专项业务培训规范化意见（试行）》，我们组织编写了"检察机关专项业务培训教材"，主要用于一线检察官开展短期专项培训，也可适用其他有关业务培训以及初任检察官等培训。

总的看来，与其他各种学科教材及培训教材相比，专项业务培训系列教材具有以下几方面的特点：

第一，针对性和实用性较强。教材编写坚持以提高干警专业技能和办案水平为重点，把提高法律监督能力作为衡量教材质量的标志，同时坚持理论联系实际，注重用理论阐述检察工作中的实际问题。

第二，教材种类多，数量大，覆盖面广。本套系列教材涵盖各项检察业务，种类齐全，从而形成各项业务的教材框架和专项业务的教材体系。教材既涵盖对检察业务人员的基本要求，又突出各项业务的专业技能和实战技能；既注重对基础理论的科学阐述，又把着力点放在研究和解决当前各专项业务的重点、难点和焦点问题上。由于教材的种类比较多，所以将采取分批编写、陆续出版的办法。

第三，教材形式灵活多样。专项业务培训系列教材除了部分正式出版的教材外，有相当一部分将以专题研究报告、专论、案例教学材料、讲义、辅导资料、音像教材及课件等形式出现。教材不拘形式，力求贴近当前检察业务工作实际，适应检察业务培训的现实需要。这些讲义、专题和辅导资料可以在实践中不断完善和补充，待条件成熟再编写正规教材。

第四，教材的编写方式有所创新。专项业务培训教材的编写主要采取以下三种方式：一是由高检院各业务部门负责组织编写；二是高检院各业务部门与地方检察院联合编写；三是委托、指定地方检察院或"全国检察业务专家"编写。

鉴于检察实践和理论在不断发展与创新，法律也在不断地完善，而教材的成型又需要一个过程，应当随着业务培训实践的深入而逐步完善。这套教材就是检察机关开展专项业务培训的试用教材。通过试用，我们将广泛听取使用教材的教师和学员、相关专家和检察官的意见，及时发现存在的问题，不断充实和完善相关内容，以切实提高教材质量和培训效果。

最高人民检察院政治部

二〇〇八年五月

目　　录

导　　论

中国特色社会主义检察制度，是新中国成立后，特别是党的十一届三中全会以来，在马克思主义基本理论和人民政权建设的基本理论指导下，在深刻总结历史经验和教训的基础上，经过长期的探索和实践逐步形成的，与我国基本国情和政治制度相适应的检察制度，具有丰富的社会主义内涵和鲜明的中国特色。检察制度是中国特色社会主义政治制度和司法制度的重要组成部分，与中国特色社会主义政治制度和司法制度的发展完善息息相关。检察事业是中国特色社会主义事业的有机组成部分，必须随着中国特色社会主义事业的发展而发展，始终为党和国家工作大局服务。深刻认识中国特色社会主义检察制度，是坚持和完善中国特色社会主义检察制度、加强和改进检察工作、充分发挥中国特色社会主义检察制度的优越性、推进人民检察事业创新发展的客观需要，也是高举中国特色社会主义伟大旗帜、坚持中国特色社会主义道路和中国特色社会主义理论体系的必然要求。

一、我国检察制度的社会主义内涵和中国特色

与其他国家的检察制度相比，我国检察制度有许多鲜明的特色。这些特色是由我国社会主义性质，特别是中国共产党的领导和人民代表大会制度所决定的，是与我国社会主义初级阶段的基本国情相适应的。科学地认识中国特色社会主义检察制度，必须立足中国实际，以中国特色社会主义理论体系为指导，对当代中国检察制度、检察工作和检察改革中的基本问题作出系统、深刻的概括，作出全面、科学的回答，努力构建中国特色社会主义检察理论体系，而不能用资本主义政治模式和法律理论来评判。

（一）我国检察制度的社会主义内涵

社会主义检察制度与资本主义检察制度具有本质的区别。我国检察制度的社会主义内涵是社会主义检察制度的本质特征，反映了社会主义检察制度的基本属性和共同特点，主要体现在如下四个方面：

1. 社会主义检察制度是人民性、党性和法治的有机统一

我国检察制度是人民民主专政国家制度的组成部分。人民民主专政是我国的国体即国家政权的阶级本质，也是社会主义检察制度的本质。以人民民主专政代替资产阶级专政，从根本上否定了阶级压迫、阶级剥削的政治制度和资产阶级垄断司法权的检察制度，实现了人民当家做主。人民是国家和社会的主人，也是检察事业的主人。社会主义检察制度的人民性决定了社会主义检察事业必须坚持以人为本和执法为民的宗旨，坚持"一切为了人民、一切依靠人民"的群众路线，把维护好人民权益作为检察工作的根本出发点和落脚点，着力解决人民群众最关心、最直接、最现实的利益问题，为人民安居乐业提供有力的司法保障；通过切实化解社会矛盾，惩治犯罪，增强人民群众的安全感，满足人民群众的正义感，维护最广大人民群众的根本利益；通过检务公开等各种便民利民措施，保障人民群众的知情权、参与权、表达权和监督权，努力维护法制的统一、尊严和权威，保障在全社会实现公平正义。

中国共产党是中国特色社会主义事业的领导核心，代表中国先进生产力的发展要求，代表中国先进文化的前进方向，代表中国最广大人民的根本利益。中国共产党执政，就是领导、支持、保证人民当家做主，维护和实现最广大人民群众的根本利益。党既要领导人民制定宪法和法律，也要领导人民实施宪法和法律。坚持党的领导与坚持检察的人民性具有内在的一致性。在我国社会主义现代化建设和改革开放的进程中，特别是在改革开放进入攻坚阶段，各种社会矛盾相互交织，检察工作面临复杂的任务和环境的新形势下，只有坚持党的领导，才能坚持正确的政治方向和政治立场，才能保证宪法和法律的统一实施，把宪法和法律确定的人民群众的根本利益落到实处。通过发挥各级党组织在检察工作中的领导核心作用和广大党员的先锋模范作

用，确保人民赋予的检察权始终用来为人民谋利益。这是社会主义检察制度的政治优势。一方面，党的领导是检察工作的政治保证，是社会主义检察制度的政治优势和本质特征；另一方面，维护党的执政地位是社会主义检察制度和检察工作的政治任务。检察机关和检察人员在任何时候、任何情况下，都要与党中央保持高度一致，这是社会主义检察必须遵循的一项政治原则和必须承担的政治责任。检察机关应自觉接受党在政治上、思想上和组织上的领导，坚决维护党的执政地位，正确处理坚持党的领导与依法独立行使检察权的关系，把党的主张和人民的意志落实到具体的检察工作实践中去。

依法治国，就是广大人民群众在党的领导下，依照宪法和法律，通过各种途径和形式管理国家事务，管理经济和文化事业，管理社会事务，保证国家各项工作都依法进行，逐步实现社会主义民主的制度化、法律化。实行依法治国，是现代民主政治的必然要求，是社会文明进步的重要标志。这是我们党总结探索执政规律，对改革和完善领导方式和执政方式作出的重大决策。在革命战争年代，党主要依靠政策实施领导。随着我们党从一个领导人民为夺取全国政权而奋斗的党，成为一个领导人民掌握着全国政权并长期执政的党；从一个受到外部封锁的状态下领导国家建设的党，成为在全面改革开放条件下领导国家建设的党，党的领导方式和执政方式必须发生相应的变化，必须依法执政。在社会主义国家，一切权力属于人民，任何法律的制定和实施，都要表达人民的意志，维护人民的利益，接受人民的监督。国家机关及其公职人员的职权是人民通过法定程序授予的，必须用来为人民服务，对人民负责，依法施政；任何机构和个人都不能未经法律授权或超越法律授权去发号施令，更不能以言代法，以权压法，徇私枉法，侵害人民群众的合法权益。历史的经验告诉我们，民主与法治紧密相连、相辅相成，不实行法治就不能确保人民当家做主，就难以巩固党的执政地位。我国检察制度是现代法治的产物，是加强权力制约和监督的必然要求，是维护国家法制统一的重要制度。人民检察事业的兴衰与国家法治的存废具有内在的联系，坚持和完善社会主义检察制度，是建设社会主义法治国家的内在要求。

人民性是社会主义检察制度的阶级本质，党性是社会主义检察制度的阶级性的最集中的表现，法治是社会主义检察制度体现党领导人民治理国家基本方略的根本要求。人民性、党性和法治的有机统一，从国体、政体和治国方略三个层面综合反映了社会主义检察制度的本质。坚持社会主义检察制度的人民性、党性和法治的有机统一，就是坚持人民当家做主、党的领导和依法治国的有机统一，就是坚持党的事业至上、人民利益至上和宪法法律至上，就是坚持检察制度的社会主义本质和政治方向。

2. 人民检察院是具有独立宪法地位的法律监督机关

我国宪法和有关法律规定，人民检察院是国家的法律监督机关。宪法和法律基于检察机关的法律监督性质，赋予检察机关批准和决定逮捕、公诉、对直接受理的国家工作人员职务犯罪案件进行侦查，以及对侦查、刑事审判、刑罚执行、民事审判和行政审判实行法律监督等职能。只有从宪政体制、监督体系和司法体制等多方位认识检察机关的性质和地位，我们才能比较准确地把握检察机关的角色定位，发挥好检察机关的职能作用。

检察机关行使法律监督权是我国社会主义宪政的内在要求。西方国家实行三权分立和两党制、多党制，强调分权制衡和审判独立；我国实行中国共产党领导下的人民代表大会制度，强调民主集中制，强调国家机关之间的分工制约和专门的监督机制。分权制衡与分工制约是两种不同的权力结构。在西方国家的分权制衡体制中，各项权力的范围是很明确的，没有一种权力处于超越其他权力之上的绝对优势或领导地位。立法权与行政权之间的冲突和制约比较突出，关系往往比较紧张；而司法权是相对弱小的，它裁判的根据来自立法，裁判的执行依靠行政，但是它比较超脱，可以独立地发挥裁判的功能，不仅享有对社会经济纠纷的终极裁判权，而且对政治纠纷包括立法与行政之间的纠纷享有最终的裁判权。法官的选任受到立法、行政和政党的直接影响，甚至是它们之间博弈的结果，但是法官任命以后，实行绝对的司法独立，任何组织和个人都不能干涉法官裁判，司法权威得到普遍尊重。西方国家监督制约机制蕴涵于权力的分配与运行之中，这是资本主义宪政的根基和主要特点。它的问题往往不是监督制约不够，而是制约过度而容易导致议而不决，缺乏效率。我国的政体是中国共产党领导的人民代表大会制度。民主集中制是一切国家机构的组织原则，分工制约是保障行政权、审判权和检察权合法、有效运行的机制。这种政体是以国家权力的民主集中为基点的，具有内在的强化权力集中和相互配合的倾向，而监督制约往往不足，或者说，监督制约机制设置不够有效，很容易患上"麻痹症"。因此，在加强民主政治建设的过程中，我们党和国家十分强调监督制约机制，设立专门的法律监督机关是社会主义宪政的重要特点。

检察机关在社会主义宪政中具有独立的宪法地位。在资本主义国家，检察机关大多数是隶属于政府的司法行政部门，也有个别隶属于法院系统。特别是在三权分立的宪政制度下，国家权力分别由立法机关、行政机关和审判机关行使，检察机关与立法机关、司法机关、行政机关不是同一层次的国家机构，往往隶属行政机关，在国家宪政结构中没有独立的宪法地位。在社会主义国家，检察机关作为国家的法律监督机关，在国家的权力架构中，是人民代表大会之下，与行政机关、审判机关平行的独立的国家机关，其法律地位明显高于国外的检察机关。在社会主义宪政结构中，检察机关作为国家的法律监督机关，专司法律监督的职能。这一职能是从人民代表大会的监督职能中派生出来的，是人民代表大会监督权力的专门化和具体化。我国检察机关独特的宪法地位主要体现在两个方面：一是我国检察机关作为国家组织结构中一个系列，设立了统一的机构并且具有完整的组织体系。我国《宪法》第130条规定："中华人民共和国设立最高人民检察院、地方各级人民检察院和军事检察院等专门人民检察院。……人民检察院的组织由法律规定。"二是各级检察院的检察长由各级人民代表大会选举产生，检察员由各级人大常委会任命。按照我国《宪法》的规定，全国人民代表大会选举最高人民检察院检察长，全国人民代表大会常务委员会根据最高人民检察院检察长的提请，任免最高人民检察院副检察长、检察员、检察委员会委员和军事检察院检察长，并且批准省级人民检察院检察长的任免。县级以上地方各级人民代表大会选举并且有权罢免本级人民检察院检察长，但是选举或罢免人民检察院检察长，必须报上级人民检察院检察长提请同级人民代表大会常务委员会批准。《宪法》对检察机关组织机构的刚性规定，对于保障检察机关依法独立行使职权，维护法律的统一正确实施具有重要意义。检察机关在履行法律监督职能的过程中，与审判机关和相关国家行政机关互相配合，互相制约，共同完成维护党的执政地位，维护国家安全，维护人民权益，确保社会大局稳定的首要政治任务。

检察机关的法律监督是社会主义监督体系的一个重要组成部分。在我国，对法律实施的监督是通过多种途径实现的，除检察机关的法律监督以外，还包括党的监督、人大监督、行政监察监督、民主党派监督、舆论监督、群众监督以及其他形式的监督，构成了一个完整的监督体系。检察机关的法律监督，与其他形式的监督相比，具有以下特点：一是国家性，即法律监督权作为国家权力的一部分，是通过立法的形式，由国家最高权力机关授权人民检察院行使的。二是专门性，即法律监督权由人民检察院专门行使，人民检察院以法律监督为专职专责。三是规范性，即法律监督的对象、范围、程序、手段等均由法律规定。四是程序性，即检察机关实行法律监督必须遵循法定的程序，同时监督的效力也主要是启动相应的司法程序。五是强制性，即检察机关的法律监督具有法律效力，以国家强制力为保证。首先，这些特点从不同的角度提示了法律监督的性质、功能和定位，综合起来则构成了检察机关的法律监督与其他监督形式的区别，反映了它所具有的独特的性质，表明了它具有与其他监督形式不能相互替代的功能和地位。其次，法律监督只是监督体系中的一部分，与其他监督形式具有一定的联系，既要发挥其独特的监督职能，又要与其他监督形式互相配合，互相制约，以便发挥出我国监督体系的整体效能。最后，我们既要认识到检察机关的法律监督具有重要的作用，是我国社会主义法制中不可缺少的环节，同时也要注意到它的作用是有限度的，既受法律的限制，也受主观和客观条件的限制。

我国的检察机关和检察制度是国家司法机关和司法制度的组成部分。按照现行法律的规定，检察机关的法律监督职能主要在司法领域并以司法的方式发挥作用。司法是检察机关在司法体制中的职能定位，反映了检察机关在刑事诉讼、行政诉讼和民事诉讼中的活动范围、活动方式和活动性质，是检察权在司法领域和诉讼活动中实行法律监督的具体途径。我国《宪法》没有明确规定"司法机关"的概念，① 只在两处有关政府职权的规定中用了"司法行政"一词，但是我们不能由此得出结论：我国没有司法机关或者司法权的概念。首先，从《宪法》文本来看，第三章第七节对人民法院和人民检察院一并作出了规定，人民法院是国家的审判机关（第123条），人民检察院是国家的法律监督机关（第129条），没有把哪一个机关专门定性为司法机关。在第126条和第131条分别规定了审判机关和检察机关独立行使职权的原则，这两个条款在结构和内容上完全一致，都有"不受行政机关、社会团体和个人的干涉"的要求，这不仅说明它们都不是行政机关，而且说明它们具有相同或者相近的性质。既然它们既不属于立法机关又不属于行政机关，而又具有相同或者相近的性质，那么，我们可以得出初步的结论：检察机关具有一定的司法属性。其次，从我们党的文献来看，审判机关和检察机关往往被统称为司法机关。例如，党的十五大报告中提出："推进司法改革，从制度上保证司法机关依法独立公正地行使审判权和检察权。"党的十六大报告中提出："按照公正司法和严格执法的要求，完善司法机关的机构设置、职权划分和管理制度，进一步健全权责明确、相互配合、相互制约、高效运行的司法体制。从制度上保证审判机关和检察机关依法独立公正地行使审判权和检察权。"党的十七大报告中指出："深化司法体制改革，优化司法职权配置，规范司法行为，建设公正高效权威的社会主义司法制度，保证审判机关、检察机关依法独立公正地行使审判权、检察权。"《中共中央关于进一步加强人民法院、人民检察院工作的决定》（2006年5月3日）明确指出："人民法院和人民检察院是国家司法机关……"另外，我国的法学词典、法学教材和专著一般都直接或者间接地确认，我国的司法机关包括人民法院和人民检察院，司法权包括审判权和检察权。关于检察机关在司法体制

① 学术界对司法和司法机关的概念争议颇多。我们认为，陈业宏、唐鸣在其著作《中外司法制度比较》（商务印书馆2000年版，第一章）和熊先觉在其著作《中国司法制度新论》（中国法制出版社1999年版，第一章）中阐述的基本观点是可取的。

中的地位和作用，下文中将进一步论述。

检察机关的职能活动主要在司法领域和司法程序之中，检察制度是司法制度的一部分，这是检察工作的重点和特点。但是，检察机关及其法律监督并不局限于司法性质和司法职能这个层面，其在国家的政体和监督体系等层面的地位和功能也是不可忽视的；否则，就不能全面地把握检察机关的地位。

3. 人民检察院的根本职责是维护国家的法制统一

列宁在《论"双重"领导和法制——致斯大林同志转中央政治局》一信中指出："检察长的唯一职权和必须做的事情只有一件：监视整个共和国对法制有真正一致的了解，不管任何地方的差别，不受任何地方的影响。"① 前苏联在1917年到1922年期间围绕检察机关的设置问题产生了意见分歧，列宁从检察机关的根本职责即维护国家法制统一的角度论述了检察机关的职权范围和领导体制。列宁的法律监督思想是社会主义检察制度建设的理论依据和思想基础，不仅前苏联的检察制度是根据这一思想建立起来的，其他社会主义国家的检察制度也都是根据这一思想建立起来的。在社会主义检察制度的发展中，检察机关垂直领导体制的设置因各国国情不同而有不同的表现形式，但是关于检察机关以维护国家的法制统一为根本职责的理论和原则没有动摇。② 法制统一是对立法、执法、司法和守法的普遍要求，涉及政治、经济和社会生活的许多方面，因而维护法制统一是国家机关、公职人员的共同义务。同时，检察机关以维护法制统一为专职，以法律监督为特定方式来维护法制统一，这是检察机关与其他国家机关在职能分工上的特色。因此，以维护法制统一为根本职责是社会主义检察制度区别于资本主义检察制度的一个显著特征。

1979年彭真同志在《关于七个法律草案的说明》中谈到《人民

---

① 《列宁全集》第33卷，人民出版社1987年版，第326页。亦可参见В. Г. 列金斯基等编：《苏维埃检察制度（重要文件）》，中国检察出版社2008年版，第165页。

② 参见王桂五：《王桂五论检察》，中国检察出版社2008年版，第452—453页。

检察院组织法》修改情况时指出:"列宁在十月革命后,曾坚持检察机关的职权是维护国家法制的统一。我们的人民检察院组织法运用列宁这一指导思想,结合我们的情况,规定:……地方各级人民检察院对同级人民代表大会和它的常务委员会负责并报告工作,同时受上级人民检察院领导,以保证检察院对全国实行统一的法律监督。第三,检察院对于国家机关和国家工作人员的监督,只限于违反刑法,需要追究刑事责任的案件。"① 从这一立法说明可以看出:(1)我国社会主义检察制度既坚持检察机关以维护国家法制统一为根本职责的原则,又立足中国实际对检察机关的领导体制和职权范围作了变通的规定。(2)我国检察机关维护国家法制统一的途径和方式即具体职权比列宁设想的要窄一些,取消了一般监督职能,但仍然要通过侦查职务犯罪的方式来监督一切国家机关和公职人员是否遵守法律,以便实现其维护国家法制统一的根本职责。(3)我国检察机关的法律监督不是一般的、全面的法律监督,而是特定范围的法律监督,是在法律规定的范围内并通过法定程序对具体案件或事件的合法性和公正性实行监督,主要通过对具体案件或事件的法律监督,维护国家法律的统一正确实施。为了实现检察机关的法律监督,我国法律赋予了检察机关职务犯罪侦查权、批准和决定逮捕权、公诉权、诉讼监督权以及其他一些职权。这些职权是我国检察机关实现法律监督职责的必要手段和有力保障。

　　司法公正是法制统一在司法领域的重要表现。我国社会主义检察制度的发展与国家保障司法公正的努力密切联系。公正是司法活动的内在品质和价值追求,是人民群众对司法的期望和基本要求,也是法律在司法中得到统一正确实施的结果。人民群众对司法公正与否的评价,来源于活生生的现实,来源于对一个个具体案件的感受。因此,要实现司法公正,就必须加强对个案的监督,把人民群众对公正的要求落实到具体的诉讼活动中,体现到一个个案件的处理中。人民代表大会的组织形式和活动方式决定了它不便于进行经常性的个案监督,

---

① 《彭真文选》(1941—1990年),人民出版社1991年版,第377—378页。

其他监督主体也难以直接参与到诉讼中，因此，由具有法律监督专门职能的检察机关来承担这项任务是理性的选择。法律监督对于严格依照法定程序查明案件事实，正确适用法律处理案件，保障司法公正，具有重要意义。

　　4. 检察机关实行上级领导下级的领导体制

　　上下级检察机关之间的领导关系是检察体制的重要内容，是为保证检察机关有效维护国家的法制统一而建立的重要制度，也是社会主义检察制度的重要特点。列宁曾经尖锐地指出："主张对检察机关实行'双重'从属制并取缔它抗议地方当局一切决定的权限，这一主张不仅在原则上是错误的，不仅妨害我们那坚决实施法制的基本任务，并且反映着地方官僚主义与地方影响的利益和偏见……"① 他坚决地反对检察机关实行"双重"领导，强烈要求法律规定地方检察机关只服从中央。前苏联在 1922 年通过的《检察监督条例》和 1924 年通过的《宪法》以及后来的有关立法都贯彻了列宁的思想，检察机关实行垂直领导体制。大多数社会主义国家采取了前苏联检察机关的领导体制。

　　我国检察机关的领导体制几经调整和变迁。1949 年的《中央人民政府最高人民检察署试行组织条例》规定："全国各级检察署均独立行使职权，不受地方机关干涉，只服从最高人民检察署之指挥。"不过，1951 年的《中央人民政府各级地方人民检察署组织通则》又做了调整，第 6 条规定："各级地方人民检察署受上级人民检察署的领导。各级地方人民检察署（包括最高人民检察署分署）为同级人民政府的组成部分，同时受同级人民政府委员会之领导。"将垂直领导改为双重领导，同时使地方检察机关的人事任免和经费保障由地方政府负责。1954 年的《宪法》和《人民检察院组织法》规定：地方各级人民检察院独立行使职权，不受地方国家机关的干涉；地方各级人民检察院和专门人民检察院在上级人民检察院的领导下，并且一律在最高人民检察院的统一领导下，进行工作。这些规定使检察机关的

----

　　①　В. Г. 列别金斯基等编：《苏维埃检察制度（重要文件）》，中国检察出版社 2008 年版，第 168 页。

垂直领导体制得以恢复。1975年《宪法》确认了"文化大革命"中取消检察机关的事实，第25条明确规定："检察机关的职权由各级公安机关行使。"1978年《宪法》第43条规定："最高人民检察院监督地方各级人民检察院和专门人民检察院的检察工作，上级人民检察院监督下级人民检察院的检察工作。最高人民检察院对全国人民代表大会和全国人民代表大会常务委员会负责并报告工作。地方各级人民检察院对本级人民代表大会负责并报告工作。"上下级检察机关之间形成了监督关系。第二年即1979年的《人民检察院组织法》又将这种监督关系改为领导关系，并得到1982年《宪法》即现行《宪法》的确认。这种领导关系与1954年的《宪法》和《人民检察院组织法》确立的领导关系已经发生了较大的变化：（1）关于检察机关独立行使职权，"不受地方国家机关的干涉"改为"不受其他行政机关、团体和个人的干涉"。（2）关于地方人民检察院检察长的任命，由原来的上级任命改为由同级人民代表大会选举产生并经上级人民检察院提请本级人民代表大会常务委员会批准。（3）地方各级人民检察院对同级人民代表大会及其常务委员会负责并报告工作。（4）地方财政承担本级人民检察院经费的体制因未作出新的规定而继续实行。这就使上下级检察机关之间的领导关系主要限于业务工作方面，而在人事任免和经费保障方面的领导作用非常薄弱。

我国宪法和法律规定，最高人民检察院领导地方各级人民检察院和专门人民检察院的工作，上级人民检察院领导下级人民检察院的工作。这一领导体制是保证法律在全国统一正确实施的需要，体现了检察一体化的要求。具体体现为：（1）最高人民检察院对检察工作中如何运用法律所作的司法解释以及有关法律性文件，地方各级人民检察院和专门人民检察院必须执行。上级人民检察院的指示、决定和工作部署，下级检察机关应结合情况贯彻执行。（2）上级人民检察院指导下级人民检察院的业务工作。上级人民检察院可以到下级人民检察院检查工作，领导办案，必要时，上级人民检察院可以受理下级人民检察院管辖的案件，也可以向下级人民检察院交办案件。下级人民检察院对检察工作中的疑难复杂问题，可以逐级向上级人民检察院请示解决。上级人民检察院对下级人民检察院的正式请示报告，必须进行明确批复。（3）最高人民检察院、上级人民检察院发现下级人民检察院行使职权不当或者处理的案件有错误时，有权纠正或撤销下级人民检察院的错误决定。下级人民检察院必须执行上级人民检察院的决定，如有不同意见，可以逐级直至向最高人民检察院报告，但不得停止决定的执行。地方各级人民检察院制定的业务工作规则等规范性文件，应当向最高人民检察院备案，最高人民检察院发现其错误时，可以撤销或指令改正。

（二）我国检察制度的中国特色

我国社会主义检察制度是新中国成立后，经过长期的探索和实践逐步形成的，是根据人民民主专政等理论和列宁关于法律监督的思想，在继承新民主主义革命时期检察工作的优良传统，汲取中国历史上政治法律制度的精华，借鉴国外检察制度建设经验的基础上，结合中国的实际情况建立的，具有鲜明的中国特色。

1. 人民检察院与人民法院和公安机关实行分工负责、互相配合、互相制约

检察机关与侦查机关、审判机关在办理刑事案件中分工负责、互相配合、互相制约的关系是我国宪法确立的一项原则，是社会主义检察制度的重要内容之一，也是体现我国检察制度的中国特色的重要方面。我国《宪法》第135条规定："人民法院、人民检察院和公安机关办理刑事案件，应当分工负责，互相配合，互相制约，以保证准确有效地执行法律。"《刑事诉讼法》和《人民检察院组织法》对此作了同样的规定。所谓分工负责，是指人民检察院、人民法院和公安机关依法有明确的职权分工，强调三机关应当在法定范围内行使职权，各司其职，各负其责，既不能相互替代，也不能相互推诿。互相配合，是指三机关在分工负责的基础上，相互支持，使案件的处理能够上下衔接，协调一致，共同完成查明案件事实，追究犯罪和保障人权的任务。互相制约，是指三机关应当按照诉讼职能的分工和程序上的设置，相互约束，相互制约，防止发生错误，及时纠正错误，以保证准确执行法律，做到不错不漏，不枉不纵。

分工负责、互相配合、互相制约的原则，最早是在起草1954年

《人民检察院组织法》的过程中提出来的，① 虽然该法没有明确规定
这一原则，但其第二章"人民检察院行使职权的程序"全面体现了
这一原则的精神，并以此确立了具有中国特色的警、检、审关系的基
本模式，明确了检察机关在司法体制中的地位和作用。1979年《刑
事诉讼法》第一次明确地规定了这一原则，1982年《宪法》确认了
这一原则，并使之上升为一项宪法原则。因此，这项原则既不是仿效
前苏联的，也不是借鉴西方国家的，而是在我国法制建设中发展起来
的。实践证明，这一原则和由此确立的检警关系、检审关系模式是符
合中国国情的，既能保证公正执法，又能有效应对、妥善处理复杂的
社会问题。

　　坚持分工负责、互相配合、互相制约的原则，对中国特色社会主
义检察制度的发展具有重要的意义。它从刑事诉讼的角度规范和体现
了我国基本的检警关系和检审关系：各司其职，互不隶属，但又互相
配合，互相制约。在这种司法体制中，既不能简单地照搬"检警一
体"模式，取代分工负责；也不能片面地强调审判独立，排斥检法
之间互相制约。它是我国民主与法制建设经验的总结，符合社会主义
法治理念，体现了我国社会主义司法制度的优越性。当然，这一原则
是对三机关的一般关系的概括和要求，并没有全面反映各个机关的特
殊性质和职能。互相制约不等于互相监督，三机关之间有互相制约的
关系，但检察机关依法履行监督其他机关的职责；同时，法律监督也
不能代替制约，法律监督是检察机关的根本职能，侦查职务犯罪、公
诉和诉讼监督等职权是法律监督的实现方式，但是检察机关履行法律
监督职能也要受到其他机关的制约。

　　2. 检察委员会民主集中制与检察长负责制相结合

　　各国检察机关内部的领导体制存在较大的差异。一般而言，资本
主义国家大多实行检察官负责制，前苏联等社会主义国家大多实行检
察长负责制。在我国检察机关内部，实行检察委员会民主集中制与检
察长负责制相结合的领导体制和决策机制，检察委员会和检察长都是
检察机关的领导机构。检察委员会作为重大案件和重大问题的决策机

---

① 参见王桂五：《王桂五论检察》，中国检察出版社2008年版，第429页。

构，实行民主集中制，这是我国《宪法》关于"中华人民共和国的国家机构实行民主集中制的原则"的规定在检察机关领导体制中的具体体现；与此同时，检察长作为检察机关的首长，统一领导检察院的工作，且当其在检察委员会中不同意多数委员的意见时，有权将该问题提交本级人大常委会决定。实行这种领导体制，既保留了首长负责制的优势，尊重和维护检察长的权威，确保工作效率，又有利于发扬民主，集思广益，避免"一长制"可能带来的弊端，保证检察权的依法正确行使和对重大案件、重大问题的决策正确。

民主集中制是民主基础上的集中与集中指导下的民主相结合的制度。邓小平同志指出："民主集中制是党和国家的最根本的制度，也是我们传统的制度。坚持这个传统的制度，并且使它更加完善起来，是十分重要的事情，是关系我们党和国家命运的事情。"① 检察委员会及其工作制度是民主集中制在我国社会主义检察制度中的主要表现形式，也是我国特有的检察组织形式和决策方式。我国实行人民检察院独立行使职权，而不是检察官独立行使职权。社会主义检察机关以民主集中制为组织形式和决策形式，在保证办案质量，发挥检察人员的集体智慧，实行检察民主，加强执法监督，排除各种干扰等方面都起着重要的作用。当然，随着我国社会主义事业的全面发展，特别是对检察规律认识的深化和检察队伍素质的提高，检察机关贯彻落实民主集中制的方式和内容会不断发展，检察委员会的组织结构和决策程序也会不断优化。但是，我们不能简单地照搬资本主义检察制度中的检察官独立等制度。我们必须坚持检察工作中的民主集中制，完善检察委员会的职权范围、运行方式和工作程序，提高其专业素质，强化其集体责任和个人责任，保证民主集中制在检察工作中发挥更好、更大的作用。

3. 独立行使检察权与接受监督相结合

依照《宪法》的规定，我国检察机关依法独立行使检察权，不受行政机关、社会团体和个人的干涉；同时，在依法行使检察权的过程中，必须自觉接受党的监督、人大监督、政协监督、舆论监督和社

---

① 《邓小平文选》第 1 卷，人民出版社 1994 年版，第 312 页。

会监督等。这是我国社会主义检察制度的一个重要特色。

　　加强对权力的制约和监督，加强对执法活动和司法工作的监督，是社会主义司法制度实现其保障在全社会实现公平和正义任务的必然要求。新中国成立以来特别是改革开放以来，党和国家领导人先后从中国社会主义政权建设的高度，论述了国家权力监督制约的必要性和重要性，丰富和发展了马克思主义关于国家与法的理论。十六届四中全会通过的《关于加强党的执政能力建设的决定》指出："加强对权力运行的制约和监督，保证把人民赋予的权力用来为人民谋利益。"①这是在深刻认识和把握社会主义国家权力运行规律的基础上，对社会主义监督原理作出的高度概括，对社会主义监督制度建设和监督实践提出的根本要求。

　　我们党是执政党，对检察工作的领导和监督，重点是加强思想、政治和组织上的领导和监督。党的领导和监督体现在党委对检察机关干部的管理，对贯彻落实党的路线方针政策、纪律和执行国家法律情况的监督，检察机关对于重大事项要及时向党委报告和请示。人民代表大会是国家权力机关，对检察权的监督，重点是加强对检察工作的监督，主要通过审议检察机关的工作报告，任免检察机关的组成人员，对检察机关的执法活动进行检查，以监督检察机关正确履行职责。政治协商会议是我国的统一战线组织，对检察权运行的监督，重点是对检察机关的执法是否公正、是否尽职尽责进行监督，主要通过提出议案、意见和建议等方式，发挥参政议政作用。舆论监督，从根本上说，是人民群众监督的一种实现途径，重点是监督检察机关是否严格、公正、文明执法，主要是通过新闻报道、采访、个案分析等方式披露检察工作的情况。检察机关要正确对待、自觉接受舆论监督，把舆论监督作为帮助加强队伍建设，改进工作，促进执法公正的重要力量。检察机关要主动地配合和支持舆论监督，充分发挥舆论监督的积极作用。对新闻媒体反映的情况和问题，要高度重视，依法调查核实，严肃处理，绝不姑息纵容。近年来，检察机关试行人民监督员制

---

　　①　《中共中央关于加强党的执政能力建设的决定》（单行本），人民出版社2004年版，第17页。

度，作为社会监督的一种形式，对检察工作特别是审查批捕、撤销案件和不起诉决定的监督取得了明显的效果，既提高了检察工作的社会公信力，又促进了办案质量和执法水平的提高。

人民检察院既是专门的法律监督机关，又是受到多方面监督的国家机关，实行独立行使职权与接受监督相结合。这是我国检察制度的一个重要特点，也是人民代表大会制度区别于三权分立制度的一个重要体现。检察机关依法独立行使职权与接受监督的目标和效果是一致的，即依法办案、正确行使检察权，保证检察权的运用取得良好的法律效果和社会效果。依法独立行使职权强调的是分工负责，各自依照法定程序行使法定职权，不受行政机关、社会团体和个人的干涉，明确职责范围，保证各自能够独立地承担责任。接受监督强调的是防止权力的误用、滥用和蜕变，保障检察权的运行符合法定程序和法定标准。我们不能因为强调依法独立行使职权而排斥监督，也不能因为强调接受监督而否定依法独立行使职权。监督是一种监察、建议、督促，而不是职能替代。无论是人大的监督，还是人民检察院的监督，虽然都有一定的法律效力，但不能代替职能部门行使职权，一般也不能直接改变职能部门的决定，只能依法督促其启动相关程序来纠正错误。

检察机关作为监督者，必须增强接受监督的意识，完善接受监督的机制；否则，自身的法律监督就不会有公信力，检察权还会被滥用。检察机关要自觉地把法律监督工作置于党的领导和人大的监督之下，自觉接受政协民主监督、人民群众监督、新闻舆论监督，以公开促公正，以公正赢得公信。重点是加强对关键执法岗位、一线执法人员，特别是社会各界高度关注、最容易引起疑问的职务犯罪侦查工作的监督制约，切实防止执法不公、不廉问题的发生。对于违法违规办案，利用职务索贿受贿、徇私舞弊，侵犯公民、法人的合法权益的，要坚决依法依纪从严查处，绝不姑息迁就。

我国检察制度的中国特色是多方面的，除上述最重要、最突出的三个方面之外，还有三个方面的中国特色也是不可忽视的：其一，在检察权的构成上，检察权不仅包括公诉权，而且包括职务犯罪侦查权、决定和批准逮捕权、诉讼监督权以及法律赋予的其他职权。这些职权都是法律监督的实现方式和具体体现，统一于法律监督职能。其二，在检察权的运行机制上，强调检察机关的专门工作与群众路线相结合。在检察工作中，注重发动和依靠人民群众，倾听人民群众的批评和建议，是我国检察机关的优良传统和工作作风。既坚持检察权是检察机关的专职专责，并严格依照法定程序行使，充分发挥检察机关的专门工作的优势和威力；又强调检察工作密切联系群众，在人民群众的积极参与和支持下做好专门工作，使检察工作取得良好的社会效果，实现法律效果与社会效果的有机统一。其三，在检察职能的政治责任上，强调立足本职，全面履行职责，服务党和国家的工作大局。服务大局既是检察机关的重要使命和有效履行职责的必然要求，也是解决检察工作中现实问题的客观需要。只有正确认识和把握大局，牢固树立服务大局的观念，更加自觉地担负起服务大局的重大政治责任，自觉地把检察工作融入大局，努力提高服务大局的水平和能力，才能确保中国特色社会主义检察事业的顺利发展。这三个方面的中国特色具有比较强的时代性，其内容和形式都处于发展过程之中，有待于进一步规范化、制度化和程序化。

我们把我国检察制度的社会主义内涵与中国特色分开来论述，主要是基于认识和理解上的便利，从不同的角度和层面来分析，更加全面地揭示中国特色社会主义检察制度的内涵和特征。社会主义内涵与中国特色这两个方面是紧密联系在一起的，实际上是难以分开的。社会主义内涵的各个方面主要反映了各社会主义国家的检察制度的共性；同时，它们在我国也有具体的独特的表现形式即特殊性；中国特色的各个方面主要反映了我国社会主义检察制度的创新和发展等个性；同时，它们也体现了社会主义国体和政体的内在要求和共性。因此，我们应当在理解我国检察制度的社会主义内涵和中国特色的基础上，进一步理解两者之间的统一性，深刻而全面地把握中国特色社会主义检察制度。

二、中国特色社会主义检察制度的理论和政治基础

（一）中国特色社会主义检察制度的理论基础

我国检察制度是在马克思主义理论指导下建立和发展起来的。辩

证唯物主义和历史唯物主义是中国特色社会主义检察制度形成和发展的方法论基础，列宁的法律监督思想是社会主义检察制度的理论基石，中国特色社会主义理论体系是中国特色社会主义检察制度的指导思想和理论基础。

1. 列宁的法律监督思想

列宁在领导前苏联建设社会主义国家政权的过程中，针对当时的法制状况和共产党领导人民管理国家的需要，在深刻批判资本主义检察制度的基础上，提出了系统的法律监督思想，发表了《论"双重"领导和法制》、《论新经济政策条件下司法人民委员会的任务》、《怎样改组工农检查院》、《宁肯少些、但要好些》等文章，阐述了法律监督的基本原理。其基本观点主要有如下几个方面：（1）法律监督的根本职责是维护国家的法制统一，反对地方主义、本位主义和官僚主义。（2）检察机关是专门的法律监督机关，与行政机关分离，独立行使检察权。他说："检察机关和任何行政机关不同，它丝毫没有行政权，对任何行政问题都没有表决权……检察长的责任是使任何地方政权的任何决定都与法律不发生抵触，检察长必须仅仅从这一观点出发，对一切非法的决定提出抗议，但是他无权停止决定的执行。"[①]（3）检察机关实行集中统一领导，保证检察权独立行使。他主张检察机关实行自上而下的垂直领导，中央检察机关直接受党中央的领导，地方各级检察机关分别受上级检察机关领导，并一律受总检察长的领导。列宁的法律监督思想科学地阐明了社会主义检察机关的性质、地位和作用，深刻地反映了社会主义国家政权建设的内在要求，对各社会主义国家的检察制度建设具有普遍的指导意义。

2. 人民民主专政理论

毛泽东在领导新中国政权建设的过程中，结合中国实际，继承和发展了列宁的无产阶级专政理论，创造性地提出了人民民主专政理论，系统地阐述了我国社会主义政权的阶级本质、组织形式和组织原则。他说："西方资产阶级的文明，资产阶级的民主主义，资产阶级共和国的方案，在中国人民的心目中，一齐破了产……资产阶级的共

---

① 《列宁全集》第33卷，人民出版社1987年版，第326—327页。

和国，外国有过的，中国不能有，因为中国是受帝国主义压迫的国家。唯一的路是经过工人阶级领导的人民共和国。一切别的东西都试过了，都失败了。"①"总结我们的经验，集中到一点，就是工人阶级（经过共产党）领导的以工农联盟为基础的人民民主专政。"② 人民民主专政是适合我国国情的无产阶级专政，人民民主专政理论是中国化的无产阶级专政理论。新中国的检察制度就是在人民民主专政理论的指导下，借鉴前苏联检察制度建设的经验，逐步探索和建立起来的。

在解放战争时期，一些革命根据地在毛泽东的人民民主专政理论指导下，在人民政权中设立了检察机关。新中国成立后，总结了这些革命根据地政权建设的经验包括检察制度建设的经验，进一步确认了检察机关作为人民民主专政的政权机关的地位和必要性。1954 年，周恩来在第一届全国人民代表大会的政府工作报告中指出："为了保卫我们的国家建设事业不受破坏，必须加强国家的公安机关、检察机关和审判机关，必须加强立法工作和革命的法制。"③ 这说明在新中国成立初期，检察机关作为新政权的组成部分在保护人民、打击敌人方面已经发挥了重要作用。随着我国阶级斗争形势发生了根本变化，人民民主专政的结构和职能也在不断地调整和发展，对敌专政的范围逐步缩小，民主的范围逐步扩大，检察机关在除了打击犯罪、对敌专政的职能外，保障人权和社会主义民主的功能进一步突出，但是，人民民主专政的国家性质没有变，检察机关作为人民民主专政国家机器的组成部分的地位和职能也不能改变。我们仍然要坚持人民民主专政理论，从民主和专政两个方面全面理解和把握检察机关的性质和作用。

3. 人民代表大会制度理论和民主集中制理论

马克思、恩格斯在总结巴黎公社的经验的基础上，提出并发展了

---

① 《毛泽东选集》第 4 卷，人民出版社 1991 年第 2 版，第 1471 页。

② 《毛泽东选集》第 4 卷，人民出版社 1991 年第 2 版，第 1480 页。

③ 转引自王桂五：《人民检察制度概论》，法律出版社 1982 年版，第 26 页。

社会主义共和国政权组织形式的理论，即人民代表机关（人民代表大会）理论和民主集中制理论。

人民代表机关理论①认为，社会主义共和国必须建立通过选举产生的人民代表机关作为国家统一的、最高的权力机关，并以此体现人民主权。人民代表大会制度作为我国的根本政治制度和政权组织形式，是马克思主义人民代表机关理论在中国的应用和发展。在人民代表大会制度下，国家的一切权力属于人民，人民代表大会代表人民统一行使国家权力。人民代表大会的组织形式和活动方式决定了它主要负责反映和集中人民的意愿，作出决策，并监督决策的贯彻实施。它组织起行政机关并要求其依法行使各项行政管理职权，组织起审判机关并要求其依法对社会纠纷作出裁判，组织起军事机关来维护国家的安全和利益。为了监督这些机关严格依法履行职责，人民代表大会必须设置监督机制，包括它直接实施的监督即"人大监督"和检察机关的法律监督。人民代表大会主要监督下级权力机关制定的法规，发布的决议、决定和命令，以及行政机关制定的法规、发布的决定和命令的合宪性和合法性，监督人民法院和人民检察院是否依法行使审判权和检察权。由于人民代表大会对审判机关的监督主要是一般工作监督、人事任免和重大问题的调查，不便于进行个案监督，其他监督主体也无法直接参与到诉讼中，因此，除了设置人民法院系统内部的监督机制之外，还需要设立一个专门的监督机关来承担对审判的监督工作。检察机关除了承担对审判工作的监督之外，还要对公安机关的侦查、刑事强制措施的执行等工作以及监狱机关的刑罚执行工作承担法律监督的职责。这些法律监督职责都是从人民代表大会的监督职能中派生出来的专门监督职能。

民主集中制理论认为，在社会主义国家，国家机关与人民群众之

---

① 参见《马克思恩格斯选集》，人民出版社 1987 年版，第 4 卷第 506 页，第 2 卷第 375 页；《马克思恩格斯全集》，人民出版社 1987 年版，第 22 卷第 274—275 页，第 17 卷第 565 页；《列宁选集》，人民出版社 1972 年版，第 3 卷第 210—211 页、第 724 页；《列宁全集》，人民出版社 1972 年版，第 3 卷第 209 页，第 11 卷第 177 页。

间的关系、权力机关和其他国家机关之间的关系、中央与地方之间的关系以及各个国家机关内部的关系都必须既是民主的，又是集中的，即按照民主集中制的原则来确定和调整，都必须实行在民主的基础上集中，在集中的指导下民主。"只有这个制度，才既能表现广泛的民主，使各级人民代表大会有高度的权力；又能集中处理国事，使各级政府能集中地处理被各级领导人所委托的一切事务，并保障人民的一切必要的民主活动。"① 民主集中制理论是我国宪政的理论基础，是与分权制衡理论对立的一种政体理论。民主集中制理论决定了我国检察机关与国家权力机关、行政机关和审判机关之间的关系，使检察机关成为独立的法律监督机关；也决定了检察机关内部和检察系统的组织形式，使检察机关实行检察长与检察委员会相结合的决策体制和上级领导下级的领导体制。

４．中国特色社会主义理论

在改革开放的历史进程中，我们党把坚持马克思主义基本原理同推进马克思主义中国化结合起来，不断探索和回答什么是社会主义、怎样建设社会主义，建设什么样的党、怎样建设党，实现什么样的发展、怎样发展等重大理论和实际问题，不断推进马克思主义中国化，坚持并丰富党的基本理论、基本路线、基本纲领、基本经验，形成了中国特色社会主义理论体系。这就是包括邓小平理论、"三个代表"重要思想和科学发展观等重大战略思想在内的科学理论体系。中国特色社会主义理论体系是指导改革开放，探索中国特色社会主义道路的理论体系。以邓小平为领导核心的党中央把民主和市场经济与社会主义制度有机地联系起来，确立了从人治向法治转型的方向，为有效地约束国家权力，解放和发展生产力提供了广阔的空间；以江泽民为核心的党中央把"三个代表"作为党的建设的旗帜，提出了依法治国、建设社会主义法治国家的目标，确立了党依法执政的原则；以胡锦涛为总书记的党中央提出了科学发展观和建设和谐社会的目标，形成了社会主义法治理念，为民主法治的发展指明了方向。社会主义法治的核心问题是权力制约问题，即保证权力始终为人民谋利益，防止权力

---

① 《毛泽东选集》第 3 卷，人民出版社 1991 年第 2 版，第 1057 页。

走向异化和腐败的问题。中国特色社会主义理论体系中的法治思想，即中国特色社会主义法治理论，主要由以下几个方面构成：一是坚持党的领导、人民当家做主和依法治国的有机统一，这是中国特色社会主义法治理论的核心和精髓。二是坚持党的事业至上、人民利益至上和宪法法律至上，这是中国特色社会主义法治理论的基本原则。三是坚持依法治国、执法为民、公平正义、服务大局和党的领导，这是中国特色社会主义法治的基本理念。四是坚持中国共产党领导的人民代表大会制度，这是中国特色社会主义法治的政治基础。五是建设公正高效权威的社会主义司法制度，这是中国特色社会主义法治的司法保障。中国特色社会主义理论与马克思列宁主义和毛泽东思想是一脉相承、与时俱进的，构成了我国社会主义检察制度的理论基础。

在检察机关恢复重建以来的改革和建设中，我国检察制度的发展和完善始终是以中国特色社会主义理论为指导的。我们必须旗帜鲜明地反对指导思想的多元化，坚持指导思想的一元化。检察制度的基本原则和基本原理以及检察理论的基本观点都是马克思主义及其中国化的最新成果的应用和反映，是与中国特色社会主义事业紧密结合的。只有在中国特色社会主义理论体系的指导下，把发展着的马克思主义与发展着的检察实践结合起来，在检察实践中不断发展检察理论，才能科学地回答什么是中国特色社会主义检察制度，为什么要坚持中国特色社会主义检察制度以及怎样发展中国特色社会主义检察制度的问题，构建中国特色社会主义检察理论体系。

（二）中国特色社会主义检察制度的政治基础

中国特色社会主义检察制度作为我国政治制度的重要组成部分，是与我国国情紧密联系在一起的。什么是我国的国情？最重要的一点就是，我国是共产党领导的，以人民代表大会制度为根本政治制度的社会主义国家，正处于并将长期处于社会主义初级阶段。从这个基本国情出发，检察制度的存在和发展必须有利于坚持共产党的领导，有利于坚持社会主义道路，有利于坚持人民代表大会制度。

高举中国特色社会主义伟大旗帜，坚持中国特色社会主义道路，坚持党的领导、人民当家做主、依法治国有机统一，坚持人民代表大会制度，坚持社会主义法治理念，保障国家安全，维护社会公平正义，保护人民权益，保证社会大局稳定，服务经济社会发展大局。这是中国特色社会主义检察制度的政治基础。我们只有从这个政治基础出发，才能全面把握中国特色社会主义检察制度，才能巩固和发展中国特色社会主义检察制度，才能坚持正确的政治方向。

我国检察机关法律监督的专门化与党的领导和人民代表大会制度具有内在联系。在我国，党的领导体现在依法治国的全部过程中，即立法、执法、司法、守法和法律监督都要接受党的领导。"党领导人民制定宪法和法律，党也领导人民遵守和执行宪法和法律。"① 当然，党的领导核心作用主要是总揽全局、协调各方，而不是包办代替各个方面和部门的工作。对于专业性比较强的司法工作，党的领导既要通过党组织的卓越工作和党员的模范作用来实现，又要通过司法机关的分工负责、互相配合和互相制约来落实。人民代表大会制度是我国的根本政治制度，人民代表大会是国家权力机关，国家行政机关、审判机关、检察机关都由人民代表大会产生，对它负责，受它监督。国家权力机关对司法工作和行政工作的监督，在监督的范围、程序和方式等方面与检察机关的法律监督是不同的。国家权力机关只能通过一般性的监督包括执法检查、听取汇报等来监督司法，而不能通过参与具体的诉讼来监督各个案件和诉讼过程。它必须通过检察机关这一专门的法律监督机关，参与诉讼程序，履行监督职责，以保障法律的统一正确实施。因此，检察机关的法律监督职能是由国家权力机关的监督职能派生的专门监督职能②，检察机关和审判机关等共同履行国家司法职能，二者相互制约，同时检察机关负有监督审判活动之责，这是保证司法公正的一项重要制度安排。

我国检察机关法律监督的专门化是司法分工的专业化和强化权力监督制约机制的必然要求。从世界各国的情况来看，司法职能都经历

---

① 《十六大报告辅导读本》，人民出版社2002年版，第253页。

② 从这个意义上说，检察机关的法律监督权渊源于人民代表大会的监督权，是其实现形式之一。参见王桂五主编：《中华人民共和国检察制度研究》，法律出版社1991年版，第166页。

了一个专业化分工的发展过程。在许多西方国家里，侦查职能是从审
判职能中分离出来的，后来检察职能又从审判职能或者侦查职能中分
离出来。侦查职能一般都划归到行政职能的范畴，而检察职能的归属
一直是一个有争议的问题。检察机关被称为"准司法机关"，虽在机
构上隶属于司法行政机关，但许多国家特别是大陆法系国家在管理上
都与司法机关相同或者相近。这本身是三权分立格局的局限所致，并
不是唯一可行的制度安排。我国人民代表大会制度已经很好地解决了
这个问题，把检察机关定位于履行法律监督职能的司法机关，既适应
了司法职能专业化分工的需要，又有利于发挥司法机关之间的制约作
用和司法职能对行政职能的监督作用。检察职能不仅通过侦查职务犯
罪、起诉和诉讼监督等形成对审判权的专业化监督机制，而且通过职
务犯罪侦查、行政公诉（尚待建立）、刑事司法与行政执法的衔接机
制等途径启动监督行政的司法程序，强化司法对行政的监督机制，从
而加强对行政权、审判权等国家权力运行的监督和制约。因此，检察
机关法律监督的专门化不仅蕴涵着对司法权的监督和制约机制，而且
蕴涵着司法权对行政权的监督和制约机制，是防止权力滥用和权力腐
败，保证权力正确行使的重要体制。

　　近年来，关于中国特色社会主义检察制度合理性的争论，核心就
在于坚持还是取消检察机关的法律监督地位；关于我国检察权的优化
配置的争议，关键就在于把检察机关定位于法律监督机关还是单纯的
公诉机关；关于我国检察体制改革的方向，根本就在于是否要坚持通
过法律监督来维护国家的法制统一和司法公正。分析这些问题，必须
立足于中国特色社会主义检察制度的政治基础，在中国特色社会主义
理论体系的指导下，结合我国社会主义初级阶段的基本国情和检察工
作的实际，进一步深化法律监督原理的研究，提高对我国检察制度的
合理性和必然性的认识。任何国家都必须建立对权力的监督制约机
制。我国实行共产党领导下的人民代表大会制度，而不是三权分立下
的议会制度。在这种政治体制下，对执政党的监督、对国家机关及其
工作人员的监督不可能采取西方那种分权制衡、党派竞争的模式，而
是必须形成一个健全的社会主义监督体系，其中包括由专门的机关实
施强有力的法律监督，以保证法律的统一正确实施，保证各种权力在

法治的轨道上运行。可以说，中国的具体国情特别是国体和政体，决定了检察机关作为法律监督机关的合理性和必然性。

三、中国特色社会主义检察制度的文化和实践基础

（一）中国特色社会主义检察制度的文化基础

中国特色社会主义检察制度既不是对前苏联检察制度的照搬照抄，也不是对现代西方检察制度的移植，而是在这两者的共同影响下，在中国古代御史制度的文化根基上，从我国社会主义国体和政体中产生和发展起来的现代检察制度。御史制度所蕴涵的权力监督制约原理是中国政治传统和政治文化的重要元素，是中国特色社会主义检察制度的历史前提和文化基础的重要方面。

御史制度起源于虞舜，初创于秦汉，成熟于唐宋，鼎盛于明清，直到清末改制，引入现代西方检察制度，乃至民国时期把古代御史制度与现代监察制度结合，形成与立法院、行政院、司法院、考试院并行的监察院。虽然在数千年的历史长河中，御史制度经历了无数次变革和发展，在不同朝代有不同的内容和形式，但是其基本精神和制度模式是贯穿中国古代政治始终的。首先，它的宗旨是维护中央权威。它的产生和发展与中央权力结构的一元化密切联系，是最高国家权力机构掌握和控制各个分支权力机构的一种途径和方式。元世祖忽必烈有句话道出了御史制度对于维护皇权集中统一的重要性："中书朕左手，枢密朕右手，御史为朕医左右手，此其重台之旨，历世遵其道不变。"① 其次，它的基本功能是监督和制约权力。御史的权力虽然十分广泛，但集中到一点就是监督和制约。御史不仅可以督察百官，而且可以规谏皇帝的言行，驳回谕旨、诏令。通过对其他各种权力的监督和制约，防止权力的滥用和腐败，维护法律秩序和中央权威。最后，它的主要职责是纠察和弹劾官员犯罪，参与司法和监督审判。从我国古代御史制度发展的轨迹来看，一方面御史的"法吏"角色逐步清晰和明确，西汉有御史"以六条问事"之说，唐宋有御史"掌

---

① 叶士奇：《草木子》卷3下《杂治篇》，四库全书（文渊阁本）。

以刑法典章纠正百官之罪恶"之论，历来强调御史依法办案，成为中央控制司法权的重要工具；另一方面御史与审判机构分离，从中央一级来说，主要负责侦查和起诉职务犯罪，判决则由皇帝和大理寺等专门的审判机关作出，同时，也可以参与审判，并对审判活动进行监督，唐朝有所谓"三司推事"，即御史台会同刑部、大理寺审理重大疑难案件，宋朝有"鞫谳分司"，即审讯与定罪量刑分别由不同的机构和官员来负责。

中国古代御史制度历史之悠久、体制之完备、特色之鲜明、影响之深远，是世界上绝无仅有的，是我们的祖先为人类政治文明创造的宝贵的文化遗产。它之所以能够成为当代中国检察制度的文化渊源，主要有两个方面的原因：一是御史制度是保证权力正确行使的有力措施。没有分权制衡就必须有监督制约，否则就难以防止权力的滥用和腐败。二是御史制度包含着现代检察制度的要素，如起诉与审判分离，由御史制度分化、转化为现代监察制度和检察制度，其历史脉络清晰可见。正如马克思所言："人们自己创造自己的历史，但是他们并不是随心所欲地创造，并不是在他们自己选定的条件下创造，而是在直接碰到的、既定的、从过去承继下来的条件下创造。"① 不了解或者忽视我国古代御史制度的历史发展及其影响，就难以理解中国特色社会主义检察制度的文化基础，更不可能自觉地传承和创新御史制度，为中国特色社会主义检察制度的创新和发展作出积极的贡献。

御史制度作为中国传统政治文化的一部分，是中国特色社会主义事业发展的历史条件，构成了中国特色社会主义检察制度的深厚文化背景。但是，中国特色社会主义检察制度既不是御史制度的直接延续，也不是没有历史根基的简单移植，而是有传承、变革和创新的历史发展，是御史制度的历史转型和超越，即由封建专制和人治下的监

---

① 马克思："路易·波拿巴的雾月十八日"，载《马克思恩格斯选集》第1卷，人民出版社1987年版，第603页。

督制度转变为社会主义民主和法治下的监督制度。① 御史制度与中国特色社会主义检察制度之间的历史联系和文化渊源关系是客观存在的，也是有现实意义的。② 我们认识和把握中国特色社会主义检察制度，既不能忽略或者否定御史制度这一文化根基，也不能忽视或者否定它们之间的本质差异，否则，容易陷入历史虚无主义，为全盘西化留下余地和借口，不利于坚持和发展中国特色社会主义检察制度。

中华文化博大精深、源远流长，具有鲜明的民族特性，在世界各种文明中独树一帜。御史制度作为历史文化条件经过批判、转化和传承，已经融入中国特色社会主义文化。社会主义文化的大发展、大繁荣，必须以中华优秀文化传统为根基，以外来健康有益文化为补充，大力繁荣发展中国特色、中国风格、中国气派的优秀文化。当然，社会主义文化是与时俱进、不断发展的，中国特色社会主义检察制度的文化基础也是不断丰富和拓展的，在其发展的历史进程中，还将继续借鉴英美法系、大陆法系和其他社会主义国家的检察制度，汲取其优秀文化成果。中国特色社会主义检察制度，是以御史制度为文化根基，以人类各种社会形态创造出来的文化成果为借鉴，以中国特色社会主义事业为依托的，是社会主义检察制度与中国国情相结合的合乎规律的发展结果。

（二）中国特色社会主义检察制度的实践基础

我国现行的检察制度，是马克思主义普遍真理同中国具体实际相结合的产物，是历史的选择、人民的选择。检察工作在我国改革、发

---

① 有的论者通过对中国封建社会的监督制度与现代西方国家的监督制度进行比较得出结论说，具有中国传统根基的监督制度与现代法治不兼容。（参见孙笑侠、冯建鹏："监督，能否与法治兼容——从法治立场来反思监督制度"，载《中国法学》2005年第4期）这一观点的主要失误在于忽视了中国特色社会主义监督制度对传统监督制度的超越和历史转型，忽视了社会主义法治与资本主义法治的原则界限，忽视了民主集中制与三权分立在权力结构上的差别。

② "试问哪里有无历史因袭的政治，无传统沿革的制度，而可以真个建立得起来？"（钱穆：《中国历代政治得失》，生活·读书·新知三联书店2001年版，第152页）

展、稳定大局中发挥的巨大作用和取得的显著成就有力地证明，在马克思主义理论指导下建立和发展起来的中国特色社会主义检察制度，具有现实的合理性和充分的正当性。如果检察制度不合理、不科学，检察工作就不可能取得今天的成绩，不可能得到党和人民的肯定。针对那些关于我国检察制度合理性的种种质疑，我们不仅要从理论基础、政治基础和文化基础上说明中国特色社会主义检察制度的合理性、必然性和优越性，而且要从理论和实践的结合上，从中国特色社会主义检察制度的社会基础来认识其现实的必要性。

在推进依法治国进程中，检察机关担负着重要的、不可替代的法律监督职能。依法治国是社会主义民主政治的基本要求，是党领导人民治理国家的基本方略。推进依法治国进程，不仅需要完备的法律体系和全民崇高的法律意识，还需要强有力的法律监督，以维护国家法律的统一正确实施，保证国家权力依法行使，促进国家和社会管理法治化。检察机关作为国家法律监督机关，肩负着贯彻依法治国基本方略的重要使命。根据我国宪法和法律规定，人民检察院的职能主要包括以下四个方面：一是对刑事犯罪案件审查批准逮捕和决定逮捕（以下若无特别说明，简称为批捕）；二是对刑事犯罪案件提起公诉；三是直接受理立案侦查贪污贿赂、渎职侵权等职务犯罪案件；四是对刑事诉讼、民事审判、行政诉讼以及刑罚执行和监管活动实行法律监督。与西方国家三权分立体制下的检察机关不同，我国检察机关是在中国共产党领导和人民代表大会制度下，专司法律监督职能的机关。这与我国基本政治制度和国情相适应，是中国特色社会主义检察制度的重要特征。检察机关通过履行批捕、起诉职责，依法打击各种刑事犯罪活动，维护社会的安宁和秩序，教育和引导公民、法人、社会组织自觉遵守法律，积极同违法犯罪行为作斗争；通过履行查办贪污贿赂、渎职侵权等职务犯罪的职责，对国家工作人员遵守法律的情况进行监督，保证国家工作人员在法律范围内正确行使权力，促进依法行政、廉政勤政；通过履行对诉讼活动的法律监督职责，及时纠正诉讼中的违法情况，保证诉讼活动依法进行，维护司法公正和法制统一。可见，检察机关的法律监督既是社会主义法治的重要内容，也是社会主义法治的重要保障，在推进依法治国进程中具有不可替代的重要作用。

当前，从国内看，我国正处在改革和发展的关键阶段，经济体制深刻变革，社会结构深刻变动，利益格局深刻调整，思想观念深刻变化，社会建设和管理面临许多新课题，维护社会和谐稳定的压力加大；从国际上看，西方反华势力仍在加紧对我国实施西化、分化战略，一些境外非政府组织加紧对我国进行渗透破坏活动，对维护国家安全、维护社会和谐稳定构成了严峻挑战。这些复杂的国际国内因素，使我国社会在总体稳定中呈现出人民内部矛盾凸显、刑事犯罪高发、对敌斗争复杂的特点。在这种形势下，只有坚定不移地推进依法治国的进程，才能保证国家长治久安；只有坚持和完善中国特色社会主义检察制度，发挥社会主义司法制度的优越性，才能有效地保障法制统一和司法公正。

社会主义和谐社会是民主法治、公平正义、诚信友爱、充满活力、安定有序、人与自然和谐相处的社会，这六个方面的特征无一不与检察工作密切相关。检察机关作为法律监督机关，是维护社会稳定的重要力量，是保障公平正义的重要防线，在构建社会主义和谐社会中肩负着重大责任。这就要求我们必须深刻把握构建社会主义和谐社会的要求，认真研究和思考如何加强和改进检察工作，切实做好批捕、公诉、职务犯罪侦查等工作，强化法律监督，惩治犯罪，保障人权，化解矛盾纠纷，调节社会关系，维护社会稳定，促进在全社会实现公平与正义，更好地服务于构建社会主义和谐社会。

检察实践是检察制度和检察理论创新发展的源泉和动力，也是检验其真理性的唯一标准。深入研究和全面把握当代中国的检察实践是中国特色社会主义检察理论研究工作的首要任务。我们必须坚持与时俱进，着眼于对现实问题的思考，着眼于新的实践和新的发展，在原有理论基础上不断创新，使检察理论研究站在时代前列，体现时代精神，反映时代要求。一切从实际出发，理论联系实际，实事求是，与时俱进，是我们党的思想路线。检察理论研究必须坚持这条思想路线，积极探索，大胆试验，开拓创新，创造性地开展工作，不断研究新情况，总结新经验，解决新问题，在实践中丰富和发展检察理论。科学理论来源于实践，又反过来指导实践。检察理论研究工作者要深入基层，深入实际，通过各种形式参与检察工作，在实践中研究新情况，回答新问题，总结新经验，提出新见解。要根据检察工作发展的需要确定研究课题，既要研究检察工作中面临的重大理论和实践问题，也要研究基层干警在执法办案中遇到的具体问题，多出高质量的精品力作，更好地为基层服务，为干警服务，为检察工作和检察制度的发展服务。

检察制度的发展既要立足国情，又要扩展视野，善于学习借鉴而不能自我封闭。具体而言，对待外国的检察制度，批判地借鉴西方的检察理论，是我们加快中国特色社会主义检察理论发展的重要手段。随着世界多极化和经济全球化趋势的发展，世界各种思想文化相互激荡，有吸纳又有排斥，有融合又有斗争，有渗透又有抵御。面对这样的大趋势，我们要努力发展自己的检察理论，完善自己的检察制度，就要主动地投身于世界检察文化的交流与竞争，积极探究理论前沿，坚持自己的优势，弥补自己的不足。只有在开放的环境中和国际的视野下发展起来的中国特色社会主义检察制度和检察理论体系，才能真正地屹立于世界检察制度和检察文化之林。

四、我国检察机关的法律监督性质

《宪法》第 129 条规定："中华人民共和国人民检察院是国家的法律监督机关。"现行《宪法》的这一规定，与新中国第一部宪法即1954 年《宪法》中关于检察机关宪法地位的规定是一脉相承的。它明确了检察机关的性质，即我国检察机关是代表国家行使职权的"法律监督机关"。这也意味着法律赋予检察机关的权力即检察权，在性质上是法律监督权。

（一）法律监督的基本含义

法律监督是我国检察机关和检察权的性质和定位。只有正确理解法律监督的深刻内涵，才有可能正确认识检察机关的性质和地位，才能准确把握检察权的功能和作用，进而保证检察权的正确行使。

在我国，"监督"是一个广泛使用的术语，在不同的语境中可能有不同的含义。例如，上级对下级的监督、下级对上级的监督、平等主体之间的监督、外部的监督、内部的监督，等等。监督的主体不同，监督的目的和功能也就不同。① 在《宪法》中，虽然多次使用了"监督"的用语，如"受人民监督"（第 3 条）、"接受人民的监督"（第 27 条）、"监督宪法的实施"（第 62 条、第 67 条）、"监督国务院、中央军事委员会、最高人民法院和最高人民检察院的工作"（第 67 条）、"监督本级人民政府、人民法院和人民检察院的工作"（第 104 条）等，但是在所有这类场合都没有使用"法律监督"的用语。唯独在第 129 条规定检察机关的性质时使用了"法律监督机关"的用语。这表明，"法律监督"一词在我国宪法中的使用极为严谨，是用来特别指称检察机关依法进行的监督的。

对于"法律监督"一词，我们既不能从字面来理解，把它解释为"监督法律"、"用法律来监督"或者"通过法律的监督"，都是不准确的；我们也不能简单地从法制的动态意义上来理解，把它解释为与立法、执法、司法和守法并列的一个环节即法律监督环节，这也不符合我国宪法和法律规定。虽然我国检察机关对行政执法、司法和守法，对国家机关、公职人员、社会组织和公民，都有一定范围和程度的法律监督职能，但都是限定在特定范围和特定的程序之中。正是在这种意义上，一些法理学著作和法学词典在定义"法律监督"概念时，往往把它分为广义与狭义。广义的法律监督，泛指国家机关、社会组织和公民依法对国家立法、执法、司法和守法进行监督的活动；狭义的法律监督，是指检察机关依照法律的授权和法定的程序，检查、督促纠正违法行为的专门活动。应当承认，广义的法律监督已经是我国法学理论中约定俗成的一个概念，而狭义的法律监督则是我国宪法和法律中具有特定内涵和外延而又未明文界定的概念。完全否定这两个概念之间的一致性、统一性或共同性，试图以狭义的概念取代广义的概念或者以广义的概念取代狭义的概念都是不现实的，既不能被法学界广泛接受，也不利于法律监督的制度和理论的发展。我们

---

① 那种认为监督就必须是居高临下、监督者一定要凌驾于被监督者之上的观点，是把监督中的一种含义绝对化的结果。它否定了现实社会政治生活中其他监督形式客观存在的事实，在理论上具有片面性。

认为，检察机关的法律监督是作为法制环节①的法律监督的一个重要方面和专门机制，既要反对法律监督概念的多元化和泛化，也不能简单地坚持法律监督主体的一元论②。在本书中，一般在狭义上使用"法律监督"概念，即指检察机关的法律监督。

为了进一步揭示法律监督的内涵和外延，把握它与国家权力机关的监督、行政机关的监督、社会组织的监督、人民群众的监督之间的联系与区别，在法律监督的特征即国家性、专门性、规范性和程序性的基础上，我们还可以从法律监督的对象、方式和效力等方面来认识和理解法律监督。

1. 法律监督的对象和范围

（1）法律监督的对象

从法律监督的根本职责即维护法制统一的意义上说，法律监督的对象应当是法律实施。但是，法律实施的范围十分广泛，既包括宪法的实施，也包括各个部门法和地方法规等的实施；既包括国家机关适

---

① 所谓法制环节，是指构成动态的法制系统的立法、执法、司法、守法和法律监督（护法）五个环节。

② 王桂五先生在其主编的《中华人民共和国检察制度研究》（中国检察出版社 2008 年版，第 177—178 页）中，针对法律监督多元化的主张，提出要坚持法律监督权的一元论。"所谓法律监督权的一元论，有两种含义：一种是指在我国的权力结构中，即在国家权力机关的隶属下，只能有一个专门行使国家法律监督权的系统，即检察系统；另一种是指检察机关的各项职能都应当统一于法律监督。"但是，他在下文中又指出："它（检察机关的法律监督权——编者注）是由国家权力机关的法律监督权所派生的，是国家权力机关行使法律监督权的一个方面和一种形式。国家权力机关的法律监督权可以由它直接行使，但大部分是由它赋予检察机关行使，但不能由其他机关行使。"这实质上意味着法律监督的主体有两个，即国家权力机关和检察机关，同时，又把检察机关的法律监督统一于国家权力机关的法律监督。这种一元论本身是不彻底的，进一步而言，国家权力机关的法律监督也只是作为法制环节的法律监督的一个方面，把检察机关的法律监督统一于国家权力机关的法律监督只是一个层次，在更高的层次上，它们都统一于作为法制环节的法律监督。另外，宪法和法律并没有规定国家权力机关有法律监督权，准确地说，检察机关的法律监督权派生于国家权力机关的监督权而非法律监督权。

用法律的行为，也包括社会组织和公民遵守法律的行为；既包括合法
行为，也包括违法行为和犯罪。监督法律实施就是要保障法律得到统
一正确的实施。这是一项复杂的社会工程，需要各种主体以不同的方
式参与和支持。检察机关只是监督法律实施的一个专门机关，不可能
对法律实施中的所有主体的所有违法行为进行监督，而只能对关系到
法制统一的严重违法行为①进行监督，为法律实施提供一种最低限度
的又是最有力的监督保障。在法律上，检察机关的法律监督在内容上
受到严格的限制，即对执法情况的监督只限于对国家工作人员职务活
动中构成犯罪的行为进行立案、侦查和公诉；对司法情况的监督只限
于对三大诉讼活动中确有错误的判决、裁定以及违反法定程序的情况
进行监督；对守法情况的监督只限于对构成犯罪的行为进行追诉。相
对监督民事法律和行政法律的实施而言，监督刑事法律的实施是法律
监督的主要任务和工作重点。② 但是，我们不能由此认为法律监督就
是刑事法律监督，忽视或者放弃民事法律监督和行政法律监督的职能
和责任。

（2）法律监督的范围

随着依法治国进程的推进，法律可能扩展或者缩小检察机关法律
监督的范围。但是在任何情况下，检察机关都必须在法律规定的范围
内行使法律监督权，而不能自行扩大或者缩小监督的范围，特别是不
能任意对法律没有规定的事项进行法律监督。法律监督在内容上的这
种局限性，是由法律监督机关的特定性和法律实施的广泛性决定的。
我们国家是单一制国家，这就意味着国家最高权力机关制定的法律在
全国范围内具有一体遵行的效力。法律监督是法律在全国范围内统一

---

① 在法学中，违法行为分为一般违法行为和犯罪两类。犯罪属于严重违
法行为，但从逻辑上说，严重违法行为不限于犯罪。至于不构成犯罪的严重违
法行为包括哪些，现在尚无统一的认识。为了便于界定法律监督的对象范围，
我们认为，国家机关和公职人员在适用法律中发生的违法行为和犯罪都属于严
重违法行为。

② 王桂五曾经指出："检察监督范围虽然十分广泛，但在一般情况下，监
督刑法的实施，总是它的第一位的任务。"（王桂五主编：《中华人民共和国检察
制度研究》，中国检察出版社 2008 年版，第 190 页）

正确实施的重要保证。但是从另一方面看，随着社会主义法制的健全和发展，法律调整的对象不断增加，法律实施的领域和范围不断扩大，法律监督机关不论是在人员配备上还是在监督手段上，都不可能也没有必要对法律实施的各个领域、各个方面、各种问题统统进行法律监督，而只能作为法律实施的底线保障，选择法律实施中的一些重大问题作为法律监督的对象。至于哪些问题作为法律监督的对象，要由法律来规定。这是防止法律监督的范围任意扩张的法治原则。

2. 法律监督的方式和手段

在我国，对法律实施情况的监督是通过多种途径实现的。党的监督、人大监督、监察监督、审计监督、民主党派监督、社会舆论监督、群众监督、法律监督以及其他各种形式的监督，构成了一个完整的社会主义监督体系，检察机关的法律监督只是这个监督体系中的一个重要组成部分。与其他各种形式的监督相比，检察机关的法律监督是一种专门性的监督。法律监督的专门性突出表现在三个方面：一是法律监督的主体是唯一的，即检察机关。只有检察机关才是宪法规定的"国家的法律监督机关"，只有检察机关的监督才具有法律监督的性质。二是法律监督的手段是专门的。按照宪法和法律的规定，检察机关进行法律监督的手段是由法律特别规定的。如对职务犯罪立案侦查、对刑事犯罪提起公诉、对诉讼过程中执法、司法机关违反法律的行为提出纠正违法意见、检察建议等，都是只有检察机关才有权使用的监督手段。三是法律监督权是一种国家权力，是检察机关的专门职责。检察机关如果放弃对严重违反法律的行为进行监督，就是失职；而社会组织和公民个人享有的监督权利，则可以选择行使或者放弃。

法律监督的方式和手段具有多样性。首先，检察机关实行法律监督的主要手段是进行诉讼，以司法的方式实现监督。譬如，以国家的名义提起公诉，提起抗诉，立案侦查职务犯罪，审查批准和决定逮捕，对其他执法、司法机关在侦查、审判、执行等诉讼活动中的违法行为提出纠正意见或者检察建议，等等。其次，检察机关也可以通过非诉讼的方式，在诉讼之外以提案、建议、报告等方式进行法律监督。譬如，向立法机关提出法律案、提请审议、提请立法解释，对检察机关适用法律中的问题进行司法解释，向行政机关、社会组织提出预防违法犯罪的建议、报告，向公民和法人宣传法制，等等。法律监督方式和手段的多样性、多元化与法律监督本质和职能的唯一性、统一性并不矛盾。各种检察职能包括诉讼职能和非诉讼职能统一于法律监督，都是法律监督的实现方式和途径。法律监督方式和手段的多样性与法律监督性质的唯一性是统一的，共性寓于个性之中，个性体现共性。检察机关不具有与法律监督平行或并列的其他职能。我们反对检察定位和性质的多元论，即反对把公诉职能和侦查职能与法律监督职能并列，或者把检察机关定位为公诉和法律监督机关。正是在这种意义上，我们坚持法律监督一元论，因为只有一元论才符合我国宪法和法律关于人民检察院是国家的法律监督机关的规定，才具有理论上的彻底性，才能理解各种检察职能之间的内在联系，发挥检察职能的整体效能，坚持检察改革的正确方向。

　　法律监督主要是一种主动查究和督促的法律行为，但是，往往是在法律规定的属于法律监督范围的情形出现以后，检察机关才能启动法律监督程序，实施监督行为，而且，司法活动、行政活动、国家工作人员的职务活动中可能出现的各种违法行为，在程度上是不同的，只有在违法行为达到一定程度之后，检察机关才能启动法律监督程序实施监督。这就是法律监督的事后性。事后性是法律监督的一个突出特点，但也是相对的，并不排除检察机关开展某些预防性的、事前和事中的监督活动。譬如职务犯罪预防工作，检察机关根据已经发生的职务犯罪的特点、原因和规律，进行预防职务犯罪的宣传教育，帮助有关部门或单位建章立制。这类检察活动本身也属于法律监督，但并不是法律监督的主要方面，而是按照法律监督的要求合目的地延伸，是附属的、辅助性的法律监督职能。当然，这并不是说职务犯罪预防工作等事前、事中的法律监督不重要，相反，如果这些工作开展得好，对于提高法律监督的整体效应，维护国家法治，减少违法犯罪，都具有重要意义。再如，检察机关提前介入公安机关侦查重大刑事案件的活动，其目的是及时了解案情，提高审查批准逮捕和起诉的效率，配合和督促公安机关依法、快速地侦破重大刑事案件，因而检察机关在提前介入的过程中虽具有一定的法律监督作用，但并不干涉公安机关的侦查活动。事后性不仅反映了法律监督主要职能的特点，而且界定了法律监督强制力的范围。事前和事中或者预防性的法律监督一般不具有强制力，而只有一定的建议、说服和督促作用。因此，事后性、强制性的法律监督与预防性、督促性的法律监督的区分，有助于我们理解和把握法律监督的方式和手段，做到文明执法，保证执法的法律效果、政治效果和社会效果的有机统一。

　　3. 法律监督的程序和效力

　　法律监督必须严格遵守法律规定的程序。首先，法律对检察机关的法律监督规定了一定的程序规则，这些程序规则可能因监督的对象不同而有所不同。譬如，对职务犯罪立案侦查有立案侦查的程序，对刑事犯罪提起公诉有提起公诉的程序，对人民法院已经生效的判决、裁定提起抗诉有提起抗诉的程序，纠正违法有纠正违法的程序。检察机关在进行法律监督的时候，必须严格遵守这些程序性的规定。其次，法律监督的效果主要在于启动追诉程序，再审程序或者执法机关内部的审议、决策程序。对于严重违法构成犯罪的，法律监督的功能是启动追诉程序，提请有权审判的法院进行审判；对于执法行为构成违法的，法律监督的功能是提请主管机关纠正违法；对于违反法律的判决、裁定或决定，法律监督的功能是提请作出决定的机关启动再审等救济程序以纠正错误。法律监督的最终结果，往往由有关机关依法决定，而不是由检察机关决定。归根结底，法律监督权是一种提请追诉和督促纠正的权力，而不是一种实体处分的权力。因此，检察机关不可能成为"审判机关之上的审判机关"，检察官也不可能成为"法官之上的法官"。法律监督的程序性既是对检察权的限制和制约，也是对受其监督的国家机关正确行使权力的保障和对公民和法人的权利保障。因此，法律监督权与其他国家权力可以并行不悖，并形成相互制约的机制。

　　程序性主要是法律监督实现方式的特点，它并不排除法律监督具有一定的最终决定权和对实体性违法行为的监督。首先，检察机关在法定职权范围内具有一定的最终决定权，譬如不起诉决定、不批准逮捕的决定、撤销案件的决定等。对于这些权力的监督和制约，除了刑事诉讼法的有关规定之外，近年来检察机关试行了人民监督员制度，形成了有效的社会监督。其次，法律监督的对象既包括实体性违法行为，也包括程序性违法行为。譬如，检察机关对职务犯罪的监督、对生效判决的监督等，都可以实体违法为监督对象。正如王桂五先生所言："法律监督，既包括了对实体法的实施的监督，也包括了对程序法的执行的监督；既包括对刑事法律的实施的监督，也包括对民事法律和行政法律的实施的监督；既包括对刑事诉讼活动的监督，也包括对民事诉讼活动和行政诉讼活动的监督；既通过诉讼形式进行监督，也通过非诉讼形式进行监督。"①

从上述的分析，我们可以进一步理解和把握法律监督的基本内涵，划清法律监督与人大监督、纪律检查、行政监察、社会监督等监督形式之间的界限。但是，要准确地定义"法律监督"仍然是一件不容易的事情。我国检察理论研究的先驱王桂五先生给"法律监督"下了一个简明的定义："法律监督是由法定的机关对遵守和执行法律的情况实行的国家监督。"② 这个定义把法律监督放在"国家监督"之内，突出了它的国家性、专门性和规范性，也把监督的范围限定在"对遵守和执行法律的情况"之内，明确了它是对法律实施的监督，但是，这个定义没有说明监督的方式和手段，对监督范围的界定也不够具体。张智辉研究员经过系统的研究，提出了一个更为明确的定义："所谓法律监督，如前所述，就是根据法律的授权，运用法律规定的手段，对法律实施的情况进行的具有法律效力的监督。"③ 这个定义说明了法律监督的渊源、手段、范围和效力，提供了理解法律监督内涵的一个框架，解释了"法律监督"这一术语中"法律"与"监督"之间的逻辑关系。韩大元教授指出："现行宪法中所称的'法律监督'应从狭义理解，是指检察机关依照法律规定对执法和司法活动的合法性进行监督。"④ 这一定义把法律监督的范围缩小到执

① 王桂五主编：《中华人民共和国检察制度研究》，中国检察出版社2008年版，第181页。
② 王桂五主编：《中华人民共和国检察制度研究》，中国检察出版社2008年版，第167页。
③ 张智辉：《检察权研究》，中国检察出版社2008年版，第71页。
④ 韩大元主编：《中国检察制度宪法基础研究》，中国检察出版社2007年版，第60页。

法和司法活动，抓住了法律监督的重点，但是，遗漏了对犯罪的监督，也排除了对部分立法的监督，对于各项检察职能统一于法律监督的解释，在理论上也有一定的不足。上述这些定义都有助于我们理解法律监督的含义，但各有其局限性。综合上述定义，我们认为，"法律监督"作为我国宪法和法律中使用的一个专门术语，是指检察机关根据法定职责和程序，检查、督促纠正或提请制裁严重违法行为，预防违法和犯罪，以维护法制统一和司法公正的专门工作。随着检察实践和检察理论的发展，法律监督的概念也将不断地更新和完善。

（二）检察权的法律监督性与司法性

所谓检察权的性质，就是检察权区别于其他国家权力的基本属性。关于检察权的性质，学术界有司法权说、准司法权说、行政权说、司法与行政双重属性说、法律监督权说等。我们认为，法律监督是检察权的根本属性，司法是检察权的兼有属性。

1. 检察权的根本属性——法律监督

法律监督是检察权在国家权力结构中的基本定位，反映了检察权的宗旨、功能及其与其他国家权力之间的关系。首先，从检察权在国家权力结构中的定位来看，检察权是从属于国家权力机关，与行政权、审判权等并列的独立的国家权力。在实行"三权分立"的国家，检察权在国家权力结构中没有这种独立性。但是，在把检察权视为行政权的国家，普遍认为，检察权是一种"特殊"的行政权，无论是在检察机关的设置方面，还是在检察官的管理方面，都将其作为不同于一般行政机关和行政人员的机关和人员，予以特殊对待；而在把检察权视为司法权的国家，虽然按照司法官员而不是行政官员来管理检察官，按照司法规律来管理检察工作，但又认为，检察权不同于完整意义上的司法权，是一种"准司法权"。这种理论上的不彻底性，是由"三权分立"的局限性造成的。这种状况恰恰说明，检察权在本质上具有其自身的特殊性，只是在"三权分立"的框架下，这种独立性难以立足而已。在我们国家，一切权力属于人民，人民代表大会代表人民行使国家权力。在人民代表大会下设立行政、审判、检察等国家机关，并按照民主集中制和分工负责的原则行使国家权力。这样就克服了把国家权力局限在三种权力之间进行分配的弊端，使检察权真正成为国家权力中的一项独立的权力。在我们国家的权力结构中，无论是从宪法的刚性规定上看，还是从权力运作的实际情况上看，检察权都是作为一种独立的国家权力存在的，是隶属于国家权力机关的一种独立于行政权和审判权的法律监督权。

其次，从检察权的内容来看，检察权本身具有监督法律实施的特点。检察权，顾名思义，就是检察机关依法享有的监督权力。① 我国法律赋予检察机关的权力，主要是对职务犯罪进行立案侦查的权力，对刑事案件提起公诉的权力，对刑事诉讼、民事审判活动和行政诉讼进行监督的权力。这些权力，与其他国家机关所享有的权力相比，最根本的区别就在于它本身具有法律监督的性质和功能。检察权最显著的特点是运用国家权力对执行和遵守法律的过程中发生的严重违法行为进行检察，或者要求有关机关依法纠正，或者提请审判机关依法裁决和惩处。与审判权的被动性相比，检察权具有对严重违法行为进行主动追诉的特点；与单纯的侦查权的工具性相比，检察权又具有提请追诉的目的性的特点。这些特点，使检察权在国家法治建设中具有其他国家权力所无法替代的、监督严重违法行为、保障宪法和法律统一正确实施的作用。这种特有的功能表明法律监督是检察权的本质属性。

再次，从检察权的宗旨来看，检察权行使的目的是维护法律的统一正确实施。在宪法中，把检察权作为与行政权和审判权并列的一种独立权力设置的根本动因，既不是要让检察机关与行政机关分享行政权，也不是要让检察机关与审判机关分享审判权，而是要用检察权来监督和制约行政权和审判权。按照法律关于检察权具体权能的规定，检察机关对国家机关工作人员的职务犯罪进行立案侦查和对审判机关

---

① 王桂五先生经过初步的考证认为，在古代文献中，"检察"一词的主要含义是法律检察或法律监督，至少是包括法律监督。在清朝末年司法改制时采用"检察"这一概念不是偶然的，是与我国的传统法律文化相联系的。（参见王桂五主编：《中华人民共和国检察制度研究》，中国检察出版社2008年版，第170—173页）赋予"检察"一词以现代意义即以其概括公诉和监督等司法职能，可能源于日本，不过，这还有待于考证。当然，辞源意义只是一种参考，仅仅说明存在文化上的某种契合。

审判活动过程和裁判结果进行监督，是实现其监督和制约行政权和审判权的重要途径。

我们从以上三个方面可以看出，检察权是一种具有法律监督性质的权力。在我国，检察权就其本质而言，是法律监督权。

2. 检察权的兼有属性——司法性

我国检察制度既是国家政治制度的组成部分，也是国家司法制度的组成部分。检察权是一项具有法律监督性质的国家权力，即法律监督权，同时，又是一项具有司法性质的国家权力，即司法权。作为一项司法权，检察权与审判权既有联系，又有区别。

首先，相对审判权这一被动性的司法权而言，检察权是具有一定主动性的司法权。检察机关作为与行政机关、审判机关、军事机关平行设置的国家机关，对国家行政权、审判权和军事权的行使都有一定的监督和制约职能。虽然检察机关对不同性质的机关和同一性质机关的不同性质的职能活动采取了不同方式和方法的法律监督①，有不同的监督和制约机制或程序。但是有一个共同点，那就是通过司法程序：或者提出纠正违法意见和检察建议，或者提起诉讼，诉诸审判；而且在多数情况下，检察机关法律监督的后果需要由审判机关最终裁决。

其次，检察机关以法律监督为本位，审判机关以司法裁判为本位，它们行使不同方面的司法权，执行不同环节或方面的诉讼职能。检察机关以法律监督包括侦查、起诉和诉讼监督等方式纠举违法犯罪，保证法律的统一正确实施；而审判机关以司法裁判包括受理案件、开庭审理、宣判等方式定分止争，保障公民、法人和其他组织的合法权利。

---

①　例如，检察机关对于一般行政权（即不涉及诉讼的行政权）的监督，目前仅限于侦查和起诉行政人员的职务犯罪。对于军事权的监督，仅限于军事检察机关对于军职犯罪的侦查和起诉。由于军事权的特殊性，有关军事权的检察监督问题，现有的法律和理论都较少涉及，有待于进一步探讨。另外，现行的宪法和法律没有具体规定检察机关制约一般行政权和军事权的职能和机制。这也是一个值得探讨的理论问题。

再次，法律监督与审判的法律效力是不同的。法律监督的法律效力大致有两种情况：一是强制性的，即对公民、法人和其他社会组织的犯罪具有侦查或者批捕、起诉的权力；二是制约性的，即对行政机关、审判机关和军事机关的违法行为具有提出起诉、抗诉或者提出纠正违法意见和检察建议的权力。不管是强制性的还是制约性的，检察权的效力基本上是程序性的而非实体性的、终极性的。相比而言，审判的法律效力无论在程序上还是在实体上一般是决定性的、终极性的。虽然地方各级人民法院行使审判权都有当事人、律师、检察机关、国家权力机关的监督和制约以及审判系统内部的审级监督，但是，具体案件都是由审判机关最终裁判。

最后，检察权相对审判权这一核心司法权来说，是一种协作性、辅助性和保障性的司法权。检察职能和审判职能相结合，共同实现国家的司法职能。它们之间既有相互配合，又有相互制约。一方面，检察职能和审判职能相互配合，打击犯罪，化解纠纷，形成惩治违法犯罪、维护合法权益的司法救济机制和在全社会实现公平正义的司法保障机制。另一方面，审判机关在审判程序中发挥着主导性或者决定性作用，检察机关除了在审查起诉程序中发挥着主导作用外，在诉讼的其他各个环节都扮演着辅助性的监督者角色，监督权本身是一种协作性、辅助性和保障性的权力。另外，检察职能与审判职能相结合，形成对行政权运行的司法监督机制。目前，检察机关对行政机关的监督或者制约主要是对行政执法人员的职务犯罪进行侦查和起诉以及对于参与刑事诉讼的行政机关的执法行为进行监督和制约，对于行政机关违法行为提起行政公诉的制度还没有建立起来。审判机关对行政机关的监督和制约主要是受理和审判公民、法人和其他组织提起的行政诉讼和检察机关针对职务犯罪提起的刑事公诉。如果检察机关具有行政公诉和刑事公诉两个方面的权力，与相应的审判权相结合，就可以对行政机关的违法行为和行政人员的职务犯罪形成更加有效的司法监督。由检察机关和审判机关通过分工负责、互相配合、互相制约，共同履行国家的司法职能，不但不会导致司法职能的混同或者混乱，反而通过相互制约，便于发现和解决司法中的问题，保证司法公正，有利于实现党的领导，有利于应对和处理复杂的社会问题。

检察机关和检察权的法律监督性质与司法性质是统一的。法律监督性质决定了检察机关和检察权在国家机构和国家权力结构中的独立地位和基本功能，司法性质决定了检察机关和检察权的活动范围和活动方式。它们分别从不同的层次、不同的角度和不同的领域规定和说明了检察机关和检察权的特点。

（三）法律监督的任务、功能和作用

2007年12月25日胡锦涛同志在全国政法工作会议代表和全国大法官、大检察官座谈会上指出："切实维护党的执政地位，切实维护国家安全，切实维护人民权益，确保社会大局稳定，是政法战线的首要政治任务。"检察机关的法律监督工作是政法工作的组成部分，承担着与其他政法机关共同的政治任务。

"首要政治任务"决定了法律监督的政治方向和政治使命，检察机关和检察人员必须始终毫不动摇地、自觉地坚持正确的政治方向，执行政治使命。同时，检察机关完成首要政治任务的方式和途径是由法律监督的功能和特点所决定的。换言之，法律监督的功能是检察机关完成其首要政治任务的基本方式和特有途径，同时，法律监督所有功能的运用和发挥都必须服务和服从于维护党的执政地位、维护国家安全、维护人民权益、确保社会大局稳定这四个方面的首要政治任务。

维护国家的法制统一是社会主义检察机关的根本职责。作为一项专门的国家职能，法律监督的基本功能就是保障法律的统一正确实施，维护法制统一和司法公正。法律监督的具体功能及其实现途径是多方面的，主要表现在三个方面：一是维护国家安全、经济安全和社会稳定。检察机关通过履行公诉等职能，追究犯罪人的刑事责任，维护社会的安宁和秩序。二是保障国家权力的正确行使。检察机关通过履行职务犯罪侦查、公诉等职能，对国家机关和国家工作人员遵守法律的情况进行监督，追究贪污受贿、滥用职权、玩忽职守等犯罪行为，有利于保证国家机关和国家工作人员在法律范围内从事公务活动，促进廉政勤政建设。三是维护法制统一和司法公正，保障社会公平和正义的实现。检察机关通过履行公诉、职务犯罪侦查和诉讼监督等职能，追诉犯罪，促使诉讼中的违法情况得到纠正，有利于维护公民和法人的合法权益，清除腐败犯罪，防止司法不公。

检察机关法律监督的作用既是重要的，也是有限的。由于检察机关法律监督的范围是由法律规定的，因而对超出法律监督范围的违法现象，检察机关无权进行监督。同时由于法律监督具有规范性的特点，法律关于监督程序和手段的规定是否完备，也会影响法律监督的效力，制约法律监督的作用。另外，检察机关对诉讼活动的法律监督基本上是一种建议和启动程序权。对诉讼中的违法情况提出监督和纠正意见，只是启动相应的法律程序，建议有关机关纠正违法，不具有终局或实体处理的效力。诉讼中的违法情况是否得以纠正，最终还是要由其他有关机关决定。特别是解决人民群众反映强烈的司法不公问题，不仅需要检察机关依法履行监督职责，也需要有关机关认真接受监督，自觉纠正违法现象。一方面，检察机关法律监督的作用是有限的，既受到自身监督能力的限制，也受到其他条件的限制，使其应有的一些作用没有充分发挥出来；另一方面，检察机关法律监督的作用是有限的，是因为按照法治原则，任何公共权力都应当受到法律制度、法律程序和其他权力的限制，这是社会主义法治条件下法律监督制度的重要特点。因此，我们要全面、客观地认识法律监督的作用，既不要因其重要性而夸大其作用，把它视为不受监督制约和法律约束的绝对权力，也不要因其有限性而否定或者贬低其作用，看不到它在推进和维护国家法治中的重要意义。在社会主义监督体系中，各种监督尽管对象、范围和方式不同，但是互相促进、互相补充，构成了一个有机统一的整体。检察机关法律监督的作用不能被其他监督所替代，同样也不能替代其他监督的作用。只有充分发挥各种监督的作用并形成整体效应，才能有效地保证法律的统一正确实施。

检察机关的法律监督职能，既要加强，也要受到有效的监督和制约。从国家法治发展或者法律实施的总体状况来看，法律监督的功能发挥得不够充分、监督乏力、监督不到位的问题仍然比较突出，法律监督的能力和公信力需要加强，有关的立法需要完善，有关的执法条件包括人力、物力支持等需要改善。同时，从检察机关的执法水平和办案质量来看，法律监督的功能发挥得不够好，权力的滥用和腐败问题仍然存在，必须加强内部和外部两个方面的监督制约。检察机关内部的监督制约是重要的，应当通过健全和完善内部工作机制等改革措施进一步加强；外部的监督制约也是不可忽视的，应当根据检察工作的特点和规律加以完善和强化。检察机关的外部监督和制约主要有：一是接受党对检察工作的领导，检察工作中的重大部署、重大问题，都要及时向党委请示报告；二是接受人民代表大会及其常务委员会的监督，包括工作报告的审议、人事任免、质询、特定问题的调查及决定、逮捕人大代表须经许可等；三是接受政协的民主监督，接受舆论监督和人民群众监督；四是接受公安机关、人民法院和律师在法律程序上的制约。从法律监督的特点来看，它基本上属于程序性监督，即主要是依法启动程序或作出程序性的决定来发挥监督作用，一般不具有实体性的处分权或司法裁决权，必须接受权力机关或司法机关的裁决，而这些裁决本身就构成了对法律监督权的监督和制约。从国家监督体系来看，法律监督属于国家监督体系的一个组成部分，各个具有监督职能的部门之间都具有一定的监督制约关系，因而法律监督本身必然要受到多重监督和制约。尽管在现行法律和制度上，检察工作受到的监督和制约是多方面的，甚至是全方位的，但是从实际的效果来看，仍然不尽如人意。问题的关键是，有关的监督制约机制设计得不够科学，执行得不够有效。因此，我们在强化法律监督的同时，必须充分认识加强对检察权运行的监督制约的重要性。检察机关不仅有义务接受各方面的监督，把监督制约当做改进工作的动力和契机，而且要主动地创新外部监督的方式、方法，从制度上保证监督制约机制更加有效地发挥作用，否则，法律监督的功能就难以全面实现。

第一章　中国特色社会主义检察制度的历史渊源和发展

　　检察制度是现代司法制度的重要组成部分。与警察制度和法官制度相比，检察制度的产生是比较晚近的事情，但是它却承载着独特的和不可替代的法治功能。世界各国检察制度的形成和发展轨迹各有不同，却蕴涵了相通的法治理念和发展要求，这是现代检察制度发展的共同历史基础。作为我国政治制度和司法制度的有机组成部分，中国检察制度是适应我国经济、政治、社会和文化发展要求、反映中国法律文化特点、体现现代检察制度的发展规律的一项独特的制度模式。认真梳理和科学把握中国检察制度的历史发展过程和特点，对于认识中国特色社会主义检察制度的历史必然性和现实合理性具有重要的理论意义。

第一节　中国检察制度的历史渊源

　　中国检察制度的历史渊源是多元的。中国古代的御史制度、两大法系国家的检察制度以及前苏联的检察制度，作为文化元素都对中国特色社会主义检察制度的形成与发展产生了不同程度的影响，构成了它的历史渊源。

一、御史制度与中国检察制度

　　中国在近代以前没有产生现代意义的检察制度。与此相关的是，自周至清一直存在着一项十分重要而独特的政治法律制度——御史制度。其纠察百官、监督制约权力的特点，与现代中国检察制度有一定的文化传承关系。所以，既不能把御史制度简单地视为现代中国检察

之制度渊源，也不能不注意到它们之间的文化联系。我们在这里介绍
御史制度，也是以此为出发点的。

御史制度可溯源至古代的言官和察官制度。据史籍记载，中国古
代在虞舜时就有言官和察官之职。不过在政治草创之时，事务简略，
君主事多躬亲，需要人臣谏诤的可能性多，需要监察官吏的可能性
少，所以，言官较纠察之官的设立早一些，所谓"言官始自虞舜，
察官肇自西周"①。言官和察官制度与中国古代的御史制度有着密切
的联系。御史的名称，最早见于《周礼》。② 主要是掌管记事的言官。
春秋战国时，也有"御史记事"的记载。③ 所谓"御史之名，周官
有之，盖掌赞书而授法令，非今任也"④。秦汉以后，御史担当了察
官之职，当时设给事中和御史二职分别掌管建言和纠察之职。御史组
织分为中央和地方两类，分别掌管对中央和地方官吏的纠察。自秦以
后，御史大夫或中丞均位列三公，朝称独坐，成为中央政权的重要组
成部分。

秦朝时，御史大夫掌管国家监督，下设御史中丞，中丞的职权是
负责在殿中察举违法官吏。除中央机构外，御史大夫还领导着分察地
方三十六郡的监御史。监御史的职责是监理诸郡，监察地方违法事
宜。西汉末年以后，御史台开始建立，由御史中丞任长官，形成专门
的纠察机关，但在体制上隶属于少府统辖。到魏晋南北朝，御史台由
皇帝直接领导，不再隶属于其他部门，地位空前，号称"天子耳
目"，御史中丞"职无不察"，有"肃震百僚"的权威。唐代，御史
制度进一步发展，实行一台三院制。中央设御史台，长官为御史大
夫，"掌以刑法典章纠正百官之罪恶"。下设三院：台院，掌纠弹百
官，推鞫狱讼；殿院，负责纠察朝仪和管理廷殿供奉仪式；察院，执

---

① 参见监察院监察制度编纂处编：《监察制度史要》，南京汉文正楷印书
局 1935 年版，第 3 页。

② 参见《周礼·春官》："御史掌邦国都鄙及万民之治令以赞冢宰。"

③ 参见《史记·廉颇蔺相如列传》。

④ 参见监察院监察制度编纂处编：《监察制度史要》，南京汉文正楷印书
局 1935 年版，第 3 页。

掌监察州县地方官吏。宋代基本上沿袭唐代的制度。到了元朝，御史台的地位更加提高，成为与中书省、枢密院并立的三大机关之一。在地方，划分全国为二十二道监察区，诸道设"肃政廉访史司"，同时，特设两个行御史台作为中央御史台的派出机关，加强对诸道肃政廉访史司的领导，从而形成了上自中央下至地方的一整套封建纠察系统。明清两朝，御史台改称都察院，监督体系进一步完善。清雍正年间，初以职掌封驳为主，后延伸至评判政令得失的给事中制度并入都察院，形成史称的"科道制度"，从而进一步实现了御史集中行使国家监督职能。

御史组织的出现并成为国家机器的重要组成部分，这是中国古代政治法律制度的一大特色。从文化比较的角度看，御史之权是一项十分特殊的职权。就欧美的三权而论，监督政府，弹劾官吏，是立法权；理讼治狱，三司会审，是司法权；汉朝的监理民事、明清的督抚兼揽军政，则是行政权。御史的监督权既是一种能够参与和制约立法、行政和司法的复合型权力，也是一项没有实体性决定权的程序性权力。这是欧美各国未有之特殊制度。这样一项制度，在中国五千余年的文化史上，始终伴随着政治统治的兴衰而存在和发展，受到历代帝王的高度重视，发挥了极其重要的控制权力的作用。在两千余年的君主专制之下，中国人仍能感受到相当程度的自由，与此专门化的监督制度的权力控制有相当大的关系。在政治如有繁苛，官吏如有贪污时，不待民众自动，御史官吏即先行举发了。所以，美国学者巴直氏曾经评价御史权是"中国的弹劾权，是自由与政府中间的一种良善调和方法"。孙中山曾经援引此言，主张将监察权独立设置，建立五权宪法。① 在政治传统或者政治思想方面，中国没有三权分立的文化基础，而更崇尚建立一项集中统一的监督权来解决权力的监督制约问题。

中国检察制度在维护国家法律的统一正确实施，实现法律监督方面，与御史制度有着密切的文化渊源。就职权而论，御史组织的职权

---

① 参见监察院监察制度编纂处编：《监察制度史要》，南京汉文正楷印书局1935年版，第57页。

主要有监督法律和法令的实施，对违犯朝廷纲纪的官吏进行弹劾，实质上也就是进行告发和起诉；参与并监督中央司法机关对重大案件的审判活动；在全国范围内或在特定地区，对地方司法情况进行监督和检查；等等。① 这其中包含了一般监督权、追诉犯罪权、监督审判权等权能。据此，有观点认为，中国御史制度基本符合代表国家追诉犯罪，实行司法监督或法律监督的现代检察权的标准，可以完全肯定它是一种比较完整的以实现法律监督为基本职能的检察制度。② 就这一点而言，现代中国检察制度的特殊建构，其法律定位、职能设置等可以从中国御史制度中找到源远流长的文化传统，其与御史制度所包含的代表中央集中统一实行法律监督、独立行使职权、监督审判权以及纠举官吏犯罪等内容，有历史相通性。当然，我们应当看到，御史制度存在行政监察与司法弹劾不分，指控与审判不分等历史局限，与现代检察制度是有重要区别的，因而它并不是现代意义上的检察制度。不过，御史制度的文化传统对我国建立现代检察制度的影响，乃至检察制度模式的选择，都具有重要的作用。中国检察机关定位于法律监督机关，与御史制度的传统存在一定的文化联系。

二、西方检察制度与中国检察制度

检察制度是一个外来的概念。尽管就其监督的内容而言，中国古代曾经存在过具有监督性质的机构，但是作为现代政治法律制度的构成因素，就其在宪政条件下与审判职能对应而存在、以诉追犯罪为基本职能的结构形式而言，现代检察制度是西方的产物。中国检察制度是中国御史制度与西方检察制度结合、演化的结果。如前所述，御史制度在权力的监督制约、监督官吏等方面为中国检察制度的建立和发展提供了文化和传统条件。在特定的历史条件下，西方检察制度则为近代中国检察制度的建立提供了直接的制度参照。考察西方检察制度

---

① 参见陈光中、沈国锋：《中国古代司法制度》，群众出版社1984年版，第30页。

② 参见王桂五主编：《中华人民共和国检察制度研究》，法律出版社1991年版，第25—36页。

的形成与发展过程，有助于我们理解和把握现代检察制度的内在发展规律和法治功能，也使我们清晰地看到，现代西方检察制度虽是资产阶级革命的产物，但不是从天上掉下的或者是没有历史根据的发明创造，而是从封建国王的代理人转变而来的，有其特定的文化传统和历史渊源。

1. 大陆法系国家检察制度及其与中国检察制度的渊源关系

大陆法系国家检察制度发端于法国。公元5世纪时，日耳曼人入侵罗马帝国，建立了诸多王国，日耳曼法与罗马法开始融合。在日耳曼法律传统中，实行"弹劾主义"的诉讼制度，采不告不理原则和被害人追诉主义。有权控诉者限于被害人，如果被害人死亡，则限于其家属，其他人不可以代替行使控诉权。9世纪以后，当时最强大的查理曼帝国分裂为三个王国，法兰西王国即今天的法国是其中之一。法兰西承袭了日耳曼法传统，同时也继受了罗马法和教会法。法兰西王国初期封建割据十分严重，审判权不统一。在弹劾主义诉讼制度之下，唯有国王和领主可由代理人出庭诉讼。当时，每个庄园设置"管家"，作为领主的代理人征收地租，计划开支，在庄园法庭上代表领主。几个庄园之上设有"总管"主持审判。国王则设代理人作为诉讼代理人参与诉讼，一方面代表国王的权益，主要是经济权益，另一方面监督法院对科处罚金和没收财产等刑事案件的审判，罚金和没收是国王财政上的重要收入。国王代理人是国王利益的代表和维护者，国王代理人也可以说是当时的国家利益的代表和维护者。

12世纪以后，法国向等级代表君主制过渡，王权逐渐加强，王室领地不断扩张，日耳曼法逐渐为罗马法取代，法律趋向统一。13世纪，法王路易九世实行司法改革，把大领主的司法权置于国王法院的管辖之下，教会法院和城市法院的审判权也受到限制。国王法院可以受理对任何领主法院的上诉，重大案件和政治案件只能归王室法院审理，并在中央设立了最高审判机关，国家司法权趋于统一。与司法权向国王集中相伴随，不告不理的"弹劾主义"及被害人追诉的诉讼方式开始向国家主动追究犯罪的诉讼模式转变。这一转变，受到了教会法庭中"告发官"之职位设置的影响，与此同时，封建割据时期维护庄园主和国王私人财产权益的管家或代理人起诉制度得到了进一步发展。教会法庭从公元 9 世纪起就开始采用积极主动追究犯罪的方式。到 12 世纪，法官纠问制度全面确立，法官不仅可以传唤或逮捕犯罪嫌疑人，并可依职权传讯证人并据以定罪量刑，因而法官身兼追诉者和审判者的双重身份。纠问程序的启动，需要一定的社会反应等"相当于外来控诉的情况"。于是，教会法庭衍生出另一角色，即"告发官"的职务。告发官的职责在于向教会法庭检举犯罪，使教会法庭得以启动其调查和追究犯罪的职权。这一角色，就其作为官员向法庭检举犯罪而言，已经具有检察官职能的某些成分。在加强王室司法权的过程中，教会法庭的纠问程序成为法国世俗审判的模仿对象。13、14 世纪，法国弹劾主义的诉讼方式转变为以职权审讯为特征的纠问制度。庄园管家或者国王代理人代表领主或者国王起诉财产类犯罪的制度发展成为告发制度。14 世纪，类似教会法庭告发官的角色在普通法庭出现，即由国王代理人担任公诉官。1302 年，腓力四世颁布国王敕令规定，代理人要和总管、地方官吏等一样进行宣誓，经过宣誓，可以以国王的名义参加有关国王利益的一切民事和刑事诉讼。凡涉及作为王室收入的罚金和没收财产的诉讼，都不准采取私人起诉的方式提起，而转由作为国王代理人的国王代理官提起。至此，庄园管家、国王代理人起诉具有了一种官方性质。即从腓力四世开始，国王的利益已经从财产利益扩张至治安利益。随着王权的扩张，国王代理人的工作也扩展到检举、追诉有害于社会安宁的所有犯罪。① 由此，腓力四世时的国王代理人被认为是现代意义检察官的雏形。

　　15 世纪，法兰西国王代理人的职权范围由追诉权扩张到对判决的执行以及对裁判官的监督。1498 年路易十二世确立纠问式诉讼制度时，国王代理人的权限包括检举、诉追犯罪；受理民众的告诉、告发；侦查犯罪；向法院请求处罚罪犯；执行部分刑罚；以公益代表人的资格出席民事法庭以及监督司法行政事务等，并且官署附设于法

────────────

① 参见黄东熊：《中外检察制度之比较》，台湾文物供应社 1986 年版，第 6 页。

院，成为检察机关的前身。① 1670年路易十四关于刑事法律的敕令规定：在最高审判机关中设检察官，称总检察官。在各级审判机关设一定数量的检察官和辅助检察官，对刑事案件行使侦查起诉权。法国检察制度得到了进一步确立。法国资产阶级革命以后，继承了君主专制制度培育的检察官制度。1790年8月14日至16日"国民议会"通过法令，规定："检察官是行政派在各级法院的代理人。"② 检察官先是作为民族国家统一过程中中央王权对付封建司法专横的产物，而后又在三权分立原则下，成为资产阶级政权内部权力制衡协调的工具。1808年《法国刑事诉讼法典》全面规定了检察官在刑事诉讼中的地位和职权，规定了公诉活动的基本原则和具体程序，这是法国现代检察制度正式确立的标志。在1808年至1810年期间，法国不断改革和调整检察制度，确立了现代检察制度基本框架：检察官服从于司法部长的命令，检察机关是与审判机关分庭抗礼的司法行政机关。刑事诉讼中有权指挥司法警察而从事犯罪侦查；提起公诉、维持追诉，监督预审法官，执行裁判，出席关系到公益的民事诉讼案件的审判庭并发表意见，监督审判以及在司法行政上有权监督警察、律师等。③ 此后，法国检察制度的基本格局没有太大的变化。

　　法国的检察制度和《法国刑事诉讼法典》一同随着拿破仑的武力征讨传播到欧陆各国，对其他国家产生了重要的影响。德国在改造刑事诉讼制度的过程中，于19世纪初至19世纪中叶，引进法国的刑事诉讼制度，废除纠问式诉讼，创立了自己的检察制度。在德国检察制度创制的过程中，对检察官的地位和权限给予了相应的限制：将检察官的地位限定于刑事诉讼之原告地位，仅承认检察官具有追诉权与裁判执行权，而不承认其对法院的监督权。同时，为使检察官具有客观性，将在法国原属于行政官性质的检察官归类于非审判官的司法

官，并使检察系统不隶属于行政机关，而将其附设于法院。其结果是，德国的检察官不具有法国检察官的监督法院审判、干预民事诉讼以及控制预审推事的权限。检察官主要被作为制约审判权，通过控审分离保障审判的客观性和公正性，使其居于"法之看守人"的地位，并且通过检察官控制警察，以实现人权保障。德国检察制度带有实现并维持法治国家之历史性、社会性意义。① 日本在明治维新之后，仿效法国，于 1872 年建立检察制度，又于 1890 年参照德国经验，完善检察制度。"二战"以后，日本政体按照美国三权分立的模式进行改造，检察制度在保持大陆模式的基础上进行了特殊的改造，如结束审检合署，单独设立检察厅等。② 其他如芬兰、意大利、俄罗斯及前法国殖民地的一些国家检察制度的建立无不深受法国的影响，这些国家在检察官制度的建立，检察官的设置、职权，与警察和审判机关的关系等方面都基本相似，构成了大陆法系国家检察制度模式。

在法律传统上，大陆法系与中华法系乃至社会主义法系都有诸多近似。从清末改制到民国政府，再到新中国的建立，大陆法系的检察制度和检察理念对我国检察制度的产生和发展都有深刻的影响，中国检察制度在许多基本方面与大陆法系检察制度具有相通性。大陆法系检察制度对中国检察制度的影响具体表现在：

首先，它为近代中国检察制度的确立提供了直接的制度和理念渊源。1905 年清政府宣布"预备立宪"，着手改制期间即派出 5 位大臣出使欧、美、日，考察西方政制，并且自 1906 年开始采取一系列措施变法修律。在这个过程中，仿效西方君主立宪之下的"三权分立"原则，建立皇权控制之下的行政、立法、司法划分的体制，正式提出了检察的概念，并建立了近代形式的检察制度。从 1906 年颁布的《大理院审判编制法》、1907 年颁布的《高等以下各级审判厅试办章程》等法律文件中可以看到，当时整个检察机构的设置、职权叙述

---

① 参见黄东熊：《中外检察制度之比较》，台湾文物供应社 1986 年版，第 13 页。

② 参见王桂五主编：《中华人民共和国检察制度研究》，法律出版社 1991 年版，第 7 页。

以及检察厅与审判衙门共同隶属于法部的组织架构等，都明显受日本司法和检察制度的影响。这是因为，主持修律的沈家本、伍廷芳等人一向视日本为国情相近、便利效仿的榜样，而且修律过程中所聘请的外国法律顾问也以日本人为主。所以，近代中国的检察制度在特征上便与当时的日本相近，而它更深的渊源是大陆法系国家的检察制度。尽管清朝末年的司法制度基本上还只是"法典形态"，没有来得及推广，但是它引进了现代西方的法律制度和原则，为后来中国检察制度的建立和发展奠定了制度和理念基础。

一般认为，大陆法系检察制度确立的目的有三：一是废除当时诉讼中的纠问制度，确立诉讼上的审检分离原则，防止法官恣意；二是以受过严格法律训练和受法律拘束的公正客观的官署，控制警察活动的合法性，摆脱警察国家的梦魇；三是守护法律，使客观的法意——保护人权贯通于整个刑事诉讼程序。[①] 这些意旨在大陆法系国家检察制度创立的过程中体现得十分明确，也始终是大陆法系各个国家检察制度发展的根本动力。它也影响着中国检察制度的发展理念。

其次，大陆法系检察制度的形成和发展轨迹对中国检察制度有深刻的影响。大陆法系各国检察制度的形成和发展具有一些共同的规律。一方面，大陆法系国家检察制度的形成和发展始终与诉讼制度，特别是刑事诉讼制度的发展密切相关，是诉讼中保障人权和制约权力的要求。努力将客观公正地进行活动的检察官发展成为诉讼活动的枢纽，是欧洲近一个半世纪以来刑事诉讼程序向更为正义和人道的方向发展的主要成果之一。中国在清末建立现代检察制度的过程中，引进和遵循了现代诉讼理念和原则，对刑事诉讼中的检察职能做了明确规定，并以此作为发展检察制度的基本出发点。另一方面，大陆法系检察制度的发展体现出强烈的国家主义观念。国家主义指的是以国家权力为核心，以"权力至上"为价值基础的观念体系。正如狄骥、卢梭、康德、黑格尔等人所表达的，它是这样一种观念：相信个人只有通过国家才能找到实现其道德存在的途径；国家的权力是无限的，而

---

① 参见林钰雄：《检察官论》，（中国台湾）学林文化事业有限公司1999年版，第17页。

且只有这种无限的权力才能保障个人的自治性。个人自由、权利是来自国家并通过国家权力而实现的。这种国家至上观念为国家权力积极、全面地介入刑事诉讼以及各诉讼权力机关之间的协同配合关系提供了思想资源和正当化根据。体现在制度构建上，大陆法系国家的检察制度渗透着突出国家权力的职责和积极干预的精神和发展方向，这一点在中国检察制度的建构方面也是存在的，这也是中国检察制度与欧陆检察制度具有相通性的体现。

再次，大陆法系检察制度对中国检察制度的具体内容和特点有一定的影响。大陆法系国家的检察制度具有以下特点：（1）检察机关的地位、检察官的职权得到进一步的发展。检察机关的实际地位高于当事人，负有保护社会秩序、惩治犯罪的义务。在大陆法系国家，犯罪被认为是对国家和社会利益的侵犯，国家负有保护社会秩序，惩治犯罪的义务。开展侦查和在有足够的证据时对犯罪嫌疑人提起公诉是检察官的义务，而且法院也负有查明事实、惩罚犯罪的义务。因此，在诉讼架构中，检察机关和侦查机关、审判机关一样是行使国家职权的机关。检察官地位比当事人的诉讼地位要高，是一种司法官，而不是被视为刑事诉讼一方当事人。（2）检察机关的职能、职权十分广泛，客观公正义务受到强调。检察机关拥有对犯罪案件的侦查职能，也有权指挥司法警察、调动警察实施具体侦查活动；检察机关公诉权的"权力"特性更突出，而非"权利"特性，检察官的自由处分裁量权受到严格的限制，如德国有强制起诉程序，日本以检察审查会制度对检察官的不起诉决定进行审查，以避免检察官滥用不起诉权。大陆法系国家对检察官起诉权的制约重心是不起诉行为，而不是起诉行为，这与美国检察制度恰恰相反。人们相信检察机关在法定的"客观追诉义务"的要求下会公正地开展犯罪追诉活动，一般不可能滥用权力。即使滥用起诉权，错误地提起公诉，还有法院的后一道程序把关。同时，检察官拥有对侦查、审判行为的监督职能。基于客观公正义务，检察官对警察的侦查活动有监督权，对侦查的合法性负责；在案件审理过程中，检察官对证据及其认定的合法性，对判决的合法性、公正性负有监督义务。检察官拥有二审上诉权和对生效判决、裁定的再上诉权或抗诉权。（3）检察机关的组织体制和检察官制度比较严格。由于检察机关的特殊职责，尤其是它在维护法律秩序和在刑事司法当中扮演的重要角色，检察机关往往在事实上被作为司法机关而从一般行政机构中分离出来，建立起与法院组织机构相应的组织体系，形成一体化的领导体制。与此相应，这种模式下的检察官和法官一样被作为司法官看待，在从业资格、培养途径、任职条件和资质、身份保障方面与法官一致。

　　基于上述种种渊源关系，中国检察制度与大陆法系国家的检察制度在基本理念、制度建构等方面具有很多相通性和制度亲合性。在20世纪中后期以来，为了扩大和加强刑事诉讼程序对犯罪的反应和处置能力，进一步增进诉讼中的人权保障，大陆法系国家检察官自由裁量的权力空间得到拓展，如意大利刑事诉讼法改革中，伴随着简易程序的增设，赋予了检察官更灵活多样的处置权；德国检察机关的不起诉制度有了新的发展等。诉讼程序方面发生了持续性的由纠问式审判方式向对抗式审判方式转变的运动，检察官在刑事诉讼中的地位、职权和活动程序等更强调与被告人的对等性。大陆法系国家的检察制度出现了与英美法系国家当事人主义的检察制度融合发展的趋势。这些发展变化对我国检察制度的改革和发展都有不同程度的影响。不过，我们应当注意到，上述大陆法系的检察制度实质上就是公诉制度，而公诉在我国检察制度中仅仅是法律监督的一项职能，因而它对我国检察制度的影响也基本局限于公诉制度方面。

　　2. 英美法系国家检察制度及其对中国的影响

　　英美法系的检察制度主要是以英国诉讼模式为基础发展起来的一种检察制度类型。英美法系检察制度与中国检察制度具有很多文化上的差异，它对中国检察制度产生影响主要是20世纪80年代以后的事情。尽管如此，考察英美检察制度的形成和发展过程，对我们理解现代检察制度，把握现代中国检察制度的发展方向是十分必要的。

　　英国作为奉行普通法、衡平法传统的国家，其检察制度的起源与发展具有自己的特点，是英美法系检察制度的发祥地。与法国不同，英国历史上没有现代意义的公诉制度，其起诉制度经历了一条独特的发展道路。大体上，英国检察制度的形成和发展过程可以分为三个阶段。

第一个阶段是大陪审团起诉阶段。尽管这一时期检察制度基本没有确立，但是它提供了英国检察制度赖以形成和发展的历史和法律文化背景。在"诺曼征服"前，不列颠岛上的法律是盎格鲁—撒克逊法。这种法律的突出特点是分散性，各地区有各自的习惯法。刑事诉讼中采取私人追诉主义和弹劾主义诉讼制度。1066年，诺曼公爵威廉征服英国，将欧洲大陆已经发展成型的封建制度移植到英国。当时，由于要对付被征服者随时可能出现的反抗，征服者必须团结在一起，形成一个强有力的整体，所以英国的王权比较强大。由于这个特点，当法兰西王国在为封建集权化进行斗争的时候，英国封建统治者却在发展经济，进行司法改革，以便统一法律。为了缓和同被征服者的矛盾，统治者一方面宣称尊重原有的习惯法，另一方面又通过比较缓和的改革措施来统一法律，建立和完善司法制度，其中也包括检察制度。

11世纪以后，英国国王为加强其司法管辖权，派出巡回法官到地方审理案件，因为缺乏充足的警察力量，且无一套有效制度将地方的犯罪提交巡回法官审判，遂借鉴教会法庭的告发陪审制度。① 1164年，亨利二世颁布了克拉灵顿诏令，规定王室法院的巡回法官在审理地方土地纠纷时，可以从当地骑士和自由农民中挑选12名知情人作证人，经宣誓后向法庭提供证言，以确定当事人双方的理由是否充分，从而建立了一种新的审判制度。这种审判制度即陪审制，但当时把这些人称做陪审官而不称证人。1166年，亨利二世再次颁布克拉灵顿诏令，规定凡属重大刑事案件如暗杀、强盗、伪造货币和文件、纵火等，都必须实行陪审制，由12名陪审员向法庭控告。这时的陪审员不仅要证实犯罪是否存在，而且还要呈请法庭逮捕和审判被告。这表明，英国当时已开始出现在审判前对犯罪的证据进行核实、判断并向法院控诉的组织。但是，这时的陪审官还不是完全的公诉人，他们具有证人和陪审法官的性质。1275年，英王爱德华一世颁布了《威斯敏斯特条例》，肯定了亨利二世司法改革的成果，并将陪审制度固定下来，明确规定刑事案件必须实行起诉陪审制。1352年，爱

---

① 参见龙宗智：《检察制度教程》，法律出版社2002年版，第27页。

德华二世为促使起诉与审判分离的进一步改革，颁布诏令禁止起诉陪审团参与制作判决书，另设小陪审团参与法庭审判案件事实的活动。从这个时候起，大陪审团就成为起诉的专职机关，它对严重的刑事案件实施必要的侦查，在起诉书上签署"正当诉状"，然后将被告人移送小陪审团审讯。大陪审团如果认为起诉的根据不足，就在起诉书上签署"不正当诉状"，案件即告终结。

　　大陪审团起诉制度所存在的时期是英国起诉制度的重要发展阶段，它的形成与两个因素直接相关，一个是当时在英国实行的盎格鲁—撒克逊法及其传统；另一个是巡回审判制度，它是英国特定历史条件下的产物。如果从维护国家利益、体现国家意志、获得国家认可等方面看，大陪审团起诉制度不是私诉，也不是法国类型的公诉，而是在私诉基础上发展起来的一种公共起诉制度。在一定意义上，它蕴涵并承载了公诉任务，是英国公诉制度的一个发展阶段，对现代英国刑事起诉制度的模式产生了重要的影响。大陪审团制度在后起的美国检察制度中发展成为限制公诉权滥用的一种制度安排。19世纪近代警察制度建立之后，大部分案件的起诉工作由警察承担，但同时其他相关的机构也有权起诉，这种起诉权分散的情况一直持续到20世纪80年代。

　　第二个阶段是检察官的出现和现代公诉制度的萌芽阶段。检察官的出现同样是从维护国王私人利益的代理人发展起来的。自"诺曼征服"后，英国各地的习惯法并不一致，国王为了缓和矛盾，在承认各地习惯法的基础上对法律制度逐步进行改革。在改革过程中，形成了以判例法为主的普通法，这使英国的法律制度更加复杂。这种情况促使律师职业较早地产生和发展。国王为了维护王室利益，也需要委托律师，聘请法律顾问，为他讲解法律知识或代替他进行诉讼。1243年，英国开始有国王代理人，代理起诉涉及君主的诉讼案件。其主要职责是担任国王的法律顾问，就支付租金和偿还土地的案件支持控诉等。1290年，国王代理人这一职业开始由专人负责。1311年，开始有了国王代理人的正式任命，使之成为正式的国家官员。1461年，在对新任国王代理人约翰·赫伯特的任命特许状中，将其称为英格兰总检察长。1515年，新任国王辩护人被赋予副总检察长的头衔。

他们都担负在皇家法庭上维护君主利益的职责，主要从事政府法律顾问方面的工作。这是英国检察官制度的雏形阶段。

英国检察官的正式确立是在19世纪末20世纪初。由于总检察长和副总检察长的职责只是负责处理涉及王室的案件，对于王室以外的诉讼并未介入，这就使王室以外的利益缺乏足够的保护，不利于资本主义商品经济的发展。在这种情况下，采用公诉制度，创建检察制度的设想不断被提出。早在16世纪，亨利八世提出构想，但未获国会通过。至19世纪近代警察制度创立并承担了大量的起诉工作以后，由于警察起诉工作缺乏足够的指导，设置检察制度的建议再次迭起，自1854年后，提议更是不断地被提到国会，但是终因英国人对于设置检察制度的价值有所怀疑，并担忧检察制度沦为政治斗争的工具而未获通过。最后，在1879年，英国颁布《罪行检控法》，规定设立专门办理破坏王室之外利益的案件的检察机关——公诉处。由此，形成了在中央一级是总检察长和副总检察长，在地方上则是由内政大臣领导下的公诉处检察官这样一种检察制度。① 此后，经过1884年、1908年两次颁布同名《罪行检控法》，英国确立了现代检察官制度的基本结构。根据1884年的《罪行检控法》，公诉长官可以独立成为刑事追诉的主体，并且是国家公务员，这被看做是英国历史上的检察官。② 后来，公诉处进一步发展，但是还没有发展成一个从中央到地方完整的检察机关体系；检察机关的职权较小，活动范围狭窄。检察机关主要的职权有两个：一是为国王和政府提供法律服务；二是提起公诉，但提起公诉的案件较少。所以，人们质疑英国究竟有没有检察制度，至少不曾有过法国那样的检察制度。

第三个阶段是英国现代检察官公诉制度的正式确立。英国历史上，一般民众对将刑罚法规的执行交由国家机关或官员专责包办抱有怀疑与恐惧，使得采取公诉制度或建立检察制度的动议始终不能实

----

① 参见王桂五主编：《中华人民共和国检察制度研究》，法律出版社1991年版，第9页。

② 参见黄东熊：《中外检察制度之比较》，台湾文物供应社1986年版，第27页。

现。20 世纪以后，随着人们对警察起诉制度的检讨，这种状况有了重大的改变。

1978 年，基于公众对刑事诉讼程序的质疑，英国内政部长宣布成立一个刑事程序国家委员会，着手检讨刑事司法制度，这成为英国现代司法改革的第一步。刑事程序国家委员会经过调查，对于英国长期以来实行的起诉制度提出了批判。这种批判主要涉及侦查与起诉不分的体制。委员会建议对于警方已决定起诉的案件，实施一种独立的起诉措施，建议毫不迟疑地在每个警察管区设立法定的起诉机构，在地方一级设立皇家检控官负责案件的起诉。为了加强对警察起诉案件的证据审查和起诉标准的统一，英国最终借鉴了大陆法系国家的普遍做法，于 1985 年制定《犯罪起诉法》①，建立了由检察机关提出诉讼的制度。

根据 1985 年《犯罪起诉法》的规定，英国自 1986 年起在英格兰和威尔士建立由总检察长领导的全国性的起诉机构。英格兰和威尔士的起诉机构称为皇家检控署，分别划分为不同的区。皇家检控署是分级设置、上下统一的检察系统，它以检察长为最高首脑，指挥皇家检察官的起诉和其他诉讼工作。皇家检控署在地方是按新划分的检务区，设立首席皇家检察官及其办事处。在它下面按不同地区设立检察机构。皇家检控署的重要职责是在警察提起起诉程序后接管刑事起诉的责任。检察长和皇家检察官如果认为必要时，可以随时终止并接办私诉案件；检察部门有权了解警务部门正在处理的案件。为了使皇家检控署能够控制警察提出起诉后的起诉走向，《犯罪起诉法》赋予皇家检察官拥有维持原指控、变更指控或者决定终止诉讼的权力。通过这样的改革，英国建立了自上而下、统一的检察机关体系，加强了对公诉权的控制，扩大了检察机关的职权。由此，英国检察制度在变革中突出了国家追诉的重要性，以及加强检察机关职权、强化检察机关统一领导体制的发展趋势，这也是两大法系检察制度融合发展的体现。

美国检察制度带有很大的文化融合性，英国、法国和荷兰的法律

---

① 又译为：《罪行检控法》、《刑事起诉法》、《刑事检控法》。——作者注

制度都曾经对其产生过深刻影响，因此美国检察制度的起源和发展都有自己的特色。① 美国较早产生的是地方检察系统。北美殖民地初建时期，受英国传统的影响，"私诉"是刑事案件的基本起诉方式。后来，公诉开始在一些案件中代替私诉，警务职能开始与起诉职能分离，社会中出现了一些专门负责刑事案件起诉的官员。1643 年，弗吉尼亚殖民地任命了美国历史上第一位检察长，作为英国国王在该殖民地的代表，主要职责是在法院审判中提供法律咨询。尔后，其他殖民地也相继设立了检察长，其中有些具有明确的起诉职能。17 世纪中期，随着荷兰人的统治，其法律传统对纽约殖民地产生了深刻影响。1653 年，纽约地区建立了一个以荷兰法院为模式的殖民地法院，由 1 名首席法官、3 名法官和 1 名司法官组成。该司法官的主要职责就是在刑事案件的审判中提起公诉，因此他是美国最早的地方检察官之一。1664 年，英国获得了对纽约殖民地的管辖权，使英国的习惯法与荷兰的法律传统融合在一起。原来设在法院中的司法官被取消了，但是其公诉职能由英国传统的司法行政官继承下来。1662 年，康涅狄格率先设立县检察官，负责刑事案件的起诉。1704 年，其法律规定各县的检察官负责所有刑事案件的公诉工作，使得康涅狄格成为北美第一个在县级法院确立公诉制度的殖民地，标志着地方检察制度的形成。政治上的地方分权和地方自治也反映了北美殖民地时期美国检察制度的发展方向。

联邦检察系统则是在独立战争以后建立的，美利坚合众国成立之初，联邦总统很需要一位法律顾问来帮助他处理各种法律事务。1789 年，国会第一次会议通过了一项法案，授权总统任命一名联邦检察长。其职权包括：在联邦最高法院审理的刑事案件中提起公诉；参与联邦政府可能为一方当事人的诉讼；应联邦总统或各部首长的要求提供有关法律问题的咨询意见等。

联邦地区检察官的设立是由 1780 年的《司法条例》（the Judici-

---

① 有关美国检察制度的介绍，资料来源主要参考了何家弘教授主持的最高人民检察院 2007 年度检察基础理论研究重大课题"检察制度比较研究"（课题编号：GJ2007A04）的课题研究报告。

ary Act）规定的，联邦地区检察官也由总统任命。他们负责起诉那些应该由联邦法院管辖的违法犯罪案件，而且他们在自己的司法管辖区内享有几乎毫无限制的独立起诉权。虽然联邦检察长①被视为联邦政府的首席法律官员和首席公诉官员，但他与各联邦地区检察官之间并没有实质意义上的隶属关系。联邦地区检察官在很大程度上是按照各州地方检察官的模式建立的。

19世纪前半期，美国检察制度的发展中地方检察官权力不断扩大，独立性不断增强。1832年，密西西比州率先在其宪法中把地方检察官列为公众选举产生的官员。其他一些新成立的州也相继在宪法中规定检察官与司法行政官和验尸官均为选举产生的县级行政官员。地方检察制度主要分市、县两种模式，职权的行使等在各州发展呈分散和不平衡的特点。美国内战结束后，联邦政府的中央权力得到加强，检察制度出现了新的发展。1861年的一项法律明确规定，联邦检察长有权监督和指导各联邦地区检察官的工作。1870年，联邦司法部成立，检察长兼任司法部长。由此，检察长不仅是联邦政府的首席法律顾问，而且是联邦司法系统的行政长官。20世纪初期，联邦检察系统的集中性得到加强，在这一体制下，各地区检察官虽然对本地区的检察事务负完全责任，但是要遵循统一的联邦政策和标准。

20世纪以来，美国地方检察官的权力在稳步增长，他们成为地方刑事司法系统中最重要的官员之一，在刑事诉讼过程中有了更大的决定权。从19世纪末到20世纪70年代，一系列司法判例确认了检察官在对刑事案件提起公诉问题上的不得复议的独有权力，尽管各州的地方检察制度发展并不平衡。

总的来说，美国检察制度在体制上呈现出分散的特点。联邦司法系统具有一定的集中性，其分为94个司法管辖区，每区设1个联邦检察署，由1名联邦检察官和若干名助理检察官组成。他们是联邦检察工作的主要力量。在一般案件中，他们自行决定侦查和起诉，但要遵守检察长制定的方针政策。在某些特别案件中，如涉及国家安全的

---

① 因为联邦检察长同时也是联邦司法部的首长，所以在中国一般翻译为"司法部长"。

案件和重大的政府官员腐败案件中，他们往往会寻求司法部刑事处的支持和帮助，而且必须得到联邦检察长或主管刑事处工作的助理检察长的批准才能提起公诉。地方检察系统则以州检察机构为主，一般由州检察长和州检察官组成。州检察长名义上是一州的首席检察官，但他们多没有公诉职能，也很少干涉各检察署的具体事务。各州的情况不相同。市检察机构是独立于州检察系统的地方检察机构，但并非美国的所有城市都有自己的检察机构。联邦司法部的有关部门和 94 个联邦地区检察署、2700 个州检察署，再加上难以计数的城市检察机构，共同构成了美国的检察系统。

美国检察机关的基本职能是刑事案件的侦查和起诉，以及其他法律事务。检察官可以协同警察或执法人员对犯罪案件进行侦查，可以对官员腐败等类犯罪案件直接进行侦查。针对高级官员的犯罪案件联邦检察长可以任命特别检察官或独立检察官进行侦查。在起诉方面，尽管有的州法律规定了大陪审团调查以及预审听政方式，以对检察官的起诉权进行限制，但是实际上这两种程序对检察官权力的制约效力都很小，美国检察官在行使起诉职能的过程中享有极大的自由裁量权。

比较而言，由于美国较早地受到大陆法系的影响，其检察制度走出了一条不同于英国的、有鲜明特色的道路。公诉制度的形成和检察官组织与警察机构、审判机构的分离比英国要早得多；在决定公诉和进行侦查等方面，美国检察官的职权始终较英国更为突出。因此，有观点认为美国检察制度既不起源于英国，也不起源于法国或荷兰，而是美国社会在文化融合发展的过程中自身形成的独具特色的检察制度模式。这反映了法律制度形成过程中的本土性的一面。实际上，作为受英国法律传统直接影响的美国，其检察制度在一些基本的方面保持了同英国的一致性。英国的私诉制度是美国最初的起诉方式，美国虽受大陆法影响，但在形成检察官起诉制度的发展过程中没有摆脱英国法律的作用，其检察机关职能定位为公诉机关而不是侦查机关，检察官对警察侦查没有如大陆法系国家那样的主导地位和指挥权，以及基于当事人主义的传统，检察官作为一方当事人在起诉过程中享有广泛的裁量权，等等，这些符合英美法系检察制度的基本特征，因此，美国检察制度在法律传统上仍然属于英美法系的检察制度，但是它已经发展成为英美法系检察制度中的一个具有代表性的、比较成熟的制度模式。此外，英国的法律传统对原属英殖民地的国家如加拿大、印度、澳大利亚、新西兰等也产生了直接的影响，这些国家的检察制度与英国具有很深的渊源关系和相似性。

　　概而言之，英美法系检察制度的形成和发展深受自由主义国家观念的影响。自由主义的国家观念是英美法系国家指导性的宪政观念，其强调个人的自由和权利，视个人权利为国家权力的来源，国家权力为侵害个人权利的主要渊源，其宪政理念是限制国家权力。按照自由主义的观念，通过分权实行以权力制约权力只是一个方面，更重要的是，通过保障个人自由以权利制约权力。诉讼中的当事人主义，正是这种宪政理念的写照。作为司法制度之组成部分的检察制度，渗透着个人权利优先保护，以公民权利制约司法权力的基本价值趋向。检察制度的发展也基本遵从这样的轴心。具体而言，英美检察制度体现出这样一些特点：（1）检察机关在诉讼中的法律地位与公民对等。不管是隶属于内政部的英国检察机关还是隶属于司法部的美国联邦检察机关，虽然都是政府的部门，但在诉讼中的地位始终是受当事人主义原则支配，被看做是与被告人具有同等地位的诉讼当事人。（2）检察机关的职能范围有限，但自由裁量权极大。检察机关的主要职能是代表政府进行公诉，一般不具有对侦查的指挥和领导职责，公诉权的行使通常会体现以权利限制权力的理念，如美国的大陪审团起诉被视为是以外行的平民百姓分割公诉权，防止检察部门滥用起诉权损害无辜公民，被视为牢固地屹立在普通公民与过分热心的公诉人之间的防御堡垒。与此同时，检察官作为当事人之一方，被赋予广泛的自由裁量权，可以进行辩诉交易。（3）检察机关的组织体系较为松散。英国于1985年颁布《犯罪起诉法》以后，检察机构的集中统一构建有所改进，但是检察官在履行公诉职责时以及检察官管理方面仍表现出相当的松散性，这也是美国检察机构组织体系的特点之一。

　　英美法系国家的检察制度所赖以形成的社会、文化和历史条件，所体现的法治理念、选择的制度模式等方面，都有自己的特点和发展轨迹。作为现代检察制度的重要模式之一，一方面，它从不同角度体现了现代检察制度发展的内在规律。尽管控审分离并没有成为英国检察制度产生的直接动因，尽管英国检察官公诉制度的产生比较晚，但是，从国王代理人（或者国王法律顾问）到统一接管警察侦查后起诉工作的检察官制度的发展轨迹中，仍然可以看到，英国检察制度的形成和发展与维护国家利益之间所具有的内在联系。这对于我们认识现代检察制度的功能和内在发展规律，以及比较研究现代检察制度都有积极的启示。

另外，20 世纪中后期以来，伴随着世界性的司法改革运动，英美法系国家的检察制度本身以及其新的发展变化都对中国的检察制度的发展产生了重要影响。作为一种制度模式，在理念上和程序设计方面，英美法系国家的检察制度从增强权利保护的角度对中国检察制度的发展产生了一定的影响。中国通过 1997 年《刑事诉讼法》的修改，在公诉程序等方面进行了改革，甚至在司法改革的过程中出现了沿着大陆法系的模式发展还是移植英美法系检察制度的讨论，这也是20 世纪世界检察制度融合发展的一种反映。

三、苏联检察制度、俄罗斯检察制度与中国检察制度

（一）苏联检察制度的形成和发展

苏联的检察制度是社会主义的检察制度，是一项新的检察制度模式。历史上，俄国的检察制度建立于 18 世纪沙俄时期，基本是仿效法国建立的。当时检察机关的主要职责是担当监督法制的任务，后来沦为沙俄时期的镇压机器。"十月革命"以后，经过以列宁为首的布尔什维克的建设，苏联检察制度最终通过 1936 年的《苏联宪法》定型化。它的突出特点是：检察机关是国家的最高监督机关，检察机关拥有包括一般监督权在内的广泛的职权，检察系统实行集中统一的领导体制。这一检察制度在苏联时期是一项十分有力的法律制度，发挥了重要的巩固政权和维护法制统一的作用。

俄国"十月社会主义革命"以后，列宁提出要建立社会主义检察制度。苏维埃政权颁布的法院第 1 号法令决定："撤销现有的全部审判机关，即地方法院、高等法院、大理院及其所属各庭、各种各样

的军事法院和海事法院以及商事法院，代之以根据民主选举制而成立的法院。""废除现有的法院侦查员制度、检察监督制度、律师制度和私人代理制度。"① 1920 年 10 月 21 日颁布的《苏维埃共和国人民法院条例》规定，在地方司法处设置公诉人，承担提起公诉和出庭支持公诉的任务。随着形势的发展，加强法律监督问题显得越来越重要，需要建立监督法律执行的特别机关。因此，在制定刑法、刑事诉讼法、民法、民事诉讼法、土地法、劳动法的同时，1922 年 5 月 28 日，全俄中央执行委员会第三次会议通过了《检察监督条例》，在俄国首先建立了社会主义的检察机关。《检察监督条例》规定，检察机关不仅是公诉机关，而且是法律监督机关。第 1 条指出："为了监督是否遵守法律和正确进行同犯罪所作的斗争，全俄中央执行委员会特作如下规定……"这是苏维埃国家第一次从法律上明确检察机关的任务，也是列宁法律监督思想在立法上的体现。《检察监督条例》还规定了检察机关的职权、组织体系和活动原则、领导原则等。根据苏共中央执行委员会和人民委员会的"关于设立苏联检察院"的决议，1933 年 6 月苏联设立了苏联总检察署，统一指挥各共和国检察机关。同年 12 月 17 日，苏联中央执行委员会和人民委员会批准的《苏联检察院条例》规定了苏联检察院的基本任务、职权以及行使职权的途径和程序。1936 年 12 月通过的《苏联宪法》则进一步明确规定了检察机关在国家体制中的地位、作用、职权范围、组织原则和活动原则，使社会主义检察制度建设进入了一个新的阶段。《苏联宪法》规定：检察机关的监督是"最高的监督"，"检察机关独立行使职权，不受任何地方机关的干涉"。可见，苏联检察机关是一个独立的国家机关系统。苏联总检察长由苏联最高苏维埃任命。各共和国、边区、省的检察长和自治共和国、自治省的检察长由苏联总检察长任命。其他地方检察长的任命也须经检察长批准。《苏联宪法》第 113 条规定，检察机关"对于各部及其所属机关、个别公务员以及苏联公民

① ［苏］R. H. 右谢夫编，C. A. 郭伦斯基审定：《苏联和苏俄刑事诉讼及法院和检察院组织立法史料汇编》(1917—1954) 上册，王增润、赵涵奥、范宏源等译，法律出版社 1958 年版，第 66—67 页。

是否严守法律的最高监督权，均由苏联检察长行使之"。1936 年宪法的规定标志着苏联检察制度的正式确立和定型化。

　　1955 年 5 月 24 日，苏联颁布了《苏联检察长监督条例》，进一步健全了社会主义检察制度。1979 年 11 月颁布的《苏联检察院组织法》，根据客观形势的发展，对检察机关的任务、职权范围和检察机关的设置作了修改与补充，使社会主义检察制度更加完善。按照《苏联检察院组织法》的规定，苏联检察机关设置有：苏联检察院，加盟共和国检察院，自治州共和国检察院，边疆区、州检察院，相当于州检察院的市检察院，自治州检察院，自治专区检察院，区、市检察院；此外，还有军事系统、运输系统检察院，相当于州检察院、区或市检察院的其他检察院。市、州以上的检察机关，分别设立检察委员会。检察机关实行垂直领导和集中领导的原则，权力集中于检察长。苏联检察机关是一个统一的系统，即苏联总检察长领导全苏联检察系统，上级检察长领导下级检察长。检察机关独立行使职权，不受任何地方的干涉，只服从地方检察长和苏联总检察长。如果苏联总检察长的命令、指示同法律相抵触，苏联最高苏维埃主席团可以撤销。

　　作为法律监督机关，苏联检察机关的职权可以分为一般监督和司法监督两部分。一般监督，是指代表国家对政府机关、社会组织及其公务人员和公民的行为是否合法实行监督。《苏联检察院组织法》第 22 条规定，苏联总检察长和他领导下的各级检察长，对各部、国家委员会和主管部门、企业、机关和组织、地方各级人民代表苏维埃执行和管理机关、集体农庄、合作社组织和其他社会团体、公职人员和公民执行法律的情况，实行监督。司法监督则是指对公安机关的侦查、逮捕和法院的审判、判决执行是否适当，以及有无违背法律情况实行监督。《苏联检察院组织法》规定，苏联总检察长和他领导下的各级检察长，对调查机关和侦查机关侦查活动中的违法行为，在其管辖内，有权采取措施直接加以纠正；可以撤销、变更侦查员和调查员所作的违法或者无根据的决定；可以就侦查犯罪，选择、变更或撤销强制措施，认定罪名，进行个别侦查行为和通缉等发布书面指示；对于法院不合法的和无根据的判决、裁定以及审判员的决定，在其管辖范围内，有权分别按照上诉程序和监督程序向法院提出抗议；有权立即释放被非法监禁、拘留、羁押、强制医疗或强制教育的人；有权停止执行与法律相抵触的上述各机关的命令、指示和决定，并提出抗议。

在宪政架构上，苏联实行的是不同于三权分立的宪政制度，在此基础上形成了以监督权为主线的检察制度模式。这种检察制度的主要特征是：

第一，检察机关在国家宪政中具有独立的地位。作为司法机关组成部分，它是独立的法律监督机关，其根本职责是为维护法制统一而进行法律监督。

第二，检察机关作为司法机关享有广泛的法律监督权，包括一般监督权和司法监督权。检察机关不仅具有在刑事诉讼中侦查监督、审判监督、执行监督权，在民事诉讼、行政诉讼中也享有监督权。

第三，检察机关具有独立的组织系统并实行上下垂直领导的体制。检察官和法官一样作为国家司法官员，享有同等的待遇和保障，具有相同的任职要求。

20世纪80年代后期开始，随着苏联开始全面改革，检察制度作为政治体制和司法体制的重要方面，开始经受重新的审视和论证。但由于当时改革思路不明确，直到苏联解体，检察制度没有出现太大的变化。

（二）俄罗斯联邦检察制度的发展

苏联解体以后，俄罗斯开始了民主宪政制度改革。检察制度被视为"苏联时期最保守的国家机构"，成为重要的改革对象。1993年的俄罗斯新宪法规定，俄罗斯改变议行合一的苏维埃国家权力体系，建立西方式的三权分立体制。同时确定了"人和人的权利与自由具有至高无上的价值"的宗旨。相应地，俄罗斯国内对于构建何种模式的检察院发生了严重分歧。激进的改革派认为，现行的检察院体制形成于20世纪30年代中期，是斯大林时期高度集权的产物。这种体制不利于公民人权的优先保护，不能体现法治国家中法院的决定性作用，同时容易助长非法专横，因此主张摧毁这种体制，建议按照西方法治国家的模式重构检察院。但是，这些主张和意见遭到保守派的顽强抵制。后者认为，统一集中的检察体系植根于俄罗斯大地，已为人们普遍接受，实践证明这种体制是成功的、有效的。这不仅表现在保护公民的权利、自由和同犯罪作斗争的方面，而且也体现在检察监督方面。在地方闹分裂的历史条件下，保持统一集中的检察体系并对统一适用联邦法律实行有效的监督，将有助于俄联邦保持统一国家的地位。最后，立法作出妥协，体现在 1993 年的《宪法》中：一方面，继续肯定"检察机关是统一的、下级检察长服从上级检察长和联邦总检察长的集中体系"，另一方面，又将检察权作为司法权的组成部分规定在《宪法》的"司法机关"一章中①。这种安排，意味着检察机关地位的下降。因为，在苏联时期，检察院与法院是并列的两个独立体系，1977 年《宪法》是用两章对它们分别作出规定。1993 年《宪法》的这种妥协显然没有最终解决检察制度的命运，该法对于检察制度的规定总的来说是十分慎重、原则和留有余地的。检察制度的最终选择、现行检察制度的确定，基本上是依靠《检察院法》的一再修改而实现的。

　　1993 年《宪法》的规定是比较含糊的。它在"司法机关"一章，用 11 条规定了审判机关的权力、原则、组成、任免等问题之后，紧接着用 1 条规定了检察机关。该条规定，俄罗斯联邦检察机关是统一的、下级检察长服从上级检察长和俄罗斯联邦总检察长的集中体系。这一条除了对检察机关这一集中统一的体制、检察长的任免程序作了明确规定之外，还作了"俄罗斯联邦检察机关的权限、组织与活动程序由联邦法律规定"的简单规定。随后《检察院法》多次修订充实了这一内容。1992 年 1 月 17 日通过的《检察院法》分别在 1995 年 11 月 25 日、1998 年 12 月 23 日以及 1999 年 2 月 10 日连续作了重要修订。

　　根据 1993 年《宪法》、1999 年 2 月 10 日修订的《检察院法》以

---

　　①　在乌克兰，检察机关的独立地位和作用则十分受重视。1996 年通过的《乌克兰宪法》将检察机关单独规定，而不像俄罗斯这样规定在"司法机关"一章之中——参见任允正、于洪君：《独联体国家宪法比较研究》，中国社会科学出版社 2001 年版，第 295 页。

及 2002 年 7 月 1 日生效的新的《俄罗斯联邦刑事诉讼法典》等法律规定，俄罗斯检察机关仍然是实际履行法律监督职责的集中统一的国家机关。检察机关拥有以下职权：（1）一般监督权。[①]《检察院法》第 1 条第 2 款第 1 项规定：检察机关有权对联邦的各部、国家各委员会和局、联邦的其他权力执行机关和代表（立法机关）、联邦主体的执行机关、地方自治机关、军事指挥机关、监察机关及其公职人员，企事业组织管理机关和领导人员是否执行法律实施监督，对其颁布的法律文件是否合法进行监督。（2）对遵守人权、公民权和自由情况的监督。（3）侦查监督权。（4）出席法庭参加案件的审理，对违法的判决、裁定按照审判监督程序提起抗诉。（5）民事审判监督权。（6）执行监督。（7）一定范围的提起违宪审查权。（8）协调护法机关同犯罪作斗争。[②] 其中，在刑事诉讼中，由于确定了法院的司法审查权力，检察机关原有的批准决定采取强制侦查行为的权力赋予法院行使，但是，侦查机关、调查机关关于采取强制侦查行为的申请需要经过检察长的批准最后报法官决定，也就是说，检察机关对于相关行为的法律控制在一定程度上还是存在的。

总体来说，俄罗斯检察制度在经历了改革初期的强烈冲击以后，逐步恢复了原有的检察机关的一些监权，但并没有实现彻底重建。检察制度的变化主要体现在以下三个方面：一是最高监督机关的地位不再被强调，相应地，在具体的监督领域其地位有所下降，如刑事诉讼中检察机关的地位是控方之一；二是检察机关的职权没有实质性的削弱，一些监督权逐步恢复了，并且赋予了检察机关对于违反宪法的提请审查权等；三是检察权的行使更注重职权运行中司法规律的遵从，检察机关的职权的行使更多地受到诉讼规律的制约和规制。较之苏联时期的检察权，俄罗斯检察机关在诉讼中的一些具体权能被收缩，如引进司法审查制度之后，法院对于采取强制侦查行为享有批准权等。可以说，经过激烈的社会变革和司法改革之后，俄罗斯检察机

---

① 此处称一般监督权用以区别其他职权。——作者注
② 参见刘向文、宋雅芳：《俄罗斯联邦宪政制度》，法律出版社 1999 年版，第 273—276 页。

关的法律监督机关的实质性职责和职权仍然承继了原来的传统，现行俄罗斯检察制度仍然以其具有的监督性质区别于西方的检察制度。

（三） 苏联检察制度对新中国检察制度的影响

苏联检察制度对新中国检察制度的创建和发展具有深远的影响。一方面，它为新中国检察制度的创建提供了思想渊源。这主要是列宁的法律监督思想。列宁不仅领导俄国人民在一个经济文化落后的国家第一次创建了社会主义的国家和社会制度，而且创建了第一个社会主义法制。列宁法律监督思想的创造性探索，为建立有别于西方资本主义检察制度的社会主义检察制度提供了重要理论基础。另一方面，苏联检察制度也为新中国检察制度的创建提供了直接的制度蓝本。

列宁的法律监督思想是其法制思想的一个组成部分，是随着苏联社会主义的实践和法制发展逐步形成的。"十月革命"胜利后，列宁领导建立了无产阶级专政的国家政权。此后，列宁强调建立无产阶级的法制，强调法律的执行，更强调法律的实施必须依靠国家的强制力来保证。在列宁的领导下，苏维埃政府着手制定各项法典，加强司法制度建设。随后，如何维护法制的统一，由哪个机关来承担这一使命，成为国家建设的重要课题。根据列宁的思想，苏联最终选择了检察机关。围绕着检察机关的职能、地位、领导体制等的讨论和实践，逐渐形成了列宁的法律监督思想。

列宁的法律监督思想解决了如何具体实现苏联政权组织形式的问题。在无产阶级专政的具体实现方式上，作出了新的理论创造，为社会主义国家的法制建设提供了理论支持，直接领导了苏联检察制度的建设，也确定了苏俄和后来苏联建国体制的基本框架。根据列宁的思想和倡议，俄罗斯联邦共和国司法人民委员会在1921年拟定了第一个检察机关条例草案。根据条例，建立了新型的苏维埃检察机关。这个新建立的检察机关不单是公诉机关，更重要的是监督法制的机关。因而，苏维埃检察机关不仅在自己的政治使命、任务、组织和活动原则方面，而且在职能的法律表达方面，都具有崭新的内容。1922年5月28日，全俄中央执行委员会第三次会议通过了《检察监督条例》。1924年《宪法》第一次对检察制度作出规定。1933年颁布的《苏联检察院条例》规定法院之外设置检察院，检察机关成为一个独立的机构。1936 年《宪法》确立最高苏维埃为国家的最高权力机关和唯一的立法机关，明确了检察长的最高监督权，并确认了检察机关实行垂直领导的体制。

列宁关于检察机关实施法律监督的理论，在社会主义国家检察制度建设中具有普遍的指导意义。检察机关应当实施法律监督，其任务是维护国家法制的统一，检察机关应具有领导体制上的独立性与统一性等，反映了社会主义国家检察制度建设的规律。这一理论对包括中国在内的很多社会主义国家检察制度的建立和发展的影响是深远的。新中国在开始建立检察制度的时候，中共中央和中央人民政府就决定把列宁关于法律监督的理论作为指导思想，并把苏联检察制度的模式作为新中国检察制度的蓝本。这主要体现在：（1）确定检察机关的性质是法律监督机关；（2）建立独立于行政机关的组织机构，肯定检察机关的外部独立；（3）确立检察机关内部集中统一的活动原则；（4）赋予检察机关广泛的法律监督权；等等。正如 1979 年 6 月彭真在第五届全国人民代表大会第二次会议上所作的《关于七个法律草案的说明》中所指出的，列宁在"十月革命"后，曾坚持检察机关的职权是维护国家法制的统一，我们的检察院组织法就是运用列宁的这一指导思想结合我国实际情况制定的。[①] 正是由于这样的渊源关系，中国检察制度在实现宪政意义上的权力监督与制约、实现对司法权的制约方面，保持了与西方检察制度不同的传统与特色。

在当时的历史条件下，作出这样的历史选择是有客观基础的。当时两国在意识形态方面都存在着与旧的社会制度进行彻底决裂的追求；两国面临着相同的境遇和任务，即抗击外部颠覆和阻止内部叛乱，需要建立统一的中央政权，设立强有力的法律监督机关以保障中央法令的统一；两国秉持着人民民主的国家观，这使得法律监督思想与人民民主专政理论包括人民代表大会制度之间具有相融性。然而，中国检察制度虽然是以列宁的法律监督思想为指导，以苏联的检察制度为借鉴模式，但是并非完全的移植、照搬，而是结合了人民民主专

---

① 参见《彭真文选》，人民出版社 1991 年版，第 392 页。

政理论、人民代表大会制度理论、民主集中制理论、权力制约理论、法制理论，并与中国国情相结合，经过了本土化改造，创造性地发展了法律监督制度。一方面，列宁的法律监督思想固然是中国检察制度的直接理论基础，但在整个国家政权体系中如何设置检察权，还是由人民民主专政理论、人民代表大会制度理论和民主集中制理论决定的。改革开放以来，中国特色社会主义理论以及依法治国的思想，进一步继承和发展了人民民主专政理论、人民代表大会制度理论和民主集中制理论。另一方面，中国检察制度在具体构建方面，有别于苏联的检察制度，进行了本土化改造。比如，检察机关的监督是人民代表大会制度之下的专门的法律监督，而不是最高监督；检察机关不具有一般监督权；经过反复实践，我国检察机关没有实行单纯的垂直领导；等等。自1978年检察机关恢复重建以来，经过改革发展，中国特色社会主义检察制度日益完善和巩固。

无论是列宁的法律监督理论，还是苏联的检察制度，都经过了不断的发展。这些发展过程，蕴涵着基本的历史联系和社会主义检察制度发展的内在规律。认真分析和对待这种历史联系，是我们认识和推动当代检察制度科学化发展的基本前提。

第二节　中国检察制度的产生与发展

一、近代中国检察制度的出现

鸦片战争后，中国沦为半封建半殖民地社会，国家的领土完整和主权遭受严重破坏，资产阶级民主革命运动风起云涌，中国几千年的封建制度已走到尽头。1902年，清政府与英国议订《中英续议通商行船条约》，其中有一条款规定："中国深欲整顿本国律例，以期与各西国律例改同一律，英国允愿尽力协助以成此举。一俟查悉中国律例情形及其审判办法，及一切相关事宜皆臻妥善，英国即允弃其治外法权。"① 在内外交困的处境中，清政府为维持其统治，于 1905 年宣布"预备立宪"，开始全面修律改制。

清末朝野在社会转型初期，直接能够看到变法自强成功的事例，是日本的明治维新，因而不仅在主要法律的起草编纂方面多听取日本法学专家的意见，而且在检察体制的选择方面，也倾向于模仿日本。光绪三十二年（1906 年）底，清政府颁布《大理院审判编制法》，规定新的审判机构采用四级三审制，各级审判厅附设检察局，各检察局置检察长一人，负责刑事案件的公诉、监督审判和监视判决执行。光绪三十三年（1907 年）颁布《高等以下各级审判厅试办章程》，对检察制度作了进一步的规定：除法律规定须亲告案件外，凡刑事案件，无论因被害者告诉、他人告发、警察的移送或检察官自行发觉，都由检察官提起公诉，并明确规定了检察官的具体职权。宣统元年（1909 年），清政府又颁布《法院编制法》，对检察制度作了进一步规定。而宣统二年（1910 年）颁布的《检察厅调度司法警察章程》则表明清朝末年设计的检察制度对于检察官有权调度司法警察以指挥侦查、批捕人犯、押送人犯、取保传人等非常重视。

与此同时，在官职改革的过程中，清王朝中央官制中的"三法司"——刑部、大理寺、都察院在三权分立原则下以新的面貌出现了，即法部、法院、检察厅的职能。虽然在组织架构上法院、检察厅共同隶属于法部，且检察厅附设于法院，但从职能的角度考察，这时在法律层面已基本形成了拥有相对独立地位的近代司法体制。② 其中，检察厅是由都察院演化而来的。都察院将自己职能中的稽察、监督诉讼审判的内容划给了检察厅，而将"纠察行政缺失、伸理冤滞"的权能保留，初步完成了法律监督机构向行政监察机构的过渡。

通过这样一些法律法令的颁布和法制改革，清末初步构建了近代司法制度，包括检察制度。此时检察机构的设置、职权叙述等内容，

---

　　① 转引自张晋藩：《中国法律的传统与近代转型》，法律出版社 1997 年版，第 437 页。

　　② 参见王桂五主编：《中华人民共和国检察制度研究》，法律出版社 1991 年版，第 44 页。

都明显受日本司法和检察制度的影响。所以，近代中国的检察制度在基本框架上与同时代的日本相近，而其更深的渊源则是大陆法系国家。

参照德、日等国的检察制度，又注意在维护纲常礼教的前提下保留封建传统是清末检察制度的一个明显特点。随着清朝帝制的覆灭，清朝的检察制度还没有来得及全面推广，即告终结。但清末引入西方先进的司法和检察制度，因其本身所具有的完全不同于过去传统的司法监察的性质，至少在立法理念上标志着对两千余年封建专制法制的否定，开了近现代中国检察制度的先河。

清末构建的检察制度在后来得到了进一步发展。辛亥革命推翻清政权后建立的南京临时政府基本沿用了晚清改制后的司法体制。北洋政府时期，亦基本沿用清末司法体制，实行四级三审制，后改为三级二审制，在各级审判厅辖区内单独设立检察厅。同时改变了一些旧的称谓：总检察厅首长由厅丞改称检察长，各级检察厅的典簿、录事改称书记官长、书记官。南京国民政府以及我国台湾地区的检察制度同样是在此基础上建立和发展起来的。

二、新民主主义革命时期的检察制度

在新民主主义革命时期，随着人民革命政权的建立、发展，我国的人民检察制度逐步发展起来。第一次国内革命战争时期，1931 年11 月，中央革命根据地江西瑞金召开了中华苏维埃第一次全国代表大会，成立了中华苏维埃共和国临时中央政府。全国苏维埃代表大会闭会期间的最高权力机关是中央执行委员会，下设人民委员会和最高法院（初期为临时最高法庭）。人民委员会是最高行政机关，下设司法人民委员部，主管司法行政工作。最高法院为最高审判机关，下设地方和军队的各级裁判部（科、所等），诉讼上采用一系列现代诉讼原则和方法，如合议制、人民陪审员制、辩护制等。

这时，检察制度已经出现，但没有单独设立机构，而是采取"配置制"，将检察人员附设于审判机关内。1932 年的《中华苏维埃共和国裁判部暂行组织及裁判条例》、1934 年的《中华苏维埃共和国中央苏维埃组织法》分别规定了各级裁判机构中检察员的配置。当时，检察员负责管理刑事案件的预审、提起公诉和出庭支持公诉。但由于战争环境的限制和政法体系上的简陋，检察机关的法定职权落实的十分有限，并且存在着仿效苏联的工农检察院建立起来的四级苏维埃工农检察部，负责对法律实施情况的监督。

抗日战争时期，为建立抗日民族统一战线，实现国共合作，各个革命根据地的工农民主政权实行向抗日民主政权转变，人民司法机关的组织体系和名称也作了相应调整。原来的司法部及省、县、区裁判部（科）撤销，陆续在抗日民主根据地建立了高等法院、地方法院。名义上高等法院、地方法院"受中央最高法院之管辖"，实际上与南京国民政府的最高法院没有任何联系，只是向边区参议会和边区政府负责。各边区仍实行"合署制"或者"配置制"，均没有设专门的检察机构。抗日根据地检察机关的职权基本上是实行司法监督。1939年颁布的《陕甘宁边区高等法院组织条例》规定，在边区高等法院设检察处，检察处内设检察长和检察员，独立行使检察权，同时具体规定了检察员的职权。这一时期，检察制度和检察职权在一定程度上受国民政府的影响，同时也有自己的特点，如山东抗日根据地，在各级司法机关设置检察员的同时，建立各级检察委员会，以规划、推动检察工作。检察委员会的出现，是我国人民检察制度的创新和发展。

解放战争时期，各解放区基本沿袭了老根据地行之有效的检察制度，但也有些新的发展。各解放区的审判机关设置和名称未能统一，司法、行政合一的情况在基层比较普遍。检察机关仍不专设，实行"审检合署"或"配置制"，但各审判机关内设置专职检察人员的不多，主要由政治保卫部门或公安机关代行检察职务。受苏联检察制度的影响，东北解放区出现了"关东所有各机关各社团，无论公务人员或一般公民，对于法律是否遵守之最高检察权，均由检察官实行之"① 的规定，这是人民检察制度的内容进一步丰富和向法律监督迈进的重要一步，是新中国把检察机关的性质定位于法律监督机关的前

---

① 参见《关东地区各级司法机关暂行组织条例草案》第 27 条，最高人民检察院研究室：《中国检察制度史料汇编》，最高人民检察院研究室 1987 年编印，第 187 页。

奏，是对人民检察制度的新发展。

新民主主义革命时期，根据地检察制度的建立和发展，一方面承继了清末引进西方检察制度的尝试，另一方面也切实探索了人民检察制度的发展道路，为打击敌人，保护人民，巩固革命政权作出了重要贡献，也为新中国成立后人民检察制度的创建和发展，提供了宝贵的经验。根据地时期的检察制度是新中国检察制度的重要渊源之一。当然，由于战争环境及其他条件的限制，根据地的检察制度不免带有许多缺陷，其重要性和独立地位没有得到应有的重视、承认和保障。例如，它在组织上不是独立的，而是实行审检合署，检察机关只是审判机关的附属部分；检察机关内部不成统一体系，既受其所附属的审判机关的领导，又受同级政府的领导，而且存在着党政干部兼任检察人员和党政机关干预具体案件的情况；在检察机关和公安机关的关系上，检察权非但没有对侦查进行监督和制约，反而由公安部门代行检察权的情况非常普遍，检察人员往往由公安人员兼任，这样就使检察制度的发展受到了限制。

三、新中国检察制度的创建与发展

新中国检察制度是伴随着中华人民共和国的诞生而建立起来的，是一种新型的、社会主义的检察制度。

1949 年 9 月 21 日，中国人民政治协商会议第一届全体会议在北京召开。会议通过了《中国人民政治协商会议共同纲领》（以下简称《共同纲领》）和《中华人民共和国中央人民政府组织法》。这两部法律为组建中华人民共和国国家政权提供了法律依据。《共同纲领》规定要建立人民司法制度。《中央人民政府组织法》则具体规定："中央人民政府委员会组织政务院，以为国家政务的最高执行机关；组织人民革命军事委员会，以为国家军事的最高统辖机关；组织最高人民法院和最高人民检察署，以为国家的最高审判机关及检察机关。"同时规定："最高人民检察署对政府机关公务人员和全国国民之严格遵守法律，负最高的检察责任。"1949 年 10 月 1 日，中央人民政府委员会召开第一次会议，选举了最高人民检察署的检察长。10 月 22 日，最高人民检察署举行第一次检察委员会议，宣布最高人民检察署成立。11 月 2 日，最高人民检察署举行第二次检察委员会议，议定了《中央人民政府最高人民检察署试行组织条例》草案。同年 12 月20 日，《中央人民政府最高人民检察署试行组织条例》经中央人民政府毛泽东主席批准颁布试行。这是新中国第一部关于检察制度的单行法规，它确定了我国检察制度初创时的基本内容，为全面系统地建立检察制度奠定了法律基础。这部组织条例主要规定了下列内容：（1）检察机关的职权主要有：检察全国各级政府机关及公务人员和全国国民是否严格遵守人民政协共同纲领及人民政府的政策方针与法律、法令；对违法判决提起抗议；对刑事案件进行侦查和提起公诉；检察全国司法与公安机关犯人改造所及监所之违法措施；对全国社会与劳动人民利益有关之民事案件及一切行政诉讼，均得代表国家公益参加；处理人民不服下级检察署不起诉处分声请复议的案件。（2）规定全国检察机关与审判机关分立，检察机关在国家机构体系中实行垂直领导的体制。（3）检察机关内部实行与检察委员会议相结合的检察长负责制的领导体制。①

　　由此可见，我国检察制度在初创时认真贯彻了列宁的思想，并吸取了根据这一思想建立的苏联检察制度的许多先进经验。当时虽然没有直接提出法律监督的概念，但是就检察机关的职权内容来看，检察权的定位接近保障国家法律统一、正确实施的法律监督权。检察机关的领导体制也主要是参考了苏联的经验，改变了新民主主义革命时期根据地和解放区检察机关一般设在审判机关内部的审检合署的体制。只是内部领导制度没有实行单纯的检察长负责制。这是新中国检察制度的开端。此后，伴随着中国政治经济的发展，特别是民主与法制建设的发展进程，中国检察制度经历了曲折的发展过程。其大体可以分为四个历史阶段，即创建、发展与波折、中断、重建与发展四个基本阶段。

　　1. 从 1949 年 10 月 1 日中华人民共和国成立，到 1953 年有计划的大规模的经济建设的第一年，为我国人民检察制度的初创时期。这

_____

① 参见王桂五主编：《中华人民共和国检察制度研究》，法律出版社 1991年版，第 57—59 页。

一时期检察制度的发展主要体现在以下方面：一是检察机关本着重点建设的方针加强了自身建设和地方各级检察机关的建设。至 1953 年底，全国检察机关的建设已经初具规模。1951 年 9 月 3 日，中央人民政府审议通过了《最高人民检察署暂行组织条例》和《各级地方人民检察署组织通则》，对检察机关的设置、职权等作了进一步规定。鉴于垂直领导体制因各方面的条件尚不成熟，实践中感到"有些窒碍难行之处"，这两部法律将检察机关的垂直领导体制改为双重领导体制。二是这一时期的检察机关主要是积极投身于镇压反革命、"三反"、"五反"、司法改革等一系列旨在巩固人民民主政权的政治斗争和社会改革运动中，而对一般的刑事案件和重大民事案件的起诉以及侦查监督和审判监督工作尚未开展。

　　2. 1954 年至 1966 年为中国检察制度的发展与波折时期。从 1953 年起，我国进入社会主义改造和大规模的经济建设时期，并开始执行国家建设的第一个五年计划。适应这一形势发展需要，1954 年 3 月召开了第二届全国检察工作会议，强调并推动了我国检察机关的组织建设和业务工作制度建设。1954 年 9 月 20 日，第一届全国人民代表大会第一次会议通过了第一部《中华人民共和国宪法》，其中对人民检察院的设置、职权、领导关系和活动原则等作了原则规定。9 月 21 日，会议又通过了第一部《中华人民共和国人民检察院组织法》，更为系统和具体地规定了检察制度的基本内容。这两部法律进一步发展和完善了我国的检察制度，主要体现在：（1）改变了检察机关的名称。即将各级人民检察署改为各级人民检察院，从而形成了"三院"体制。（2）调整了检察机构的设置。鉴于大行政区的党政机构已经撤销，取消了最高人民检察署在各大行政区分署的设置，增加了专门人民检察院的设置。（3）重新规定了检察机关的垂直领导体制。（4）调整了检察院内部领导体制，将"检察委员会议"改为"检察委员会"。检察委员会由检察长领导，实行民主集中制和合议制。（5）适当调整了检察机关的职权。鉴于当时尚无行政审判机构的设置，取消了检察机关参与行政诉讼的职权；删除了"处理人民不服下级检察署不起诉处分之声请复议事项"的职权；增加了对刑事判决执行的监督权和对侦查机关的侦查活动是否合法实行监督的职权。这两部法律的颁布以及在随后党的第八次全国代表大会路线的指引和推动下，我国检察制度得到空前的发展，各项检察业务全面迅速地展开，在社会主义建设中发挥了重要的作用。1955年底，全国各级检察机关已经基本建立起来，1956年上半年，各级铁路、军事等专门人民检察院也基本建立。各级检察机关已全部担负起审查批捕、审查起诉工作，审判监督和执行监督以及监所检察监督工作也有所进展，并对检察机关参与民事诉讼的工作进行了试点。检察机关运用检察权，在保障国家实现过渡时期的总任务，保障社会主义事业的安全，侦查、起诉和宽大处理日本侵华战争犯罪分子等方面发挥了积极的作用，基本担负起了法律赋予它的职责。从1954年至1957年上半年这一时期，被称为我国检察制度发展史上的第一个"黄金时期"。

1957年下半年开始至1966年，随着我国政治生活中"左"的思想的兴起，检察制度的发展遭受了严重挫折，对有关检察机关的法律监督职能、垂直领导体制等检察制度若干原则问题的认识出现了一定程度的混乱，检察机关一度与最高人民法院和公安部合署办公，这对检察制度后来的发展产生了很大的消极影响。这一时期是我国检察制度发展史上的第一个波折时期。

3. 1967年至1977年是我国检察制度发展的中断时期。1966年开始的"文化大革命"是中国社会发展史上的一次严重的社会动乱。1966年12月18日，江青在接见红卫兵时，提出"公安部、检察院、最高人民法院都是从资本主义国家搬来的，是凌驾于党政之上的官僚机构，几年来一直是同毛主席对抗"。随后，全国检察机关迅速受到暴力冲击。1967年2月7日，身为中央政法小组领导人、国务院副总理、公安部部长的谢富治提出：要从"政治、思想、理论、组织上彻底砸烂"公、检、法机关。到1968年全国各级检察机关的工作实际上被迫停止。1968年12月，根据毛泽东主席批转的《关于撤销高检院、内务部、内务办三个单位，公安部、高法院留下少数人的请示报告》，最高人民检察院和军事检察院及地方各级人民检察院先后被撤销，人民检察制度由此中断。1975年1月17日，第四届全国人民代表大会第一次会议通过了第二部《中华人民共和国宪法》。该法第25条规定"检察机关的职权由各级公安机关行使"，肯定了撤销检察机关的事实。

4. 1978 年党的十一届三中全会以来，我国检察制度步入重建和发展时期。1978 年 3 月，第五届全国人民代表大会通过了我国的第三部《中华人民共和国宪法》，重新规定设置人民检察院，并对其性质、职权和领导关系作了原则规定。该法将检察机关的性质和职能规定为"最高人民检察院对于国务院所属各部门、地方各级国家机关、国家机关工作人员和公民是否遵守宪法和法律，行使检察权。地方各级人民检察院和专门人民检察院，依照法律规定的范围行使检察权"。这部宪法同时将检察机关的上下级"领导"关系改为"监督"关系。1979 年修改宪法时，又将"监督"关系改为"领导"关系。①

1979 年 7 月，第五届全国人民代表大会第二次会议通过了我国第二部《中华人民共和国人民检察院组织法》，还颁布了《中华人民共和国刑法》、《中华人民共和国刑事诉讼法》等六部法律，我国的法制建设，包括检察制度的发展进入了一个新的时期。1979 年《人民检察院组织法》吸收了 1954 年《人民检察院组织法》的基本内容，同时有了一些新发展。首先，它第一次明确规定了人民检察院是我国的法律监督机关。其次，在领导体制上，规定上级人民检察院领导下级人民检察院的工作，下级人民检察院同时对本级人民代表大会及其常委会负责并报告工作。再次，取消了"一般监督"职能。最后，完善了检察机关内部的民主集中制，即将检察长领导检察委员会工作改为检察长主持其工作，并明确了检察委员会少数服从多数的民主集中制原则。此外，对检察机关的职权、内部机构的设置等方面也作了相应的调整和补充。1982 年《中华人民共和国宪法》规定了"国家行政机关、审判机关、检察机关都由人民代表大会产生，对它负责，受它监督"，从而进一步明确了我国检察机关在国家机构中的地位及其与权力机关之间的关系。

---

① 1979 年 7 月 1 日第五届全国人民代表大会第二次会议通过的《关于修正〈中华人民共和国宪法〉若干规定的决议》第 8 条规定："第四十三条第二款修改为：'最高人民检察院领导地方各级人民检察院和专门人民检察院的工作，上级人民检察院领导下级人民检察院的工作。'"

1996 年 3 月 17 日，全国人大通过了《关于修改〈中华人民共和国刑事诉讼法〉的决定》，对我国刑事诉讼制度作了重大修改。其中对检察制度的内容尤其是检察机关在刑事诉讼中的职权和作用作了重要调整。新的《刑事诉讼法》规定了"人民检察院依法对刑事诉讼实行法律监督"的基本原则；加强了检察机关法律监督的范围、手段和程序；调整了检察机关自侦案件的范围以突出对职务犯罪行为的监督；废除了免予起诉制度，建立了酌定不起诉制度；强化了检察机关在刑事诉讼中的控诉职责；等等。这些修改，使得我国检察制度包括检察权的内容及其运行程序更加符合现代法治理念和司法规律，切实发展了我国检察机关的法律监督制度。2001 年 6 月第九届全国人大常委会第二十二次会议通过了修改后的《中华人民共和国检察官法》，对检察官的性质、范围、职责、权利和义务、任职条件、任免、任职回避、等级、考核、培训、奖惩、工资保险福利、辞职辞退、退休、申诉控告及检察官的考评委员会等作出了详细规定。这部法律的通过，为我国检察官管理制度的科学化发展奠定了法律基础。

经过五十多年的发展，特别是党的十一届三中全会以来，中国检察制度基本完成了定型化的发展过程，成为中国特色社会主义制度的重要组成部分。现行中国检察制度是以马克思主义关于国家与法的理论、人民民主专政理论、人民代表大会制度理论、民主集中制理论和列宁的法律监督思想为指导建立和发展起来的。概言之，它是以马克思列宁主义在中国社会主义实践中形成的最新理论成果——中国特色社会主义理论体系为根本指导思想和理论基础的，是适应我国政权性质和政治体制、适应维护国家法制统一的需要、适应保障司法公正的需要建立和发展起来的，是在继承新民主主义革命时期检察工作的优良传统，吸收中国历史上政治法律制度的精华，借鉴国外检察制度建设经验的基础上，结合中国的实际情况建立和发展起来的，是中国特色社会主义检察制度。

第二章　检察机关的宪法地位

检察机关的宪法地位，不仅反映检察权的性质，而且决定检察机关的职权范围。我国宪法规定检察机关是国家的法律监督机关，与国家行政机关、审判机关一样由人民代表大会产生，对它负责，受它监督；而且规定了检察机关的组织体系和依法独立行使检察权的原则。这表明中国的检察机关是国家权力架构中一个享有独立权力的国家机关，是宪政制度的一个组成部分。

第一节　检察机关宪法定位的合理性与必要性

把检察机关作为国家的法律监督机关，是中国检察制度的基本特色。这个特色是植根于中国国情的理性选择，是实行依法治国的必然要求。

一、实行中国特色社会主义宪政的需要

我国《宪法》第 2 条规定，"中华人民共和国的一切权力属于人民。人民行使国家权力的机关是全国人民代表大会和地方各级人民代表大会"。第 3 条进一步规定，"国家行政机关、审判机关、检察机关都由人民代表大会产生，对它负责，受它监督"。这表明，人民代表大会制度是我国的根本政治制度，人民代表大会拥有一切国家权力，国家行政机关、审判机关和检察机关都是由人民代表大会产生并对人民代表大会负责，是根据人民代表大会的授权行使部分国家权力。这一宪政制度决定了法律监督机关存在的必然性。

首先，全国人民代表大会作为统一的最高的国家权力机关，享有广泛的权力。按照《宪法》第 62 条、第 67 条的规定，全国人民代表大会及全国人民代表大会常务委员会享有多项职权。如此广泛的职

权，在客观上就决定了人民代表大会对于由它产生并对它负责的其他国家机关的监督只能是宏观的监督，只能是就影响重大的事项的监督，而不可能是一种经常性的、对遵守和执行法律的具体情况的监督。如果让人大来行使对具体的执法活动和违法案件的监督，就有把国家权力机关降格为具体的办案部门之嫌，就可能削弱人大在国家机构中作为国家权力机关的宪法地位，就可能使国家权力机关陷入具体的案件审理之中而分散其抓国家大事的精力。如是，既有损于国家政权建设和法治建设，也不利于法律监督权的充分行使。在这种情况下，行政机关和审判机关的日常事务即具体的执法、司法活动，必然处于国家权力机关无力监督的状态。但是按照权力运作的一般规律，缺乏制约的权力必然导致权力的滥用。为了防止其他国家机关滥用国家权力，就有必要设置一个专门机关，承担常规性的监督职责，来检查督促其他国家机关正确执行全国人民代表大会制定的法律，以防止权力的滥用。

其次，我国的其他国家机关都是由人民代表大会产生并直接对人民代表大会负责。这些国家机关之间，相互独立，互不隶属，难以形成西方国家的那种权力制衡关系。在这样一种国家结构中，就有必要设置一个专门机关来监督其他国家机关执行法律的情况，发挥以权力制约权力的作用。可以说，法律监督机关的设置，是民主集中制中的分工制约原理在人民代表大会制度下的具体体现，是根据国家最高权力机关的授权对行政权、审判权进行监督和制约，但对国家最高权力不具有监督和制约作用。

再次，我国的法律监督机关是由人民代表大会产生并直接向人民代表大会负责的一个国家机关，因而它所具有的法律监督权只是人民代表大会统一行使的国家权力的一部分，是根据人民代表大会的授权行使部分监督权。法律监督机关行使法律监督权，不仅其本身要受到人民代表大会的监督，而且行使法律监督权的范围和程序都是由人民代表大会通过法律来规定的。

上述情况说明，法律监督机关和法律监督权的设置，在人民代表大会制度下，具有存在的合理性，是监督和制约权力的必然要求，符合权力运作的普遍规律，而这种权力本身又不是一种不受监督制约的权力，不是独立于国家最高权力之外的可以任意行使的权力。因此，从宪法制度上看，法律监督机关的设置，在中国的权力架构中，有其存在的必然性和合理性。它是保障国家行政机关、审判机关按照国家权力机关制定的宪法和法律正确行使行政权和审判权的有效措施。特别是在依法治国的进程中，法律监督机关的独立设置和法律监督权的高效运作，对于督促国家机关严格依照法律的规定管理各项公共事务，防止权力的滥用和腐败，具有极为重要的、不可替代的作用。

　　此外，我国将检察机关而不是别的机关确立为法律监督机关，主要是因为检察职能与法律监督存在高度的一致性①，因而我国将检察机关确立为法律监督机关具有其合理性。一方面，检察机关的刑事公诉具有法律监督的属性。刑事公诉包括审查起诉、决定起诉和不起诉、公诉变更、出庭支持公诉和抗诉。其中，审查起诉需要审查侦查机关移送的案件是否符合起诉条件、犯罪嫌疑人是否构成犯罪、所认定的罪名是否正确、有无遗漏罪行和其他应当追究刑事责任的人、侦查活动是否合法等内容，这些审查活动无疑体现了对侦查活动的监督。检察机关审查后，如果作出不起诉决定，则体现了对侦查机关侦查结果的否定和侦查程序的控制，也体现了对侦查机关侦查活动的监督。抗诉是检察院对法院确有错误的裁判提出异议，并要求上一级法院予以纠正的活动，它体现了对法院的法律监督。另一方面，检察机关除公诉之外的职能也大多具有法律监督的属性。我国检察机关除了承担刑事公诉职能外，法律还赋予其审查批捕、职务犯罪侦查、诉讼监督等职能。审查批捕职能是检察机关对公安机关要求逮捕犯罪嫌疑人的申请进行审查，体现了对公安机关侦查活动的法律监督。职务犯罪侦查是检察机关对国家工作人员利用职权实施的犯罪进行侦查，体现了对国家工作人员执法活动的法律监督。诉讼监督，即检察机关对民事审判、行政诉讼和刑事诉讼活动进行监督，包括提起抗诉、提出纠正违法意见、通知纠正违法、提出检察建议等。可见，检察机关的这些职能都体现了法律监督的属性。因此，我国宪法将检察机关定位

---

　　① 检察职能是法律监督的形式，法律监督是检察职能的实质内容。检察职能与法律监督之间是形式与内容、现象与本质的关系。

为法律监督机关具有明显的合理性。

如果脱离我国的宪政制度，按照西方国家"三权分立"的权力结构和检察制度模式来审视和评判我国的检察制度，那当然就看不到专门设置法律监督机关的必要性和重要性，看不到我国检察机关的职权与法律监督的契合，看不到将检察机关确立为法律监督机关的合理性。有的学者正是由于忘记了我国社会主义宪政与资本主义宪政的根本区别，仅仅从诉讼模式的角度甚至仅仅从西方刑事诉讼模式的角度来考虑和论证检察机关的地位和功能，自然无法认识法律监督机关与我国根本政治制度之间的内在联系，因而也就不可能真正认识到法律监督机关在中国存在的宪政基础。我们要全面正确地理解我国检察机关的性质和定位，就必须把检察机关放在我国社会主义政治制度和司法制度之中，结合其制度环境和背景来分析。换言之，我国的检察制度是由中国特色社会主义政治制度和司法制度决定的。

二、法律统一正确实施的需要

随着社会主义法制建设的不断发展，我国陆续制定了许多法律，社会生活的各个方面基本上改变了无法可依的状况。法律的实现要靠公民和法人的自觉遵守，也要靠行政机关的严格执法和司法机关的公正司法。无论是守法、执法还是司法，都需要有效的监督作为保障，否则，法律就难以全面实现。检察机关的法律监督就是法律实施中的一种专门的监督机制，就是法律实施的重要保障。而且，从我国当前的法治状况来看，由于缺乏法治的传统和经验，立法不够精密，执法和司法的能力不够强，执法的条件和环境也不够好，比较容易出现执法不统一、不规范的现象。这就更需要有一个专门的法律监督机关来保证法律的统一正确实施。这种法律不统一、不规范现象具体表现为：

第一，法律的含义不明确。法律的基本功能是规范人们的行为，因此法律的含义必须明确，能够为人们准确地理解，进而成为人们行动的指南。法律本身的规定不明确，就难以被人们准确地把握，也就难以为人们所遵守。所以，法律在规定具体事项之前，首先应当对该法律所使用的关键性术语进行定义，以明确它的含义。例如，《加拿大刑法》第1条是关于法典的名称，第2条就是"定义"，其中对法典涉及的56个术语进行了定义。联合国制定的所有国际刑法公约，第1条几乎毫无例外地都是"定义"。但是我国的法律中几乎没有关于定义的规定，这就导致了对法律解释的随意性。

第二，法律条文的伸缩性太大。我们的许多法律规范都是弹性条款，以致就同一问题作出的相去甚远的决定都不违反法律的规定。就连刑事法律这种制裁性质非常严厉的法律，仍有许多条款把行为是否构成犯罪的标准留给了执法者。如在刑法分则中大量使用"情节严重"、"情节特别严重"，"情节恶劣"、"情节特别恶劣"，"数额较大"、"数额巨大"、"数额特别巨大"等难以界定的程度性词语，作为是否构成犯罪或者在哪个刑罚档次内适用刑罚的标准。而整部刑法中并没有对这些决定特定行为是否构成犯罪、是否应当从重处罚的要件加以任何限制性或解释性规定，以至在相当一部分犯罪中，虽然有刑法条文的规定和"罪刑法定原则"的限制，是否构成犯罪仍要取决于司法机关和司法人员对何为"情节严重"或"数额较大"等程度性词语的理解和适用。这种理解及其在具体案件中的适用正确与否，直接关系到刑法适用的正确性。

第三，法律的运行机制不健全。由于法律文化传统上的差异，我国没有西方国家的那种陪审团制度，不实行定罪与量刑分别由不同主体裁判的审判模式，我国庭审时对证据的审查和认定、定罪与量刑完全由专业法官完成。由于我国尚未施行判决书说理制度，法官形成判决的心证过程未通过判决书说理得到展示，导致法官自由裁量权过大，那么，即使形式上"严格依法"来判决，也可能导致案件处理的结果丧失实质公正。

由此，不仅社会主义法治的推进和发展需要检察机关的法律监督，而且我国法制发展中存在的这些问题，在客观上迫切需要设置一个专门的法律监督机关来监督和制约执行和适用法律的活动，以防止司法权的滥用，保证法律的统一正确实施。可以说，中国的国情是把检察机关作为法律监督机关来设置的社会基础。要理解中国的检察机关为什么是法律监督机关而不是单纯的公诉机关，就必须了解中国社会的现实。

三、市场经济发展的客观需要

我国经历了二十多年从计划经济到市场经济的过渡，社会主义市场经济体制基本建立。市场经济是法治经济，要求用法律来规范经济主体的活动。正如江泽民同志曾经指出的，世界经济的实践证明，一个比较成熟的市场经济，必然要求并具有比较完备的法制。市场经营活动的运行，市场秩序的维系，国家对经济活动的宏观调控和管理，以及生产、交换、分配、消费等各个环节，都需要法律的引导和规范。在国际经济交往中，也需要按国际惯例和国与国之间约定的规则办事。这些都是市场经济的内在要求。我们要实现经济体制和经济增长方式的根本性转变，也必须按照市场的一般规律和我们的国情，健全和完善各种法制，全面建立起社会主义市场经济和集约型经济所必需的法律体系。① 依法治国正是适应市场经济的要求而提出的。

市场经济所要求的法律体系必然是统一的法律体系，法制的统一是市场经济一体化的基础。市场经济要求打破地域界限，实现全国市场的统一，实现更大范围的资源优化配置。特别是随着经济全球化趋势的出现，市场经济更要求经济主体遵守统一的交易规则。由于市场经济要求规范经济行为的法律规则在全国范围内统一实施，特别是像中国这样地域辽阔、各地经济发展很不平衡、市场经济的规则还没有成为经济主体的自觉行为规范的国度，市场经济对法制的统一要求更为强烈。然而，各地有着自己独立的经济利益，这在客观上又妨碍着统一法制的实施。因此，如果没有强有力的法律监督机关来监督人们遵守法律，维护法制的统一实施，市场经济所要求的统一的市场规则就不可能建立，市场经济体制的建立和完善就将是一句空话。

四、克服和转变重人治、轻法治文化传统的需要

几千年来，中国一直是一个权力本位的国家，权力不仅支配着社会资源的配置，而且支配着社会主体的实践活动。一方面，这使人们

---

① 中共中央文献研究室编：《江泽民论有中国特色社会主义》，中央文献出版社 2002 年版，第 331 页。

把权力看做是法律的本源，把法律视为当权者手中的工具。与法律相比，人们更崇尚个人手中的权力及其影响力。另一方面，人们对权力的期望值很高，而对法律的期望值较低。许多人认为有权的人无所不能，人治传统深深地扎根于国民意识之中。在这种社会心态下，不论是行政管理人员、执法人员，还是普通老百姓；不论是文化程度较高的知识分子，还是文化程度较低的其他劳动者，人们无论遇到什么事，往往首先想到的是"关系"而不是"法律"，都希望通过"关系"找个有权的人"说说情"，希望通过有权的人的影响力促成自己想办的事或者阻止不利于自己的事，即使是明知触犯了法律，也希望通过"关系"使执法人员对自己"网开一面"。在国家大力倡导依法治国的社会环境下，许多公民特别是一些领导干部，仍然认为依法治国是用法律来管理社会、管理别人，而不是也不愿意用法律来管自己。这种淡漠法律的社会心态，给自觉地遵守法律和严格地执行法律造成了很大的思想障碍，使法律的遵守和执行在很大程度上不能不依赖于强有力的法律监督机制。而这种对权力的崇尚又反过来刺激着权力的膨胀，加剧了权力的滥用。在现实生活中，确实有一些有权的人"神通广大"，能够在法律规定之外办成许多事情；确实有一些人通过有权的人的说情，使某些按照规定不能办或不该办的事办成了，或者使某些应该受法律处罚的人没有受到法律处罚或减轻了处罚。这种社会现实，使有权的人更加意识到权力的重要，以为有了权就可以不受法律的约束，使没有权力的人或者权力较小的人更加仰慕他人手中的权力，乐于屈从权力而不是屈从法律。

在这样一个缺乏法治传统的社会里，要推行法治，实现依法治国，单纯依靠人们自觉遵守法律，单纯依靠宣传和普及法律知识，是远远不够的。面对这种社会现实，国家要实行法治，就不得不设置一个专门的法律监督机关来监督和保障法律的实施，防止权力对法制的破坏。列宁曾经深刻地指出："究竟用什么来保证法令的执行呢？第一，对法令的执行加以监督；第二，对不执行法令加以惩办。"① 独

_____

① 列宁："新工厂法"，载《列宁全集》第2卷，人民出版社1984年版，第358页。

立的、有效的法律监督是当代中国解决有法不依、执法不严、违法不究和司法不公等问题，推行法治的必不可少的宪政设施。因此，检察机关作为法律监督机关的宪法定位具有合理性及必要性。

第二节　检察机关在宪政结构中的定位

在分权制衡的宪政结构中，国家权力被划分为三种权力，即以议事、决策和立制为特征的立法权，以命令、统筹和执行为特征的行政权，以协调、中立和裁判为特征的司法权。在这三种权力中，检察权究竟属于行政权还是司法权，虽然理论上长期以来都存在争议，但实践中一般隶属于行政机关，在大陆法系则比较强调其司法属性，被称为"准司法机关"，所以在三权分立的宪政结构中检察机关没有独立的宪法地位。

在中国，人民代表大会制度是我国的根本政治制度。在人民代表大会制度中，人民代表大会即国家权力机关在整个国家机构体系中居于主导和支配地位，国家行政机关、审判机关和检察机关都由它产生，对它负责，受它监督。如果说在三权分立的宪政结构中国家权力呈现出一个平面三角形的话，那么在人民代表大会制的宪政结构中，国家权力则呈现出一个立体三角形。人民代表大会居于三角形的顶端，统一行使国家权力以保证国家权力的完整性。在人民代表大会之下，分别设立国家的行政机关、审判机关和检察机关，分别行使国家的行政权、审判权和法律监督权。在这样的宪政结构中，检察机关就有了独立的宪法地位。检察机关作为国家的法律监督机关，在人民代表大会制中，是隶属于人民代表大会，与国家行政机关、审判机关并行的国家机关，享有独立的法律地位。

在人民代表大会制度中，行政机关、审判机关和检察机关都由国家权力机关产生，对它负责，受它监督。这是一个必要的监督机制。但是，仅有这一个监督机制是不够的。人民代表大会作为国家的权力机关肩负着繁重的任务，它对行政权和审判权的监督，主要是通过人事任免、听取和审议工作报告、就重大事项作出决定等方式进行的，不可能全面、具体地进行日常的监督，也不宜直接介入、取代或启动行政处罚程序和司法审查程序。因此，设立检察机关作为与行政机关、审判机关平行的法律监督机关，专门行使法律监督权，是加强国家权力机关监督职能必要的制度安排。从这个意义上说，法律监督职能是国家权力机关监督职能的延伸，是其派生的、执行性的监督职能。换言之，我国检察机关的法律监督职能是从人民代表大会的监督职能中派生出来的。这就决定了检察机关与国家权力机关的关系，这种关系集中表现在以下三个方面：

一、检察机关是由人民代表大会产生的法律监督机关

按照《宪法》第 3 条的规定，检察机关由人民代表大会产生。这意味着检察机关的机构设置和职权必须由人民代表大会通过法律予以规定，检察机关的领导成员必须由人民代表大会及其常委会选举或任命产生，检察机关行使职权的活动必须以人民代表大会及其常务委员会制定的实体法和程序法为依据。正如《宪法》中规定的，全国人民代表大会选举最高人民检察院检察长；全国人民代表大会常务委员会根据最高人民检察院检察长的提请，任免最高人民检察院副检察长、检察员、检察委员会委员和军事检察院检察长，并且批准省、自治区、直辖市的人民检察院检察长的任免；县级以上的地方各级人民代表大会选举并且有权罢免本级人民检察院检察长，选举或者罢免人民检察院检察长，须报上级人民检察院检察长提请该级人民代表大会常务委员会批准。检察机关的这种产生机制，就决定了检察机关与国家权力机关的关系和检察机关在宪政结构中的地位，即检察机关是一个隶属于国家权力机关的国家机关，其法律地位居于人民代表大会之下，其职权和活动永远都不能超越人民代表大会的授权范围。

二、检察机关必须向人民代表大会负责，接受人民代表大会的监督

检察机关既然是由人民代表大会产生的，它就理所当然地要向人民代表大会负责并受人民代表大会的监督。《宪法》在规定检察机关依法独立行使检察权的同时，也规定：全国人大常委会的职权之一是"监督国务院、中央军事委员会、最高人民法院和最高人民检察院的

工作"。因此，人民代表大会及其常委会对检察机关的工作具有监督权也是一项毋庸置疑的宪法原则。全国各级检察机关和全体检察人员要树立接受人大监督的意识，自觉地把自己的工作置于人大的监督之下。

人民代表大会监督检察机关的工作，除了审议检察机关的工作报告、任免检察机关的组成人员、审查检察机关作出的司法解释之外，一个很重要的方面就是对检察机关所办理的案件提出质询或者交办具体案件。这种质询或交办并不是要干涉检察机关依法办理案件，并不意味着检察机关必须按照人大的意见来办理具体案件，而是为了促使检察机关依法对具体案件进行审查，保障检察机关严格依法办理案件。

三、检察机关是独立的国家机关，依法独立行使检察权

检察机关虽然隶属于国家权力机关，但是它又具有一定的独立性。这种独立性突出地表现在两个方面：一是机构设置上的独立性；二是行使职权时的独立性。

由于检察机关在宪政结构中享有独立的法律地位，所以检察机关作为国家结构中一个独立的系列，设立了统一的机构并具有完整的组织体系。《宪法》第 130 条规定："中华人民共和国设立最高人民检察院、地方各级人民检察院和军事检察院等专门人民检察院。……人民检察院的组织由法律规定。"这就从组织结构上保障了检察机关在机构设置上的独立性。

除了机构设置上的独立性之外，宪法还确立了检察机关依法独立行使检察权的原则，强调检察权行使的独立性。1954 年 9 月 20 日第一届全国人民代表大会通过的《中华人民共和国宪法》第 83 条规定："地方各级人民检察院独立行使职权，不受地方国家机关的干涉。"1982 年 12 月 4 日第五届全国人民代表大会通过的《中华人民共和国宪法》第 131 条专门规定："人民检察院依照法律规定独立行使检察权，不受行政机关、社会团体和个人的干涉。"这些规定，以根本大法的形式确立了人民检察院依法独立行使检察权的宪法原则。

为了强调检察机关依法独立行使检察权的重要性，1954 年《人

民检察院组织法》和1979年颁布、1983年修订的《人民检察院组织法》，1979年颁布、1996年修订的《刑事诉讼法》和1995年颁布、2001年修订的《检察官法》都重申了依法独立行使检察权的宪法原则。

　　当然，依法独立行使检察权绝不意味着检察机关可以不受监督和制约，更不意味着检察机关可以为所欲为。独立行使职权是有前提的，即必须按照法律规定的程序在法律规定的范围内活动。而且，独立行使检察权只是相对于审判机关、行政机关、社会团体和个人而言的，检察机关不能以独立行使检察权为由，拒绝或排斥执政党的领导和人民代表大会的监督。

四、依法独立行使检察权与接受党的领导

　　全面理解检察机关的宪法地位，必须正确理解检察机关依法独立行使检察权与党的领导的关系。我国《宪法》总纲中明确规定，"中国各族人民将继续在中国共产党领导下，在马克思列宁主义、毛泽东思想、邓小平理论和'三个代表'重要思想指引下，坚持人民民主专政，坚持社会主义道路，坚持改革开放，不断完善社会主义的各项制度，发展社会主义市场经济，发展社会主义民主，健全社会主义法制……"因此，坚持党的领导是我国宪法确立的一项根本性原则，一切国家权力包括检察权的行使都必须在中国共产党的领导下进行，这是依法独立行使检察权的基本前提和根本保证。中国共产党不仅要领导人民制定宪法和法律，而且要领导人民遵守和执行宪法和法律。由于党作为国家和社会的领导力量而非国家机关，不能直接参与执法和司法过程，要保证宪法和法律的实施，需要通过专门的国家机关来进行，而法律监督机关就是党实现其监督法律实施，维护法制统一的必要途径。正如邓小平同志所说："纠正不正之风、打击犯罪活动中属于法律范围的问题，要用法制来解决，由党直接管不合适。党要管党内纪律的问题，法律范围的问题应该由国家和政府管。"① 同时，我们党是执政党，绝大部分国家工作人员是共产党员，检察机关对国

_____

　　① 《邓小平文选》第3卷，人民出版社1993年版，第163页。

家工作人员特别是党员干部职务犯罪的监督是党纪监督的延伸，既是对党员干部公务活动的监督，也是强化党纪监督的法律形式，是维护党的纯洁性和权威性从而巩固其执政地位的重要监督机制。列宁曾经指出，检察机关应当受党中央的统一领导，党中央是反对地方影响和个人影响最可靠的保证，建立一个受党中央密切监督的中央检察机关，才能做到充分行使检察权。

因此，检察机关在独立行使检察权的过程中，要自觉地把自己的一切活动置于党的领导之下，自觉地服从党的路线方针和政策，紧紧依靠党的领导来保证检察工作的政治方向，解决检察工作中面临的困难。在具体检察工作中，检察机关应当正确理解和处理依法独立行使检察权与接受党的领导之间的关系。一方面，检察机关要认识到依法独立行使检察权是在党的领导下的相对独立。依法独立行使检察权是我国宪法和法律确立的检察活动的基本原则，是保障检察权行使的公正性和有效性的重要条件。在中国特色社会主义政治体制下，依法独立行使检察权不能脱离党的领导，必须在党的领导下独立行使检察权。在具体工作中，检察机关遇到重大问题、重大工作部署要及时向党委请示汇报，把握正确的政治方向；遇到困难和阻力时，要主动取得党在政策和策略上的支持，争取有利的执法环境，把党的主张和人民的意志落实到具体的检察工作实践中去。另一方面，党对检察机关的领导是政治、组织和思想等方面的宏观领导，而不是检察业务方面的具体领导。在政治上，检察机关要坚定不移地贯彻党的方针政策，使检察工作服从和服务于国家经济和政治的大局；在组织上，要加强检察机关的党组织建设和领导干部配备，充分发挥检察机关党组织的战斗堡垒作用和党员的先锋模范作用；在思想上，检察机关要用党的理论、路线、方针、政策统一检察人员的思想，保证其公正廉洁地行使检察权。但是，党不能代行检察职能，更不能包揽检察机关的具体业务，不能妨碍检察机关依法独立行使检察权。总之，依法独立行使检察权是建设法治国家、实现依法治国方略的必然要求，坚持党的领导是正确行使检察权、保证法律统一正确实施的基本条件，只有把坚持依法独立行使检察权与接受党的领导统一起来，把执行党的政策与执行法律统一起来，把办案的政治效果、社会效果和法律效果统一起来，才能保障检察事业的健康发展。

第三节　检察机关在诉讼结构中的定位

检察机关作为法律监督机关的地位，不仅表现在国家政治体制中，而且表现在司法体制和各种诉讼程序中。检察机关在国家政治体制中是专门的、独立的法律监督机关，在司法体制和诉讼程序中是履行法律监督职能的司法机关。① 检察机关在司法体制和诉讼程序中的地位是其在国家政治体制中的地位的反映和体现，其司法职能或诉讼职能是法律监督职能的重要实现途径和方式。我国的政治体制特别是党的领导和人民代表大会制度决定了我国司法体制和诉讼程序的性质和特点：公安机关、检察机关和审判机关在党的统一领导和人民代表大会的监督下，在办理刑事案件中，实行分工负责、互相配合、互相制约；各机关内部实行民主集中制。

检察机关在诉讼结构中的定位是履行法律监督职能的司法机关。在刑事诉讼中，检察机关负有对职务犯罪立案侦查、对公安机关的侦查活动进行监督、审查逮捕、提起公诉和出庭支持公诉、对确有错误的判决裁定进行抗诉、监督刑罚的执行等职责。在民事诉讼和行政诉讼中，按照现行的法律规定，检察机关负有对民事审判活动和行政诉讼活动实行法律监督的职责以及对人民法院已经发生效力但确有错误的判决、裁定提出抗诉的权力。随着社会主义市场经济的发展和法制建设的推进，检察机关在民事审判、行政诉讼中的作用还会进一步加强。

我们必须看到，诉讼程序属于司法的范畴，是社会主义法制的一个环节。检察机关在诉讼程序中的职能和地位只是检察机关在国家政体中的地位的一个方面的表现，与检察机关在政体中的地位有一定的

---

①　检察机关在政治制度和司法制度中都定位为法律监督机关，这是法律监督一元论的必然要求。但是，检察机关在政治制度和司法制度中的角色和功能以及发挥作用的途径是不同的，必须与其活动的具体环境和条件相适应，必须遵循政治规律和司法规律。

相关性甚至存在内在的联系。但是，检察机关在诉讼中的具体角色和作用毕竟具有一定的特殊性。首先，检察机关在诉讼程序中的地位和角色要适应诉讼结构合理化的趋势和需要，也只有在尊重司法规律的前提下，检察机关才能更好地发挥职能作用。其次，我们应当认识到政体结构与诉讼结构是两个不同层面的问题（诉讼制度从属于司法制度，而司法制度又从属于政治制度）。它们之间既有联系，即诉讼结构是政体结构的派生物，从属于政体结构；也有区别，即诉讼结构和政体结构分别调整不同性质和不同内容的权力关系，因而必须遵循不同的规律和要求。因此，我们不能以检察机关在政体结构中的地位代替或者否定检察机关在各种诉讼程序中的地位，也不能以检察机关在诉讼程序中的地位代替或者否定检察机关在国家政体中的地位。同时，我们也要看到检察机关在政体结构中的地位与其在诉讼程序中的地位之间的内在联系，即法律监督是检察机关一切职能活动的共同特点和基本定位。

正确认识检察机关在诉讼结构中的定位，关键是正确认识检警关系和检审关系。近年来，法学理论界对检警关系和检审关系进行了许多思考，提出了一些构想，其出发点都是为了进一步理顺公、检、法三机关在诉讼中的关系，更好地实现司法公正。但是，我们认为，探讨检警关系和检审关系，不能脱离我国的根本政治制度和法治建设的实际情况，不能离开宪法的规定。其中，《宪法》关于检察机关法律地位的规定和关于"人民法院、人民检察院和公安机关办理刑事案件，应当分工负责，互相配合，互相制约，以保证准确有效地执行法律"（第135条）的规定，是理解和理顺检警关系和检审关系的宪法基础。我们必须遵循宪法的规定和精神，根据我国政体的特点来探讨和解决检警关系和检审关系方面存在的问题。

一、检警关系

检警关系，即检察机关与公安机关在刑事诉讼中的关系。人们关于检警关系的讨论，重点是在刑事诉讼的审前程序中如何处理公安机关的侦查活动与检察机关的批捕、公诉活动之间的关系。

从国外有关检警关系的制度设计上看，检察机关与警察（公安）

机关的关系主要有两种模式：一是警检分立模式，即检察机关与警察
机关各自独立，分工负责，互不干涉，警察机关全面负责刑事案件的
侦查工作，检察机关不得干涉侦查活动；警察机关侦查完毕，将案件
移送检察机关审查起诉。二是警检合一模式，即警察机关的侦查活动
原则上被视为检察机关公诉活动的一个组成部分，警察的侦查活动在
法律上完全听命于检察官，在侦查活动的任何阶段，只要检察官出
现，警察的侦查活动就要受检察官的指挥，从而形成一个统一而不可
分割的控方阵营。

　　在我国，按照《宪法》第 135 条的规定和《刑事诉讼法》第 7
条的规定，人民检察院和公安机关在刑事诉讼中的关系，可以概括为
三个方面：

（一）分工负责，各司其职

　　检警关系的基础是分工负责。在我国，公安机关与检察机关是两
个各自独立、互不隶属的国家机关，具有明确的分工。特别是在刑事
诉讼中，法律对公安机关和检察机关的职责权限作了明确规定。检警
双方都应当按照法律规定的职责权限，认真履行各自的职责，不能混
淆各自在刑事诉讼中的角色定位。如果任何一方放弃自己的法定职
责，不能按照分工完成诉讼任务，检警关系就丧失了合法性基础。

（二）互相配合，目标一致

　　在刑事诉讼中，公安机关的侦查活动与检察机关的公诉活动具有
相同的目标，都是为了有效地揭露和证实犯罪，将真正的犯罪人绳之
以法，使无辜的人不受追诉，都是为了维护社会的稳定，伸张法律正
义。因此，检警两家应当互相配合，共同完成刑事诉讼的任务。但是
这种配合是以分工负责为前提和基础的，而不是相互融为一体，不分
彼此，也不是检察机关指挥侦查机关。

（三）监督制约，防止出错

　　按照法律的规定，一方面，检察机关对公安机关的侦查活动具有
法律监督的职责。具体到刑事诉讼中，检察机关对公安机关的侦查活

动具有监督和制约两方面的作用。检察机关对公安机关侦查活动的监督作用，主要表现在对公安机关侦查活动中存在的违反法律的情况特别是侵犯犯罪嫌疑人合法权益的情况，通过审查发现后，及时提出纠正意见，防止错误的发生或持续。检察机关对公安机关侦查活动的制约作用，主要表现为诉讼程序上的制约，如审查批准逮捕。检察机关应当根据法律规定，全面履行对公安机关侦查活动的监督和制约职责，以防止侦查活动出现错误。

另一方面，公安机关对检察机关的监督行为和诉讼活动也具有制约作用。不仅侦查活动的质量直接影响到检察机关公诉活动的效果，而且公安机关对检察机关作出的与公安机关侦查活动有关的决定，有权提请作出决定的检察机关或其上级机关重新审查该决定的正确性，以防止错误决定。例如，公安机关对检察机关作出的不批准逮捕决定，如果认为有错误时，可以要求复议。如果意见不被接受，可以向上一级检察机关提请复核。上级检察机关应当立即复核，作出是否变更的决定，通知下级检察机关和公安机关执行。

从制度设计上看，我国检警关系具有两个特点：一是吸收了检警分立模式的优点，检察机关与公安机关保持一定的距离，两机关分工负责，相互独立，这有利于发挥侦查机关的优势和积极性。二是吸收了检警合一模式的优点，注重检察机关对侦查活动的参与和监督。通过检察机关对公安机关侦查活动的监督，防止侦查权的滥用。但是，我国没有实行"检警一体化"体制，主要原因是：（1）它不符合我国的宪政体制。"检警一体化"要求实行检察机关领导警察机关的体制，而我国检察机关和公安机关是两个不同组织系统的机关，二者之间不具有领导和被领导的关系。（2）它不符合我国检察机关的性质。"检警一体化"体制要求检察机关与警察机关的关系是领导与被领导的行政关系，而不可能是监督关系，而我国检察机关是国家的法律监督机关，检察机关与公安机关之间是监督与被监督的关系。（3）我国检察机关缺乏领导警察的力量。在我国，普通刑事案件的侦查一直由公安机关负责，这类案件的侦查不仅需要巨大的人力资源，而且需要专业的技术、经验和能力，检察机关历来不负责这类案件的侦查，也缺乏领导公安机关进行侦查的能力。

二、检审关系

关于检察机关与审判机关之间的关系，我国法律作了明确的规定。人民检察院与人民法院在刑事诉讼中的基本关系，也是分工负责，互相配合，互相制约的关系。但是，由于侦查、检察和审判三项职能的性质和内容不同，所处的诉讼环节也不同，因而检审关系与检警关系在分工负责，相互配合，相互制约这一基本关系的前提下又表现出不同的内容、形式和特点。

在刑事诉讼中，检察是侦查的后续程序，检察以批准逮捕、侦查监督和审查起诉等职能对侦查活动形成监督和制约，公安机关则以享有拘留、逮捕等强制措施的执行权，通过决定权与执行权分离对检察机关形成制约；审判又是检察的后续程序，审判机关以审查公诉案件的材料和开庭审判对检察机关提起的公诉作出裁决，检察机关则以起诉、抗诉和检察建议对审判形成监督和制约。检察机关的公诉活动，不仅具有启动审判程序的功能，而且具有为审判活动设定范围的功能，刑事审判的对象不能逾越公诉的事实，这体现了检察机关公诉权对审判权的程序制约。但是在另一方面，人民法院是审判程序的主导者，检察机关的公诉活动必须受到人民法院审判活动的检验，必须服从人民法院经过审判所作出的终局裁判，这体现了审判权对公诉权的制约。

检察机关除了在刑事诉讼中行使公诉权之外，在刑事诉讼、民事诉讼和行政诉讼过程中，还承担着对人民法院的审判活动是否合法实行法律监督的职责。在诉讼监督中，检察机关与人民法院的关系，不同于公诉活动中的检审关系，而是一种监督与被监督的关系。检察机关对审判活动的监督，具有引起法院对自己的有关行为或决定进行再审查的效力。譬如，检察机关对法院已生效裁判的抗诉，必然引起法院对自己作出的已生效裁判进行再审，体现了检察机关对人民法院审判活动的监督。

对于检审关系中检察机关的法律监督权，近年来，有些人提出了一些不同看法。有的人认为，应当改变目前检审之间的关系，取消检察机关的审判监督权。其主要理由是：履行公诉权和部分案件侦查权的检察机关，同时担负着法律监督权，而这种监督权直接指向人民法院的审判活动，不利于审判权的独立行使，不利于维护司法权威，对审判所具有的终局性是一种威胁甚至破坏。有的人认为，虽然目前检审之间的关系不应改变，但是应当对检察机关的审判监督加以限制。其具体理由是：为了树立法律的权威，必须维护人民法院裁判的稳定性，为此应当对检察机关的审判监督范围进行必要的限制：一是应当受一事不再理原则的限制，即对再审理由、时效和再审抗诉次数等进行限制。二是对审判监督的对象进行限制，即检察机关只能对法官个人的违法违纪等行为进行监督。三是对审判监督的方式进行限制，即检察机关只能对审判活动实行事后监督，不能进行事中监督。

我们认为，检察机关对审判活动的监督不但不应取消或限制，反而应当进一步加强。其主要理由是：第一，从诉讼规律上看，司法人员办理案件的过程，是一种对案件事实进行认定的过程，由于案件事实是复杂的而且是过去发生的，因而认定案件事实要受诸多主客观因素的限制，这就决定了认识产生错误的可能性，以及由这种认识导致的裁判错误的可能性。为了防止和纠正可能出现错误的判决和裁定，就有必要在刑事诉讼中建立审判监督制度以督促审判机关纠正错判。第二，从权力制约的角度看，任何权力都具有"善"与"恶"两种倾向性，要防止权力的滥用即"恶"的倾向性，就必须对权力进行监督和制约。这是被历史反复证明了的一条客观规律。具体到刑事诉讼活动来说，要保证国家审判权的正确行使、不被滥用，就必须建立起对审判权进行有效监督的机制。第三，从我国的司法实践看，审判活动中的违法现象还比较严重，司法腐败和司法不公仍然是人民群众反映强烈的问题之一。这既影响了法律在人民群众心目中的形象和审判的权威，也削弱了在全社会实现公平和正义的司法保障。这种客观现实，要求在诉讼程序中必须有一种有效的救济途径，使不公正的裁判得以纠正，而通过检察机关提起抗诉的程序比其他任何监督程序都更为有效。因此，加强对审判活动的法律监督，是保障裁判的公正从而防止审判权滥用的现实需要，也是维护司法权威的客观需要。当然，检察机关对审判机关的监督和制约毕竟与其对公安机关的监督和制约有所不同，检察机关应当尊重审判规律和裁判权威，在维护法制统一和司法公正的前提下，保持必要的克制和谦抑。

第三章　检察机关的组织结构

检察权作为一项国家权力，需要通过一定的载体来实现。检察机关的组织结构就是检察权有效运行的组织载体，是检察制度的重要内容。检察机关的组织结构是指检察系统各级人民检察院之间、人民检察院内设机构之间及其与检察人员之间的基本关系。它使检察机关形成一个有机的组织体系，保证检察权的有效运作。

第一节　检察机关的设置

一、检察机关设置的原则

各国宪政体制、文化传统的差异，使各国检察组织系统的设置模式不一，检察机关设置的原则也各不相同，当然，也有一些多数国家共同遵循的原则，如检察一体原则等。在我国，《人民检察院组织法》第2条和第3条规定了人民检察院设置的方式，但没有规定设置的原则。我们认为，检察机关设置的原则归纳起来主要有以下三项：

1. 依法设置原则。法治是现代国家权力设置的基本准则，它要求任何国家权力的设立、配置、运作都要依法进行。现代各国检察机构的设置也都是依照一定的法律规范，而且通常以宪法中关于国家机构的规定为基本规范，通过检察院组织法、司法组织法、法院组织法或政府组织法等，对检察机关的组织体系作出明确的规定。检察机关组织系统依法设置，也须依法变更或撤销，而不能超越法律随意改变、增加或减少。包括各种专门检察院、检察院派出机构的设置和变更，也必须遵循法律、法令的明确规定。检察机关组织系统设置上所体现出的法定性与规范性，是依法治国及国家权力依法行使原则的重要体现。

2. 与审判机关对应设置原则。从检察机关履行的职能看，检察活动主要是在诉讼过程中，围绕控诉职能和监督职能进行的，因此必然与审判机关有对应关系。所以，各国一般都实行检察机关与审判机关对应设置的原则。不过，这种对应设置有不同的表现形式，多数是审检分立，对应设置。

3. 按区域设置兼顾实际需要原则。检察机关一般按照行政区域或司法区域设置。这种设置方式与刑事案件的地域管辖相适应，有利于划分纵向的和横向的检察机关的区域管理范围，有利于及时有效地处理案件。同时，在一些由地方选举或任命检察长和检察官的国家或地区，按区域设置便于检察长和检察官的产生。按行政区域设置检察机关是一个基本原则，诸多国家如俄罗斯、日本的地方检察系统等，均按行政区划设置。也有些国家如美国联邦检察官是按司法区域设置，可能跨行政区划，或在一个行政区划中设多个检察机关，以区别于行政区域。

按区域设置是一般原则，但为适应社会变化和检察工作的实际需要，检察机构设置也可能作出某些调整，或设置某些特别的检察功能单位，如专门检察院、临时检察机构、派出检察机构等。

二、中国检察机关的设置

我国宪政制度的特殊性决定了我国检察机关的组织结构和设置具有自己的特色。对我国检察机关的设置原则尽管有不同的观点，[①] 但它仍应遵循一些各国共通的依法设置、按行政区划设置、与审判机关对应设置，以及根据检察工作需要设置的原则。根据这些原则设置的各级各类检察机关分别为最高人民检察院、地方各级人民检察院和专门人民检察院。各级人民检察院在其管辖的区域内开展工作。人民检察院与人民法院对应设置，适应了我国司法审判制度的特点，有利于诉讼活动及时、顺利地进行。根据行业、区域、单位的特点和检察工作的实际需要设置专门人民检察院和派出机构，有利于检察工作的开展。

---

① 参见孙谦主编：《检察理论研究综述（1979—1989）》，中国检察出版社2000年版，第141页。

根据我国《宪法》和《人民检察院组织法》的规定，现行检察机关的具体设置如下：

1. 最高人民检察院

最高人民检察院是中华人民共和国最高检察机关，由最高国家权力机关全国人民代表大会产生，对全国人民代表大会及其常务委员会负责并报告工作。

最高人民检察院依法行使下列职权：

（1）领导权。最高人民检察院领导地方各级人民检察院和专门人民检察院工作，有权指导、部署和检查地方各级人民检察院的工作，有权制定检察工作条例、规则和规范性文件。

（2）司法解释权。根据法律授权，最高人民检察院对检察工作中如何具体应用法律有司法解释权。这种解释对各级人民检察院具有普遍的约束力。

（3）检察权。最高人民检察院依法行使法律赋予检察机关的各项检察权，包括按照管辖范围和管辖级别，侦查直接受理的刑事案件；对国家公安机关、安全机关的侦查活动是否合法实行监督；对有关全国性的或具有重大影响的重大刑事案件，向最高人民法院提起公诉并支持公诉；对法院审判活动是否合法实行监督；对各级人民法院已经发生法律效力的判决和裁定，如发现确有错误，有权按审判监督程序提出抗诉；对刑事案件判决和裁定的执行实行监督，对监狱、看守所和劳动改造机关的活动是否合法实行监督。

（4）干部管理权。最高人民检察院按照法律规定的权限管理检察机关干部，对有关检察人员有提请任免的权限，以及协同国家编制委员会确定全国检察机关的人员编制，主管检察官等级评定等工作。

（5）对违宪或违法的行政法规、地方法规等的提请审查权。

最高人民检察院由检察长1人、副检察长和检察员若干人组成，设立检察委员会、若干检察厅和其他业务机构。

2. 地方各级人民检察院

地方各级人民检察院为以下各级检察机关：

（1）省、自治区、直辖市人民检察院；

（2）省、自治区、直辖市人民检察院分院，自治州、省辖市人

民检察院;

(3) 县、市、自治县和市辖区人民检察院。

省级人民检察院和县一级人民检察院,根据工作需要,提请本级人民代表大会常务委员会批准,可以在工矿区、农垦区、林区等区域设置人民检察院,作为派出机构。

地方各级人民检察院由其同级人民代表大会产生,对同级人民代表大会及其常务委员会负责并报告工作。地方各级人民检察院接受最高人民检察院领导,下级人民检察院接受上级人民检察院领导。地方各级人民检察院与地方各级审判机关的设置相一致。

地方各级人民检察院按照法律规定的管辖范围和权限,行使下列各项检察权:侦查直接受理的刑事案件;对侦查机关的侦查活动是否合法实行监督;对受理的刑事案件向同级人民法院提起公诉并支持公诉;对人民法院的审判活动是否合法实行监督;在刑事诉讼中,对同级人民法院第一审案件的判决、裁定认为确有错误时,按照上诉程序提出抗诉;上级人民检察院对下级人民法院已经发生法律效力的判决、裁定,如发现确有错误,按审判监督程序提出抗诉;监督人民法院的判决、裁定的执行,对监狱、看守所和劳动改造机关的活动是否合法实行监督。此外,上级人民检察院对下级人民检察院还具有领导权。

地方各级人民检察院设检察长1人,副检察长和检察员若干人,设立检察委员会,并设若干检察业务机构。

3. 专门人民检察院和派出人民检察院

(1) 专门人民检察院

专门人民检察院是在特定的组织系统内设置的检察机关,以其专属的管辖权和所保护的特定社会关系而有别于其他检察机关。我国设置的专门人民检察院是军事检察院。

军事检察院是国家设置在人民解放军系统的法律监督机构,属于军队建制,是我国检察机关的组成部分,在最高人民检察院和解放军总政治部领导下工作。军事检察院的职权是对军职人员的犯罪案件行使检察权,按照专属管辖权的原则,受理现役军人、军队文职人员和在编职工的犯罪案件,按照刑事诉讼法和军委有关文件的规定,对上述人员的贪污、贿赂犯罪，侵权、渎职犯罪以及利用职务实施的违反军人职责的犯罪实施侦查，对军队保卫部门侦查的刑事案件审查批捕和审查起诉，依法对军队保卫部门、军事审判机关实施侦查监督、审判监督以及刑罚执行监督。

按照地区设置和系统设置相结合的原则，军事检察院设置分为三级，即中国人民解放军军事检察院；大军区、空军、海军军事检察院；地区军事检察院、空军军一级军事检察院和海军舰队军事检察院。各级军事检察院的检察委员会由同级政治部批准组成。

（2）派出人民检察院

派出人民检察院，是省一级和县一级人民检察院根据人民检察院组织法和检察工作需要，在特殊区域或场所设置的派出机构，如在监狱、劳教场所、林区和工矿区设置的人民检察院。设置派出机构，需由有关的省或县级人民检察院提请本级人民代表大会常务委员会批准。人民检察院对其派出机构实行领导，并按法定程序任免检察人员。

第九届全国人大常委会第六次会议于1998年12月29日通过了《全国人民代表大会常务委员会关于新疆维吾尔自治区生产建设兵团设置人民法院和人民检察院的决定》，规定新疆维吾尔自治区人民检察院在生产建设兵团设置新疆维吾尔自治区生产建设兵团人民检察院、新疆维吾尔自治区生产建设兵团人民检察院分院、农牧团场比较集中的垦区的基层人民检察院，作为自治区人民检察院的派出机构。新疆维吾尔自治区生产建设兵团人民检察院领导生产建设兵团人民检察院分院以及基层人民检察院的工作。

铁路运输检察院是国家设置在铁路运输系统的检察机构，是我国检察机关的组成部分。铁路运输检察院由铁路运输检察分院、基层铁路运输检察院组成，由所在的省、自治区、直辖市人民检察院领导。其基本任务是按照法律规定行使检察权，打击和防范在铁路运输系统所辖区域中（包括铁路沿线、列车、车站、铁路企业事业单位等）发生的各种违法犯罪活动和铁路工作人员危害交通运输的违法犯罪活动，维护国家的法律、法令在铁路运输系统统一实施，维护铁路运输秩序、生产秩序和工作秩序，保护铁路财产和铁路运输物资不受非法侵害，保护旅客和铁路职工的人身权利、民主权利和其他权益不受侵害。

1954 年和 1979 年的《人民检察院组织法》，把铁路检察院规定为专门检察机关。1983 年修订《人民检察院组织法》时，考虑到铁路系统要逐步改制为企业，删除了铁路运输检察院作为专门检察院的内容，此后对铁路运输检察院作为派出检察院管理。

第二节　检察机关的领导体制

一、国外检察机关领导体制的模式

检察机关领导体制，是指由上下级检察机关之间，以及检察机关与对于检察机关有官员任免、业务指挥及工作监督权限的其他国家机关之间形成的组织关系。检察机关的领导体制是检察权有效行使的组织保障。由于检察业务及检察机关所具有的一定意义上的行政性，检察机关的隶属性体制是检察制度建设中的常态。不过，各国检察机关的领导体制，由于其性质、法律地位、工作任务以及政治制度与司法制度的特征等因素影响，又呈现出自身的特点。大致可分为以下几种类型：[①]

1. 不依附于行政机关的垂直领导体制。这种领导体制的主要特点是：上级检察机关领导下级检察机关，最高检察机关领导各级检察机关；检察机关不受政府和地方权力机关的领导，仅在最高一级对国家权力机关负责。如英国、意大利以及一些属于大陆法系类型的检察机关，成独立建制而不依附于行政机关。属于社会主义检察制度类型的前苏联、东欧多数国家及越南、朝鲜等国也实行上述独立性体制。

2. 对行政机关有一定附属性的垂直领导体制。多数大陆法系检察机关以及英美法系部分检察机关在行政机关体制内实行垂直领导体制。这种体制可分为两个部分：一是检察机关内部，上下级机关之间

---

①　参见龙宗智：《检察制度教程》，法律出版社 2002 年版，第 142—144 页。

具有领导指挥关系；二是最高检察机关与作为其上级的行政机关之间，具有受监督和特定情况下接受指挥的关系。检察机关与其上级行政机关之间的这种关系，被认为是检察活动正确反映国家意志，防止行使检察权中出现失误的需要。日本是这一体制的代表。

3. 双重领导与监督体制。这种体制的特点是检察机关既要受同级国家权力机关或政府的领导或监督，同时又要受上级检察机关的领导。如法国检察机关属于政府系统，行使具有行政性质的权力，但派驻于法院内，检察官受上级检察机关和同级司法行政长官的双重领导。又如前南斯拉夫，根据前南斯拉夫宪法和法律的规定，南联邦检察长同其他检察长的关系，按照联邦制原则以及联邦、共和国、自治省分权的原则确定。除各级检察院的正、副检察长由相应的议会任免并在工作中对议会负责外，上级检察长有权力就有关行使职权的问题，向下级检察长发出有约束力的训令；上级检察长应当监督并考察下级检察长的工作，并有权从下级检察长那里提取特定的案件由自己直接办理。

4. 多元化体制。如美国检察机构，在联邦和州分别设立检察机关，二者没有隶属关系。联邦司法部长即总检察长对派往各司法管辖区执行职务的联邦检察官有一定的指挥权，但无权指挥地方检察官。地方州和市镇一级检察官办事处各自独立，检察官由普选或任命方式产生，对本地区选民或任命机关负责，但与当地行政当局或议会通常并无隶属关系。这种体制与美国特有的分权制相适应，但就一般意义而言缺乏普遍适用性。

二、中国检察机关的领导体制

我国检察机关的领导体制，新中国成立以来经历了多次变化。1949 年 12 月《中央人民政府最高人民检察署试行组织条例》第 2 条明确规定："全国各级检察署均独立行使职权，不受地方机关干涉，只服从最高人民检察署之指挥。"这表明我国检察机关在建立之初实行的是垂直领导体制。

1951 年 9 月公布的《各级地方人民检察署组织通则》将检察机关的领导体制由垂直领导型改为双重领导型，即各级地方人民检察署

受上级人民检察署的领导，同时，各级地方人民检察署（包括最高
人民检察署）为同级人民政府的组成部分，受同级人民政府委员会
的领导。

　　1954 年 9 月通过的《中华人民共和国宪法》和《中华人民共和
国人民检察院组织法》恢复了检察机关垂直领导体制，规定地方各
级人民检察院独立行使职权，不受地方国家机关的干涉；地方各级人
民检察院和专门人民检察院在上级人民检察院的领导下并且一律在最
高人民检察院的统一领导下进行工作。

　　1966 年 5 月开始的"文化大革命"，使国家法制遭受严重破坏。
在这场动乱中，检察制度的发展被中断，机构被撤销，人员被遣散。
1975 年 1 月 17 日，第四届全国人民代表大会第一次会议修正并通过
了第二部《中华人民共和国宪法》。《宪法》第 25 条规定，"检察机
关的职权由各级公安机关行使"，使检察机关被非法撤销的事实被国
家根本法确认。

　　1976 年 10 月"文化大革命"结束，中国历史发生重大转折，国
家开始步入民主与法制建设的轨道，人民检察制度因而获得新生。
1978 年 3 月，第五届全国人民代表大会第一次会议通过了修改后的
《中华人民共和国宪法》。在该法第 43 条中，对检察机关的职权和领
导关系作了原则规定。它肯定了 1954 年《宪法》所确定的审检并立
体制以及检察机关对国家机关、国家机关工作人员和公民是否遵守宪
法和法律行使检察权的职能，但在领导体制上未沿用 1954 年《宪
法》的垂直领导的规定，而采取了上级检察院监督与地方领导结合
的体制。

　　1979 年 7 月制定的《中华人民共和国人民检察院组织法》将检
察机关上下级之间的监督关系改为领导关系。该法第 10 条规定：
"最高人民检察院对全国人民代表大会和全国人民代表大会常务委员
会负责并报告工作。地方各级人民检察院对本级人民代表大会和本级
人民代表大会常务委员会负责并报告工作。最高人民检察院领导地方
各级人民检察院和专门人民检察院的工作，上级人民检察院领导下级
人民检察院的工作。"检察机关实行这样的领导体制，有利于"保证
检察院对全国实行统一的法律监督"。1982 年《宪法》确认了这种领

导体制，也就是我国现行的检察机关领导体制。

1. 检察机关必须接受权力机关的监督

在我国，一切权力属于人民，人民行使国家权力的机关是全国人民代表大会和地方各级人民代表大会。检察机关由人民代表大会产生，对它负责，受它监督。国家权力机关与检察机关之间的核心关系是监督关系。人民代表大会监督检察机关和检察工作的途径，主要是行使设置权、授命权、监督权、批准权、人事任免权、重大问题决定权、视察权、质询权、特定问题的调查权等权力。权力机关监督检察机关工作的主要方式是听取和审议检察机关的工作报告、执法检查和代表视察、工作评议和执法评议、对重大违法案件实施监督、督促执法责任制和错案追究制的落实、决定检察机关提交的重要事项等。

2. 检察系统内部实行最高人民检察院领导地方各级人民检察院和专门人民检察院工作，上级人民检察院领导下级人民检察院工作的体制

现行《宪法》第 132 条第 2 款、《人民检察院组织法》第 10 条第 2 款、《检察官法》第 5 条都规定了"最高人民检察院领导地方各级人民检察院和专门人民检察院的工作，上级人民检察院领导下级人民检察院的工作"。这种体制对于保证全国检察机关集中统一行使检察权，有效监督法律的统一正确实施，维护国家法制统一具有重大意义。上级人民检察院领导下级人民检察院工作的主要方式有：（1）了解工作情况，包括调查研究、指令作专题汇报等。（2）通过指示、批复、规范性文件指导工作。（3）检查执法工作情况和落实有关指示、要求的情况。（4）领导办案，包括案件调取、交办、决定管辖和指挥、协调办案。（5）指令纠正或撤销下级人民检察院不正确的决定。（6）备案、报批制度。检察院查办的重大案件应按照规定报送上一级检察院备案，上级检察院有权提出指导和纠正意见；下级检察院变更或撤销由上级检察院批准的逮捕措施时，应当报经原批准逮捕的人民检察院同意。（7）本级人民代表大会常务委员会提出建议，撤换下级人民检察院的检察长、副检察长和检察委员会委员。最高人民检察院除制定全国检察机关的人员编制外，其特有的领导下级人民检察院的权力主要是司法解释权。最高人民检察院对检察工作中如何

具体适用法律问题所作的解释，对全国各级人民检察院都具有约束力。

　　总结我国检察机关领导体制建设上的经验教训，应当看到，我国宪法规定的检察机关现行的领导体制，是总结长期历史经验形成的，符合我国国情，是中国特色社会主义检察制度的重要组成部分，基本适应了检察工作的特点和现实需要。但是，这种领导体制在实践中也存在一些问题，如检察一体化的程度比较低，人、财、物的管理体制还不能为检察工作提供充分的保障，等等。这些问题有待于进一步的完善。

第三节　检察机关的内设机构

一、国外检察机关内部机构设置的模式

　　检察机关内部组织机构是指检察机关根据其性质和职能以及人数和工作量的大小设立的部门组织。这些被称为"厅、处、科"等的内部机构，可以称为内部功能单位。这些内部机构在其职权范围或业务分工范围内完成检察机关的任务。检察机关内部组织机构配置是否合理，各职能部门之间职责划分是否科学，直接关系到检察机关的职能作用和工作效率。

　　各国检察机关的内部组织机构配置的情况不仅因国家类型不同而各异，而且同一类型的不同国家也因各自国情不同而有所差别。概括起来，各国检察机关内部组织机构的设置有以下几种情况：

　　1. 领导或决策机构

　　各国检察机关内部领导和行使检察权的机构是总检察长、检察长和检察官。其中各级检察长是领导或决策机构。如英国1985年《犯罪起诉法》规定，"英格兰和威尔士被称为皇家检察机关的检察机构组成如下：（1）作为检察机关的首脑是检察长；（2）依法指定的首席检察官，监督检察机关在其地区的活动，向检察长负责；（3）由检察长指定的其他人员"。

　　苏联《宪法》和《检察院组织法》都规定，由苏联总检察长及

其所属各级检察长行使检察权。苏联总检察长领导各级检察机关的职权是，领导各级检察机关的活动，并对他们的工作进行监督；根据法律并为了执行法律，发布命令、指令和作出对所有检察机关都有约束力的指示；关于侦查工作的指示，所有侦查机关都必须遵守执行；决定各级检察长和检察院侦查员的任免办法；等等。

2. 业务和事务机构

各国检察机关都在内部按行使职权的业务分工，分设不同的业务机构。在配置业务机构方面，有的国家，如前苏联等国原则上是上下对应的，都有相同的业务和事务机构。而大陆法系或英美法系国家的检察机关就不完全如此。如日本，根据《检察厅事务章程》的规定，区检察厅因职员较少，其内部机构不同于地方检察厅的内部机构严格对应设置，只设少数的几个业务机构，像总务部、事务局、公判部这样的机构，在区检察厅均没有设置。

世界各国检察机关内部的业务机构设置有很大区别，概括有以下几种类型：

一是以法律监督为中心设置内部机构的模式。主要是前苏联、东欧国家和越南、蒙古、古巴等国家的检察机关，其内部检察职能机构，一般是以检察机关法律监督的不同职能为基础设置。即对国家管理机关、企业事业单位、公职人员和公民是否遵守法律实行监督的一般监督部门，对侦查机关和其他调查机关的执法实行监督的侦查监督部门，对法院审判案件的活动进行监督的审判监督部门，对拘留所、羁押场所和执行刑罚及其他强制性措施的执法活动实行监督的执行监督部门，以及实施工作保障的有关部门等组成。

二是以公诉为中心设置内部机构的模式。根据日本法务省发布的《检察厅事务章程》及其附表，日本最高检察厅、高等检察厅、地方检察厅分别内设3至6个部。其中日本最高检察厅和东京高等检察厅内设置刑事部、公安部和公判部。而东京和大阪两个地方检察厅为设部最多的检察机关，分别内设6个部，即总务、刑事、交通、公安、特别侦查和公判部。其他地方检察厅一般也设刑事、交通、公安、公判及总务部，而不设置特别侦查部。根据日本《检察厅事务章程》规定，总务部负责调整各部局间的事项以及管理其他部不管的检察事项等；刑事部主管刑事案件的侦查和决定处理事项等；交通部主管有关交通案件的侦查和处理事项等；公安部主管公共安全和劳动争议案件并进行侦查和决定处理的事项等；特别侦查部主管预先指定案件的侦查和决定处理等；公判部主管公判活动事项及公判终结的有关事项以及特别上告的事项处理等。此外，最高、高等和地方三级检察厅内均设置事务局，管理检察厅的会计、人事、文书、薪金、职员福利等事项。

三是含有相当数量的承担侦查任务的刑事警察组织的内设机构模式。如意大利检察机关主要有三个内部机构：（1）书记处，由书记长负责，主要负责检察机关内部司法文书的整理，非检察官人员事务的管辖，财物、收支、结算等；（2）司法警察处，下设宪兵警察分处、国家警察分处、财政警察分处；（3）检察官办公室。意大利现约有3000名检察官，秘书与检察官的比例一般在3:1以上。

四是弹性编组模式。美国检察机构具有分散性特点，各检察机构职能不同，其内部工作机构也有很大区别，呈现出弹性编组和内部结构多样性的明显特征。大体上说，在大中型的检察机构中，适应专业化分工的内设机构有两种模式，一种是以纵向分工或程序分工为主；另一种是以横向分工或案件分工为主。纵向分工如同工厂里生产"流水线"上的分工。检察人员根据工作程序上的阶段划分，分别负责受案、预审听证、大陪审团调查、法庭审判、上诉等阶段的检察工作。横向分工则是根据案件种类进行的分工。而这种分工可有不同层次：如刑事案件首先可分为重罪和轻罪两类；重罪和轻罪又可以分为侵犯人身罪和侵犯财产罪；侵犯人身罪和侵犯财产罪又可以具体划分为杀人罪、强奸罪、抢劫罪、盗窃罪、诈骗罪等，而且每一种犯罪仍可以进一步细分。目前，美国的大中型检察机构多采用纵向分工与横向分工相结合而以横向分工为主的模式，但具体情况又有所不同。

二、中国检察机关的内部组织机构设置的原则及其组织结构

（一）中国检察机关内部组织机构设置的原则

2000年最高人民检察院制定的《检察改革三年实施意见》第8

条规定，"根据中央关于机构改革的总体部署，按照权责一致的原则，从有利于保障公正执法和充分履行法律监督职能的要求出发，科学调整检察机关内设机构，充实加强业务部门，精简、调整非业务机构，根据业务归口的原则，进一步调整检察机关业务部门的职责范围。精简基层检察院的内设机构"。2001 年中央批准的《地方各级人民检察院机构改革意见》对人民检察院机构改革的原则作了具体规定，明确提出了四项原则：（1）依法独立行使检察权的原则；（2）精简、统一、效能的原则；（3）优化队伍结构、提高人员素质的原则；（4）实事求是、因地制宜的原则。综合《检察改革三年实施意见》和《地方各级人民检察院机构改革意见》以及近年来有关理论研究成果，根据我国政体和检察机关承担的职能及其现实状况，检察机关的内部组织机构的设置和分工遵循以下原则：

1. 全面履行法定职责原则。宪法和法律规定了检察机关专门法律监督的职责，而法律监督表现为若干具体职能，每一项具体职能都应该有相应的机构和人员来行使。

2. 相对统一原则。为便于上级检察机关对下级检察机关的业务领导，检察机关从最高人民检察院到地方各级人民检察院，所有职能部门的设置应基本对应。但我国地区差别较大，因此，这种对应统一设置内部机构是相对的，对于基层检察机关的内部职能部门设置要结合实际，因地而异，有些部门可以不设，但必须有专人负责该项工作。

3. 内部分工与制约原则。检察机关的法律监督权是由检察机关统一对外行使，但这并不排除在检察机关内部根据检察权的具体表现形式进行适当的分工，即内部实行职能分工。因为法律监督的各项具体职能都是一项相对专业化的工作，只有分工明确，职责清晰，专业化的管理程度才能提高。只有内部职能的适当分工，才能有效地实行内部制约，保证检察权不被滥用。检察机关是国家的法律监督机关，同时也是一个受到各方面监督的机关。为了保证正确地履行检察职能，检察机关在内部组织机构的设置上应当自觉地贯彻必要的内部制约原则。

4. 精简、效率原则。检察资源的有限性，要求在贯彻全面履行法律监督职责和内部分工与制约原则时，也要兼顾精简、效率原则。精简原则要求内部机构的设立并非一应俱全，对于职能交叉、重叠的部门应合并。效率原则要求内部分工要适当而不能过细，制约是有限的，内部分工和机构设置要有利于检察工作效率的提高。

（二）中国检察机关内部组织结构

根据上述原则，我国检察院为了有效履行法律监督职能，设立了若干内部机构。这种内部机构根据其行使的检察职能不同可分为三种类型：一是决策机构。包括检察长及检察委员会；二是业务机构。即执行检察业务的各职能部门；三是行政服务、保障机构。包括政治工作、秘书与综合协调、财务装备、教育训练、外事等工作部门。人民检察院的机构设置由《人民检察院组织法》规定。执行各种检察职能的业务机构是检察机关的主体。各级人民检察院一般设立下列检察业务机构和综合业务机构：公诉机构（原称审查起诉机构）、侦查监督机构（原称批捕机构）、贪污贿赂检察机构、渎职侵权检察机构、民事和行政检察机构、监所检察机构、控告申诉检察机构、检察技术机构。

1. 决策机构

检察长和检察委员会是我国检察机关的决策机构。从世界范围看，各国检察机关内部决策体制均实行检察长负责制，由检察长统一领导检察机关的工作并进行决策。在这一前提之下，又分为两种类型，一是检察长负责制，另一种是检察长负责与集体领导相结合的决策体制。

检察长负责制是由总检察长或检察长统一负责检察机关的工作，以总检察长或检察长的名义作出决定。即使有集体讨论重大问题的制度，但集体意见只对检察长起咨询作用，对于一切重大问题，检察长具有最后的决定权。多数国家采用这种体制。其优点是权力集中、权责明确、行动迅速、效率较高，其弊端主要是容易导致独断专行。

检察长负责与集体领导相结合的决策体制是指检察机关由检察长领导，但对检察工作中的重大事项，可交由检察机关的集体领导机构讨论并作出决定。但这种决定，由检察长组织贯彻执行。然而，检察长如不同意集体领导的多数意见，通常不按少数服从多数的原则处理，而是交由在组织上处于上位的监督机关决定。这种体制有利于发挥集体智慧，防止检察长独断专行，但有时可能影响工作效率。

我国检察机关实行的内部决策体制属于后一种类型。其特点是将检察长负责制与集体领导民主决策制结合在一起，发挥二者的长处，同时，又使两种制度相互限制。现行的《人民检察院组织法》第3条规定，"检察长统一领导检察院的工作"。同时又规定，"各级人民检察院设立检察委员会。检察委员会实行民主集中制，在检察长的主持下，讨论决定重大案件和其他重大问题。如果检察长在重大问题上不同意多数人的决定，可以报请本级人民代表大会常务委员会决定"。根据2008年2月通过的《人民检察院检察委员会组织条例》第14条的规定：地方各级人民检察院的检察长在讨论重大案件时不同意多数检察委员会委员的意见的，可以报请上一级人民检察院决定；在讨论重大问题时不同意多数检察委员会委员的意见的，可以报请上一级人民检察院或者本级人民代表大会常务委员会决定，在报请本级人民代表大会常务委员会决定的同时，应当抄报上一级人民检察院。可见，检察委员会制度是对检察长负责制的限制。但检察长的特殊地位，包括将问题提交上一级检察院和同级人大常委会的权力，又使检察委员会制度中少数服从多数即民主集中制原则的贯彻受到限制。

检察长是检察机关的首长。检察长在检察机关中的领导地位和统辖作用，表明检察长系人民检察院的决策机构。检察长的基本职权是：（1）组织领导权。《人民检察院组织法》规定，检察长统一领导检察院的工作。检察长对检察机关的工作负有全面的领导责任，检察长主持检察委员会会议，并负责执行会议决定。（2）决定权。检察长对各项工作在行使职权时依法享有决定权，如人民检察院批准逮捕犯罪嫌疑人时由检察长决定，检察长还有权决定参与诉讼的检察人员是否回避等。（3）任免权。根据法律规定，检察长有权任免和提请任免检察人员，建议撤换下级人民检察院检察长、副检察长和检察委员会委员。（4）代表权。检察长对外代表人民检察院，各级人民检察院检察长代表本检察院向同级人民代表大会报告工作。（5）办理案件权。检察长可以直接办理案件。

人民检察院设副检察长，协助检察长工作。根据分工，他们主管某些方面的检察工作，或负责检察院的日常事务。

检察委员会是依据《人民检察院组织法》而设立，是我国各级检察机关实行集体领导，讨论决定重大案件和检察工作中其他重大问题的机构。目前我国检察机关的检察委员会是人民检察院内部实行集体领导决策的最重要的组织形式，是一项具有中国特色的检察制度。检察委员会的职责是：（1）审议、决定在检察工作中贯彻执行国家法律、政策和本级人民代表大会及其常务委员会决议的重大问题。（2）审议、通过提请本级人民代表大会及其常务委员会审议的工作报告、专题报告和议案。（3）总结检察工作经验，研究检察工作中的新情况、新问题。（4）最高人民检察院检察委员会审议、通过检察工作中具体应用法律问题的解释以及有关检察工作的条例、规定、规则、办法等；省级以下人民检察院检察委员会审议、通过本地区检察业务、管理等规范性文件。（5）审议、决定重大、疑难、复杂案件。（6）审议、决定下一级人民检察院提请复议的案件或者事项。（7）决定本级人民检察院检察长、公安机关负责人的回避。（8）其他需要提请检察委员会审议的案件或者事项。

检察委员会委员就身份性质而言具有双重性，一方面，这一职务通常是担任一定检察职务或行政职务的检察官，如本院检察长、副检察长、部分中层领导、少量检察员的一种兼职性职务；另一方面，检察委员会委员又具有一定的职务独立性。因为其一，检察委员会委员是《检察官法》明确规定的一种检察官职务类型，属于"依法行使国家检察权的检察人员"。因此，检察委员会委员既可以是兼职的，又可以是专职的。其二，检察委员会委员有专门的、高于普通检察官的任职条件、任免和管理程序。根据《检察官法》第7条的规定，检察委员会委员与检察长、副检察长一样，除履行检察职责外，还应当履行与其职务相适应的职责。

检察委员会制度是一种集体决策、集体领导的制度，与检察长个人负责制有机结合，形成了中国特色的检察机关内部领导决策体制。这种决策体制的意义在于：首先，它既能保证集体领导避免出现决策偏差，并由集体决策而形成对个人行为的有效制约，又能保证尊重检察长的权威,使他虽然不能直接否定多数人的意见,却又可能采用提请同级人大常委会研究的方式,通过人大常委会的决定来否决多数委员的意见。因此这种制度既有利于防止单一首长制的独断专行,在重大决策上思虑不周;又有利于避免只讲民主,忽略检察一体制所需要的检察长的权威。其次,它与我国国家机关运作的总体方式相协调。我国国家机关体制运作的特点,是实行民主集中制与个人负责制相结合,并因此而有别于西方类型的多元制衡体制。检察体制中的单一首长制与我国检察机关的性质、总体的体制背景不太吻合。而实行检察长负责制与检察委员会制度相结合,则比较适合。

检察委员会制度在有限制的情况下议决个案的功能具有法理和实践的双重合理性。一是因为检察活动是一种兼有行政性的活动,而对行政性活动,如刑事侦查中的问题,由行政上级决定或者由集体议决是符合行政活动特点与规律的。二是因为检察活动是一种政策性较强的活动,这与审判强调严格依法判决有所不同。贯彻刑事追诉政策,实行起诉便宜主义,有时需要检察长或检察委员会从全局的高度统一把握标准。三是检察体制上的一体化特征,为贯彻检察活动中的一体化精神,也需要在尊重检察官相对独立性的同时,由检察机关的首长或领导群体来决定某些案件。

我国检察委员会制度在检察制度建设中具有重要的地位和作用,多年来它所发挥的功效应予充分肯定。然而,应当看到我国检察委员会制度还不完善,实践运行中也存在一定的问题,如人员构成的专业化程度不高,检委会议事的程序化、规范化不足,公开性不够因而缺乏监督,以及责任制度难以贯彻等。随着依法治国方略的实施,为了使检察工作适应于新形势的需要,对检察委员会制度应当提出新的、更高的要求,因此对检委会制度需要进一步改革完善。

2. 业务部门

检察机关的内设业务机构是检察机关的主体,分别承担检察机关的相关职能。业务部门的设立使得检察职能得以具体化,从而更好地发挥作用。1983年修改《人民检察院组织法》时,对内部业务机构只作了原则性规定,没有规定业务机构的具体名称和职能。这给检察机关内设机构的改革留下了空间。内部业务机构也一直围绕检察机关的职责不断地调整和变化。如预防职务犯罪是人民检察院的一项重要职责，各地检察机关始终高度重视。1992 年最高人民检察院在原贪污贿赂检察厅内部设立贪污贿赂犯罪预防处。1995 年更名为反贪污贿赂总局贪污贿赂犯罪预防中心。随后各地检察机关先后在反贪污贿赂局内部设立预防机构。1998 年河北省、黑龙江省、海南省检察机关将预防机构从反贪污贿赂局分离出来，成立独立的职务犯罪预防机构。实践表明他们的做法更有利于加强职务犯罪预防工作。从近年来查办贪污贿赂犯罪案件的情况看，贪利性职务犯罪与渎职性职务犯罪相互交织的特点越来越明显，惩治、预防贪污贿赂犯罪必须与惩治、预防渎职犯罪结合起来。基于此，经中华人民共和国国家编制委员会批准，2000 年 8 月最高人民检察院成立独立的职务犯罪预防专门机构——职务犯罪预防厅，并要求各省、自治区、直辖市检察院成立相应的专门机构，进一步加强预防职务犯罪工作。

现行的内部业务机构设置，一般与检察机关的具体职能和任务相对应。这种设置有利于检察机关有效行使职权，从发挥检察机关的职能作用上看是合理的。一方面，检察机关的职能具有多样化的特点，既有对职务犯罪的侦查职能，又有公诉职能和监督职能等。这些职能具有各自不同的特点，由同一个主体行使会产生交叉和冲突。在这种情况下，在机关内部设立不同的职能机构或部门进行职能划分可以避免职能交叉、缓解冲突。另一方面，检察机关行使的不同职能之间也存在监督和制约的问题。如自侦案件的侦查也要受到监督和控制。这种内部的监督制约机制只有通过设立不同的机构才能得以建立和运行。经过近年来的改革和探索，各级人民检察院一般设立下列检察业务机构和综合业务机构：

（1）侦查监督机构。对公安机关、国家安全机关和人民检察院侦查部门提请批准逮捕的案件审查决定是否逮捕，对公安机关、国家安全机关和人民检察院侦查部门提请延长侦查羁押期限的案件审查决定是否延长，对公安机关应当立案侦查而不立案的或者不应立案而立案的进行监督，以及对侦查活动是否合法进行监督。

（2）公诉机构。对公安机关、国家安全机关和人民检察院侦查部门移送起诉或不起诉的案件审查决定是否提起公诉或不起诉，出席法庭支持公诉，对侦查活动和人民法院的审判活动实行监督，对确有错误的刑事判决、裁定提出抗诉以及对死刑执行进行临场监督等。

（3）贪污贿赂检察机构。即反贪污贿赂局，主要开展对人民检察院直接受理的贪污贿赂犯罪案件的侦查。

（4）渎职侵权检察机构。对国家机关工作人员的渎职犯罪和国家机关工作人员利用职权实施的非法拘禁、刑讯逼供、报复陷害、非法搜查、暴力取证、破坏选举等侵犯公民人身权利和民主权利的犯罪案件进行立案侦查工作。

（5）监所检察机构。对执行机关执行刑罚的活动，减刑、假释、保外就医等变更执行和对监狱、看守所、劳动改造机关的活动是否合法以及对超期羁押进行监督；对刑罚执行和监管改造过程中发生的虐待被监管人案，私放在押人员案，失职致使在押人员脱逃案，徇私舞弊减刑、假释、暂予监外执行等案件进行立案前调查、侦查、批捕和起诉。

（6）民事、行政检察机构。对民事经济审判、行政诉讼进行监督；对人民法院已经发生法律效力的，确有错误的民事、经济、行政判决和裁定，按照审判监督程序提出抗诉；对人民法院开庭审理的，人民检察院抗诉的民事、经济、行政案件，出庭履行职务；对在办理申诉案件过程中发现的审判人员受贿案、民事、行政枉法裁判案、执行判决、裁定失职案、执行判决、裁定滥用职权案进行侦查。

（7）控告、申诉检察机构。主要业务工作是受理控告、申诉案件，处理来信、来访事务。承办受理、接待报案、控告和举报，接受犯罪人的自首；受理不服人民检察院不批准逮捕、不起诉、撤销案件及其他处理决定的申诉；受理不服人民法院已经发生法律效力的刑事判决、裁定的申诉；受理人民检察院负有赔偿义务的刑事赔偿案件等工作。2000 年最高人民检察院实行控告、申诉两项业务分立，分别由刑事控告厅和刑事申诉厅负责。

（8）法律政策研究机构。主要工作是参与立法及法律的修订，研究起草有关检察机关适用法律问题的司法解释、协助检察长和检察委员会解决法律政策适用中的疑难问题和重大疑难案件。

（9）检察技术机构。主要工作是对案件证据进行技术检验、鉴定、复核等。承办对有关案件的现场进行勘验、收集、固定和提取与案件有关的痕迹物证并进行科学鉴定，对有关业务部门办理案件中涉及技术性问题的证据进行审查或鉴定等工作。

在最高人民检察院，除上述各机构外，还设立了铁路运输检察厅，对铁路运输检察分院和基层铁路运输检察院实行业务指导和依法办理铁路运输系统的案件。

3. 行政管理服务保障机构

检察机关在履行宪法规定的检察职能的同时也因为内部管理而产生行政职能。在检察院的内设机构中，除了业务部门外，还有专门的行政管理服务保障机构。各级人民检察院所设立的内部行政服务保障机构一般包括以下部门：

（1）行政管理部门。主要职责是协助院领导处理检察政务，组织安排全院性的重大活动；负责起草本院综合材料，编发本院检察工作信息、简报；承办公文处理、机要文件及信息处理、督办、统计、档案、保密、公务接待、门卫值班、文印；负责本院机关行政事务、对外联络交流等工作。

（2）政治工作部门和党务部门。负责全院思想政治教育、干部培训、纪检监察、人事任免、工资福利和党务等工作。

（3）服务保障部门。主要职责是负责本院的财务计划、物资技术装备、交通工具、办公设施、通讯设备、检察或法警服装的统筹计划、购置配备和管理工作；负责本院各项经费的申请、核算和财务管理及赃款赃物管理工作；负责本院机关房地产、基本建设、固定资产、医疗保险、车辆的管理工作。

行政职能因检察机关内部管理的需要而产生，因此需要设立相应的司法行政部门并配置司法行政人员。但是也应当看到，检察官是依法行使检察权的司法官员，检察官的性质决定了对检察官的管理模式既不同于行使行政权的行政官员，也应有别于依法行使审判权的法官。在后勤管理和政治工作等综合部门从事内勤和内部行政管理的工作人员与从事检察业务的检察官也应当区别对待分类管理。在内部关系上，必须明确区分检察业务职能和行政职能，使检察机关内部的行政管理、人事管理和服务保障机构更好地为检察业务部门履行法律监督的职能活动服务。

第四章　检察机关的职权

第一节　检察机关的职权配置

　　检察机关的职权，即检察权，是指为了实现检察职能，国家法律赋予检察机关的各项权能。检察权是国家权力的重要组成部分，也是检察制度的核心内容之一。各国法律对检察机关的职权通常都有明确、具体的规定。这些规定既是检察权的法律渊源，也是检察机关履行职权的法律依据。

　　从世界范围来看，各国检察机关因其在本国政治体制中的法律地位、职能属性以及历史传统的不同，具体职权各有差异。英美法系国家检察机关的职权基本上限于公诉。除刑事案件的公诉，检察机关也享有提取或参与一部分涉及公共利益的民事和行政诉讼的职权。如英国检察长对涉及皇室权益和侵犯公共利益的行为，有权向法院提起诉讼；美国检察官对涉及联邦利益的民事案件，有权提起诉讼或者出庭为联邦政府辩护。[①] 当然有的英美法系国家，检察机关具有一定的侦查职权。大陆法系国家检察机关的职权也主要是公诉，但是具体职权范围较英美法系国家为宽，除了提起公诉和出庭支持公诉外，还有着更为广泛的侦查职权和指挥侦查职权，以及一定的审判监督职权和对法院裁判之执行的指挥与监督等职权，并且享有作为公益代表参与民事和行政诉讼的职权。社会主义国家的检察机关作为法律监督机关，拥有包括侦查、公诉、抗诉、参与民事行政诉讼等各项司法权限在内的广泛的法律监督职权，前苏联及东欧社会主义国家的检察机关还拥

---

　　① 参见李忠芳等主编：《民事检察学》，中国检察出版社1996年版，第29页。

有对于国家机关、企事业单位、公职人员和全体国民的行为合法性进行"一般监督"乃至"最高监督"的职权。总的来说，拥有对刑事案件的公诉权，是各国检察机关的共性；具有对警察机关侦查活动的监督职权和对法院裁判不同程度的监督职权，是多数国家检察机关的共同特点。

　　新中国检察机关自诞生之日起，即被法律赋予了法律监督的职权。但是，对于检察机关职权的具体内容，却随着社会主义法制建设的发展而有一个演进变化的过程。建国初期，根据 1949 年 12 月中央人民政府主席批准的《中央人民政府最高人民检察署试行组织条例》的规定，检察机关履行下列职权：（1）检察全国各级政府机关及公务人员和全国国民是否严格遵守人民政协共同纲领及人民政府的政策方针与法律、法令；（2）对各级司法机关之违法判决提起抗议；（3）对刑事案件实行侦查，提起公诉；（4）检察全国司法与公安机关犯人改造所及监所之违法措施；（5）对于全国社会与劳动人民利益有关之民事案件及一切行政诉讼，均得代表国家公益参与之；（6）处理人民不服下级检察署不起诉处分之申请复议案件。这六项职权可以概括为三个方面：（1）一般监督权，即对政府机关、公务人员和其他人员是否遵守法律实行监督的职责；（2）刑事诉讼提起、参与和监督权，即提起、参与刑事诉讼，并对刑事诉讼活动实行监督的职责；（3）民行诉讼参与权，即以国家公益代表人身份，参与民事和行政诉讼的职责。

　　1951 年 9 月中央人民政府通过的《最高人民检察署暂行组织条例》和《各级地方人民检察署组织通则》，对于检察机关的职权作了与上述《中央人民政府最高人民检察署试行组织条例》大体相同的规定。但是也有两处具体修改：一是根据形势需要和司法机关的分工，将"对刑事案件实行侦查，提起公诉"改为"对反革命及其他刑事案件，实行检察，提起公诉"；二是将"对各级司法机关之违法判决提起抗议"改为"对各级审判机关之违法或不当裁判，提起抗诉"，增加了对不当判决和违法或不当裁定的抗诉职权。

　　1954 年颁布的第一部《中华人民共和国宪法》第 81 条，对于检察机关的职权作了原则性规定，即"中华人民共和国最高人民检察院对于国务院所属各部门、地方各级国家机关、国家机关工作人员和公民是否遵守法律，行使检察权。地方各级人民检察院和专门人民检察院，依照法律规定的范围行使检察权"。据此，同时颁布的第一部《中华人民共和国人民检察院组织法》规定，地方各级人民检察院的职权共有六项：（1）对于地方国家机关的决议、命令和措施是否合法，国家机关工作人员和公民是否遵守法律，实行监督；（2）对于刑事案件进行侦查，提起公诉，支持公诉；（3）对于侦查机关的侦查活动是否合法，实行监督；（4）对于人民法院的审判活动是否合法，实行监督；（5）对于刑事案件判决的执行和劳动改造机关的活动是否合法，实行监督；（6）对于有关国家和人民利益的重要民事案件有权提起诉讼或者参加诉讼。与建国初期关于检察机关职权的规定相比较，《宪法》和《人民检察院组织法》对"一般监督"的内容作了修改，明确了最高人民检察院对于国务院所属各部门、地方各级国家机关是否遵守法律的检察职权，以及地方各级人民检察院对于地方国家机关的决议、命令和措施是否合法实行监督的职权；取消了检察机关代表国家公益参与行政诉讼和处理人民不服下级检察机关不起诉处分之申请复议案件的职权规定；明确了侦查监督职权，扩大了审判监督职权的适用范围，增加了对于刑事判决的执行进行监督的职权。

1978 年颁布的《中华人民共和国宪法》，恢复了在"文革"中被撤销的检察机关的设置，并在第 43 条规定，"最高人民检察院对于国务院所属各部门、地方各级国家机关、国家机关工作人员和公民是否遵守宪法和法律，行使检察权。地方各级人民检察院和专门人民检察院，依照法律规定的范围行使检察权"。比较 1954 年《宪法》的规定，1978 年《宪法》不仅继承了有关最高人民检察院"一般监督权"的规定，而且还将其监督范围扩大至违宪行为。

1979 年颁布 1983 年修订的《人民检察院组织法》，根据新时期我国法制建设的客观实际和检察制度恢复重建后的发展方向，规定了我国检察机关的基本职权范围。该法第 5 条规定："各级人民检察院行使下列职权：（一）对于叛国案、分裂国家案以及严重破坏国家的政策、法律、法令、政令统一实施的重大犯罪案件，行使检察权。

（二）对于直接受理的刑事案件，进行侦查。（三）对于公安机关侦查的案件，进行审查，决定是否逮捕、起诉或者免予起诉；对于公安机关的侦查活动是否合法，实行监督。（四）对于刑事案件提起公诉，支持公诉；对于人民法院的审判活动是否合法，实行监督。（五）对于刑事案件判决、裁定的执行和监狱、看守所、劳动改造机关的活动是否合法，实行监督。"与此前的宪法、法律特别是1954年《人民检察院组织法》所规定的检察机关职权相比，现行《人民检察院组织法》取消了检察机关的"一般监督"职权，增加了"对于叛国案、分裂国家案以及严重破坏国家的政策、法律、法令、政令统一实施的重大犯罪案件，行使检察权"的规定；将检察机关侦查刑事案件的范围限定为"直接受理的刑事案件"；明确了检察机关的审查批准逮捕职能；将对刑事判决的执行和劳动改造机关的活动的监督，扩大为对刑事判决、裁定的执行和对监狱、看守所、劳动改造机关的活动的监督；没有再规定检察机关提起和参与民事诉讼的职权。同时颁布的《刑事诉讼法》以及其后陆续颁布的《行政诉讼法》、《民事诉讼法》等法律，又对检察机关的职权作了法律程序上的细化和进一步的补充完善。

1979年颁布的《刑事诉讼法》，从诉讼程序上落实了检察机关对侦查、审判、执行等刑事诉讼活动实行监督的职权。1996年修改后的《刑事诉讼法》第8条则进一步明确规定，"人民检察院依法对刑事诉讼实行法律监督"，并对检察机关在刑事诉讼中的具体职权作了调整和完善，如增加了对于公安机关立案活动的监督权，完善了对于执行活动的监督权，取消了免予起诉权等。1989年通过的《行政诉讼法》第10条规定："人民检察院有权对行政诉讼实行法律监督。"1991年制定、2007年修订的《民事诉讼法》第14条规定："人民检察院有权对民事审判活动实行法律监督。"从而赋予了检察机关对于行政诉讼和民事审判活动的法律监督职权。除诉讼法外，其他一些相关的法律和条例，也对检察机关的法律监督职权作了相应的补充和规定。如1979年经第五届全国人民代表大会常务委员会第十二次会议批准的《国务院关于劳动教养的补充规定》第5条规定："人民检察院对劳动教养机关的活动实行监督。"1990年颁布的《看守所条例》

第8条规定："看守所的监管活动受人民检察院的法律监督。"1994年通过的《监狱法》第6条规定："人民检察院对监狱执行刑罚的活动是否合法，依法实行监督。"1995年通过的《人民警察法》第42条规定："人民警察执行职务，依法接受人民检察院和行政监察机关的监督。"可见，我国现行法律关于检察机关职权的规定是明确而具体的。

根据检察机关的上述各项职责的性质和特点，我国检察机关的基本职权可以归纳为五个方面：一是职务犯罪侦查权；二是批准和决定逮捕权；三是刑事公诉权；四是对刑事诉讼、民事审判和行政诉讼活动的监督权；五是法律赋予的其他职权。检察权这五个方面的内容，都是法律监督的具体实现方式和途径，各项职权之间彼此衔接、相辅相成，构成了一个有机联系的整体。我国检察权的配置，总体上说，体现了我国检察机关作为国家法律监督机关的性质和定位，也是与我国检察机关在人民代表大会制度中的地位和职能相适应的。检察机关必须依照法律授权和法定程序履行这些职权。在检察机关内部，可以根据检察工作需要设置若干部门，对这些职权进行科学配置和合理分工。但是对外，这五项职权都是检察职权的有机组成部分，应当保持其行使的统一性和规范性。检察机关通过依法履行这些职权，保障国家法律的统一正确实施。

第二节　职务犯罪侦查

一、职务犯罪侦查的概念与范围

根据《刑事诉讼法》的规定，所谓侦查，是指公安机关、人民检察院及其他侦查机关在办理案件过程中，依照法律进行的专门调查工作和采取的有关的强制性措施。侦查权，是法律授予公安机关、人民检察院等机关对刑事案件进行立案并开展专门调查活动和采取强制性措施的权力。各机关行使侦查权的范围，由法律明确规定。职务犯罪侦查，是指检察机关依法对于国家工作人员实施的与其职权相关的犯罪进行立案侦查的权力。

《人民检察院组织法》第 5 条第 2 项"对于直接受理的刑事案件，进行侦查"的规定，是关于检察机关侦查权的基本法律授权。而《刑事诉讼法》第 18 条第 2 款的规定，则是关于检察机关职务犯罪侦查权行使范围的具体规定。依照该条款规定，对于贪污贿赂犯罪，国家工作人员的渎职犯罪，国家机关工作人员利用职权实施的非法拘禁、刑讯逼供、报复陷害、非法搜查的侵犯公民人身权利的犯罪和侵犯公民民主权利的犯罪，由人民检察院立案侦查。对于国家机关工作人员利用职权实施的其他重大的犯罪案件，需要由人民检察院直接受理的时候，经省级以上人民检察院决定，也可以由人民检察院立案侦查。

按照《刑事诉讼法》的上述规定以及《刑法》的相关规定，1997 年最高人民检察院制定的《人民检察院刑事诉讼规则》，具体规定了检察机关职务犯罪侦查的行使范围，即检察机关直接受理侦查案件的管辖范围包括以下犯罪案件：(1)《刑法》分则第八章规定的贪污贿赂犯罪及其他章中明确规定依照第八章相关条文定罪处罚的犯罪案件，包括贪污、挪用公款、受贿、单位受贿、行贿、对单位行贿、介绍贿赂、单位行贿、巨额财产来源不明、隐瞒境外存款、私分国有资产、私分罚没财物共 12 种犯罪案件；(2)《刑法》分则第九章以及《刑法修正案》规定的国家机关工作人员渎职犯罪案件，包括滥用职权、玩忽职守、徇私舞弊、泄露国家秘密、枉法追诉裁判、执行判决、裁定失职和执行判决、裁定滥用职权、枉法仲裁、私放在押人员等 35 种犯罪案件；(3)《刑法》分则第四章规定的国家机关工作人员利用职权实施的侵犯公民人身权利的犯罪和侵犯公民民主权利的犯罪案件，包括非法拘禁、刑讯逼供、报复陷害、非法搜查、暴力取证、体罚、虐待被监管人、破坏选举共 7 种犯罪案件；(4)需要由检察机关直接受理，并且经省级以上人民检察院决定由检察机关立案侦查的国家机关工作人员利用职权实施的其他重大的犯罪案件。目前，由检察机关直接受理立案侦查的犯罪案件共涉及 50 余个罪名，除行贿罪等个别与国家工作人员职务犯罪密切相关但本身不属于职务犯罪的罪名外，其余均为国家工作人员的职务犯罪。由此可见，将检察机关直接受理侦查刑事案件的权力，概括为职务犯罪侦查权，比较准确地反映了这一权力的法律特征。

二、检察机关行使职务犯罪侦查权的合理性和必要性

法律之所以规定由检察机关行使对于职务犯罪的侦查权，是由我国检察机关的法律监督性质和这类犯罪的职务性特点所决定的。检察机关作为法律监督机关，要保证法律的统一正确实施，理所当然地具有对于法律的执行者——国家工作人员是否依法履行职务的监督权。国家工作人员依法享有管理某个方面公共事务的职权，这些职权是国家法律制度的组成部分。利用这种职权实施犯罪，实际上是对国家法律的统一正确实施的破坏。因此，对这类犯罪进行追究，具有维护法制统一的法律监督性质，是检察权的应有之义。具体来说，职务犯罪侦查由检察机关行使，无论在理论上还是从国内外法治实践来看，都有其充分的合理性。

第一，职务犯罪侦查权在性质上从属于法律监督，是法律监督权不可分割的重要组成部分。依法治国，重在依法治权、依法治吏。国家工作人员的职务犯罪严重亵渎职守，破坏国家法律的正确实施，是国家公职人员在履行法定职权的过程中实施的利用、滥用以及误用人民赋予的国家权力，即权力滥用和权力腐败现象。侵吞国家财产，损害国家利益，或者行使职权时严重超出法律授权对公民合法权利造成侵害的行为，其直接危害的是国家正常的管理秩序。因此，查处职务犯罪是监督国家公职人员依法履行职权的行为，是依法治国的根本要求。检察机关作为国家法律监督机关，有责任对国家工作人员在职务活动中是否正确行使权力进行监督，促使其严格执法、廉政勤政。监督的方式是对国家工作人员的职务犯罪依法立案侦查和进行追诉，以便将其提交法院进行审判。对这类犯罪案件的侦查，与公安机关对普通刑事案件的侦查，从法治目标上看，不是一个层面的问题。前者是对国家权力进行制约和监督的行为，后者是维护社会秩序的国家管理行为。对职务犯罪案件的侦查，是以权力制约权力、以法制权的过程，带有监督执法和司法弹劾的性质，这正是我国检察机关法律监督所要解决的问题。可见，检察机关对职务犯罪的侦查，无论从侦查对象的"国家工作人员"身份来看，还是从这类犯罪案件所具有的

"职务性"特点来看，都具有对国家机关和国家工作人员是否依法行使权力进行监督的性质，与公安机关对社会上一般刑事案件所进行的侦查具有本质区别。1979 年，彭真在《关于七个法律草案的说明》中指出："检察院对于国家机关和国家工作人员的监督，只限于违反刑法，需要追究刑事责任的案件，至于一般违反党纪、政纪的案件，概由党的纪律检查部门和政府机关去处理。"① 这说明，当时之所以规定由检察机关行使对国家工作人员职务犯罪的侦查权，也是考虑到这项工作具有监督性质，才交由检察机关承担。所以，法律赋予检察机关职务犯罪侦查权，在理论上是合理的。

需要特别指出的是，对司法工作人员职务犯罪的侦查，不仅体现了检察机关对国家工作人员职务活动合法性的监督，更是对诉讼活动实行强有力的法律监督的重要保障。司法实践表明，执法不严、司法不公现象的背后往往隐藏着职务犯罪，要解决这一人民群众反映强烈的问题，检察机关只纠正表面上的诉讼违法是不够的，还应当深挖和追究其背后可能存在的职务犯罪，而这种追究必须通过侦查来进行。也只有通过侦查查清执法、司法人员的职务犯罪，才能查明和有效纠正诉讼中的违法情况。可见，检察机关对诉讼活动的监督必须与查办执法、司法不公背后的职务犯罪结合起来，才能有效地清除执法、司法领域中的腐败现象，这是检察工作多年来积累的一条重要经验。检察机关如果没有职务犯罪侦查权，对诉讼的法律监督就会变得软弱无力，甚至会变得可有可无。

第二，检察机关行使职务犯罪侦查权，是与我国目前的宪政体制相适应的，有利于对职务犯罪的依法查处。早在民主革命时期，革命根据地的法律就赋予检察机关广泛的刑事案件侦查权，检察机关当然享有对贪污等犯罪的侦查权。如抗日战争时期《陕甘宁边区高等法院组织条例》第 14 条规定的检察员之职权，第一项即为"关于案件之侦查"。②《晋察冀边区法院组织条例》第 18 条规定的检察官之职

---

① 《彭真文选》，人民出版社 1991 年版，第 378 页。
② 最高人民检察院研究室编：《检察制度参考资料》（第一编新中国部分），第 4 页。

权,包括"实施侦查"等权力。① 解放战争时期《关东各级司法机关暂行组织条例(草案)》第 26 条也规定检察官具有"实施侦查"的职权。② 新中国成立后,法律始终明确赋予检察机关侦查职权,且其侦查刑事案件的范围由不受限制逐渐集中于职务犯罪案件。如 1949 年制定的《中央人民政府最高人民检察署试行组织条例》第 3 条第 1 款第 3 项规定,检察机关"对刑事案件实行侦查,提起公诉"。1979 年的《人民检察院组织法》和《刑事诉讼法》则将检察机关的侦查权集中于职务犯罪案件。③ 可见,对国家工作人员职务犯罪的侦查,一直是检察机关的一项重要职权。法律之所以规定检察机关负责贪污贿赂、渎职等职务犯罪案件的侦查,是因为这类犯罪的主体是国家工作人员或者国家机关工作人员,犯罪行为是在他们履行职务中实施的,犯罪嫌疑人的社会地位比较高,关系网密,保护层厚,办案的阻力干扰往往比较大。这些特点,决定了负责侦查职务犯罪的机关应当具有法律监督的职能、相对独立的地位,以及相当的排除干扰的能力。检察机关作为法律监督机关,在国家机构体系中具有独立的地位,《宪法》规定检察机关依法独立行使检察权,不受行政机关、社会团体和个人的干涉,并且实行上级人民检察院领导下级人民检察院的体制,这些都有利于排除各种阻力和干扰,有效行使职务犯罪侦查权。全国人大常委会原副委员长王汉斌在回忆 1982 年修宪过程时,也谈到了当时把职务犯罪侦查交由检察机关行使的原因。他说:"修改宪法后期,有位领导同志提出为精简机构,检察机关可以同司法部合并,不要再设立独立于行政部门之外的人民检察院,像美

---

① 最高人民检察院研究室编:《检察制度参考资料》(第一编新中国部分),第 6 页。

② 最高人民检察院研究室编:《检察制度参考资料》(第一编新中国部分),第 8 页。

③ 根据当时"两高"及公安部的联合文件的规定,检察机关有权对 5 类 22 种犯罪进行侦查,具体包括:侵犯财产罪(贪污罪 1 种)、侵犯公民人身权利和民主权利罪(刑讯逼供罪等 10 种)、渎职罪(行贿受贿罪等 7 种)、危害公共安全罪(重大责任事故罪 1 种)、破坏社会主义经济秩序罪(偷税、抗税罪等 4 种)。

国、日本一样，检察机关属于司法部，司法部长就是总检察长……我们国家检察制度是采取前苏联列宁的主张，用设立检察院以保证法制的统一……我国建国以来，一直是检察机关独立于行政部门之外。这么多年的实践表明并没有什么大问题和不可行的地方。检察机关要监督行政机关的违法和渎职行为，检察机关对行政部门的违法、渎职行为进行侦查起诉。独立于行政部门之外，就更容易处理这类案件。像公安机关刑讯逼供犯人的案件，检察机关独立于行政部门之外就能使办案超脱一些，有利于保证司法公正。为此，张友渔同志和我写了个意见，建议保留最高人民检察院。彭真同志审阅修改后，报小平同志审核，小平同志批准了。"① 可见，当时保留检察机关并把职务犯罪侦查权继续交由检察机关行使，是经过慎重考虑的。

第三，从国外的立法和司法实践看，许多国家和地区的职务犯罪侦查由检察机关负责。按照刑事诉讼理论，侦查是起诉的准备，侦查职能从属于公诉职能。为了保证刑事公诉权的顺利行使，公诉机关应当具有侦查权。基于这一原理，侦查或者指挥侦查是各国检察机关的一项普遍的权力。但是，各国的做法不尽相同，有的是法律规定检察机关对一切犯罪具有侦查权或者指挥侦查权，如日本、法国、德国、意大利、韩国等；有的是法律明确规定检察机关侦查案件的范围，如俄罗斯、越南等；有的是法律没有明确规定检察机关与警察在侦查中的关系，也没有规定检察机关侦查案件的范围，但是实践中检察机关可以直接侦查案件，如美国等。② 有关的国际法律文件，也对检察机关的侦查权作了规定。如1998年联合国《国际刑事法院罗马规约》第54条"检察官在调查方面的义务和权力"规定：检察官应当为查明真相，调查一切有关的事实和证据，以评估是否存在本规约规定的刑事责任。尽管各国的政治体制和政权结构设计有所不同，但是许多国家都是将官员腐败案件的侦查权赋予检察机关，而不是由警察机关

---

① 参见夏莉娜："王汉斌话说当年修宪"，载《中国人大》2002年第23期。

② 参见刘立宪、张智辉等："检察机关职权研究"，载孙谦、刘立宪主编：《检察论丛》第二卷，法律出版社2001年版，第112—113页。

来统一行使所有案件的侦查权。像日本、俄罗斯、英国、美国、罗马尼亚、南非、韩国、芬兰等国，根据其法律规定，检察机关都有权对贪污贿赂、警察腐败等犯罪案件进行侦查。如 2001 年《俄罗斯联邦刑事诉讼法典》第 151 条第 2 款第 1 项规定，由检察院的侦查员进行侦查的案件包括滥用职权、受贿、玩忽职守、违反公正审判的犯罪等。《韩国检察厅法》规定，在大检察厅及地方检察厅内设置不正腐败事犯特别搜查本部和特别搜查部（班），负责受理、侦查、起诉特别重大的公务人员贪污、贿赂犯罪案件。罗马尼亚在总检察院设立了反贪污与刑事侦查厅；芬兰法律规定，警察涉嫌犯罪案件由检察官直接侦查；匈牙利法律规定，对于伪证、诽谤、警察犯罪及外交官、政府高级官员的犯罪案件以及检察官、法官的交通事故案件，由检察机关侦查；印度尼西亚法律规定，检察机关对经济犯罪、贪污贿赂犯罪和颠覆活动进行侦查。1990 年 9 月第八届联合国预防犯罪和罪犯待遇大会通过的《关于检察官作用的准则》，也规定了检察官对于公务人员犯罪的侦查权。该《准则》第 15 条规定："检察官应适当注意对公务人员所犯的罪行，特别是对贪污腐化、滥用权力、严重侵犯人权、国际法公认的其他罪行的起诉，和依照法律授权或当地惯例对这种罪行的调查。"可见，我国检察机关行使职务犯罪侦查权，与世界上多数国家的做法和国际通例是一致的。

　　第四，如果由公安、监察等行政机关，或者另行设立一个专门的机关来行使职务犯罪侦查权，都将带来一些难以克服的弊端。从犯罪特点来看，国家公职人员的职务犯罪与危害治安秩序的刑事犯罪相比，属于"强势犯罪"，它是由具有较高社会地位、掌握公共权力、在社会资源分配中居于优势地位的人实施的，具有智能化、专业化和隐蔽性，直接的人身危险性小而对国家和社会的整体危害大等特点。这类犯罪案件的侦查也与普通刑事犯罪案件的侦查不同，需要较高的科学文化水平、法律政策水平，需要熟悉公共事务管理的工作程序。因此，从 20 世纪 50 年代至今，各国纷纷把职务犯罪和经济犯罪的侦查与治安犯罪案件的侦查分离开来，把前者的侦查权从警察机关分离出来，交由检察机关来行使。① 从我国职务犯罪情况看，行政机关工作人员的案件占很大比例。无论是公安机关还是行政监察机关，在查办行政机关工作人员职务犯罪时，客观上都很难摆脱行政干预，比起由检察机关行使职务犯罪侦查权可能会产生更多的问题。因为行政机关掌握着公共事务管理权，并且实行行政首长负责制，由从属于行政机关的公安机关、监察机关来履行职务犯罪侦查职能，不利于对行政权的监督和制约。此外，就公安机关而言，其主要任务是维护社会治安，查办职务犯罪与其性质和职能不甚相符。对行政监察机关来说，其主要职权是对国家行政机关工作人员违法违纪行为进行监督检查，监督对象仅限于行政机关及其工作人员，对其他国家工作人员如司法人员职务犯罪的侦查，显然超出了行政监察监督的范围。如果赋予行政监察机关刑事侦查职能，也容易混淆行政处分与司法追究的界限，造成司法手段与行政手段混用，产生以刑事司法手段解决行政违法问题或者以行政处分代替刑事追究等现象。如果另外设立专门的职务犯罪侦查机关，由于涉及国家机构设置和宪政体制的调整，需要付出很高的制度成本，因而也是不可行的。类似新加坡设立专门反贪机构并直接对行政首脑负责的做法，只限于几个地域狭小的国家和地区，主要目的是解决反贪机构脱离警察机关的问题，因而不符合我国国情。

综上所述，由检察机关行使职务犯罪案件的侦查权，具有充足的法理依据，也符合我国依法治国及反腐败斗争的客观需要和国际刑事司法制度发展趋势，应当坚持由检察机关履行职务犯罪侦查职能的体制。同时，要针对实践中反映出来的问题，不断健全有关立法，完善对职务犯罪侦查活动的程序约束、外部监督和内部制约，保证检察机关依法独立公正地行使这一重要的法律监督职权。

三、检察机关行使职务犯罪侦查权的程序

侦查作为一种具有一定强制性的刑事诉讼活动，必须严格依照法律规定的诉讼程序来进行。不按照程序开展侦查，就必然发生侵犯人

---

① 参见张智辉、杨诚主编：《检察官作用与准则比较研究》，中国检察出版社 2002 年版，第 99 页。

权或者放纵犯罪等危害后果，因而构成违法，严重的还可构成犯罪。检察机关作为法律监督机关，应当严格依照法定程序来行使职务犯罪侦查。

根据《刑事诉讼法》的规定，检察机关直接受理侦查职务犯罪案件的程序，包括立案和侦查两大诉讼环节。立案是刑事诉讼的第一道程序。它是指行使侦查权的机关按照刑事案件的管辖范围，对于报案、控告、自首等材料进行审查，判明是否存在犯罪事实和需要追究刑事责任，依法决定是否立为刑事案件而进行侦查的诉讼活动。依照《人民检察院刑事诉讼规则》等的规定，检察机关对于依法应当管辖的职务犯罪案件的报案、控告、举报和犯罪嫌疑人的自首，应当及时受理和进行审查，需要进行初查的，应当报检察长或者检察委员会决定，可以采取询问、查询、勘验、鉴定、调取证据材料等不限制被查对象人身、财产权利的措施进行初查。初查时，不得对被查对象采取强制措施，不得查封、扣押、冻结被查对象的财产。经过初查，认为有犯罪事实需要追究刑事责任的，经检察长决定，制作立案决定书，予以立案。认为没有犯罪事实的，或者事实不清，证据不足的，或者具有《刑事诉讼法》第15条规定情形之一的①，经检察长决定，不予立案。如果是被害人控告的，还应制作不立案通知书送达控告人。控告人如果不服，可以申请复议。

立案后诉讼即进入侦查阶段。对于决定立案的案件，检察机关应当及时开展侦查活动。在侦查过程中，检察机关有权采取讯问犯罪嫌疑人，询问证人、被害人，勘验、检查，搜查，调取、扣押物证、书证和视听资料，查询、冻结存款、汇款，鉴定，辨认等各种侦查手段以及拘留、逮捕、拘传、监视居住、取保候审等强制措施；需要通缉

---

① 《刑事诉讼法》第15条规定如下："有下列情形之一的，不追究刑事责任，已经追究的，应当撤销案件，或者不起诉，或者终止审理，或者宣告无罪：（一）情节显著轻微、危害不大，不认为是犯罪的；（二）犯罪已过追诉时效期限的；（三）经特赦令免除刑罚的；（四）依照刑法告诉才处理的犯罪，没有告诉或者撤回告诉的；（五）犯罪嫌疑人、被告人死亡的；（六）其他法律规定免予追究刑事责任的。"

犯罪嫌疑人的，检察机关可以作出决定，通知公安机关发布通缉令。在侦查中，应当严格遵守适用强制措施的条件和办理案件的法定期限，严禁超期羁押。

检察机关侦查部门经过侦查，认为犯罪事实清楚，证据确实、充分，依法应当追究刑事责任的案件，应当写出侦查终结报告，并且制作起诉意见书；对于犯罪情节轻微，依照刑法不需要判处刑罚或者免除刑罚的案件，应当写出侦查终结报告，并且制作不起诉意见书。起诉意见书或者不起诉意见书以及相关案卷材料应当移交公诉部门审查，以决定是否起诉。侦查中发现以下情形之一的，应当经检察长或检察委员会决定，并报上一级人民检察院审查批准，撤销案件：（1）具有《刑事诉讼法》第15条规定情形之一的；（2）没有犯罪事实的，或者依照刑法规定不负刑事责任和不是犯罪的；（3）虽有犯罪事实，但不是犯罪嫌疑人所为的。对于共同犯罪的案件，如有符合上述情形的犯罪嫌疑人，应当撤销对该犯罪嫌疑人的立案。按照试行中的人民监督员制度的要求，对于检察机关直接受理侦查的职务犯罪案件，犯罪嫌疑人不服检察机关逮捕决定的，或者检察机关拟作出撤销案件或者不起诉决定的，应当接受人民监督员的监督。

四、对检察机关职务犯罪侦查工作的监督制约

我国检察机关作为法律监督机关，既要依法履行对侦查、审判和刑罚执行等诉讼活动的法律监督职权，防止和纠正司法不公，也要受到有效的外部和内部的监督制约，确保自身严格执法。依法直接受理侦查职务犯罪案件，是检察机关对国家工作人员不依法履行职务的犯罪行为进行法律监督的重要手段。因此，在司法体制改革中，既要进一步强化检察机关的职务犯罪侦查职能，又要完善相关的监督制约机制，保障查办案件工作的合法性和力度。应当说，我国已经形成一套比较完整的对于检察权的监督制约机制。比如各级党委的领导和监督、人大的监督、政协的民主监督、人民群众与新闻媒体的监督，还有其他司法、执法机关以及诉讼当事人及其律师等在程序上的制约。特别是近年来，最高人民检察院经过中央批准，在全国范围内试行了人民监督员制度，通过并实施了《关于省级以下人民检察院对直接

受理侦查案件作撤销案件、不起诉决定报上一级人民检察院批准的规定（试行）》和《人民检察院直接受理侦查案件立案、逮捕实行备案审查的规定（试行）》，使检察机关办理职务犯罪案件工作受到了更为直接和有效的监督制约。

人民监督员制度，是从社会各界人士中选聘人民监督员，对检察机关办理职务犯罪案件等活动进行监督的制度。这项制度是最高人民检察院根据党的十六大关于推进司法体制改革的精神，着眼于解决检察机关查办职务犯罪工作中存在的突出问题，在深入调查研究、充分论证的基础上提出来的。目的是为了加强对检察机关查办职务犯罪工作的外部监督，从制度上保障检察权的正确行使。按照实行人民监督员制度的有关规定，人民监督员的监督范围具体分为三种情况：（1）直接纳入监督的三类职务犯罪案件，包括：被逮捕的犯罪嫌疑人不服逮捕决定的；检察机关拟作出撤销案件决定的；拟作不起诉决定的。（2）人民监督员发现并有权向检察机关提出纠正意见的五种情形，包括：应当立案而不立案的；超期羁押的；违法搜查、扣押、冻结的；应当给予刑事赔偿而不依法予以确认或者不执行刑事赔偿决定的；办案人员徇私舞弊、贪赃枉法的。（3）其他监督活动，主要包括人民监督员应邀参加检察机关直接受理侦查案件的其他执法检查活动而发现有违法情况的，可以提出建议和意见等。人民监督员制度的试点表明，实行人民监督员制度，一是有利于保障职务犯罪侦查权的正确行使，维护司法公正；二是有利于促进检察队伍执法观念和执法方式的转变，检察官从中感受到了压力，增强了提高业务素质的紧迫感；三是有利于为检察机关排除办案中的干扰和阻力，防止办人情案、关系案、金钱案和"下台阶案"，提供一道制度屏障；四是有利于增加检察工作的透明度，促进人民群众对检察工作的理解和支持，也增强人民群众对司法公正和国家法治的信心。

为了进一步强化上级检察机关对下级检察机关的领导和监督，进一步强化对职务犯罪侦查的监督制约，最高人民检察院于2005年9月通过并下发了《关于省级以下人民检察院对直接受理侦查案件作撤销案件、不起诉决定报上一级人民检察院批准的规定（试行）》和《人民检察院直接受理侦查案件立案、逮捕实行备案审查的规定（试行)》，规定省级以下人民检察院对职务犯罪案件立案、逮捕必须报上一级检察院备案审查，撤案、不起诉必须报上一级人民检察院批准。这实质上是从办理职务犯罪案件的四个关键环节入手，进一步强化了上级检察机关对下级检察机关的监督，使得对于检察权的监督制约制度更加严密，使得我国的检察监督体制更加科学、合理。立案、逮捕、撤销案件和不起诉，是检察机关办理职务犯罪案件的关键环节，决定着对案件是否进行追诉、是否限制犯罪嫌疑人的人身自由、是否终结诉讼，也就是说决定着打击犯罪和保障人权的力度。因此，建立和完善这些关键环节的监督制约机制就十分必要。根据宪法和法律的规定，最高人民检察院领导地方各级人民检察院和专门人民检察院的工作，上级人民检察院领导下级人民检察院的工作，这种领导体制是检察机关作为法律监督机关，保障国家法制统一的必然要求。上级检察院对下级检察院实施领导的一个重要方面，就是对下级检察院的办案工作进行领导和监督，保证其依法履行职能。这两个规定的通过并实施，使地方各级检察机关办理职务犯罪案件的关键环节置于上一级检察机关的备案审查和审批监督之下，这不仅更加有利于体现上级检察院对下级检察院办案工作的领导，有利于保证检察机关依法独立公正地行使检察权，同时也是完善我国刑事诉讼程序的重要步骤。

第三节　批准和决定逮捕

逮捕，是由法律规定的执法机构依照正当的法律程序审查或者决定，并经法律规定的司法机关执行，针对可能判处一定刑罚的犯罪嫌疑人、被告人采取的，具有一定时限的羁押、剥夺其人身自由的最严厉的刑事强制措施。逮捕作为刑事诉讼强制措施的一种，其目的与刑事诉讼的目的是一致的，是为了"保证刑法的正确实施，惩罚犯罪，保护人民，保障国家安全和社会公共安全，维护社会主义社会秩序"。批准逮捕，是指在刑事诉讼过程中，人民检察院对公安机关或者国家安全机关在侦查过程中，需要采取逮捕措施而提请批准逮捕犯罪嫌疑人的请求，进行审查并决定是否批准逮捕的权力。决定逮捕，是指人民检察院对于自行侦查的职务犯罪案件，在侦查过程中需要对犯罪嫌疑人采取逮捕措施时，依法决定对其予以逮捕的权力。逮捕的目的决定了它在保障国家刑法的实施，保障国家刑罚权的实现和保障人权方面具有重要作用，决定了审查逮捕既要保证侦查和审判工作顺利进行，又要保障犯罪嫌疑人、被告人的人权。

我国《宪法》第37条第2款规定："任何公民，非经人民检察院批准或者决定或者人民法院决定，并由公安机关执行，不受逮捕。"我国《刑事诉讼法》第3条规定，"检察、批准逮捕、检察机关直接受理的案件的侦查、提起公诉，由人民检察院负责"。这是检察机关享有批准或决定逮捕权的宪法和法律依据。同时，《刑事诉讼法》还对逮捕的条件、审查批准和决定逮捕的程序等作了明确规定。

一、检察机关行使批准和决定逮捕职权的合理性

根据我国《宪法》和《刑事诉讼法》的规定，人民检察院依法履行批准或决定逮捕职权。法律将这两项权力交由人民检察院行使，不仅具有合理的理论根据，而且也具有客观的现实基础。

第一，人民检察院依法履行批准和决定逮捕职权，是由我国检察机关法律监督性质决定的。我国的宪政体制不同于"三权分立"体制，人民代表大会是国家权力机关，其他国家机关都由其产生，对其负责，受其监督。在这样的政治体制中，有必要设立专门的法律监督机关，通过法律监督的形式加强对行政权、审判权等国家权力的监督和制约。这是我国政治体制和司法体制的重要特色之一，也是人民代表大会制度区别于"三权分立"制度的一个重要体现。因此，法律规定，人民检察院是国家的法律监督机关，审查批准和决定逮捕是法律监督的一项具体权能，是对侦查机关侦查活动进行监督和控制，实现检察机关法律监督职能的重要途径。

第二，人民检察院依法履行批准和决定逮捕职权，是由我国检察机关在刑事诉讼中的法律地位决定的。检察机关作为专门的法律监督机关，在刑事诉讼中，不仅要承担起对国家工作人员职务犯罪的监督职责，更要承担起对具体案件不同诉讼环节的监督，保障每一起案件的办理最大限度地实现公平、正义，进而在全社会实现公平、正义。逮捕作为最严厉的强制措施，直接关系到当事人的人身自由，和人民

群众的生活息息相关，加强对逮捕适用的控制和监督，对于保障侦查活动的依法进行，保障当事人的合法权益具有重要意义。检察机关因其在刑事诉讼中的特殊地位，由其行使审查批准逮捕权，行使对侦查活动的监督控制权不仅是必要的，也是适宜的。而且在我国，检察机关不仅具有法律监督机关的性质，而且具有司法机关的性质。由检察机关审查批准逮捕，本身就具有司法审查的性质。

第三，人民检察院依法履行批准和决定逮捕职权，是由我国检察机关与公安等侦查机关以及审判机关之间的职能分工决定的。人民法院、人民检察院和公安机关办理刑事案件，实行分工负责，互相配合，互相制约。《刑事诉讼法》第 3 条第 1 款规定，"对刑事案件的侦查、拘留、执行逮捕、预审，由公安机关负责。检察、批准逮捕、检察机关直接受理的案件的侦查、提起公诉，由人民检察院负责。审判由人民法院负责"。可见，在我国刑事诉讼中，检察机关与公安机关、人民法院属于不同的执法、司法部门，各自具有不同的职权。三者的法律地位、性质和在刑事诉讼中的分工是迥然不同的。检察机关审查批准逮捕，是对公安机关侦查行为进行有效制约和监督的重要手段。实践证明，各机关在刑事诉讼中的职能分工，权责明确，既有相互配合，又有相互制约，符合我国的宪政体制，符合诉讼结构和司法规律的要求，有利于保障公平正义的实现。

第四，人民检察院依法履行批准和决定逮捕职权，具有丰富的实践经验和现实基础。从司法实践看，要正确履行批捕和决定逮捕职权，不仅需要有详细的法律规定，而且还需要有一批具有批准和决定逮捕经验的专业人员。在这方面，我国检察机关具有突出的优势。因为我国检察机关经过几十年的审查逮捕实践，已经积累了丰富的经验，同时也培养和锻炼了一批精通批准和决定逮捕业务的检察人员，所有这些都为检察机关批捕和决定逮捕职权的正确行使，提供了可靠的保障。

第五，其他国家比较普遍地实行由法官审查批准或决定逮捕的体制，是由其特定的政治体制和司法体制决定的，不符合我国国情。在检警分立型国家，检察机关在性质上属于政府的一个职能部门或者政府部门的下设机构，检察官是政府的公诉律师或者王室法律顾问。在刑事诉讼中，检察官和警察一起，充当"一方当事人"的角色。在这种体制下，不可能要求检察官监督侦查机关的行为是否侵犯了另一方当事人即犯罪嫌疑人、被告人的权利和利益。所以，在该体制下，对侦查行为的监督包括逮捕措施的审查决定权只能赋予法官。在检察官指挥侦查型国家，警察接受检察官的领导或者是检察官的附属官员，应当说，在该种模式下，检察官在刑事诉讼中对警察的控制能力是相当强大的，其间的关系也因此而变得异常密切。但是，正是由于这种密切关系，决定了检察官对警察监督的有限性。检察官与警察不具有监督关系，而具有合作关系，甚至成为一体。因此，为了防止警察侦查中的不当行为，同时也是为了防止检察官对警察的监督不力，防止检察官在侦查中的不当行为，有必要建立由法院进行的司法审查的机制，通过法院对一些强制性侦查行为包括逮捕进行审查，保证侦查的正当性、合法性。这是由这些国家的"三权分立"宪政体制、检察机关的地位和性质及其与警察的关系来决定的。但是，无论是检警分立型国家还是检察官指挥警察型国家，负责对侦查行为控制与监督的法院（法官），与负责该案件的实体审判的法院（法官）都是分设的，即预审法院（法官）或者治安法院（法官）、侦查法院（法官）负责逮捕等强制措施的审查，刑事审判法院（法官）负责案件的审判，二者在机构设置和职责配置上严格分离。之所以如此，就是为了避免刑事审判法官受侦查、预审的影响，先入为主，保证刑事审判法官在审判时的中立性，保证审判的公正性。这与我国的人民法院只是一套审判系统，没有专设有别于刑事审判法院的治安法院或者预审法院、侦查法院的司法体制是大不相同的，在我国的法院体制下，如果由法院既行使逮捕等强制性侦查行为的审查批准权，又行使刑事审判权，将导致审前预断等问题，影响法院判决的公正性。

综上，我们认为，在我国的政治体制和司法体制中，特别是中国特色的检警关系和检审关系中，由检察机关行使逮捕的司法审查权是一种合理的制度安排。

二、批准和决定逮捕的条件

正确理解我国《刑事诉讼法》规定的逮捕条件，对于依法适用逮捕措施，具有非常重要的意义。根据《刑事诉讼法》第 60 条的规定，对犯罪嫌疑人、被告人批准逮捕或者决定逮捕，必须符合以下三个条件：

第一，有证据证明有犯罪事实。"有证据证明有犯罪事实"，必须同时具备下列情形：其一，有证据证明发生了犯罪事实；其二，有证据证明犯罪事实是需要逮捕的犯罪嫌疑人实施的；其三，证明犯罪嫌疑人实施犯罪行为的证据已有查证属实的。犯罪事实可以是犯罪嫌疑人实施的数个犯罪事实中的一个，即这里的犯罪事实不再强调是主要犯罪事实，也不是全部犯罪事实，只要现有证据能够证明有一个犯罪事实成立即可。

第二，可能判处徒刑以上刑罚。这是因为逮捕作为最严厉的强制措施，其适用应当与逮捕对象所涉嫌犯罪的严重程度相适应。这也是贯彻少捕原则的必然要求。在具体运用中，我们应当注意：一是这里的"可能判处徒刑以上刑罚"，是指犯罪嫌疑人、被告人在司法机关审查批准、决定逮捕时，已有证据证明的犯罪事实所可能受到的处罚，并不是犯罪嫌疑人、被告人所触犯的罪名的全部量刑幅度。二是有证据证明的犯罪事实所可能判处的刑罚最低刑要在徒刑以上，而且没有减轻情节。根据有证据证明的犯罪嫌疑人、被告人的犯罪事实，可能判处徒刑以上刑罚，即符合了逮捕的这一条件。

第三，采取取保候审、监视居住等方法，尚不足以防止发生社会危险性，有逮捕必要性。逮捕必要性包括两方面含义：一是具有社会危险性；二是采取取保候审、监视居住不足以防止发生这种社会危险性。二者有机结合，才能构成逮捕必要性的法律内涵。社会危险性的具体内容又包括两个方面的内容，即犯罪嫌疑人人身危险性和罪行危险性。人身危险性是指基于犯罪嫌疑人人身因素可能给社会带来的危险性，包括可能妨碍刑事诉讼的危险性和再次犯罪的危险性。前者表现为犯罪后是否逃跑、自杀，是否存在隐匿证据或者毁灭证据的行为或者企图等。后者是根据犯罪嫌疑人犯罪性质以及是否为多次犯罪、连续犯罪、累犯等，判断犯罪嫌疑人是否存在继续犯罪、连续犯罪或者再次犯罪的可能性。罪行危险性即犯罪嫌疑人涉嫌的犯罪事实本身说明该犯罪嫌疑人可能给社会带来危险性。这主要是指已经或者可能继续给国家或者公共安全带来严重危害的犯罪，或者其他性质特别恶劣、情节特别严重的犯罪等。该类犯罪行为因其特殊的性质或者情节，本身就说明犯罪嫌疑人具有给社会带来新的危害的危险性。认定犯罪嫌疑人是否有逮捕必要，仅考察犯罪嫌疑人是否具有社会危险性是不够的，还需要考量对该犯罪嫌疑人适用取保候审、监视居住，是否足以防止发生社会危险性。只有对该犯罪嫌疑人适用取保候审或者监视居住不足以防止发生社会危险性的，才能认为有逮捕必要。

上述三个方面是统一的、不可分割的整体。在司法实践中，我们必须把三个方面统一结合起来，树立关于逮捕条件的整体性观念，树立人权观念，特别要重视逮捕必要性要件在批准逮捕、决定逮捕中的作用，从而正确适用逮捕措施。

对于被取保候审、监视居住的犯罪嫌疑人，适用逮捕时，要严格执行《刑事诉讼法》第 56 条、第 57 条的规定。实践中，我们在对被取保候审、监视居住的犯罪嫌疑人适用逮捕时应当注意：一是已被取保候审、监视居住的犯罪嫌疑人、被告人是否违反《刑事诉讼法》第 56 条或者第 57 条第 1 款的规定；二是是否情节严重。所谓情节严重，一般是指：违反《刑事诉讼法》第 56 条或者第 57 条规定的义务，已经造成严重后果的；多次违反《刑事诉讼法》第 56 条或者第 57 条规定的义务，已经具备社会危险性的；具备其他严重违反法律规定的义务的情节，致使不逮捕不能保障刑事诉讼顺利进行，必须对其适用逮捕的。对此，最高人民检察院、公安部 2001 年 8 月 6 日下发《关于依法适用逮捕措施有关问题的规定》（以下简称《规定》）对该问题作了进一步规定。该《规定》第 1 条第四项对违反取保候审有关规定的犯罪嫌疑人应当逮捕的情形规定："根据《刑事诉讼法》第 56 条第 2 款的规定，对下列违反取保候审规定的犯罪嫌疑人，应当予以逮捕：1. 企图自杀、逃跑，逃避侦查、审查起诉的；2. 实施毁灭、伪造证据或者串供、干扰证人作证行为，足以影响侦查、审查起诉工作正常进行的；3. 未经批准，擅自离开所居住的市、县，造成严重后果，或者两次未经批准，擅自离开所居住的市、县的；4. 经传讯不到案，造成严重后果，或者经两次传讯不到案的。对在取保候审期间故意实施新的犯罪行为的犯罪嫌疑人，应当予以逮捕。"该

《规定》第1条第五项对违反监视居住的犯罪嫌疑人应当逮捕的情形规定："根据《刑事诉讼法》第57条第2款的规定，被监视居住的犯罪嫌疑人具有下列情形之一的，属于'情节严重'，应当予以逮捕：1. 故意实施新的犯罪行为的；2. 企图自杀、逃跑、逃避侦查、审查起诉的；3. 实施毁灭、伪造证据或者串供、干扰证人作证行为，足以影响侦查、审查起诉工作正常进行的；4. 未经批准，擅自离开住处或者指定的居所，造成严重后果，或者两次未经批准，擅自离开住处或者指定的居所的；5. 未经批准，擅自会见他人，造成严重后果，或者两次未经批准，擅自会见他人的；6. 经传讯不到案，造成严重后果，或者经两次传讯不到案的。"根据上述规定，被取保候审的犯罪嫌疑人违反了该《规定》第1条第四项，被监视居住的犯罪嫌疑人违反了该《规定》第1条第五项规定的情形之一的，就应当予以逮捕。

三、批准和决定逮捕的程序

根据《刑事诉讼法》和《人民检察院刑事诉讼规则》的规定，人民检察院行使批准和决定逮捕权时，其主要程序是：公安机关要求逮捕犯罪嫌疑人的时候，应当写出提请批准逮捕书，连同案卷材料、证据，一并移送同级人民检察院审查批准。人民检察院办理直接立案侦查的案件，需要逮捕犯罪嫌疑人的，由侦查部门填写逮捕犯罪嫌疑人意见书，连同案卷材料一并移送本院侦查监督部门审查。人民检察院审查批准或者决定逮捕犯罪嫌疑人，由侦查监督部门办理。人民检察院侦查监督部门受理同级公安机关提请批准逮捕的案件以及本院侦查部门移送审查逮捕的案件，应当查明提请批准逮捕书及案卷材料是否齐备。

人民检察院侦查监督部门办理审查逮捕案件，应当指定专人进行审查。办案人员应当审阅案卷材料；犯罪嫌疑人被羁押的，应当讯问犯罪嫌疑人。人民检察院办理审查逮捕案件，不另行侦查，在审查逮捕中如果认为移送审查逮捕的证据有疑问的，可以询问证人、复核有关证据。对未被采取强制措施的犯罪嫌疑人需要讯问的，讯问前应当征求公安机关或者本院侦查部门的意见。在此基础上，提出批准或者决定逮捕、不批准或者不予逮捕的意见。对于公安机关提请批准逮捕的犯罪嫌疑人,犯罪嫌疑人已经被拘留的,人民检察院应当在接到提请批准逮捕书的 7 日内,作出是否批准逮捕的决定;犯罪嫌疑人未被拘留的,应当在接到提请批准逮捕书后的 15 日内作出决定,重大复杂案件,不得超过 20 日。对于本院侦查部门移送审查逮捕的案件,也应当在上述期限内作出决定。人民检察院批准或者决定逮捕、不批准或者不予逮捕的,应当经部门负责人审核,报请检察长批准或者决定;重大案件应当经检察委员会讨论决定。

人民检察院办理审查逮捕案件,发现有应当逮捕而公安机关未提请批准逮捕的犯罪嫌疑人的,应当建议公安机关提请批准逮捕。如果公安机关不提请批准逮捕的理由不能成立的,人民检察院可以直接作出逮捕决定,送达公安机关执行。对于应当逮捕而本院侦查部门没有移送审查逮捕的犯罪嫌疑人,侦查监督部门应当向侦查部门提出移送审查逮捕犯罪嫌疑人的建议。如果建议不被采纳,审查逮捕部门可以报请检察长提交检察委员会决定。

人民检察院对于已经作出逮捕决定的案件,发现确有错误的,应当撤销原批准逮捕决定,送达公安机关执行。对于已经作出的不批准逮捕决定发现确有错误,需要批准逮捕,人民检察院应当撤销原不批准逮捕决定,并重新作出批准逮捕决定,送达公安机关执行。对于撤销原批准逮捕决定而释放的犯罪嫌疑人或者逮捕后公安机关变更为取保候审、监视居住的犯罪嫌疑人,又发现需要逮捕的,或者人民检察院办理的直接立案侦查的案件,已经作出不予逮捕的决定,又发现需要逮捕的,人民检察院应当重新办理逮捕手续。

公安机关对于人民检察院不批准逮捕决定认为有错误的,可以要求复议,但是必须将被拘留的人立即释放。对于公安机关要求复议的,人民检察院侦查监督部门应当另行指派办案人员复议,并在收到提请复议书和案卷材料后的 7 日内报经检察长或者检察委员会作出是否变更的决定,通知公安机关。公安机关如果不服检察机关复议决定,可以向上一级检察机关提请复核。上级检察机关应当立即复核,并在收到提请复核意见书和案卷材料后的 15 日内,由检察长或者检察委员会作出是否变更的决定,通知下级人民检察院和公安机关执行。如果需要改变原决定，应当通知作出不批准逮捕决定的人民检察院撤销原决定，另行制作批准逮捕决定书。必要时，上级人民检察院也可以直接作出批准逮捕决定，通知下级人民检察院送达公安机关执行。对于人民检察院作出不批准逮捕决定，并且通知公安机关补充侦查的案件，公安机关补充侦查后提请复议的，人民检察院应当建议公安机关重新提请批准逮捕。公安机关坚持复议的，人民检察院不予受理。

第四节　刑事公诉

刑事公诉，是指国家赋予检察机关代表国家提起诉讼，要求法院予以审判，使国家刑罚权得以实现的职能。通过审查决定起诉、提起公诉和支持公诉，依法履行刑事公诉职权，是我国检察机关的一项重要和基本的职能，是检察机关依法开展法律监督的重要手段之一。

一、我国检察机关刑事公诉职权的性质

在我国，根据法律规定，刑事公诉是检察机关追究犯罪的一项权能，也是对公安机关的侦查活动和人民法院的审判活动实行法律监督的一项权能，因而我国检察机关刑事公诉职权具有以下两方面的性质：

（一）刑事公诉是国家主动对犯罪进行追诉的一种权力

任何犯罪都是对统治阶级利益和社会公共秩序的侵害，尤其是严重的刑事犯罪，对国家和社会的危害更为严重，如果对犯罪的追诉权由个人行使，因为受各种因素的影响，国家就很难实现追究犯罪的任务和目的。因此，当代各国都主要采用了由国家追诉犯罪的公诉形式。这既是人类同犯罪作斗争的需要，是社会发展的要求，也是社会发展的标志。在我国，各种犯罪活动，不论其表现形式如何，不论其侵犯的是国家安全、社会公共秩序，还是公民个人的人身权利、财产权利，归根结底都是侵害了国家和人民的利益。因此，我国《刑事诉讼法》规定，凡需要提起公诉的案件，一律由人民检察院审查决

定。这说明，我国法律把国家追诉刑事犯罪的权力专门赋予了人民检察院，由人民检察院代表国家，对认为是犯罪的被告人提出指控，要求人民法院对指控的事实予以确认并追究其刑事责任。

（二）刑事公诉的本质是法律监督

在我国，宪法和法律规定检察机关是国家的法律监督机关，检察权是实现法律监督的具体途径和方式，各项具体的检察权统一于法律监督职能，从属于法律监督职能。

第一，刑事公诉是检察机关实施法律监督的重要手段。在我国，人民检察院是国家专门的法律监督机关。这表明法律监督是检察权在国家权力性质上的定位，即检察机关行使的一切权力都具有法律监督的性质，都是国家法律监督权的表现形式。也就是说，法律监督权与检察权是一体的，检察权是法律监督权的具体体现和表现形式，法律监督是检察权的本质和属性。检察机关法律监督的实现离不开具体的检察权能。在检察机关实施法律监督的各种权能中，刑事公诉权具有不同于其他权能的特点：其一，刑事公诉是检察机关基本的监督手段。刑事公诉权从产生之日起，就是检察机关的一项基本职权，也是检察机关经常行使的一项权力，因而成为检察机关进行法律监督的基本手段。其二，刑事公诉是国家追诉犯罪的重要手段。在诉讼活动中，公诉处于诉讼的中间阶段，对前一环节，可以制约和监督侦查权的行使，对后一环节，可以制约和监督审判权的行使，因而刑事公诉在国家追诉犯罪的活动中起着承前启后的关键作用。其三，刑事公诉权具有丰富的内容。刑事公诉权包括审查起诉、决定起诉和不起诉、提起公诉、出庭支持公诉、变更起诉、抗诉等权能，这些权能为检察机关履行法律监督职权提供了有力的手段保障。所以，刑事公诉权是检察机关实施法律监督的一种重要手段。

第二，刑事公诉的功能决定了其具有法律监督的性质。从我国法律规定看，公诉的对象是犯罪。犯罪可以分为两类：一类是一切社会活动主体都可能实施的犯罪；另一类是依照法定职权行使国家权力或者公共管理职能的国家工作人员在职务活动中实施的犯罪。检察机关无论对哪种犯罪提起公诉，都具有控诉犯罪的功能和程序制约的功能。控诉犯罪的功能是检察机关刑事公诉权的基本功能，即检察机关以国家的名义向法院提起公诉，要求追究严重违反法律并已构成犯罪的被告人的刑事责任。程序制约的功能，是指刑事公诉权能具有维护整个诉讼活动正常进行，制约侦查和审查侦查结果、启动审判程序和限定审判范围的作用。这种作用从法治建设的角度看，就是维护法律的统一正确实施，是法律监督的根本职责所在。

就控诉犯罪的功能来说，虽然检察机关的刑事公诉与被害人的自诉都具有控诉的功能，但是在本质上，检察机关的刑事公诉具有自诉所不具有的法律监督的性质。刑事公诉与自诉存在以下显著区别：（1）起诉的目的不同。根据我国法律规定，刑事案件的起诉包括公诉和自诉两种。但是公诉与自诉的目的是不同的，因为在法律规定的自诉案件中，被害人向法院提起自诉的目的是请求法院惩罚犯罪行为人，以维护自己的合法权利。而检察机关行使刑事公诉权，不具有维护自身利益的诉讼目的，公诉案件并不涉及检察机关和检察官个人的利益，其提起公诉的目的是要求法院惩罚犯罪行为人，向世人昭示法律的不可违反性，以维护法律的尊严和权威。刑事公诉权与自诉权起诉目的的不同决定了刑事公诉权具有维护法律的正义性，从而使其具有了法律监督的属性。（2）起诉的原因不同。从我国法律规定来看，被害人提起自诉的原因都是其合法权利遭受了犯罪行为的侵犯，出于维护自己的合法权利而提起自诉的。如果有犯罪行为发生，但犯罪行为没有侵犯自己的合法权利，就不会提起自诉。而检察机关提起公诉的原因则是国家的法律遭到了严重侵犯，出现了危害国家利益或者破坏社会秩序的犯罪行为。也就是说，只要有人实施了国家法律禁止的行为并且这种行为依法应当追究刑事责任时，检察机关就有义务向法院提起公诉，要求法院追究犯罪人的刑事责任。这种起诉原因的不同体现了我国检察机关行使刑事公诉权时承担客观性义务，从而决定了刑事公诉权具有维护国家法律不受侵犯的属性。（3）诉讼立场不同。由于刑事公诉权与自诉权的目的不同决定了二者在诉讼中具有不同的诉讼立场。自诉人为了维护自己的合法权利，必然要站在个人的立场上收集和提供能够证明被告人有罪的证据，无须收集和提供证明被告人无罪或者罪轻的证据。而检察机关则不同，它为了维护国家法律的尊严，恢复遭到破坏的法律秩序，法律必然要求检察机关站在国家的立场上行使刑事公诉权。因而检察机关在诉讼中必须具有中立性，即在收集证据时，不仅要收集能够证明被告人有罪和罪重的证据，而且还要收集证明被告人无罪或者罪轻的证据，只有在全面收集和审查证据的基础上确信有犯罪事实的存在并需要追究刑事责任时，才能向法院提起公诉。这种诉讼立场的不同要求决定了检察机关的刑事公诉权具有维护法律正义的性质。（4）追求的诉讼结果不同。自诉人行使自诉权是为自己讨个"公道"或者报复对方或者寻求赔偿，因而自诉人所追求的诉讼结果是胜诉，即追求法庭判决被告人有罪。而检察机关行使刑事公诉权是为了伸张法律正义，因而检察机关在诉讼过程中所追求的诉讼结果是司法公正，即一方面极力使有罪的人依法受到应有的追究；另一方面也努力保护无罪的人不受法律追究，保护被告人的合法权利。检察机关进行公诉活动所关注的是法律秩序是否得到了维护，法律正义是否得到了伸张。① 由此可见，刑事公诉权除了具有自诉权启动刑事审判程序的作用外，还具有自诉权所不具有的维护法律被切实遵守、保障法律实施的作用。因此，刑事公诉权与自诉权的不同作用表明，刑事公诉权具有自诉权所不具有的法律监督的性质。

就程序方面的功能来说，刑事公诉与侦查、审判在刑事诉讼中都具有一定的诉讼功能，但是它们的诉讼功能是不同的，所体现出来的性质也必然不同。就刑事公诉与侦查来说，虽然侦查和刑事公诉都是一种程序性权力，都具有启动诉讼程序的作用。但是，侦查只是一种工具性的权力，只是为了收集有关证据，查明案件的真实情况，为公诉提供准备条件，它不对案件作出实质性处分。因而侦查的诉讼功能在于收集证据、寻找犯罪嫌疑人和查证犯罪事实，为刑事公诉提供条件。从这种意义上来讲，侦查附属于刑事公诉，侦查是为刑事公诉权服务的。而刑事公诉是一种国家追诉权，其基本诉讼功能是在查清犯罪事实的基础上，由检察机关代表国家提请法院追究犯罪行为人的刑事责任。这种提请追究刑事责任活动本身，既是国家对违反法律情况

---

① 参见张智辉："论刑事公诉权的法治意义"，载《人民检察》2003年第8期。

所进行的具有法律效力的监督，也是对国家法律不可侵犯性的宣示和维护。刑事公诉所具有的这种诉讼功能，有助于增进人们对国家法律的尊重，抑制其实施违法犯罪的内心冲动，从而达到维护法律尊严、促使人们遵守法律的结果。正是由于刑事公诉具有这种程序功能，使得刑事公诉在性质上有别于仅具有查明案件事实功能的侦查，而承担着维护法律统一实施的使命，具有法律监督的性质。就刑事公诉与审判来说，审判是一种被动的裁判权，它只有在检察机关提起公诉的前提下才能行使。也就是说，没有刑事公诉，审判就不能发挥制裁犯罪人的作用。并且，审判权能行使的范围也要受到刑事公诉的限制，审判机关只能对公诉机关提起公诉的被告人及其犯罪事实进行审判。审判机关既不能自行决定审判的对象，也不能自行选择审判的范围，因而审判权在诉讼中并不具有法律监督的功能。与审判权的被动性相反，刑事公诉是一种具有主动追诉性质的国家权力。检察机关可以对任何违反法律构成犯罪的行为和行为人进行追诉。也就是说，刑事公诉的触角可以触及到任何领域、任何范围和任何人的犯罪行为，无论哪里，只要有犯罪发生，检察机关都有权在查明案件事实的基础上依法提起公诉，通过追究刑事责任的方式，遏制犯罪行为的继续和危害结果的蔓延，以维护法律的尊严和正确实施，恢复正常的法律秩序。因此，刑事公诉的这种主动追究的诉讼功能是审判权能所不具有的，也是其具有法律监督功能的最基本和最显著的表现。

第三，刑事公诉的内容决定了其具有法律监督的性质。根据我国法律规定，刑事公诉包括审查起诉、决定起诉和不起诉、出庭支持公诉、公诉变更和抗诉五项职能。[①] 这些职能都在不同程度上具有维护法律统一正确实施的作用，体现着法律监督的性质。其中最直接地体现法律监督性质的是审查起诉和抗诉。就审查起诉来说，它是检察机关的一项重要权力，突出体现了法律监督的性质。因为根据我国《刑事诉讼法》规定，普通刑事案件的侦查由公安机关负责，公安机关对案件进行一系列侦查活动后，如果需要提起公诉，都必须提请检

---

① 参见张穹主编：《公诉问题研究》，中国人民公安大学出版社 2000 年版，第 77—78 页。

察机关进行审查。检察机关接到公安机关移送要求提起公诉的案件后，应当对案件进行审查，以确定是否提起公诉。检察机关对公安机关移送的案件必须审查以下内容：犯罪嫌疑人的行为是否构成犯罪、行为的危害程度、所收集的证据是否合法、是否符合法定起诉条件的要求（案件事实清楚并证据确实充分）、所认定的犯罪性质和罪名是否正确等。这种审查活动的本身就体现着检察机关对侦查行为的法律监督。不仅如此，如果检察机关通过审查后作出不起诉决定，该决定显然是对公安机关侦查结果的否定，也体现了对公安机关行使侦查权的法律监督。同时，检察机关的不起诉决定也表明，要么是犯罪嫌疑人的行为不构成犯罪，要么是犯罪嫌疑人的行为危害不大，依法不应追究刑事责任，或者是合法证据不足以指控犯罪等，因而不起诉决定不仅是对犯罪嫌疑人合法权利的保护，而且也是检察机关从法律的角度对侦查行为进行审查的结果，它体现着检察机关尊重法律、维护法律统一正确实施的法律监督性质。

如果检察机关通过审查后作出起诉的决定，该决定体现着对法院审判的法律监督。因为在现代各国，控审分离是现代刑事诉讼的一项基本原则，该原则要求审判权必须是被动的，没有控诉，法院就不能审判，即西方所说的"无控诉即无法官"。检察机关的这种控诉作用可以有效防止审判权超越法定范围而任意扩张，侵犯公民的合法权利，从而体现对审判权的法律监督性质。同时，检察机关决定起诉后，其控诉内容对法院审判的范围也起到限制作用。也就是说，只有检察机关对某人提起控诉后，法院才能对其进行审判，而且法院只能对检察机关指控的被告人的犯罪事实、罪名和有关证据进行审理，而不能对没有指控的被告人或犯罪事实进行审判，更不能另行收集被告人的其他犯罪证据，对被告人进行指控。检察机关控诉内容对法院审判范围的限制作用，有利于防止审判权的滥用，防止侵犯公民的合法权利，有利于保证法律的正确实施，也体现着法律监督的性质。

就抗诉来说，在现代刑事诉讼中，法院对案件作出判决后，检察机关有权对法院判决结果进行审查，以决定是否提出抗诉。经审查后，如果检察机关认为法院的裁判结果确有错误或者违反法律规定时，应当向上级法院提出抗诉，要求予以纠正，从而可以达到纠正法院错误裁判的目的，以保证国家法律的正确实施。不仅在将检察机关作为法律监督机关的我国和俄罗斯等国家，抗诉权的法律监督性质是非常明显的，而且在其他国家，检察机关的上诉权也具有一定的法律监督性质。例如在法国，检察官和被告人虽然对法院的裁判都拥有上诉权，但是检察官的上诉权与被告人的上诉权相比，具有以下特点：一是上诉的对象广泛。根据法国刑事诉讼法规定，检察官为了保证法律的正确实施，不仅对法官作出的所有裁判可以提出上诉，而且对预审法官作出的所有裁定可以提出上诉，而被告人对预审法官裁定的上诉则是有限的，因而法国学者指出："检察官可以对预审法官的所有裁定提出上诉，无论它们是在什么情况下签署的，对这一权利没有任何区别，没有任何限制。相反，作为个人的当事人却只能在法律规定的那几种情况下，才能提出上诉。法律对此以有限列举的方式作出明确规定，并不允许作任何扩大、延伸的解释。"① 二是上诉的理由不受限制。也就是说，检察官既可以因事实错误提出上诉，也可以为了法律的利益提出上诉；既可以提出不利于被告人的上诉，也可以提出有利于被告人的上诉。而被告人只能为了自己的利益而提出上诉。法国法律规定检察官比被告人较宽的上诉理由，显然是认为检察官的上诉与被告人的上诉是不同的，其目的是要求检察官承担维护法律正确实施的重任，因而使得检察官的上诉具有了被告人上诉所不具有的法律监督的性质。由此可见，检察官拥有的抗诉权（或上诉权）与被告人的上诉权是有区别的，虽然从表面上看二者只是抗诉（或上诉）范围和对象的不同，但从实质上看二者体现的性质是不同的，被告人的上诉体现着维护私权的性质，而检察官的抗诉（或上诉）则体现着法律监督的性质，其目的在于维护国家法律正确实施。特别是检察机关为了被告人利益的抗诉（或上诉），以及为了法律之利益（如法国的"为法律之利益之上诉"、日本的"非常上告"等）提起的上诉

---

　　① ［法］皮埃尔·尚邦：《法国诉讼制度的理论与实践》，陈春龙、王海燕译，中国检察出版社1991年版，第100页。例如，被告人无论出于什么原因，都不得对移送法院审判的裁定提出上诉，也不得对他有利的不予起诉的裁定向最高法院提出上诉等。

或抗诉，更明显地体现了对法院裁判的法律监督性质。正因为如此，法国学者指出："为法律之利益提出上诉的目的是，对基层法官所作裁判中发生的法律上的错误进行审查、纠正，以此保证法院判决的统一，保证对法律的尊重。"① 日本学者也认为："非常上告的目的在于统一法令解释，是以纠正错误地适用抽象性的法规为目的，而不是以改正每个具体案件的审判上认定事实等错误为目的。"②

刑事公诉具有法律监督性质，与保持科学合理的诉讼结构不仅不矛盾，而且在根本目的上具有一致性。刑事公诉权具有法律监督性质，并不意味着检察机关在刑事诉讼中处于居高临下的独立监督者的地位而影响控、辩、审这一基本的诉讼结构。检察机关的法律监督不是一种"上对下"的监督，而是同级机关不同职能之间的监督。这种监督是刑事诉讼程序内的监督，是通过提起公诉，出庭支持公诉等具体法定职能来实现的，并没有超越和影响刑事诉讼的基本结构。刑事公诉权的监督性质是刑事公诉权的内在属性，而不是与刑事公诉权并列的另一种权能。即公诉是对国家追诉犯罪活动的外在形式的表述，法律监督是对其本质属性的表述，因而公诉与法律监督二者是一体的，具有共生关系。刑事公诉权只是法律监督权的一种实现形式。在刑事诉讼中，公诉人参加庭审活动，指控犯罪和支持公诉，本身就具有法律监督性质，属于履行法律监督职权。对庭审中的违法行为提出纠正意见，或者对确有错误的判决等提出抗诉，则是公诉人实施法律监督的另一种形式。可见，在控、辩、审三方之外，并不存在居高临下的监督者，因而刑事公诉权具有法律监督的性质也就不会影响"控辩平等"的诉讼结构。检察官是国家利益、公共利益的代表，他既要代表国家指控犯罪，又要履行保护人权，维护当事人合法权益，维护司法公正的职责。对于诉讼中的违法行为，包括侵害被告人合法权益的行为予以监督纠正，是检察官的当然职权，是检察官客观公正

---

① ［法］卡斯东·斯特法尼等：《法国刑事诉讼法精义》（下），罗结珍译，中国政法大学出版社1999年版，第862页。

② ［日］法务省刑事局编：《日本检察讲义》，杨磊、张仁等译，中国检察出版社1990年版，第186页。

义务的必然要求。检察官不是也不应当是片面追求胜诉的一方当事人，而应是客观公正的法的守护人。因此，刑事公诉权的法律监督性质不仅不会妨碍辩护方的诉讼权利的行使，而且有利于保护被告人的合法权利。

刑事公诉权在行使过程中，对审判权确有、也需要有制约和监督的功能，但是这不仅不会影响审判的权威，而且还通过监督保障司法公正，维护司法权威。刑事公诉权的行使，在根本目的上，与通过审判来实现公平正义是一致的。检察官通过公诉制约法官的审判范围，监督法官的庭审活动，这对于防止法官的滥权和恣意具有重要意义。可以说，刑事公诉权的行使，为公平正义的实现提供了制度和程序上的保障。而且，刑事公诉权的监督性质也并没有改变其应有的诉讼职能，因而也不可能侵犯审判权的权威和地位。刑事公诉权在本质上是一种控诉请求权，对法院只具有程序性制约的作用，并不会因为其法律监督性质而增加对实体的处分权。检察官发现法院审理案件违反法律规定的诉讼程序，向法院提出纠正意见，或者认为判决、裁定确有错误而提出抗诉，都只是启动了法院的纠错程序，这相对于法院的裁判权来说，只是一种程序性权力。因而刑事公诉权的法律监督性质与审判机关的终局性裁决并无矛盾之处。相反，刑事公诉权的法律监督性质还会在一定程度上强化审判的权威性。维护司法权威，实质上是维护裁判的公正性，公正是司法权威的根源。公正的判决体现了司法公正，也体现了司法权威；不公正的判决既损害了司法公正，也损害了司法权威。对不公正的判决，检察官通过刑事公诉权的行使，通过抗诉等手段，促使法院纠正，这样既维护了司法公正，也维护了司法权威。维护司法公正和司法权威，保障国家法律的统一正确行使，是检察机关刑事公诉权的最终目的。

二、刑事公诉的主要内容

根据《刑事诉讼法》和《人民检察院刑事诉讼规则》的规定，检察机关刑事公诉包括审查起诉、提起公诉（或称起诉）、不起诉、出庭支持公诉、公诉变更（包括公诉内容的改变、撤回和追加）和抗诉六项权能。

（一）审查起诉

审查起诉，是指人民检察院对侦查终结的案件进行全面审查，以作出提起公诉或者不起诉决定的一项权能。根据我国法律规定，人民检察院审查起诉的基本任务是：按照实事求是的诉讼原则，审查案件事实和法律适用，斟酌影响案件定罪量刑的各种情节，以便对案件作出正确的起诉和不起诉决定；对侦查的过程和结果进行审查，对收集和运用证据等方面是否合法进行审查，纠正侦查活动中的违法行为，对侦查中的遗漏进行补救；掌握案件的全面情况，对于决定起诉的案件，为出庭公诉做好准备。

在我国，侦查终结后，凡是需要提起公诉的案件，一律由检察机关审查决定。检察机关对公安机关移送的案件和自行侦查终结的案件，审查起诉时，主要应当审查以下几方面内容：（1）是否具备追诉的法定条件；（2）是否需要追究刑事责任；（3）侦查活动是否合法。具体来说，检察机关在审查案件是否具备追诉的法定条件时，首先，应当确认有可能宣告有罪判决的各项条件是否确实已经具备。也就是说，从法律上看，犯罪是否确实存在，犯罪嫌疑人的刑事责任是否确实产生。因而检察官应详细审查所提交的证据是否能够证明犯罪构成所应具备的全部要件，并且依据《刑事诉讼法》第 141 条的要求，证据必须达到确实、充分的程度。其次，应审查是否具有不应追究刑事责任的法定情况，如犯罪嫌疑人已死亡、已过追诉期限等。如果不具有这些情形，检察机关在决定起诉前，还应进行第二方面内容的审查，即审查是否需要追究犯罪嫌疑人的刑事责任。为此应考虑三方面的因素：（1）犯罪嫌疑人的个人情况，包括年龄、性格、经历、身体状况、职业、有无前科等，重点考虑其人身危险性。（2）犯罪情节的轻重，包括法定情节和酌定情节。一般来说，具有从轻、减轻或免除处罚情节的，才可考虑不起诉。（3）行为后的表现情况，包括有无悔改表现、逃匿、隐匿或毁灭证据等行为。检察机关综合考虑上述因素后，如果认为犯罪嫌疑人"犯罪情节轻微，依照刑法规定不需要判处刑罚或者免除刑罚的"，可以决定不起诉。否则就应当决定提起公诉。此外，检察机关作为监督机关，还应当对公安机关的侦查活动、采取的强制措施等是否合法进行监督，如果发现有违法行为，应当及时提出纠正意见。由此可见，我国检察机关对刑事案件审查的范围比西方国家更加广泛和全面，不仅要审查案件的证据以及犯罪嫌疑人的个人情况，而且还要审查公安机关的侦查活动是否合法、采取的强制措施是否适当等内容。

根据《刑事诉讼法》和《人民检察院刑事诉讼规则》等的规定，人民检察院审查起诉的程序如下：（1）受理。受理是指人民检察院按照刑事诉讼法的有关规定，接受并初步审查公安机关侦查终结和人民检察院直接立案侦查案件侦查终结后移送审查起诉的案件，决定是否受理的诉讼行为。人民检察院受理审查起诉案件，应当查明：案件是否属于本院管辖；起诉意见书以及案卷材料是否齐备；案卷装订、移送是否符合有关要求和规定，诉讼文书、技术性鉴定材料是否单独装订成卷等；对作为证据使用的实物是否随案移送，移送的实物与物品清单是否相符；犯罪嫌疑人是否在案以及采取强制措施的情况等。经审查后，对于具备受理条件的，填写受理审查起诉案件登记表。（2）审查。人民检察院受理审查起诉案件后，应当指定专人就以下内容进行审查：犯罪事实是否清楚，认定犯罪性质和罪名的意见是否正确；有无法定的从重、加重、从轻、减轻或者免除处罚的情节；共同犯罪案件的犯罪嫌疑人在犯罪活动中的责任认定是否适当；证据材料是否随案移送，不宜移送的证据的清单、复制件或者其他证明文件是否随案移送；证据是否确实、充分；有无遗漏罪行和其他应当追究刑事责任的人；是否属于不应当追究刑事责任的；有无附带民事诉讼，对国家、集体财产遭受损失的，是否需要人民检察院提起附带民事诉讼；侦查活动是否合法；采取的强制措施是否适当。审查过程中，应当讯问犯罪嫌疑人，听取被害人和犯罪嫌疑人、被害人委托人的意见。必要时，可以直接询问证人，或者重新作出鉴定、勘验、检查。可以要求公安机关提供法庭审判所必需的证据材料。需要补充侦查的，可以自行补充侦查，也可以退回公安机关补充侦查。（3）作出审查决定。对于移送审查起诉的案件，人民检察院应当在一个月内作出决定，重大、复杂的案件，可以延长半个月。审查后，办案人应当根据法律规定和授权，提出处理意见，制作案件审查意见书，经公诉部门负责人审核后，报检察长或者检察委员会作出是否起诉的决定。

（二）起诉

起诉，是指人民检察院对案件进行审查后，认为符合法定起诉条件且需要追究行为人刑事责任时，决定将案件提交法院请求审判的权能。这是人民检察院刑事公诉职权的一项重要内容。

1. 起诉的范围，即人民检察院对哪些案件可以起诉。根据《刑事诉讼法》规定，人民检察院对绝大部分的刑事案件行使起诉权，少数轻微的犯罪案件由被害人起诉。根据我国的文化传统和现实情况，法律允许被害人对涉及个人利益的少数轻微刑事案件进行自诉，是符合我国国情的，也是合情合理的。

2. 起诉的条件，即人民检察院提起公诉时依法应当具备的条件。我国《刑事诉讼法》第141条规定："人民检察院认为犯罪嫌疑人的犯罪事实已经查清，证据确实、充分，依法应当追究刑事责任的，应当作出起诉决定，按照审判管辖的规定，向人民法院提起公诉。"根据该规定，人民检察院起诉，应当具备以下两方面的条件：第一，犯罪嫌疑人的犯罪事实已经查清。根据案件中的现有证据，能够证明犯罪嫌疑人的行为已经构成犯罪。具体来说，人民检察院在确定犯罪事实已经查清时，应当注意以下问题：是否能够确定犯罪嫌疑人实施的行为是犯罪；是否能够确定犯罪嫌疑人实施的行为是某一种或者几种犯罪性质的事实；对犯罪嫌疑人应当从轻、减轻，或者从重处罚的事实是否查清等。第二，证据确实、充分。对于犯罪嫌疑人的犯罪事实和情节，均有真实的、充分的证据证实，而且达到了可以排除合理怀疑的程度。这是我国法律对起诉的证据标准的要求。就证据的要求而言，我国起诉的证据标准与有罪判决的标准没有区别。可见，我国刑事诉讼法对起诉的证据标准要求较高。

3. 起诉的具体程序。根据我国《刑事诉讼法》规定，人民检察院起诉应当按照以下程序进行：第一，制作起诉书。起诉书是人民检察院依照法律规定，将被告人交付法院审判的法律文书。起诉书是人民检察院指控犯罪的重要法律文书，也是法院对案件获得审判权的重要依据，同时也是被告人和辩护律师进行辩护的对象。根据我国法律规定，人民检察院决定起诉的案件，应当制作起诉书。起诉书应当包括以下内容：被告人的基本情况，案由和案件来源，案件事实，起诉的根据和理由，包括触犯的罪名及适用的法律条款。第二，向有管辖权的人民法院提起公诉，移送案件。根据《刑事诉讼法》的规定，人民检察院向人民法院提起公诉，应当向人民法院移送起诉书、证据目录、证人名单和主要证据复印件或者照片。移送的证据目录应当是起诉前收集到的证据材料的目录。证人名单应当包括在起诉前提供了证言的证人名单。主要证据复印件或者照片包括：起诉书中涉及的各证据种类中的主要证据；多个同类证据中被确定的主要证据；作为法定量刑情节的自首、立功、累犯、中止、未遂、正当防卫的证据。对于具体案件中的"主要证据"，由人民检察院根据法律规定确定。

（三）不起诉

不起诉，是指人民检察院对移送审查起诉的案件进行审查后，认为不构成犯罪或者不具备起诉条件，或者不适宜提起公诉时，依法决定不将案件移送法院进行审判而终止诉讼的权能。根据《刑事诉讼法》的规定，检察机关的不起诉包括绝对不起诉、酌定不起诉和存疑不起诉三种情形。

1. 绝对不起诉。人民检察院对于犯罪嫌疑人的行为不构成犯罪或依法不应追究刑事责任的，应当作出不起诉的决定。也有人称为法定不起诉，或者依法不追究刑事责任的不起诉。我国《刑事诉讼法》第142条第1款对检察机关的绝对不起诉作了明确规定："犯罪嫌疑人有本法第十五条规定的情形之一的，人民检察院应当作出不起诉决定。"《刑事诉讼法》第15条规定："有下列情形之一的，不追究刑事责任，已经追究的，应当撤销案件，或者不起诉，或者终止审理，或者宣告无罪：（一）情节显著轻微、危害不大，不认为是犯罪的；（二）犯罪已过追诉时效期限的；（三）经特赦令免除刑罚的；（四）依照刑法告诉才处理的犯罪，没有告诉或者撤回告诉的；（五）犯罪嫌疑人、被告人死亡的；（六）其他法律规定免予追究刑事责任的。"检察机关适用绝对不起诉，关键在于正确理解和掌握

"情节显著轻微、危害不大，不认为是犯罪的"和"其他法律规定免予追究刑事责任的"两个条件。要正确理解和适用"情节显著轻微、危害不大，不认为是犯罪"这一法定条件，首先要注意认定行为有无社会危害性。即要从行为与后果是否具有直接因果关系，造成的实际后果及危害程度，对照法律规定，判定危害性的大小。其次要注意从行为所侵犯的客体，行为的手段、方法和实施行为的时间、地点、数额及行为人的主观因素等来判定其情节是否显著轻微。在对具体案件进行分析判断时，应当注意把握好以下两点：一是犯罪行为与违反治安管理法规行为的界限；二是犯罪行为与民事侵权行为、经济违法行为的界限。"其他法律规定免予追究刑事责任的"，主要是指以下内容：《刑法》第16条规定的由于不能抗拒或不能预见的原因造成损害后果的；第17条规定的不满14周岁的人犯罪，或已满14周岁不满16周岁的人犯故意杀人、故意伤害致人重伤或死亡、强奸、抢劫、贩毒、放火、爆炸、投毒罪之外的罪；第18条规定的精神病人犯罪；第20条第1款、第3款规定的正当防卫的情形；第21条第1款规定的紧急避险的情形；第24条规定的没有造成损害的中止犯。

2. 酌定不起诉。人民检察院对于犯罪情节轻微，依照刑法规定不需要判处刑罚或免除刑罚的，依法可以作出不起诉的决定。有人称为相对不起诉，或者依法免除处罚或者不需要判处刑罚的不起诉。我国《刑事诉讼法》第142条第2款对检察机关的酌定不起诉权作了规定，即"对于犯罪情节轻微，依照刑法规定不需要判处刑罚或者免除刑罚的，人民检察院可以作出不起诉决定"。可见，检察机关适用酌定不起诉时，应当具备以下三个条件：一是人民检察院认为犯罪嫌疑人的行为已经构成犯罪，应当负刑事责任，且不具有《刑事诉讼法》第15条规定的情形的。二是犯罪情节轻微。人民检察院审查确定犯罪情节是否轻微，不仅要看犯罪实施过程中的事实状况，即犯罪目的、犯罪手段、损害结果等，而且要看行为人犯罪前的一贯表现以及犯罪后的认罪表现等。三是依照刑法规定不需要判处刑罚或者免除刑罚。"不需要判处刑罚"，与我国《刑法》第37条的规定"对于犯罪情节轻微不需要判处刑罚的，可以免予刑事处罚"是一致的；而"免除刑罚"主要是指我国刑法中规定的可以免除刑罚的情况。

酌定不起诉中的"免除刑罚"与绝对不起诉中"其他法律规定免予追究刑事责任"是有原则区别的，前者是在构成犯罪的情况下，因为出现了法律规定的情形，才能免予刑事处罚；而后者是不构成犯罪，所以不应追究刑事责任。具体来说，按照我国刑法规定，可以不需要判处刑罚或者免除处罚的情形主要包括以下几种：犯罪嫌疑人在中华人民共和国领域外犯罪，依照我国刑法应当负刑事责任，但是在外国已经受过刑事处罚的；犯罪嫌疑人又聋又哑，或者是盲人犯罪的；犯罪嫌疑人因防卫过当而犯罪的；犯罪嫌疑人因紧急避险超过必要限度而犯罪的；为犯罪准备工具，制造条件的；在犯罪过程中自动中止或者自动有效地阻止犯罪结果的发生的；被胁迫、诱骗参加犯罪的胁从人员；犯罪后自动投案，如实供述自己罪行的自首人员；犯罪后有重大立功表现的人员。

3. 存疑不起诉。人民检察院对于证据不足的案件，经过补充侦查，仍认为证据不足、不符合起诉条件的，依法作出不起诉的决定。有人又将其称为证据不足不起诉。我国《刑事诉讼法》第140条第4款对检察机关的存疑不起诉作了明确规定，即"对于补充侦查的案件，人民检察院仍然认为证据不足，不符合起诉条件的，可以作出不起诉的决定"。根据该条规定，检察机关在行使存疑不起诉权时，应当具备两个条件：第一，实体要件，即人民检察院认为证据不足，不符合起诉条件。如何理解"证据不足"是一个看似简单实际上却是十分复杂的问题，在我国《刑事诉讼法》中，证明标准对证据的要求是"确实、充分"。而证据要达到确实、充分，应当具备：据以定案的证据均已查证属实；案件事实均有必要的证据予以证明；证据之间、证据与案件事实之间的矛盾得到合理排除；对案件得出的结论是唯一的，即排除了其他可能性。如果出现《人民检察院刑事诉讼规则》第286条规定的情形之一的，则属于"证据不足"，即：（1）据以定罪的证据存在疑问，无法查证属实的；（2）犯罪构成要件事实缺乏必要证据予以证明的；（3）据以定罪的证据之间的矛盾不能合理排除的；（4）根据证据得出的结论具有其他可能性的。第二，程序要件，即要经过补充侦查程序。根据《刑事诉讼法》第140条规定，人民检察院在审查起诉中，发现案件证据不足时，不能立即作出不起诉决定，必须先退回公安机关补充侦查，也可以自行补充侦查。退回公安机关补充侦查以二次为限。补充侦查是存疑不起诉的法定条件。检察机关自行补充侦查，是指对一些次要的犯罪事实，情节不清，证据不足，使用一般调查手段可以查清的情形。对于主要犯罪事实不清，证据不足，或者遗漏罪行或者同案犯罪嫌疑人，补充侦查的工作量大，或者需要技术性较强的专门侦查手段才能查清的，则需要退回公安机关补充侦查。至于是退回一次还是两次，则由检察机关根据案件具体情况而定。此外，根据《人民检察院刑事诉讼规则》的规定，存疑不起诉必须经过检察委员会讨论后，才可以作出不起诉决定，这是由存疑不起诉的性质决定的。当然，作出存疑不起诉决定后，发现新的证据，如果认为符合起诉条件，构成犯罪，仍然可以追诉。

（四）出庭支持公诉

出庭支持公诉，是指检察机关提起公诉后，检察长或其他检察官以国家公诉人的身份出席法庭，根据事实和法律，支持检察机关对被告人的指控，要求法院依法对被告人处以刑罚的一项诉讼权能。根据《刑事诉讼法》和《人民检察院刑事诉讼规则》的有关规定，人民法院审判公诉案件，除适用简易程序的以外，人民检察院应当派员以国家公诉人的身份出席法庭支持公诉。国家公诉人应当由检察长、检察员或者经检察长批准代行检察员职务的助理检察员一人至数人担任。国家公诉人在法庭上的主要任务是：代表国家控诉犯罪，要求人民法院对被告人依法审判；通过讯问被告人、询问证人、参与法庭调查等，证实犯罪；通过法庭辩论全面阐述诉讼主张，促使法院依法判决；维护诉讼参与人包括被告人的合法权益。为了实现上述任务，公诉人要认真做好出庭前的准备，要进一步研究、掌握案情和证据。并根据案件有关情况制作出庭意见书，拟定答辩提纲等。在出席法庭过程中，要依法履行职权，包括宣读起诉书、在审判长的主持下进行证据调查、发表出庭意见、进行法庭辩论等。

公诉人在出席法庭支持公诉前，应当做好如下准备工作：（1）进一步熟悉案情，掌握证据情况；（2）深入研究与本案有关的法律政策问题；（3）充实审判中可能涉及的专业知识；（4）拟定讯问被告人，询问证人、鉴定人和宣读、出示、播放证据的计划并制订质证方案；（5）拟定公诉意见，准备辩论提纲。公诉人出席法庭后，在法庭上应当进行下列支持公诉活动：宣读起诉书；讯问被告人；询问证人、被害人、鉴定人；出示物证，宣读书证、未到庭证人的证言笔录、鉴定人的鉴定结论、勘验、检查笔录和其他作为证据的文书，向法庭提供作为证据的视听资料；可以逐一对正在调查的证据和案件情况发表意见；证据调查结束时，应当发表总结性意见。针对被告人、辩护人的辩护意见进行答辩，全面阐述公诉意见，反驳不正确的辩护意见，与被告人和辩护人进行辩论等。

（五）公诉变更

公诉变更，是指检察机关对于已经提起公诉的案件，在法院审判结束以前，如果发现案件事实、犯罪性质、指控的被告人等内容发生变化或有遗漏时，可以改变、撤回或追加控诉。可见，公诉变更包括公诉改变、公诉撤回和公诉追加三项权能。公诉变更是检察机关追求案件实体真实的客观要求，也是检察机关客观义务、起诉裁量主义的必然要求，因而成为刑事公诉的一项重要内容。

我国刑事诉讼法虽然没有明确规定公诉变更，但是，根据司法实践的需要，我国司法解释对检察机关的公诉变更作了全面系统的规定。例如《人民检察院刑事诉讼规则》第351条规定："在人民法院宣告判决前，人民检察院发现被告人的真实身份或者犯罪事实与起诉书中叙述的身份或者指控犯罪事实不符的，可以要求变更起诉；发现遗漏的同案犯罪嫌疑人或者罪行可以一并起诉和审理的，可以要求追加起诉；发现不存在犯罪事实、犯罪事实并非被告人所为或者不应当追究被告人刑事责任的，可以要求撤回起诉。"可见，该条规定了检察机关的公诉撤回、追加和变更。第352条规定："在法庭审理过程中，人民法院建议人民检察院补充侦查、补充或者变更起诉的，人民检察院应当审查有关理由，并作出是否退回补充侦查、补充或者变更起诉的决定。人民检察院不同意的，可以要求人民法院就起诉指控的犯罪事实依法作出裁判。"可见，人民法院不具有公诉变更权，只有建议权。第353条规定："变更、追加或者撤回起诉应当报经检察长或者检察委员会决定，并以书面方式在人民法院宣告判决前向人民法院提出。在法庭审理过程中，公诉人认为需要变更、追加或者撤回起诉的，应当要求休庭，并记明笔录。变更、追加起诉需要给予被告人、辩护人必要时间进行辩护准备的，公诉人可以建议合议庭延期审理。撤回起诉后，没有新的事实或者新的证据不得再行起诉。"第348条规定："法庭审理过程中遇有下列情形之一的，公诉人应当要求法庭延期审理：（一）发现事实不清、证据不足，或者遗漏罪行、遗漏同案犯罪嫌疑人，需要补充侦查或者补充提供证据的；（二）发现遗漏罪行或者遗漏同案犯罪嫌疑人，虽不需要补充侦查和补充提供证据，但需要提出追加或者变更起诉的；（三）需要通知开庭前未向人民法院提供名单的证人、鉴定人或者经人民法院通知而未到庭的证人出庭陈述的。"第349条第1款规定："法庭宣布延期审理后，人民检察院应当在补充侦查的期限内提请人民法院恢复法庭审理或者撤回起诉。"上述3条对检察机关行使公诉变更权的程序以及变更后的处理，作了具体规定。最高人民法院1998年6月29日颁布实施的《关于执行〈中华人民共和国刑事诉讼法〉若干问题的解释》（以下简称《高法解释》）第177条规定："在宣告判决前，人民检察院要求撤回起诉的，人民法院应当审查人民检察院撤回起诉的理由，并作出是否准许的裁定。"第178条规定："人民法院在审理中发现新的事实，可能影响定罪的，应当建议人民检察院补充或者变更起诉；人民检察院不同意的，人民法院应当就起诉指控的犯罪事实，依照本解释第一百七十六条的有关规定依法作出裁判。"第157条规定："在庭审过程中，公诉人发现案件需要补充侦查，提出延期审理建议的，合议庭应当同意。但是建议延期审理的次数不得超过两次。法庭宣布延期审理后，人民检察院在补充侦查的期限内没有提请人民法院恢复法庭审理的，人民法院应当决定按人民检察院撤诉处理。"可见，《高法解释》对检察机关的公诉变更权、法院的公诉变更建议权作了规定。

从上述我国司法解释的规定看，检察机关在公诉变更时，应当遵守以下条件：一是时间条件。即检察机关公诉变更时，必须是在提起公诉后至人民法院第一审判决宣告前。二是事实条件。根据检察机关行使不同的公诉变更权能，需要具备不同的事实条件。具体来说，检察机关撤回公诉时，应当具备下列事实条件之一：（1）不存在所指控的犯罪事实；（2）指控的犯罪事实并非被告人所为；（3）根据案件情况，不应当追究被告人的刑事责任。检察机关追加公诉时，应当具备下列事实条件之一：（1）遗漏了同案犯罪嫌疑人的；（2）遗漏了被告人的其他犯罪事实，并且所遗漏的犯罪事实可以一并审理的。检察机关变更公诉内容时，应当具备以下事实条件之一：（1）被告人的真实身份与起诉书中叙述的身份不符的；（2）犯罪事实与起诉书中叙述的指控犯罪事实不符的。三是程序条件。即检察机关行使公诉变更权时，应当符合一定的诉讼程序。根据《人民检察院刑事诉讼规则》第353条的规定，检察机关变更公诉，应当采取以下程序：（1）公诉人发现存在需要行使变更公诉的情形时，如果案件在法庭审理过程中，公诉人应当及时要求法庭休庭或者延期审理，并记明笔录；（2）公诉人必须将需要变更公诉的情况，报经检察长或者检察委员会审查决定；（3）以书面方式向人民法院提出具体变更的要求。此外，应当注意的是，检察机关在休庭情况下变更、追加起诉的，如果需要给予被告人、辩护人必要时间进行辩护准备的，公诉人可以建议合议庭延期审理。检察机关撤回起诉的，如果没有发现新的事实或者新的证据的，不得再行起诉。

（六）刑事抗诉

刑事抗诉，是指检察机关对于法院的刑事判决或裁定，如果认为确有错误时，要求其上级法院对案件进行重新审判的权能。一方面，刑事抗诉权基于刑事起诉权，具有行使诉权的性质，是对原公诉决定的继续支持，是公诉活动的延伸，而且同样具有启动法院审判程序的功能。另一方面，刑事抗诉又具有审判监督的性质，是人民检察院对人民法院审判活动的合法性以及审判结果的公正性的监督。与检察机关法律监督职权相关，检察机关的抗诉具有区别于被告人上诉的特殊性质和效力：一是检察机关的抗诉必须是因法院的原判决、裁定确有错误，且这种错误既可能有利于被告人，也可能不利于被告人。这种客观的诉讼立场，不同于诉讼当事人的立场，也正是检察机关法律监督职权的要求。二是检察机关的抗诉具有特殊的法律效力。人民检察院对于二审抗诉的案件，第二审人民法院应当开庭审理。对于被告人的上诉案件，人民法院可以不开庭审理。对于法院的终审判决，检察机关的抗诉，必然引起人民法院的再审程序。而被告人的申诉，只有经人民法院审查确有理由才能引起再审程序。

人民检察院提出刑事抗诉的理由，是指人民检察院要求人民法院对案件进行二审和再审的依据。《刑事诉讼法》第181条规定："地方各级人民检察院认为本级人民法院第一审的判决、裁定确有错误的时候，应当向上一级人民法院提出抗诉。"第205条第3款规定："最高人民检察院对各级人民法院已经发生法律效力的判决和裁定，上级人民检察院对下级人民法院已经发生法律效力的判决和裁定，如果发现确有错误，有权按照审判监督程序向同级人民法院提出抗诉。"根据上述规定，人民检察院提出刑事抗诉的理由是：人民法院的刑事判决或裁定确有错误。这种"确有错误"一般是指实质性错误，即导致判决和裁定丧失客观公正性的错误。按照《刑事诉讼法》第189条、第191条、第204条和《人民检察院刑事诉讼规则》第397条和第406条的规定，法院判决、裁定确有错误的情形主要包括：（1）原判决、裁定认定的事实不清、证据不足的；（2）原判决、裁定定性错误的；（3）原判决、裁定适用法律错误的；（4）原判决、裁定量刑明显不当的；（5）原判决、裁定严重违反诉讼程序的；（6）审判人员在审理案件时有贪污、受贿、徇私舞弊、枉法裁判行为的。

根据《刑事诉讼法》的规定，人民检察院的刑事抗诉权包括两种：（1）对尚未生效的刑事判决、裁定的抗诉。人民检察院对于人民法院尚未发生法律效力的刑事第一审判决、裁定的抗诉。该抗诉可称为刑事上诉审抗诉或刑事二审抗诉。根据相关规定，人民检察院提出刑事二审抗诉的程序是：人民检察院接到人民法院第一审刑事判决、裁定后，或者收到被害人及其法定代理人的抗诉请求后，应当指定专人及时进行审查。对于符合抗诉条件的，承办人应当写出《刑事抗诉案件审查报告》，报检察长或者检察委员会决定。对于被害人及其法定代理人请求抗诉的，经审查决定后，应当填写《抗诉请求答复书》，在 5 日内答复请求人。决定抗诉的，必须在规定期限内制作《刑事抗诉书》，通过原审人民法院向上一级人民法院提出抗诉。上一级人民检察院在抗诉期间内，发现下级人民检察院应当提出抗诉而没有提出抗诉的案件，可以指令下级人民检察院依法提出抗诉。第二审人民法院发回原审人民法院重新按照第一审程序审判的案件，如果人民检察院认为重新审判的判决、裁定确有错误的，仍然可以按照第二审程序提出抗诉。（2）对生效的刑事判决、裁定的抗诉。人民检察院对于人民法院已经发生法律效力的刑事判决、裁定，依法享有的抗诉权能。该抗诉可称为刑事再审抗诉。根据《刑事诉讼法》的规定，最高人民检察院对各级人民法院的刑事生效判决和裁定，上级人民检察院对下级人民法院的刑事生效判决和裁定，发现确有错误，有权按照审判监督程序向同级人民法院提出刑事抗诉。下级人民检察院审查发现同级人民法院已经发生法律效力的刑事判决、裁定确有错误，应当抗诉的，无权提出刑事再审抗诉，但可以制作《提请抗诉报告书》，提请上级人民检察院提出刑事再审抗诉。人民检察院按照审判监督程序提出刑事抗诉的案件，人民法院经审理作出的刑事判决、裁定仍然确有错误的，如果案件是依照第一审程序审判的，同级人民检察院应当依法按照第二审程序向上一级人民法院提出刑事抗诉；如果案件是按照第二审程序审判的，上级人民检察院应当依法按照审判监督程序再次提出刑事抗诉。

第五节　对刑事诉讼的法律监督

　　对刑事诉讼的法律监督，就是人民检察院对执法、司法人员在刑事诉讼活动中是否存在违法行为进行法律监督的权能。由于人民检察院是我国法律统一正确实施的维护者，因而对刑事诉讼的法律监督就成为人民检察院的一项重要职权。我国《宪法》规定，人民检察院是国家的法律监督机关。《刑事诉讼法》第 8 条规定，人民检察院依法对刑事诉讼实行法律监督。这是我国刑事诉讼法确立的一项重要原则。检察机关对刑事诉讼的法律监督，是检察机关司法监督体系的一个重要组成部分。根据我国宪法和相关法律的规定，检察机关的法律监督既包括对刑事诉讼的法律监督，也包括对民事审判、行政诉讼的法律监督。因为这些监督都是针对司法活动进行的，所以有人称为司法监督。① 在检察机关司法监督体系中，对刑事诉讼的法律监督占有相当重要的地位。它伴随检察机关产生，并随着检察机关的发展而发展。它"既是教育全体公民严格遵守法律、预防犯罪的有力手段，又是消除司法腐败、保障刑事司法机关正确适用法律的重要环节"②。多年来的司法实践表明，检察机关依法履行对刑事诉讼的法律监督职权，对于保证刑事诉讼的顺利进行，保障国家刑罚权的正确实现，维护国家刑事法律的正确统一实施，实现社会公平正义，具有重要意义。人民检察院对刑事诉讼的法律监督，包括对公安机关、国家安全机关、人民法院、监狱、看守所执法、司法机关的刑事司法活动等的法律监督。在诉讼阶段上，人民检察院的法律监督贯穿于刑事诉讼的始终，具体包括刑事立案监督、侦查活动监督、审判活动监督、刑罚执行活动和看守所监管活动监督等。

一、刑事立案监督

刑事立案监督，是指人民检察院对刑事立案主体的立案活动是否合法所进行的法律监督。刑事立案监督制度的确立，是我国刑事诉讼法律监督制度进一步完善的标志。它使人民检察院对公安机关等刑事立案主体的刑事立案活动进行监督有了充分的法律依据，使我国的刑事诉讼从立案到执行整个诉讼过程全面置于法律监督的范围之内，因而也促进了我国检察机关法律监督体系的进一步完善。根据《刑事诉讼法》的规定，刑事立案是刑事诉讼的起始，是独立的诉讼阶段，是关系到刑事案件能否依法进入刑事诉讼的关键环节。对刑事立案活动进行监督，对于解决司法实践中有案不立、有罪不究、以罚代刑或者利用刑事手段非法插手民事、经济纠纷等现象，纠正打击不力，发

---

① 参见童建明："关于我国检察机关法律监督问题的若干思考"，载《检察论丛》第一卷，法律出版社 2000 年版，第 81 页。

② 张穹："刑事法律监督是中国刑事法制建设的重要保障"，载《检察论丛》第一卷，法律出版社 2000 年版，第 197 页。

现和惩治司法人员徇私舞弊犯罪，维护国家法律的尊严，保障当事人的合法权益具有重要意义。

《刑事诉讼法》第87条规定："人民检察院认为公安机关对应当立案侦查的案件而不立案侦查，或者被害人认为公安机关对应当立案侦查的案件而不立案侦查，向人民检察院提出的，人民检察院应当要求公安机关说明不立案的理由。人民检察院认为公安机关说明的不立案理由不能成立的，应当通知公安机关立案，公安机关接到通知后应当立案。"这是人民检察院对刑事立案活动行使法律监督权的基本依据。根据该规定，最高人民法院、最高人民检察院、公安部、国家安全部、司法部、全国人大常委会法制工作委员会《关于〈中华人民共和国刑事诉讼法〉实施中若干问题的规定》（以下简称《六机关规定》）、《人民检察院刑事诉讼规则》等，又对人民检察院对刑事立案活动行使法律监督权作出了进一步明确的规定。

根据《刑事诉讼法》和《人民检察院刑事诉讼规则》，人民检察院履行刑事立案监督职权主要包括以下几方面的内容：

1. 对公安机关应当立案侦查而不立案侦查的案件进行法律监督。根据《刑事诉讼法》第83条、第86条的规定，公安机关应当立案的案件包括以下三种情况：一是公安机关发现犯罪事实；二是公安机关发现犯罪嫌疑人；三是公安机关对于报案、控告、举报和自首的材料，经审查认为有犯罪事实，需要追究刑事责任。对于符合上述三种情形之一，公安机关决定不立案的，即属于公安机关应当立案侦查而不立案侦查的案件。对于公安机关作出的不立案决定，人民检察院应当进行法律监督。

2. 对公安机关不应当立案侦查而立案侦查的案件进行法律监督。根据《刑事诉讼法》第8条关于人民检察院对刑事诉讼实行法律监督的精神，为了进一步完善刑事立案监督制度，全面保障刑事立案活动的合法性，《人民检察院刑事诉讼规则》第378条规定，对于公安机关不应当立案侦查而立案侦查的，人民检察院应当向公安机关提出纠正意见。因此，公安机关对不符合《刑事诉讼法》规定的立案条件的案件立案侦查的，也属于人民检察院刑事立案监督的范围。

3. 对人民检察院职务犯罪侦查部门应当立案侦查而不报请立案

侦查的案件进行内部制约。人民检察院侦查部门对于发现或者受理的案件线索，符合《刑事诉讼法》规定的立案条件，但是不报请检察长决定立案侦查的案件，人民检察院侦查部门或者公诉部门应当依法进行内部制约。根据《人民检察院刑事诉讼规则》第 379 条规定，人民检察院侦查监督部门或者公诉部门发现本院侦查部门对应当立案侦查的案件不报请立案侦查的，应当建议侦查部门报请立案侦查；建议不被采纳的，应当报请检察长决定。对此类案件进行内部制约，是刑事立案监督职能在人民检察院内部的一种体现，也是全面保证刑事立案活动合法性的必然要求。人民检察院立案侦查的案件，主要是国家工作人员利用职权实施的犯罪案件，此类案件在刑事诉讼中占有重要地位。只有对此类案件的立案实行监督制约，才能保证整个刑事立案活动的合法性、准确性、及时性。

人民检察院行使刑事立案监督权时，应当遵循以下法律程序：

1. 受理刑事立案监督案件。人民检察院受理刑事立案监督案件，主要通过以下三种形式：一是受理被害人的申诉。这是人民检察院发现刑事立案监督案件线索的重要途径。根据《刑事诉讼法》及《人民检察院刑事诉讼规则》的规定，被害人认为公安机关应当立案侦查的案件而不立案侦查，向人民检察院提出申诉的，人民检察院应当受理。二是受理其他报案人、控告人、举报人的报案、控告和举报等。三是人民检察院在履行职权中发现刑事立案监督案件线索。

2. 对刑事立案监督案件进行审查。人民检察院受理刑事立案监督案件后，应当指定专人进行审查。在审查时，可以要求被害人提供有关案件材料，如认为公安机关应当立案的事实证据材料、公安机关决定不立案的材料等。必要时，人民检察院也可以进行调查。

3. 要求公安机关说明不立案理由。对于被害人认为公安机关应当立案侦查的案件而不立案侦查，向人民检察院提出申诉的，人民检察院经审查，认为需要公安机关说明不立案理由的，应当报请检察长批准，要求公安机关说明不立案理由；对于检察机关发现或者其他报案人、控告人、举报人的报案、控告和举报的刑事立案监督案件，人民检察院经审查，认为需要通知公安机关说明不立案理由的，由承办人提出意见，经部门负责人审核后，报检察长批准，要求公安机关于

7 日内书面说明不立案理由。

　　4. 通知公安机关立案侦查。人民检察院要求公安机关说明不立案理由的案件，公安机关说明不立案理由后，人民检察院应当对不立案理由进行审查。经审查，认为公安机关说明的不立案理由不能成立的，应当通知公安机关立案侦查。公安机关说明的不立案理由成立的，人民检察院应当把审查结果通知被害人，同时还应当把同意公安机关不立案理由的意见通知公安机关。

　　对于公安机关不应当立案而立案侦查的案件，人民检察院经审查，认为确实不符合《刑事诉讼法》规定的立案条件的，应当向公安机关提出纠正违法意见。

　　对于人民检察院侦查部门应当报请立案侦查的案件而不报请立案侦查的，人民检察院侦查监督部门应当指定专人进行审查。承办人提出审查意见后，报部门负责人审核。部门负责人同意承办人提出的应当立案侦查的意见的，应当建议侦查部门立案侦查；建议不被采纳的，应当报请检察长决定。

二、侦查活动监督

　　侦查活动监督，是指人民检察院对公安机关等侦查机关的侦查活动是否合法所进行的法律监督。这一职权对于及时发现并纠正侦查活动中的违法行为，保护当事人的合法权益，准确及时地追诉犯罪，保证刑事诉讼活动的顺利进行，促进侦查人员严格执法，具有重要意义。

　　根据《刑事诉讼法》和《人民检察院刑事诉讼规则》的规定，人民检察院侦查活动监督的内容主要包括对侦查机关进行的专门调查活动以及采取的强制性侦查措施包括强制措施是否合法所进行的法律监督。实践中，人民检察院主要通过以下方式进行侦查活动监督：

　　1. 审查批准延长侦查羁押期限。根据《刑事诉讼法》的规定，审查批准延长侦查羁押期限是指人民检察院对于公安机关提请批准延长侦查羁押期限的案件或者人民检察院直接立案侦查并需要延长羁押期限的案件进行审查，依法决定批准或者不予批准延长羁押期限的诉讼活动。这是人民检察院侦查活动监督的重要手段之一。人民检察院依法审批延长羁押案件，对于有效防止逮捕后侦查期间的超期羁押，保障犯罪嫌疑人的合法权益，提高侦查效能和诉讼效率，及时发现和纠正侦查活动中的违法行为具有重要意义。

根据《刑事诉讼法》第124条的规定，对犯罪嫌疑人逮捕后的侦查羁押期限不得超过2个月。对于案情复杂、侦查期限届满不能侦查终结的案件，经上一级人民检察院批准，可以延长1个月的侦查羁押期限。根据《刑事诉讼法》第126条的规定，对于交通十分不便的边远地区的重大复杂案件、重大的犯罪集团案件、流窜作案的重大复杂案件、犯罪涉及面广且取证困难的重大复杂案件，在《刑事诉讼法》第124条规定的期限届满不能侦查终结的，经省、自治区、直辖市人民检察院批准或者决定，可以延长2个月。根据《刑事诉讼法》第127条的规定，对于犯罪嫌疑人可能判处10年有期徒刑以上刑罚，依照《刑事诉讼法》第126条的规定延长期限届满，仍不能侦查终结的，经省、自治区、直辖市人民检察院批准或者决定，可以再延长2个月。

2. 对看守所监管犯罪嫌疑人活动的监督。根据《中华人民共和国看守所条例》的规定，人民检察院对看守所监管犯罪嫌疑人活动的监督，主要有以下两个方面的内容：一是监督对犯罪嫌疑人的羁押是否合法，包括对被拘留、逮捕的犯罪嫌疑人的羁押是否符合法律规定的条件和程序，羁押期限是否符合法律规定等；二是监督看守所的监管活动是否合法，包括对犯罪嫌疑人的收押、警戒、看守、提讯、押解、生活、会见、通讯、教育、奖惩以及出所等是否符合有关规定。人民检察院依法对看守所监管犯罪嫌疑人活动进行监督，对于保护公民不受非法拘禁，保障被羁押的犯罪嫌疑人的合法权利，保障刑事诉讼的顺利进行都具有重要意义。

3. 监督纠正侦查活动中的违法行为。人民检察院监督侦查活动的重点是发现和纠正以下违法行为：（1）对犯罪嫌疑人刑讯逼供、诱供的；（2）对被害人、证人以体罚、威胁、诱骗等非法手段收集证据的；（3）伪造、隐匿、销毁、调换或者私自涂改证据的；（4）徇私舞弊，放纵、包庇犯罪分子的；（5）有意制造冤、假、错案的；（6）在侦查活动中利用职务之便谋取非法利益的；（7）在侦查过程中不应当撤案而撤案的；（8）贪污、挪用、调换所扣押、冻结的款物及其孳息的；（9）违反《刑事诉讼法》关于决定、执行、变更、撤销强制措施规定的；（10）违反羁押和办案期限规定的；（11）其他违反《刑事诉讼法》规定的行为。

根据《刑事诉讼法》和《人民检察院刑事诉讼规则》的规定，人民检察院在侦查活动监督工作中，可以通过以下途径及时发现侦查活动中的违法行为：（1）办理审查批准逮捕、审查起诉案件。人民检察院在办理审查批准逮捕、审查起诉案件时，通过讯问犯罪嫌疑人、询问证人、审查案卷材料等方式，可以有效地发现侦查活动中的违法行为。（2）介入公安机关侦查活动。如参与公安机关对重大案件的讨论，参与复验、复查等。（3）受理有关控告、检举、申诉。人民检察院应当积极受理并认真审查诉讼参与人以及其他相关人员的控告、申诉、检举等，从中发现侦查活动中是否存在违法行为。（4）对批准逮捕、不批准逮捕等决定的执行情况进行跟踪监督，发现侦查活动中的违法行为。

对于侦查活动中的违法行为，人民检察院应当通过以下方式予以纠正：（1）口头通知纠正。人民检察院对于侦查活动中存在的情节较轻的违法行为，可以由检察人员通过口头方式予以纠正。（2）发出纠正违法通知书。人民检察院对于侦查机关情节较重的违法行为应当以书面形式要求纠正。如对于严重违反诉讼程序，可能导致错误追究或者放纵犯罪的；多次口头纠正仍不改正等情形。人民检察院发出纠正违法通知书，应当经过检察长批准。（3）追究刑事责任。对于侦查中违法行为情节严重，构成犯罪的，应当立案侦查。对于不属于检察机关管辖的，应当移送有管辖权的机关处理。

对于人民检察院侦查部门侦查活动中的违法行为，情节较轻的，侦查监督部门或者公诉部门可以直接向侦查部门提出纠正意见；情节较重或者构成犯罪，需要追究刑事责任的，应当报告检察长决定。

三、刑事审判活动监督

刑事审判活动监督，是指人民检察院对于人民法院刑事审判活动是否符合法律规定所进行的法律监督。我国《人民检察院组织法》

第 5 条规定，人民检察院对于人民法院的审判活动是否合法，实行监督。《刑事诉讼法》第 169 条规定，人民检察院发现人民法院审理案件违反法律规定的诉讼程序，有权向人民法院提出纠正意见。这是人民检察院对刑事审判活动行使监督权的具体法律根据。

人民检察院对人民法院刑事审判活动进行监督，从程序上看，包括对一审、二审、再审和死刑复核活动的监督。从案件性质上看，不仅包括刑事公诉案件，而且还应包括刑事自诉案件和刑事附带民事诉讼案件的审判活动。

人民检察院对刑事审判活动进行监督的主要内容包括：（1）人民法院对刑事案件的受理是否合法；（2）人民法院对刑事案件的管辖是否合法；（3）人民法院审理刑事案件是否违反了法定的审理和送达期限；（4）人民法院审判组织的组成是否合法；（5）在法庭审理时是否违反法定程序；（6）是否存在侵犯当事人和其他诉讼参与人诉讼权利或者其他合法权利的行为；（7）法庭审理中对有关回避、强制措施、调查、延期审理等程序问题所作的决定是否符合法律规定；（8）审判人员是否存在徇私枉法行为；（9）是否存在其他违反法律规定的行为。

人民检察院对刑事审判活动进行监督，主要通过以下四种途径发现违法行为：一是出席法庭。即人民检察院通过派员出席法院的庭审活动，发现是否存在违法行为。二是受理申诉、控告和进行必要的调查。包括受理诉讼参与人及其他相关人员的申诉、控告、检举，处理人民群众来信来访，讯问被告人，询问证人等。三是列席审判委员会会议。四是审查判决、裁定。不公正的判决、裁定背后可能隐藏着审判人员的违法行为。

对于人民法院审判活动中的违法行为，人民检察院根据不同情况，可以采取以下几种方式进行纠正：（1）向人民法院发出《纠正违法通知书》；（2）对人民法院审判活动中出现的一般不规范行为，可以通过检察建议的方式予以纠正；（3）对违反法定程序可能影响公正的判决、裁定提出抗诉；（4）对在审判活动中徇私舞弊、枉法裁判，构成犯罪的审判人员，依法立案侦查。

四、刑罚执行监督

刑罚执行监督，是指人民检察院对刑罚执行机关执行人民法院已经发生法律效力的刑事判决、裁定的活动所进行的法律监督。《监狱法》第6条规定："人民检察院对监狱执行刑罚的活动是否合法，依法实行监督。"《刑事诉讼法》第224条规定："人民检察院对执行机关执行刑罚的活动是否合法实行监督。如果发现有违法的情况，应当通知执行机关纠正。"这是人民检察院履行刑罚执行监督职权的法律依据。人民检察院对刑罚执行活动进行法律监督，对于依法惩治犯罪，实现刑事诉讼的任务和国家刑罚权，具有重要意义。

由于人民法院发生法律效力的刑事判决、裁定的刑罚种类不同，刑罚执行机关也不相同。根据法律规定，人民法院负责死刑、罚金刑、没收财产刑的执行；公安机关负责管制、拘役、缓刑、假释、监外执行等的执行；监狱负责有期徒刑、无期徒刑、死刑缓期执行的执行；看守所负责1年以下或者余刑1年以下的有期徒刑的执行；拘役所负责拘役的执行。因此，人民检察院对刑罚执行行使法律监督权的对象，包括人民法院、公安机关、监狱、看守所、拘役所等所有行使刑罚执行权的机关；监督的内容，包括所有主刑、附加刑的执行。

1. 对死刑判决执行的监督。根据有关法律规定，人民检察院对死刑判决的执行活动进行法律监督时，主要监督以下内容：（1）对死刑立即执行的临场监督。根据《刑事诉讼法》第212条的规定，人民法院在交付执行死刑前，应当通知同级人民检察院派员临场监督。检察机关派员临场监督的内容包括：执行死刑立即执行的程序是否合法，手续是否完备；指挥执行的审判人员在交付执行前是否对罪犯验明正身，是否讯问有无遗言、信札等，以防止错杀、误杀；有无应当停止执行死刑的情形；死刑的执行方法、场所是否合法；死刑执行后，是否查明罪犯已经死亡，交付执行的人民法院是否通知罪犯家属等。检察人员发现人民法院在执行死刑过程中存在违法行为的，应当及时提出纠正意见。对于临场监督执行情况，要制作笔录存档。（2）对死刑缓期执行的监督。人民检察院对死刑缓期执行活动监督的主要内容包括：人民法院是否将被判处死刑缓期执行的罪犯交付监狱执行刑罚；对在死刑缓期执行期间又故意犯罪的罪犯，人民法院是否依法核准或者裁定执行死刑；执行机关是否依照法定的条件和程序，按期提出对死刑缓期执行罪犯的减刑意见，有权裁定减刑的人民法院是否依法裁定减刑等。

2. 对监管场所执行刑罚活动的监督。这里的监管场所主要包括监狱、未成年犯管教所、看守所、拘役所等。人民检察院对监管场所执行刑罚行使监督权，主要监督以下内容：（1）对刑罚交付执行的监督。包括监督交付执行的刑罚是否为已经发生法律效力的判决、裁定确定的刑罚；是否及时将已经发生法律效力的刑事判决、裁定交付执行；交付执行时，法律文书、手续是否齐全；刑罚执行机关是否依法收押罪犯等。（2）对刑罚变更执行的监督。根据《刑法》、《刑事诉讼法》的规定，刑罚的变更执行包括减刑、假释、暂予监外执行三种。对减刑、假释、暂予监外执行的监督，包括这些刑罚变更是否符合法定条件和程序，变更后的刑罚执行是否符合法律的规定等。（3）对刑罚终止执行的监督。根据我国法律规定，终止刑罚执行有四种情形，即罪犯刑期已满；法院依法决定释放；特赦；被执行刑罚的罪犯已经死亡。人民检察院对刑罚终止的监督，包括监督终止执行的情形是否符合法律规定；执行机关是否及时依法释放罪犯并发给释放证明；对执行刑罚中罪犯死亡的处理是否合法等。（4）监督对服刑罪犯提出的申诉、控告、检举的处理是否合法。我国法律规定，罪犯有权就执行机关侵犯自己合法权利的行为提出申诉、控告和检举，同时对如何处理这些问题有明确规定。人民检察院要监督刑罚执行机关是否依法保护了罪犯的上述权利以及对罪犯的申诉、控告和检举的处理是否及时、合法等。同时，人民检察院还要依法办理属于自己管辖的申诉、控告和检举。（5）对监狱监管和改造罪犯的活动是否合法进行监督。

3. 对在社会上执行刑事判决、裁定活动的监督。人民检察院依法应当对公安机关执行管制、剥夺政治权利、缓刑、假释和暂予监外执行的活动是否合法进行法律监督。对管制刑的监督，主要监督被判处管制刑的罪犯是否被及时交付执行，公安机关的监管措施是否落实等。对剥夺政治权利的监督，主要监督公安机关的监督考察措施是否落实，应当剥夺的权利是否被剥夺等。对被缓刑、假释的罪犯的监督，主要监督公安机关对被宣告缓刑或裁定假释的罪犯是否依法进行监督考察，以及当缓刑或假释的考验期满或者出现应当撤销缓刑、假释的法定情形时，是否依法及时作出处理，要特别防止对上述罪犯脱管、漏管。对被批准暂予监外执行的监督，主要监督批准暂予监外执行的机关的批准是否合理。人民检察院认为暂予监外执行不当的，应当自接到通知之日起1个月以内将书面意见送交批准暂予监外执行的机关，批准暂予监外执行的机关接到人民检察院的书面意见后，应当立即对该决定进行重新核查。

人民检察院履行刑罚执行监督职权的方法，主要包括对违法行为进行调查和以口头或书面形式提出纠正意见等，其中，经审查认为对罪犯暂予监外执行不当的，应当在接到批准暂予监外执行决定书之日起1个月内向批准机关书面提出纠正意见；认为对罪犯减刑、假释不当的，应当在收到裁定书副本之日起20日内向人民法院书面提出纠正意见。批准机关和人民法院应当重新进行审理和裁定。对于在刑罚执行过程中发生的贪污、受贿、侵权、渎职等属于检察机关管辖的犯罪案件，人民检察院应当依法立案侦查，追究行为人的刑事责任。

第六节　对民事审判和行政诉讼活动的法律监督

对民事审判、行政诉讼活动的法律监督，是指人民检察院为了保证民事案件公正审判和行政诉讼依法进行所进行的法律监督。我国《民事诉讼法》第14条规定："人民检察院有权对民事审判活动实行法律监督。"《行政诉讼法》第10条规定："人民检察院有权对行政诉讼实行法律监督。"《民事诉讼法》和《行政诉讼法》又分别规定，人民检察院对人民法院已经发生法律效力的判决、裁定，发现违反法律、法规规定的，有权按照审判监督程序提出抗诉。这些是人民检察院对民事审判活动和行政诉讼活动进行法律监督的法律依据。

一、对民事审判和行政诉讼活动进行法律监督的必要性

近年来，学术界和司法实务部门就完善民事审判、行政诉讼监督

制度提出了不少好的建议。但也有一些学者认为，民事审判监督制度存在一系列消极作用，主张从根本上废除这一制度。我们认为，对现行法律确立的检察监督制度要一分为二地评价，既要看到这一制度还不尽科学，相关立法还不够完善，也要看到它对于促进审判权的正确行使，保障公民、法人和其他组织的合法权益，维护司法公正，发挥着积极作用。片面强调这一制度的缺陷，不是马克思主义的科学态度，也不符合司法工作实际。无论从实践还是理论的角度分析，都应该在坚持这一制度合理内容的基础上，加以改革和完善。

第一，裁判不公现象的存在，决定了对民事审判、行政诉讼加强外部监督的必要性和重要性。"不受监督的权力必然产生腐败"，审判权也不例外。对这个问题，一些学者主张通过提高法官素质，强化法官职业自律，完善上下级法院的审级监督等方式来解决。但是，不论审判程序如何完善，仅靠自律和内部监督是难以保证审判公正的。实践中，相当一部分错案是一些法官不遵守职业道德、故意违背事实和法律，甚至收受贿赂、徇私舞弊、枉法裁判造成的，一些错案经过两审乃至多次审理仍得不到改判，说明内部制约、上下级之间的监督作用是有一定局限性的，外部监督是十分必要的。

第二，检察机关对民事审判、行政诉讼的监督，对于维护司法公正是必要的和有效的。民事审判、行政诉讼具有专业性强的特点，因此对民事审判、行政诉讼活动的监督也需要由专门机关和专门人员来进行。由检察机关对民事审判、行政诉讼进行专门的监督，既符合检察机关的性质和职能，也是增强监督效力的重要保障。据检察机关的统计，1997年至2002年，在人民法院再审审结民事抗诉案件中，以改判，调解，撤销原判、发回重审等方式变更原裁判的占78%。这一数字说明，检察机关的法律监督，对于维护司法公正，保障公民、法人和其他组织的合法权益，具有积极的作用。虽然审判工作还要接受人大监督、群众监督、舆论监督以及其他形式的监督，但这些监督不具有专门性，且对个案没有法律效力。因此，完善和加强检察机关对民事审判、行政诉讼活动的监督，是保障司法公正的必然要求。

第三，检察机关受理民事、行政申诉案件，是对民事审判、行政诉讼进行监督的必要措施。如果检察机关不能受理民事、行政申诉案件，仅赋予当事人向人民法院申请再审的权利，就不能有效地保障审判公正。当事人向人民法院申请再审的权利不论如何扩大，都不可能具有启动再审的当然法律效力，是否再审仍然要由法院裁定。而法院出于自身权威的考虑，难免会对再审程序的启动进行限制。在长期的实践中，检察机关受理的民事、行政申诉案件，绝大多数是当事人向法院申诉未果才向检察机关申诉的，检察机关的抗诉已成为当事人寻求司法公正的重要渠道。如果不允许检察机关受理民事、行政申诉案件，甚至取消检察机关对民事、行政裁判的抗诉权，将使相当一部分民事、行政错案丧失被纠正的可能，也就无法保护涉案公民、法人和其他组织的合法权益。

第四，民事抗诉制度体现的对民事审判进行监督的基本内涵是合理的。司法改革研究中，有的学者对民事抗诉制度提出种种质疑或责难，其中一些观点是值得探讨的。

一是有人认为检察机关通过抗诉对民事审判进行监督，是国家公权力对私权的干预，破坏了民事诉讼当事人平等原则，损害了诉讼结构的平衡。我们认为，民事纠纷虽然是平等主体之间财产关系和人身关系的争议，但当事人提起诉讼本身就是要求国家公权力对民事纠纷进行强制性干预，人民法院的审判活动也体现了国家公权力的直接介入。因此，片面强调国家公权力对私权不应干预的观点是不能成立的。在裁判明显不公的情况下，当事人的权利因审判权的错误行使而受到侵害，使得法律监督权的介入成为必要。检察机关之所以提出抗诉，并不是站在当事人一方反对另一方，而是出于维护司法公正，在一方当事人的诉讼权利或实体权利受到侵犯，诉讼中的平等地位和权利没有依法得到审判机关保障的前提下，启动再审程序，促使当事人的平等地位和权利依法得到保障。从这个角度看，民事抗诉起到了使失去平衡的诉讼结构恢复平衡的作用。法律规定抗诉制度的目的是为了监督和保障人民法院依法公正行使审判权，检察机关针对具体案件行使抗诉权的结果可能有利于一方当事人，但不能由此认为检察机关代表一方当事人的利益，正如不能因为民事裁判客观上对一方当事人有利，就认为法院代表一方当事人利益一样。检察机关的抗诉，始终针对的是人民法院民事审判活动的合法性，针对的是审判权这一公权力。

二是有人认为抗诉将中止生效裁判的效力，从而损害裁判的既判力和稳定性。维护裁判的既判力和稳定性是必要的，但就每一个具体裁判而言，既判力和稳定性都不应该绝对化。对于一个明显错误的裁判，如果不及时中止其效力，只会扩大对当事人合法权益的损害，有时这种损害是无法弥补的。我们不能片面地强调裁判的既判力和稳定性，放任裁判错误而不纠正，走向"有错不纠"的极端。实际上，检察机关在监督工作中比较重视维护裁判的稳定性，对错误不明显或生效时间长的裁判一般不提出抗诉。即使检察机关提出抗诉的案件，只要法院及时审结，裁判效力待定的状态将随之消除。实践中，法院审理民事抗诉案件周期长的问题突出，有的长达数年之久，这也是导致民事裁判的效力长时间处于不定状态的一个重要原因。

三是有人认为民事裁判认定事实和适用法律具有不确定性，民事抗诉违反这一诉讼原理，陷入了一个案件只有唯一正确答案的错误理念。我们认为，尽管一些民事案件并非只有一个公正、合理的解决方式，某些案件的事实囿于客观因素可能一时查不清，但不能夸大人类认识能力的相对性和民事诉讼的特殊性，不能认为是与非、对与错、合法与违法的界限无法区分，也不能认为民事裁判公正与否没有一个明确的判断标准，否则第二审程序就没有存在的必要了。检察机关提出民事抗诉，并不是追求唯一正确的裁判，而是要监督纠正那些确有明显错误的裁判。以民事裁判认定事实和适用法律具有不确定性为理由，否定对错误民事裁判予以抗诉和纠正的必要性，实质上是主张不可知论，以认识的局限性来否定人对事物的认识能力，也违背了实事求是的思想路线。

四是有人认为审判独立本身隐含着司法公正，检察机关的抗诉会损害审判独立，影响法院作出公正裁判。我们认为，审判独立是实现审判公正的一个必要条件，但仅有审判独立并不必然带来裁判公正，审判独立不能被绝对化。事实上，检察机关的抗诉只具有启动再审程序的效力，案件的实体问题仍需要由法院裁判。抗诉制度的设计体现了国家公权力之间的制约关系，这种监督针对的是裁判不公问题，从根本上有利于促进人民法院公正裁判，也有利于提高法官队伍的整体素质和执法水平。

五是有人认为抗诉降低了诉讼效率，提高了诉讼成本，浪费了司法资源。我们认为，目前司法工作中确实存在效率低下的问题，但损害司法效率的原因是多方面的，不能归咎于检察机关的抗诉。最高人民法院的调查结果显示，1999 年和 2002 年，民事抗诉案件占法院全部再审案件的比例分别为 13.1% 和 24.6%。可见，民事案件进入再审程序的主要途径是法院决定的，而且法院对抗诉案件久拖不决的问题突出，如果说民事案件的再审降低了诉讼效率，其主要原因亦在于审判自身。现代司法应当兼顾公正和效率，但社会主义司法制度首先必须保障在全社会实现公平与正义，这是第一位的价值目标。司法工作不能不讲效率，但离开了公正，效率再高也是没有意义的。不公正的裁判不但不能及时解决纠纷，反而会导致当事人缠诉不止，诱发反社会的情绪和行为，既浪费司法资源，也影响社会稳定。因此，我国的司法工作应当坚持公正为先、兼顾效率，绝不能盲目追求效率。对裁判提出抗诉，案件必须再审，当然影响效率。但对严重损害公民、法人合法权益的不公正裁判，如果为追求高效而概不纠正，何谈公平和正义？

六是有人认为民事抗诉制度无视当事人对权利的自由处分权，违背当事人处分原则。我们认为，检察机关通过抗诉启动再审程序与当事人自由处分权利的原则并不矛盾，抗诉既不影响当事人处分其实体权利，也不影响其处分诉讼权利。早在 1991 年，最高人民检察院就作出司法解释，要求各级人民检察院把行使民事抗诉权与保障当事人申诉权有机结合起来。实践中，对于不涉及国家利益和社会公共利益的民事裁判，即使确有错误，只要当事人没有申诉，检察机关一般不依职权提出抗诉。几乎所有的民事抗诉决定都是依据当事人的申诉作出的，不存在破坏当事人自由处分原则的问题。

七是有人认为民事抗诉体现了对审判的不信任，不利于树立审判权威。我们认为，一方面，审判的权威并不能因其终局性而自然产生，而必须建立在审判公正的基础上。没有公正就谈不上什么权威，脱离公正的权威是没有生命力的。检察机关通过抗诉监督纠正错误裁判，可以增强法官的责任感，促使法院正确行使审判权，不断提高审判质量,从根本上有利于提高人民法院的审判权威和公信力。同时,检察机关在工作中也应注意做好当事人的息诉工作,维护审判权威。人民法院要树立审判权威,提高审判信誉,关键在于不断改进审判工作,克服司法不公,提高审判质量。否定法律监督,允许不公正的裁判大量存在,不但损害审判权威,而且损害法制尊严。

综上,我们认为,我国民事审判监督制度的基本内涵是合理的。当然,对于现行的民事审判监督制度存在的问题也不容忽视,特别是在进一步深化司法体制改革的今天,民事审判监督制度也需要进一步改革和完善。检察机关对民事案件的抗诉不同于对刑事案件的抗诉。刑事公诉案件是由检察机关提起的,检察机关是行使公诉权的一方,而民事案件是由当事人提起的,当事人双方是平等的诉讼主体。作为法律监督机关,检察机关介入民事诉讼的目的是监督法院的审判活动,抗诉的目的是启动上级法院审级监督以维护司法公正,而不是作为行使诉权的一方或者代表一方当事人进行诉讼,更不是参与对当事人诉讼内容的处理。因此,检察机关行使抗诉权,重在启动法院再审程序。为了更准确地体现检察机关对民事诉讼进行抗诉监督的目的,我们主张将现行的抗诉制度改革为提起再审制度,明确规定检察机关提起再审的案件,其同级人民法院应当在法定期限内进行再审并依法作出裁判。同时,建议取消人民检察院派员出席再审法庭的规定,以尽量体现民事诉讼由当事人对抗、人民法院居中裁判的特点。

二、对民事审判和行政诉讼法律监督的内容

根据《民事诉讼法》和《行政诉讼法》的规定,人民检察院对民事审判、行政诉讼法律监督主要包括两项内容:民事、行政案件抗诉和提出检察建议。

(一) 民事、行政案件抗诉

民事、行政案件抗诉,是指最高人民检察院对各级人民法院或者上级人民检察院对下级人民法院作出的生效民事、行政判决或裁定,享有提出抗诉的权力。《民事诉讼法》和《行政诉讼法》对人民检察院的民事、行政案件抗诉及其程序作了明确的规定。

1. 民事、行政案件抗诉的条件

根据《民事诉讼法》第 179 条和第 187 条的规定，最高人民检察院对各级人民法院已经发生法律效力的判决、裁定，上级人民检察院对下级人民法院已经发生法律效力的判决、裁定，发现有下列情形之一的，应当提出抗诉：（1）有新的证据，足以推翻原判决、裁定的；（2）原判决、裁定认定的基本事实缺乏证据证明的；（3）原判决、裁定认定事实的主要证据是伪造的；（4）原判决、裁定认定事实的主要证据未经质证的；（5）对审理案件需要的证据，当事人因客观原因不能自行收集，书面申请人民法院调查收集，人民法院未调查收集的；（6）原判决、裁定适用法律确有错误的；（7）违反法律规定，管辖错误的；（8）审判组织的组成不合法或者依法应当回避的审判人员没有回避的；（9）无诉讼行为能力人未经法定代理人代为诉讼或者应当参加诉讼的当事人，因不能归责于本人或者其诉讼代理人的事由，未参加诉讼的；（10）违反法律规定，剥夺当事人辩论权利的；（11）未经传票传唤，缺席判决的；（12）原判决、裁定遗漏或者超出诉讼请求的；（13）据以作出原判决、裁定的法律文书被撤销或者变更的；（14）对违反法定程序可能影响案件正确判决、裁定的情形，或者审判人员在审理该案件时有贪污受贿，徇私舞弊，枉法裁判行为的，人民法院应当再审。

根据《行政诉讼法》的规定，人民检察院对人民法院生效的行政裁判提起抗诉，应当符合以下条件：（1）原判决、裁定认定事实的主要证据不足。认定事实的主要证据不足，是指原判决、裁定认定的基本事实没有足够的证据支持，因而使案件事实无法成立。（2）原生效行政判决、裁定适用法律确有错误。这里的适用法律错误，是指判决、裁定适用法律的实体上、结果上的错误，是判决、裁定的实体处理违反了法律的规定。（3）审判违反法定程序，可能影响案件正确判决、裁定的。（4）审判人员在审理案件时有贪污受贿、徇私舞弊、枉法裁判行为的。

2. 民事、行政案件抗诉的程序

根据《民事诉讼法》和《行政诉讼法》的有关规定，人民检察院对民事、行政案件抗诉时，应当遵守以下法定程序：

一是受理民事、行政抗诉案件。在检察实践中，人民检察院受理民事、行政抗诉案件的来源主要有：（1）当事人不服裁判而提出申诉；（2）公民、法人和其他组织检举；（3）国家权力机关、上级人民检察院交办；（4）其他组织转办；（5）人民检察院自行发现。人民检察院受理民事、行政抗诉案件，应根据法律规定确定管辖。我国《民事诉讼法》和《行政诉讼法》都规定，最高人民检察院对各级人民法院的生效民事、行政裁判，上级人民检察院对下级人民法院的生效民事、行政裁判，有权按照审判监督程序提出抗诉。因此，最高人民检察院对各级人民法院裁判的民事、行政案件，上级人民检察院对下级人民法院裁判的民事、行政案件是否抗诉有管辖权。而基层检察院没有抗诉权，但它有权对基层人民法院作出的一审生效裁判进行审查，发现生效裁判确有错误时，提请上级人民检察院抗诉。人民检察院受理民事、行政抗诉案件，需符合以下三个条件：第一，人民法院的民事、行政裁判已经发生法律效力；第二，有明确的申诉理由或检举事实，并书面提交抗诉申请或申诉书；第三，属于人民检察院管辖范围内的案件。

二是对民事、行政抗诉案件的立案审查。根据有关法律规定，当人民检察院对受理的民事、行政申诉案件进行初审后，认为法院作出的生效民事、行政裁判可能符合法定抗诉条件，应当作出立案决定，使案件进入实质性审查即立案审查的阶段。享有抗诉权的最高人民检察院和上级人民检察院具有立案审查权，而作出裁判法院的同级人民检察院根据《民事诉讼法》第187条与《行政诉讼法》第64条所赋予的提请抗诉权，也具有对同级法院生效民事裁判的立案审查权。人民检察院对民事、行政抗诉案件进行立案审查，应当围绕抗诉条件的四个方面进行，基本方式包括：（1）调阅民事、行政审判卷宗；（2）制作阅卷笔录；（3）询问当事人、证人；（4）勘验、鉴定。其中最重要的是书面阅卷审查。在实践中，是以书面审查法院审判案卷为主，辅之以必要的调查和鉴定。

三是出席民事、行政抗诉案件再审法庭。根据《民事诉讼法》和《行政诉讼法》的有关规定，人民检察院对民事、行政抗诉案件审查终结后，应根据案件的具体情况作出处理：对符合抗诉条件的，应依管辖权决定抗诉或提请上级检察机关抗诉；原裁判正确，应终止审查；原裁判存在某些问题，但不宜采用抗诉后再审的方式纠正错误，可以向原审人民法院提出检察建议；不属于人民检察院管辖范围的，应转交有关部门处理。

根据《民事诉讼法》的规定，人民检察院提出抗诉的法定后果是人民法院启动审判监督程序，对民事、行政抗诉进行再审。《民事诉讼法》第190条规定："人民检察院提出抗诉的案件，人民法院再审时，应当通知人民检察院派员出席法庭。"根据法律的规定及检察机关的职权，对于再审的民事、行政抗诉案件人民检察院应当派员出席法庭。派员出庭的检察人员，应当是国家法律监督机关的代表，其称谓是检察长或检察员。检察长、检察员出席法庭的任务是：宣读抗诉书；参加法庭调查；说明抗诉的根据和理由；对法庭审判活动是否合法实行监督。最近在司法体制改革论证中，有人提出为了改革和完善民事抗诉制度，建议将民事抗诉制度改革为提起再审制度。这种观点认为，检察机关对民事案件的抗诉不同于对刑事案件的抗诉。"诉"与"控告"、"诉讼请求"密切联系，因此，刑事诉讼中的抗诉制度是合理的；但在民事诉讼中，检察机关不是案件当事人，也没有提出诉讼请求，其介入诉讼的目的是促进法院公正审判，维护法律统一正确实施，直接法律效果是启动法院再审。为了更准确地体现检察机关对民事生效裁判进行监督的目的，建议在修改《民事诉讼法》时，将现行的抗诉制度改革为提起再审制度，并取消《民事诉讼法》第190条关于人民检察院派员出席再审法庭的规定，以体现民事诉讼由当事人对抗、人民法院居中裁判的特点。

（二）提出检察建议或纠正违法意见

提出检察建议或纠正违法意见，是指人民检察院发现人民法院民事、行政审判活动中存在违法情形时，向人民法院提出改正建议或纠正意见的法律监督措施。这是人民检察院依据《民事诉讼法》和《行政诉讼法》关于人民检察院对民事审判活动和行政诉讼活动实行法律监督的授权，在司法实践中，摸索而出的法律监督措施。其适用对象，既包括人民法院民事、行政审判活动中存在的违法行为，也包括人民法院民事、行政裁判中存在的违法问题。对于人民法院民事、行政审判活动中的违法行为，人民检察院可以向人民法院提出纠正意见；对于裁判中存在一定违法问题，但尚不需要依法提出抗诉的，可以向人民法院依法提出检察建议，促使其自行启动再审予以纠正。

第七节　法律赋予检察机关的其他职权

除上述的主要职权外，法律还赋予检察机关其他一些法律监督职权，主要有：特种案件检察，司法解释，对劳动教养机关活动的监督，参与社会治安综合治理、预防犯罪等职权。

一、特种案件检察

所谓特种案件检察，是指法律针对特定的重大犯罪案件，对检察机关作出的一项特别检察授权，也就是《人民检察院组织法》第5条第一项规定的对于叛国案、分裂国家案以及严重破坏国家的政策、法律、法令、政令统一实施的重大犯罪案件行使的检察权。这类案件不是通常可能发生的普通刑事犯罪或职务犯罪案件，而是在特定的政治条件下，由窃取党和国家重要权力的人进行阴谋叛国活动所为的特别重大的犯罪案件。检察机关对这类案件行使法律监督权，充分体现了我国检察机关的人民民主专政性质。由于这一监督权力针对的对象具有特定性和案情特别重大的特点，决定了其不可能是在一般情况下被经常行使的常规职权，而是检察机关基于法律监督职能留而备用的一项特别权力。1980年11月最高人民检察院组成特别检察厅，对林彪、江青反革命犯罪集团案件的10名主犯进行批捕、起诉和出庭支持公诉，就是依照这一法律授权开展的重要检察活动。

二、司法解释

司法解释，是指最高人民检察院对于检察机关在执法过程中，遇到适用法律的疑难问题时，依法享有对有关法律进行解释的权能。根据《人民检察院组织法》的规定，我国检察机关在开展法律监督工作中，遇到适用法律中的疑难问题或者对法律规定认识有分歧时，最高人民检察院有权对有关法律进行解释，以确保检察机关准确地适用法律，有效保障法律的统一正确实施。由于这种法律解释不同于国家立法机关的解释，而是同最高人民法院所作的法律解释一样，是在司法实践中、针对司法工作遇到的实际法律问题而作出的，属于司法权派生出来的权力，因而被统称为司法解释权。也有论著将最高人民检察院的司法解释权具体称为检察解释权。

由于法律的文字表述不可能穷尽不断发展变化着的社会现实中的一切问题，而且法律在实施中也会遇到对同一法律条文产生不同理解的问题，因而必然需要有权部门针对法律实施中的一些新情况、新问题，根据立法本意进行法律解释。在我国，对于法律的解释，最为权威的是全国人大常委会所作的立法解释。根据《立法法》第47条的规定，全国人大常委会的法律解释具有同法律同等的法律效力，亦即对我国全体公民、法人和其他组织具有普遍约束力，人民法院、人民检察院等在办案中必须遵照执行。但是，由于立法解释的启动和审议程序比较复杂，这决定了立法解释数量不可能多，解释的时机也往往比较滞后，不能充分满足人民法院进行审判工作和检察机关开展法律监督的实际需要，因此有必要赋予最高人民法院和最高人民检察院分别对于审判和检察工作中所遇到的法律问题进行司法解释。

最高人民检察院进行司法解释的法律依据是1981年6月10日第五届全国人民代表大会常务委员会第十九次会议通过的《全国人民代表大会常务委员会关于加强法律解释工作的决议》第2条之规定："凡属于法院审判工作中具体应用法律、法令的问题，由最高人民法院进行解释。凡属于检察院检察工作中具体应用法律、法令的问题，由最高人民检察院进行解释。最高人民法院和最高人民检察院的解释如果有原则性分歧，报请全国人民代表大会常务委员会解释或决定。"根据这一规定，最高人民检察院所作的关于检察工作中具体应用法律问题的解释，对于检察机关具有普遍的法律约束力，各级检察机关在检察工作中都要遵照执行；同时，其内容不因与最高人民法院的司法解释相矛盾而失去效力。

在理论研究中，有人对法律赋予最高人民检察院司法解释权提出异议，认为司法解释的权力应当统一由最高人民法院行使。如提出

"有必要逐步取消最高人民检察院制发刑法司法解释的权力,将刑法司法解释权统归最高人民法院行使"。① 我们认为,这种观点是不可取的。在我国,检察机关并非单纯的公诉机关,而是与人民法院具有同等宪法地位,并且要对法院审判工作实行监督的法律监督机关。一方面,检察机关行使法律监督职权必须严格、准确地依照法律进行,不能因为自身对于法律的理解有错误或者不统一而影响国家法律的统一正确实施。这就需要通过最高检察机关的司法解释权统一各级检察机关对法律的理解,以便其以具有法律约束力的司法解释来经常性和有针对性地指导各级检察机关正确依法履行职权。进行司法解释,是最高人民检察院领导各级人民检察院工作的主要方式之一。另一方面,作为法律监督机关,检察机关对于人民法院审判工作的监督,很重要的一个方面就是监督法院对于法律规定的适用是否正确,显然这种监督不可能也不应当完全以作为监督对象的法院对于法律的理解和解释为标准。如果检察机关完全以法院对于法律的解释为标准来适用法律、开展审判监督,那么这种监督在一定程度上就失去了其应有的意义。"最高人民检察院有权进行司法解释,这不仅不会使法律监督流于形式,反而会使法律监督得以强化。"② 所以,赋予最高人民检察院对于开展检察工作中具体应用法律问题的司法解释权是完全必要的。

至于最高人民检察院与最高人民法院在司法解释中因为观察问题角度不同而可能出现的矛盾和冲突,法律已经规定了解决途径。对于最高人民法院就审判工作中具体应用法律问题所作的司法解释,如果与立法精神相符合,检察机关应当予以尊重,并作为开展审判监督的依据之一。如果最高人民检察院认为最高人民法院的司法解释不符合法律本意,或者与最高人民检察院的司法解释存在原则性的冲突的,

---

　　① 游伟、赵剑峰:"论我国刑法司法解释权的归属问题",载《法学研究》1993年第1期。

　　② 李希慧:"刑法解释论",载赵秉志、张军主编:《中国刑法学年会文集第一卷:刑法解释问题研究》,中国人民公安大学出版社2003年版,第297—298页。

应当提请全国人大常委会进行审议并作出立法解释。对于全国人大常委会的立法解释，各级检察机关、人民法院均应严格执行，与其冲突的司法解释即行废止。例如，2001 年 11 月，最高人民检察院与最高人民法院关于挪用公款罪和黑社会性质组织犯罪构成要件的司法解释发生了原则性分歧，依法提请全国人大常委会进行审议，全国人大常委会于 2002 年 4 月通过了《关于〈中华人民共和国刑法〉第二百九十四条第一款的解释》和《关于〈中华人民共和国刑法〉第三百八十四条第一款的解释》，以立法解释的名义修正了最高人民法院有关司法解释的内容，保证了对于法律的正确理解和统一实施，收到了良好的法律监督效果。

应当明确的是，检察机关进行司法解释是法律明确赋予最高人民检察院的职权，最高人民检察院的各内设机构和地方各级人民检察院均不享有这一权力。这样规定，对于保证法律的统一正确实施是十分必要的。但是，鉴于我国地域广大、经济社会发展不平衡等实际情况，最高人民检察院可以在司法解释中授权地方检察机关，就适用该司法解释的某些具体问题，结合本地区实际，在不违背法律和最高人民检察院司法解释基本精神的前提下，作一些带有解释性质的说明或规定。这种具体的说明或规定，"可以看成是最高检察解释的延伸"。① 最高人民检察院还可以根据实际需要，转发地方检察机关有关法律解释意见，使之具有最高人民检察院司法解释的法律效力。

三、参与社会治安综合治理、预防犯罪

参与社会治安综合治理、预防犯罪，是指检察机关依法享有的通过检察活动，参与国家对于社会治安的综合治理，预防违法犯罪的权能。1982 年，中共中央提出对社会治安实行综合治理的方针，要求采取政治的、法律的、经济的、行政的、教育的等综合措施，防止和减少犯罪的发生。1991 年全国人民代表大会常务委员会通过的《关于加强社会治安综合治理的决议》，以立法形式对社会治安综合治理

---

① 敬大力："浅议最高检察机关司法解释的若干问题"，载《人民检察》1990 年第 5 期。

作了规定，其中还包括对贪污贿赂犯罪进行综合治理的内容。这些规定以及《人民检察院组织法》第4条第2款关于"人民检察院通过检察活动，教育公民忠于社会主义祖国，自觉地遵守宪法和法律，积极同违法行为作斗争"的规定，明确了检察机关参与社会治安综合治理、预防违法犯罪的职责，成为检察机关开展社会治安综合治理、预防犯罪工作的法律依据。

人民检察院参与社会治安综合治理、预防犯罪，是基于其法律监督职能，结合自身检察业务来开展的。例如，在审查批准逮捕、审查起诉和其他诉讼监督工作中，探索建立和完善中国特色的未成年人检察制度，针对未成年人犯罪的特点，采取不同于成年人犯罪的刑事政策和策略，以达到更好地教育、矫治失足未成年人，维护未成年人合法权益的目的；在刑事执行监督工作中，通过对于刑事判决、裁定执行和监所活动的法律监督，教育罪犯认罪服法、积极改造，为其回归社会、重新做人打下良好基础；结合所办理的各类案件，通过新闻媒体或者其他途径宣传普及法律和防范违法犯罪的知识；等等。总之，要将综合治理寓于各项检察业务之中，通过行使法律监督职能，紧紧抓住惩治犯罪、改造罪犯、预防犯罪等重要环节，立足于办案，着眼于综合治理，扩大法律监督工作的社会效果。

预防犯罪是任何刑事政策的目的所在，也是检察机关开展法律监督所必须关注的重要方面。检察机关通过行使职务犯罪侦查、审查逮捕、刑事公诉和诉讼监督等职权，确保依法追究犯罪分子的刑事责任，不仅可以达到对犯罪分子本人的特殊预防效果，而且可以震慑其他犯罪分子和有犯罪意图的人，起到一般预防作用。同时，检察机关在办案中会发现一些犯罪隐患，并且可以从中总结犯罪规律和预测治安动态。通过及时向发案单位或有关方面提出堵塞漏洞、建章立制、处分有关责任人等检察建议，可以起到犯罪预警和防范的作用，有利于社会的犯罪预防。其中，预防国家工作人员的职务犯罪，是检察机关职务犯罪监督职能的重要组成部分，与检察机关的职务犯罪侦查工作密切相关，在犯罪预防中具有特殊重要的地位。实践中，各级检察机关通过办理职务犯罪大案要案，积极探索预防职务犯罪的途径和方法，取得了很好的反腐倡廉的效果，受到了各级党委、政府和社会各界的高度评价。需要明确的是，预防犯罪包括预防职务犯罪是一项需要全党、全社会齐抓共管的综合治理系统工程，检察机关只是在其中发挥着法律监督机关应有的一份职能作用，而不可能包揽全部预防犯罪工作。检察机关的预防犯罪工作同其他综合治理工作一样，必须同检察机关的法律监督业务紧密结合，不能脱离检察机关的法定权限和办案业务，去做法律监督职能以外的预防工作。

第五章　行使检察权的基本原则

　　行使检察权的基本原则，是指检察机关和检察官在行使检察权的过程中应当遵循的基本准则。行使检察权的基本原则贯穿于检察活动的全过程，决定检察活动的方向，体现行使检察权的价值追求和基本要求。

　　《人民检察院组织法》第 6 条至第 10 条规定了检察机关行使检察权的基本原则。由于该法于 1979 年制定，1983 年修订未涉及有关原则的规定，受到历史条件的局限，从法律文本上看，原则的概括不够系统、全面，有些原则的表述也不够适当、准确。除检察机关依法独立行使职权原则（第 9 条）之外，有的原则如法律上一律平等原则（第 8 条），属于宪法原则和法制的一般原则；有些原则如重证据不轻信口供原则，忠于事实真相、忠于法律、忠于社会主义事业原则（第 7 条），属于刑事诉讼基本原则；有的原则如区分两类不同性质矛盾原则（第 7 条），已经过时；有些原则如保障公民控告权利原则（第 6 条），贯彻群众路线、接受群众监督原则（第 7 条），上级人民检察院领导下级人民检察院原则（第 10 条），表述不够准确、全面，需要增强概括性。尽管如此，该法是现行有效的法律，其立法精神、原则和规则都应当遵守。

　　改革开放以来，我国法制建设以及检察制度和检察理论都有了长足的发展，人民检察院组织法的立法工作相对滞后。我们理解和把握行使检察权的原则，既不能违反法律，也不必局限于法律的条款，应当根据组织法的精神和中国特色社会主义检察制度的内在要求，结合社会主义法治理念和法律监督职能的特点，在组织法的有关规定的基础上对行使检察权的基本原则进行系统的概括。为此，我们认为，行使检察权的基本原则应当包括以下六项：依法独立行使检察权原则、客观公正原则、公益原则、保障人权原则、检察一体原则和接受监督原则。这六项基本原则集中体现了检察权运行的基本规律和法律监督职能的基本特点以及党和国家对检察工作的基本要求，综合反映了人们对当代中国检察机关的性质、地位、职能和组织方式等特征的理性认识，对检察机关和检察官开展检察工作具有普遍的指导意义，也是检验检察机关和检察官行使检察权的正当性的基本标准。

行使检察权的各项基本原则既是独立的，又是相互联系的。一方面各项基本原则都有特定的适用范围和指导意义，具有独立的价值，不可或缺，每一项基本原则都必须遵守；另一方面这些基本原则之间具有内在的联系，在适用中应当彼此协调和平衡，不可偏废，也不能相互取代。

行使检察权的基本原则与检察机关应当遵循的其他原则之间有联系，也有区别。首先，行使检察权的基本原则只是从检察权运行的角度概括出的一些规律和要求，它们并不排斥也不能替代检察机关作为国家机构应当遵循的宪法原则，也并不排斥检察机关作为诉讼主体应当遵循的诉讼原则。前者如民主集中制原则等，后者如审判机关、检察机关和公安机关在刑事诉讼中分工负责、互相配合、互相制约原则等。其次，行使检察权的基本原则与诉讼原则、组织原则等原则是不同层次或者方面的原则，虽然它们具有一定的关联性、一致性和交叉性，但是它们适用于不同的主体和不同的领域，应当加以区分。我们以"行使检察权的基本原则"取代通常所谓的"检察机关活动的基本原则"，重新厘定基本原则的体系和各项基本原则的内容，目的是强调行使检察权的程序正当性，突出检察工作的规律和特殊要求，反映新时代的检察理念。虽然在我们界定和阐述的六项基本原则中，仍然有一些原则，如公益原则、保障人权原则和接受监督原则等，是检察机关、审判机关等国家机关都要遵循的原则，但是，作为行使检察权的基本原则具有特定的内涵和意义，与其他国家机关行使职权的原则在具体内容上存在一定的差异。

第一节 依法独立行使检察权原则

依法独立行使检察权原则是行使检察权的首要原则，也是现代检察制度建立和发展的基础性原则。坚持依法独立行使检察权原则，是检察工作顺利开展的前提，是中国特色社会主义检察事业健康发展的保障。

一、依法独立行使检察权原则的形成和发展

检察机关依法独立行使检察权原则在新中国的立法史上经历了曲折的发展过程。1949 年 12 月颁布的《中央人民政府最高人民检察署试行组织条例》第 2 条规定："……全国各级检察署均独立行使职权，不受地方机关干涉，只服从最高人民检察署之指挥。"在该条例中，独立行使检察权原则既是检察机关活动的首要原则，也是唯一明确规定的原则。1951 年 9 月 3 日颁布的《中央人民政府最高人民检察署暂行组织条例》和《各级地方人民检察署组织通则》都没有规定检察机关活动的原则。1954 年《宪法》确立了独立行使检察权原则，该《宪法》第 83 条规定："地方各级人民检察院独立行使职权，不受地方国家机关的干涉。"同年颁布的《人民检察院组织法》第 6 条重申了宪法有关依法独立行使职权原则。在"文化大革命"期间，检察机关的职权由公安机关行使，1975 年《宪法》确认了这一事实，没有任何关于检察机关活动原则的条款。在 1978 年修订《宪法》的时候，由于粉碎"四人帮"不久，各方面的拨乱反正尚在进行之中，虽然重新确立了检察机关的地位，但是没有规定行使检察权的基本原则。1979 年 7 月通过的《人民检察院组织法》第 9 条规定："人民检察院依照法律规定独立行使检察权，不受其他行政机关、团体和个人的干涉。"1982 年《宪法》第 131 条重申了这一规定，再次使依法独立行使检察权原则上升为宪法原则。

大多数国家的法律和制度确立了依法独立行使检察权原则。在西方国家，检察机关一般设于行政系统，实行检察机关与审判机关在职能上的分离即检审分离，强调检察权独立于审判权。例如在日本，不仅检察权具有接近于或类似于审判权的独立性，而且检察官具有职务上的独立性和相应的身份保障。又如在英国，20 世纪 80 年代检察制度改革的时候把依法独立原则作为基本的指导思想，强调了建立独立的检察机关对于保证检察工作的统一性和公正性的重要意义。在社会主义国家，检察机关是既独立于审判机关又独立于行政机关的专门国

家机关，只对国家权力机关负责，强调检察机关依法独立履行法律监督职能。再如在蒙古共和国，其宪法和检察院组织法都规定，检察机关依法统一实施法律，不受外界干扰，不照顾地方和机关、部门的特点。另外，苏联解体后，1992年颁布的《俄罗斯联邦检察院法》第4条规定，联邦检察机关在职权范围内严格依据俄罗斯联邦现行法律独立行使权力，不受国家权力机关、行政机关、社会团体和政治组织的干涉。这实际上形成了一种高度独立的检察权模式。

二、依法独立行使检察权原则的基本内涵

根据《宪法》第131条和《人民检察院组织法》第9条的规定，依法独立行使检察权原则，是指人民检察院依照法律规定独立行使检察权，不受行政机关、社会团体和个人的干涉。这一基本原则实质上是合法性、独立性和排除干涉性三项基本内容的结合：

1. 合法性，即检察机关必须按照法律规定的程序在法律规定的职权范围内行使检察权。首先，检察机关必须在法律规定的范围之内行使检察权。对于法律没有赋予检察机关的权力，检察机关不能行使，否则是越权；同时，对于法律规定的检察权，检察机关必须忠实地履行职责，否则便是失职。其次，检察机关必须按照法定程序行使检察权，高度重视和切实执行法定程序，防止检察权的滥用。最后，政党、人民群众和其他国家机关以及上级检察机关也可以对行使检察权的过程进行监督、制约甚至领导，只要依照法律规定的途径和方式，检察机关和检察官都应当接受或服从。依法独立行使检察权并不是简单地反对一切监督、制约和领导，而是反对非法干涉。

2. 独立性，即检察机关必须独立地行使检察权。法律规定的检察权是专门化的国家权力，只能由检察机关代表国家来行使，对于检察权的行使过程和结果，检察机关必须承担全部责任。其他机关、团体和个人非经法律授权不得替代行使或参与行使检察权，对于检察权行使的过程和结果也不承担责任。独立性是保证职能充分发挥和责任明确落实的前提和基础。要加强检察机关的责任，就必须加强其独立性；要加强检察机关的职能，也必须加强其独立性。

3. 排除干涉性，即检察机关依法独立行使检察权，不受行政机

关、社会团体和个人的干涉，也不受地方保护主义和部门保护主义的干涉，以维护国家法制的统一和尊严。排除干涉性是独立性的必然要求，也是合法性的必要保障。在当前和今后一个时期内，我们要特别注意防止地方保护主义和部门保护主义对检察权行使过程的干涉。

在上述三项基本内涵中，合法性是前提和条件，独立性是核心和内容，排除干涉性是补充和延伸。这三个方面结合起来，反映了当代中国的依法独立行使检察权原则的基本内容和特点。一定范围的监督和领导关系的合法化是对检察权行使的必要限制，也是国外检察制度的通例。在这个意义上，人们把依法独立行使检察权原则称为检察相对独立原则。在我国现行法律制度下，坚持人民检察院依法独立行使检察权原则，要正确理解和处理好人民检察院与检察官的关系，明确检察权的主体和检察机关内部的分工；也要正确理解和处理好人民检察院与执政党和国家权力机关的关系，明确检察机关在政治体制和司法体制中的法律地位和职能特点，把握依法独立行使检察权的限度，注意检察独立的相对性，防止在观念上和适用中把依法独立行使检察权原则绝对化和片面化。

三、依法独立行使检察权原则的法理根据

依法独立行使检察权原则，根源于我国政体、检察机关的宪法地位和法律监督职能的特殊需要，是中国特色社会主义检察制度的必然要求，也是司法工作的普遍需要。

首先，在人民代表大会制度下，检察机关与行政机关和审判机关一样，由人民代表大会产生，对它负责，受它监督，因而是独立于行政机关和审判机关的专门国家机关；同时，检察机关作为国家的法律监督机关，对一定范围的行政行为和审判行为依法享有监督的权力。如果行政机关和审判机关具有干涉检察职能的权力，检察机关就不可能履行好法律监督的职能。

其次，检察机关的法律监督职能包括职务犯罪的侦查、公诉和诉讼监督等，是专门同违法行为和犯罪行为作斗争的执法工作。检察机关在执法的过程中，必然要介入一定的社会关系和权力关系之中，涉及一些个人、团体和机关的利益，利害关系人可能对检察机关施加影

响，甚至对检察机关的执法活动进行干涉，因而检察机关必须保持必要的独立性，否则难以公正办案，严格执法。特别是在我国这样一个经历了长期的封建社会，缺乏民主和法治传统的国家里，各种特权思想、以言代法、以权抗法和滥用权力等现象还在一定范围内存在。从制度上保障检察机关依法独立行使检察权，对于确保一切违法犯罪行为受到应有的追究，具有特别重要的现实意义。

最后，检察机关的法律监督职能是维护法制统一、保障人权和维护公平正义的重要力量。检察机关必须同一切分裂国家、破坏法制的严重违法行为进行斗争，同侵犯人权的职务违法和职务犯罪进行斗争，同权力腐败和权力滥用的现象特别是司法腐败和司法不公进行斗争。要履行好这些职责，就必须保证检察机关具有必要的独立性。从根本上说，检察机关依法独立行使检察权是为了保障检察机关准确有效地执行法律，充分履行法律监督职能，在国家生活中发挥权力制约作用和在社会生活中发挥权利救济作用。

四、依法独立行使检察权原则的制度保障

依法独立行使检察权原则的实现，要靠相应的体制、机制和制度的保障。如果没有健全的、符合检察工作规律的业务制度、人事制度和财政制度等检务保障制度的支持，检察机关就不可能依法独立行使检察权。

检察业务工作机制是实现依法独立行使检察权原则的载体。只有建立符合检察工作规律，保证检察机关准确、公正和有效地执行法律的业务制度，检察机关才能担当得起法律监督的责任，才能赢得党和人民群众的信任和支持，树立法律监督的权威。

检察人事制度是保障检察人员执法能力并敢于严格执法的条件。检察人员的遴选、培训、奖惩和职务任免等人事制度关系到由什么人来行使检察权和这些人以什么样的理念行使检察权。具有干预检察人事安排的权力往往意味着具有干涉检察执法的可能性。

检察经费的财政制度是依法独立行使检察权的经济保障。检察人员的工资待遇、工作条件和检察机关的办案装备，不仅影响着检察人员的整体素质，而且影响着检察机关的执法能力。靠办案获得经费补

充，就难以保证执法的公正；靠检察长个人能力争取财政支持，就难以防止检察权的滥用。

总之，检察机关依法独立行使检察权，既需要科学的业务工作机制的支撑，也需要法制化的人事制度和财政制度的保障。

第二节　客观公正原则

自检察制度产生至今，检察机关的角色发生了从国王的守护人到公共利益的看护人的变迁。在现代国家中，人们普遍认为，检察官既是审判等诉讼活动的参与者，又是法治的维护者，检察机关的主要任务是代表国家履行公诉等职责，确保法律得到公正的执行，人权得到尊重和保障。因此，检察机关必须站在客观公正的立场上查明案件真相，准确地执行法律。这是检察机关应当履行的客观公正义务，也是检察机关行使检察权过程中必须遵循的客观公正原则。

一、客观公正原则的产生和发展

从国外立法例来看，检察机关的客观公正义务起源于 19 世纪后期德国的《刑事诉讼法》，随后，在欧洲大陆和亚洲一些大陆法系国家的法律中也得到了体现。最初的表述是，实施刑事诉讼程序的官员在办理案件的过程中应当就对被告人有利和不利的情况一律予以关注。

关于检察机关的地位和角色，在西方国家历来有两个对立的理论派别。一派主张检察机关在刑事诉讼中是一方当事人，与民事诉讼中的原告角色相同，只负责收集对被告人不利的证据，揭示有利于公诉的事实，对于对方因疏忽防御而遭受重判，不必考虑。而且，检察机关不得为了对方利益而要求上诉或抗诉，被告方也不得要求检察官回避。另一派则认为，检察机关是法律守护人，应担当追诉犯罪和保护无辜双重角色，负有全面实现法律要求的职责，既要收集对被告人不利的证据，也要收集对被告人有利的证据，既要惩治犯罪，也要保障人权，以实现实体真实和法律正义。这两个理论派别曾两次在德国引起大讨论，一次发生在 19 世纪刑事诉讼法立法的酝酿和制订过程中，被称为"世纪大辩论",另一次发生在第二次世界大战之后的 20 世纪 60 年代。这两次大讨论都以主张检察机关为法律守护人的一派获得全面胜利而告终。

在检察机关履行的追诉犯罪与保障人权的双重职能之间,并没有根本的冲突,它们同刑事诉讼法的任务是完全一致的。即使在以当事人主义为基调的英美法系国家里,检察机关也负有一定的客观公正义务,并非绝对地实行当事人主义。联合国《关于检察官作用的准则》第 12 条规定:"检察官应始终一贯迅速而公平地依法行事,尊重和保护人的尊严,维护人权从而有助于确保法定诉讼程序和刑事司法系统的职能顺利地运行。"第 13 条中还规定:"检察官在履行其职责时应:(1)不偏不倚地履行其职能,并避免任何政治、社会、文化、性别或任何其他形式的歧视;(2)保证公众利益,按照客观标准行事,适当考虑到嫌疑犯和受害者的立场,并注意到一切有关的情况,无论是否对嫌疑犯有利或不利;⋯⋯"这两个条文中的一些规定概括了客观公正原则的主要内容,也代表了当今世界多数国家对客观公正原则的理解。

二、客观公正原则的基本内涵

客观公正原则,实质上是客观性原则和公正原则的结合,因而其基本内容有两个方面:一是实事求是地查明案件真相,客观全面地收集证据,包括不利于被告人的证据和有利于被告人的证据;二是公平地执行法律,贯彻法律面前人人平等原则。不过,在当代中国,客观公正原则的意义不限于上述两个方面,它对于我们理解检察机关在诉讼中的角色定位和处理实体公正与程序公正的关系具有重要的指导作用。

1. 检察机关在诉讼中的角色定位蕴涵客观公正原则。首先,检察机关必须站在法律监督者的立场而不是当事人的立场,以保障法律的正确统一实施为目标,而不是单纯以胜诉为目标,应客观公正地履行各项检察职能。如果判决违反了法律,不管该判决结果对被告人有利或不利,都应当依法提出抗诉,以维护司法公正。我国宪法和法律把检察机关定位于法律监督机关,为检察机关贯彻和实现客观公正原则提供了法律基础。或者说，检察机关肩负的客观公正义务与其法律监督地位具有内在的一致性。那些将检察机关当事人化，进而否定其法律监督地位的主张和做法都是违反客观公正原则的。其次，检察官是回避的对象而不是享有回避申请权的当事人，因而检察官负有依法回避的义务。这也是检察机关客观公正原则的派生义务。我国《刑事诉讼法》第 28 条规定："审判人员、检察人员、侦查人员有下列情形之一的，应当自行回避，当事人及其法定代理人也有权要求他们回避：（一）是本案的当事人或者是当事人的近亲属的；（二）本人或者他的近亲属和本案有利害关系的；（三）担任过本案的证人、鉴定人、辩护人、诉讼代理人的；（四）与本案当事人有其他关系，可能影响公正处理案件的。"这一规定也体现了客观公正原则。

2. 实体公正与程序公正在检察工作中的辩证关系体现客观公正原则。首先，检察机关和检察官在行使检察权的过程中，必须以事实为根据，以法律为准绳，努力做到实体公正与程序公正并重。客观公正原则是实体公正与程序公正的辩证统一和集中反映。例如在刑事诉讼中，对于符合法定起诉标准的案件，检察机关必须履行起诉的义务。对于犯罪情节轻微、依照刑法规定不需要判处刑罚或者免除刑罚的案件，检察机关可以酌定不起诉。在我国检察职能中，起诉法定主义是基础和主干，而起诉便宜主义只是一种补充。客观公正原则与起诉法定主义具有内在的联系。坚持客观公正原则，就必须坚持起诉法定主义的主导地位，就不能实行选择起诉原则，起诉便宜主义和起诉裁量权的适用就必须限定在较小的范围之内。其次，检察机关和检察官既要承担追诉的责任，也要承担保护被追诉人的责任，尊重和保障被告人、受害人的人权，不偏不倚地履行职能，避免任何形式上的歧视和不公正待遇。在许多情况下，由于检察机关具有相对的优势，为了保障辩护方充分行使辩护权，保护被追诉人的合法权益，必要时可以在程序上适当向辩护方倾斜，检察机关则需要保持一定的克制态度，以实现程序公正。最后，检察机关不仅要全面收集证明被告人有罪、无罪或罪轻的证据，查明案件事实真相，而且要全面出示证明被告人有罪、无罪和罪轻的证据，为辩护权的行使提供便利，为审判机关作出公正裁判提供充分的条件。对于不符合客观事实或者违反法律的裁判，不管该裁判结果对被告人有利或不利，检察机关都应当依法提出抗诉，以保障实体公正。

三、客观公正原则的法理根据

客观公正原则对检察机关提出了比对辩护方更高的要求和更多的义务。检察官的客观公正义务是以实体真实主义和职权主义为基本原理的德国法学的产物。在当代中国，客观公正原则的法理基础和法律依据主要有四个方面：

1. 客观事物是第一性的，人的认识是第二性的，这是辩证唯物主义的基本观点。在司法实践中，只有经过充分的调查研究，对大量的材料进行分析研究，实事求是，克服先入为主和主观臆断，才能查明案件真相，保证办案质量。公正是司法的生命。检察机关应当遵循实体规则和程序规则，公正地履行侦查、公诉和诉讼监督等职能，以促进司法公正。检察机关既要做到客观地查明案件真相，又要公正地履行职能，这两个方面结合起来，形成了客观公正原则。

2. 我国检察机关的根本职责是实行法律监督，保障法制统一和司法公正，而不仅仅是作为一方当事人的公诉机关。为什么我国《宪法》和《人民检察院组织法》都把检察机关规定为国家的法律监督机关而不是公诉机关或者公诉和法律监督机关？从现代检察制度的起源来看，检察官的前身是国王代理人（律师、法律顾问），而国王代理人在代理国王处理私人事务的同时，还负有监督法律的统一实施、监督地方行政权的使命。公诉权与法律监督本来就是相伴而生的。同时，公诉权的产生也促成了追诉权与审判权的分离，使公诉权成为一种独立的权力，从而起到对审判权进行制约的作用，防止司法专横，保证法律的统一正确实施。公诉权的产生和检察官的出现，标志着法官集权专断历史的终结，使不告而理的"全能法院"转变为不告不理的"裁判法院"。此外，公诉权的产生也形成了对警察权的法律监督。因为在警察权不受制约的国家，公民的合法权利就会受到严重威胁，整个国家就会沦为"警察国家"（即法治国家的对立面）。而检察官出现后，一方面可以通过对警察侦查进行直接指挥或者监督，对警察权进行制约；另一方面可以通过审查起诉对警察权进行监督和制约。这些历史事实表明，公诉权从诞生之日起，就成为维护法律统一、防止行政权（包括警察侦查权）和审判权专断、保障人权、实现司法公正的中坚力量，法律监督性是公诉权与生俱来的品格。从公诉与法律监督之间的功能关系来看，公诉具有两方面的功能：一是代表国家控诉犯罪，即检察机关以国家的名义向法院提起公诉，要求追究被控诉人的刑事责任，以维护国家的法律秩序；二是通过公诉权与侦查权、审判权的相互作用，发挥控制侦查程序、启动刑事审判程序和限定刑事审判范围等作用，以维护整个诉讼活动的正常进行。从法治建设的角度看，这两种功能归根结底是保证法律的统一正确实施，实质上，都是法律监督的实现方式。因此，我们可以说，公诉职能统一于法律监督职能之中，是法律监督的一个方面，是实现法律监督的手段。

3. 检察机关在刑事诉讼中的任务与整个刑事诉讼程序的任务是完全一致的。我国《刑事诉讼法》第2条规定："中华人民共和国刑事诉讼法的任务，是保证准确、及时地查明犯罪事实，正确应用法律，惩罚犯罪分子，保障无罪的人不受刑事追究，教育公民自觉遵守法律，积极同犯罪行为作斗争，以维护社会主义法制，保护公民的人身权利、财产权利、民主权利和其他权利，保障社会主义建设事业的顺利进行。"概括而言，刑事诉讼程序有两个方面的任务，即追诉犯罪和保障人权。检察机关并不是单纯的追诉机关，也不是以追求胜诉为唯一目标的一方当事人，而是肩负追诉犯罪和保障人权双重使命的国家机关。

4. 检察机关既要保障国家利益和社会公共利益，也要综合考虑各方面因素，全面衡量，尽可能地做到客观公正；既要保证办案的法律效果，也要兼顾办案的政治效果和社会效果；既要实施法律，又要贯彻党和国家的有关政策。《人民检察院组织法》第7条规定："人民检察院在工作中必须坚持实事求是……调查研究，重证据不轻信口供，严禁逼供信……各级人民检察院的工作人员，必须忠实于事实真相，忠实于法律……"《检察官法》第8条规定："检察官应当履行下列义务：（一）严格遵守宪法和法律；（二）履行职责必须以事实为根据，以法律为准绳，秉公执法，不得徇私枉法；（三）维护国家利益、公共利益，维护自然人、法人和其他组织的合法权益；……"

四、适用客观公正原则应注意的问题

根据客观公正原则的内涵和要求，人民检察院在贯彻客观公正原则的过程中，应注意以下几个方面的问题：

首先，要加强客观公正办案的自觉性，防止片面地将检察机关当事人化的倾向。在我国，随着审判方式的改革，法庭上控辩双方的对抗性逐步加强，检察官普遍感觉到追求胜诉的重要性。这对于检察机关加强审查起诉工作发挥了有益的促进作用，但是，也容易使检察官忽视客观公正原则，片面追求胜诉。我们必须始终清醒地认识到，检察机关是法律监督机关，不是单纯的当事人，应当以追求事实真相和公正审判为基本目标，而不是以追求胜诉为基本目标。

其次，要处理好接受领导与履行客观公正义务的关系。在我国，检察系统和人民检察院内部都实行"上命下从"的一体化领导体制，这种体制的设置是为了保证检察职能的统一性和有效性，是为了更好地实现客观公正原则。在一般情况下或者在实质意义上，检察一体原则与客观公正原则是一致的，但是在某些具体情况下，可能发生冲突。这种冲突可能是认识上的差异，也可能是上级滥用或者误用职权。一般来说，检察官要服从上级的命令和指示，同时，保留向上级反映情况或者检举、控告的权利。

最后，要处理好客观公正与社会稳定的关系。个案处理的客观公正是全社会的公平正义的组成部分，是社会稳定的基础；客观公正地处理个案是保障在全社会实现公平正义的司法使命。不过，在特定的政治形势或社会条件下，个案处理与社会稳定之间的关联度可能被人为地加强了，似乎一个案件的处理结果直接关系到某个时期或某个地区的社会稳定。在外部压力下，追诉和惩治犯罪的任务可能会掩盖客观公正的义务，使检察官难以坚持客观公正原则。我们认为，除了在实行紧急状态的情况下检察机关依法克减客观公正义务外，维护社会稳定不是克减客观公正义务的理由，更不能成为放弃或者违反客观公正原则的理由。相反地，要有效地维护社会稳定，就必须坚持客观公正原则。从根本上说，只有客观地查明事实，公正地执行法律，才能真正地实现社会稳定，才能保障可持续的、公正的社会秩序。

第三节　公益原则

公益，即公共利益，包括国家利益和社会公共利益。在现代法治国家，检察机关被称为"公共利益的代表"，维护公共利益是检察机关和检察官的立身之本。公益原则，是许多国家的检察机关奉行的基本原则。在我国，公益原则反映了社会主义的内在要求，在国家生活和社会生活中都具有突出的地位，也是正确履行法律监督职能的重要依据和标准，因而构成了检察机关和检察官行使检察权的一项基本原则。

一、公益原则的历史发展及现状

公益原则作为检察机关和检察官行使检察权的一项基本准则，具有深远的历史根源和理论基础。从历史起源看，检察机关和检察官从其产生之日起就作为公益的代表参与刑事诉讼，因而可以说，公益原则是检察机关和检察官活动的根本原则。众所周知，检察机关和检察官的产生和发展，经历了作为国王、国家直至公共利益代表的历程。各国检察机关和检察官产生时主要行使公诉权，即对犯罪进行追究的权力，按照犯罪学的理论，犯罪不仅侵犯了被害人个人的利益，同时也侵犯了国家统治秩序和社会利益，为了避免私人起诉的缺陷和更好地维护统治秩序和社会利益，就需要检察机关和检察官作为国家和社会公众利益的代表对犯罪提起公诉。

各国检察机关和检察官作为追诉犯罪的主体，在是否追诉和如何追诉犯罪问题上普遍享有一定的自由裁量权。检察机关和检察官在自由裁量过程中，如何更好地维护公益则是其考虑的主要内容。在检察活动中检察机关和检察官必须坚持公益原则，但由于各国检察机关的体制或检察官的性质不同，因而各国对公益原则基本含义的理解和表述也不尽相同。

在英国，正如前检察长萧克罗斯勋爵所言，"有犯罪嫌疑就必须起诉，这从来就不是我们国家的方针……只有当罪行和犯罪时的情形具有这样一个特点，即对该案的起诉符合公共利益，检察官才应该起诉。公共利益仍然是我们应当考虑的首要问题"，"起诉无论到头来成功与否，都要考虑到对公众情绪和秩序造成的影响，及其对任何其他公共政策的影响"。① 如何判断起诉是否符合公益，英国《刑事案件起诉规则》第 6 条从正反两个方面对起诉时应当考虑的公益因素作了列举，概括起来有以下几项：（1）罪行是否严重，如是否使用武器、暴力；侵犯的是否为公职人员；犯罪嫌疑人是否具有社会地位；是否为主犯；主观罪过形式；是否造成严重的危害后果等。（2）被害人的利益。（3）犯罪嫌疑人的个人情况，如是否为老年人或青少年。② 以上三项从不同的角度反映了英国对公益原则含义的理解，如罪行严重程度表明某一行为对国家和社会利益的危害大小，将其作为考虑的重要因素，体现着对国家利益和社会利益的重视；被害人的利益反映着社会公众的利益；考虑犯罪嫌疑人的个人情况反映了公诉活动中的人道主义。

在美国，一切刑事案件概由检察官（除大陪审团外）以政府的名义向主管法院提起诉讼。③ 在庭审中，美国检察官代表国家和人民，且担负着作为司法官员的职业道德义务。因而，司法部的箴言是："当公民在法院获得了公正，美国就赢得了胜利。"④ 可见，美国检察官所代表的公益包括国家利益和公众利益。

在法国，学者一般认为，公诉是一种具有总体利益的诉讼，或者说，是一种公共利益性质的诉讼。"公诉权属于社会，且唯一属于社会。社会唯一有权进行公诉或放弃进行公诉。当然，在实际上，社会

① 龙宗智译："英国检察机关"，载《世界法学》1987 年第 4 期。
② 参见陈光中、江伟主编：《诉讼法论丛》（第 2 卷），法律出版社 1999年版，第 337—338 页。
③ 参见王以真主编：《外国刑事诉讼法学》，北京大学出版社 1990 年版，第 248 页。
④ 宋冰编：《读本：美国与德国司法制度及司法程序》，中国政法大学出版社 1998 年版，第 349 页。

是通过其有资格的代表，也就是检察机关的司法官来进行公诉的。"①
在法国，检察机关所代表的公益是指社会总体利益。

此外，有关国际法律文件对检察机关和检察官在诉讼中坚持公益
原则也提出了要求，如《关于检察官作用的准则》规定，检察官应
在刑事诉讼（包括提起诉讼）中根据法律授权，在调查犯罪、监督
调查的合法性、监督法院判决的执行和作为公众利益的代表行使其他
职能中发挥积极作用；检察官应始终一贯迅速而公平地依法行事，尊
重和保护人的尊严，维护人权；检察官在履行其职责时应保证公众利
益，按照客观标准行事，适当考虑到嫌疑犯和受害者的立场等。

从上述各国的法律规定和国际法律文件规定以及理论观点看，公
益原则要求检察机关和检察官在行使检察权过程中必须考虑三方面内
容：国家利益、社会利益和公民个人权利。因而这三者构成了公益原
则的全部内涵。这里必须指出的是，各国检察机关和检察官在诉讼活
动中贯彻公益原则，并不意味着检察机关和检察官在诉讼中不顾个人
权利甚至可以牺牲个人权利。因为个人权利是经法律确认的符合国家
利益和社会利益的个人利益，本身就具有公益的性质，如果不尊重甚
至蓄意侵犯公民个人权利，公共利益也往往难以得到有效保障。在奉
行自由主义的西方国家，一般都确立了在不损害个人权利的基础上维
护公共利益的原则，原则上反对为了公共利益而牺牲公民个人合法权
益。正如日本学者所言，日本宪法的"公共福利"，"无论如何是立
足于个人主义"②。因此，公益原则是建立在尊重公民个人权利基础
上的一项原则，检察机关和检察官在公益原则指导下进行诉讼活动
时，必须切实注意保障公民个人的合法权益。

二、公益原则的基本要求

公益原则作为检察机关和检察官行使检察权的一项基本原则，已

① ［法］卡斯东·斯特法尼等：《法国刑事诉讼法精义》，罗结珍译，中国
政法大学出版社1999年版，第118页。

② 金明焕：《比较检察制度概论》，中国检察出版社1993年版，第56—57
页。

为世界各国所普遍承认和确立。在社会主义国家，维护国家利益和社会公共利益的原则和要求贯穿于各项检察职能。公益原则是社会主义国家检察机关所遵循的重要原则。"社会主义国家检察机关坚持维护国家、社会利益原则，主要表现在检察机关活动的目的，在于全力保护和加强社会主义社会政治制度、经济制度，维护社会秩序，保护全民所有的、集体所有的合法财产，保护公民的人身权利、民主权利和其他权利。"① 在我国，人民检察院履行公诉等法律监督职能都是以代表和维护公益为出发点和归宿的。因此，我国人民检察院在行使检察权过程中应当确立公益观念，按照公益原则的要求进行活动，发挥维护社会公益的效能。公益原则的要求主要体现在以下几方面：

1. 在刑事诉讼中依法维护国家利益和社会利益。首先，国家利益和社会利益在我国具有一致性。我国人民检察院在刑事诉讼过程中要从国家利益和社会利益两个方面出发，对公益予以全面保护。在实践中，对于危害国家和社会利益的犯罪案件，人民检察院要依法及时地提起公诉，并指派公诉人出庭支持公诉，惩治犯罪行为，有效地保护国家利益和社会利益。其次，维护国家利益和社会利益必须依照法定程序进行。随着依法治国的治国方略的确立，一切国家机关都必须依照法定程序办事。人民检察院在维护国家利益和社会利益时，必须依照我国《刑事诉讼法》的规定进行诉讼活动，绝不能为了国家利益或社会利益而不择手段，更不能借口维护国家利益和社会利益而侵犯犯罪嫌疑人、被告人和其他诉讼参与人的合法权益。也就是说，人民检察院在追求国家利益和社会利益时，必须尊重公民个人利益，不得侵犯公民个人的合法权益和诉讼权利。否则，就会破坏法治，损害国家利益和社会利益。因此，人民检察院在刑事诉讼过程中行使检察权要想坚持公益原则，公正有效地维护国家利益和社会利益，就必须以高度的责任感，既要防止放纵犯罪和重罪轻判，又要防止轻罪重判和冤枉无辜。

2. 通过民事诉讼保护公共利益。在我国，大气污染、水质污染、

——————
① 金明焕：《比较检察制度概论》，中国检察出版社1993年版，第56—57页。

土壤污染、噪音污染、劣质产品侵权、破坏公共设施和文物古迹等侵犯国家利益和社会公共利益案件时有发生。对这些行为予以起诉和处罚，不仅可以保护公民个人的权利，而且可以保护社会公共利益。从国外情况看，通过民事诉讼保护公共利益主要采取以下几种方式：一是赋予检察官提起民事公诉的权力。即对于危害公共利益的民事违法行为，如果涉及国家利益或社会公共利益，在其他适格主体因为种种原因没有提起诉讼的情况下，检察官可以公益代表人的身份，向法院提起民事公诉，请求法院予以处罚。如在美国，总检察长是政府、各州政府的首席法律官员，是联邦政府和州政府机构及立法机关的法律顾问和公共利益的代表。美国最高法院判例确定了一项重要原则，即"无论什么时候，被指控的行为影响到整个国家利益，涉及宪法要求关心的国家事务，或涉及国家有确保全体公民平等权利的义务等，联邦总检察长都有权提起民事、行政甚至刑事诉讼"①。这一原则在美国的反欺骗法、反垄断法和环境保护法中都有具体体现，而且制定了相应的规范和程序。二是赋予检察官或检察机关参与有关公益的民事诉讼，支持或维护公共利益。例如美国法第 28 卷第 518 条第 2 款明确规定："联邦总检察长可参与争议他认为美国的利益要求他参与以及认为美国感兴趣的任何民事或行政案件。"在法国，检察机关是国家和社会公共利益的代表，不仅有权依照法国《民事诉讼法典》第十三编"检察院"一章的规定，以"主当事人"（即原告）的身份提起民事诉讼，而且可以"从当事人"的身份参与民事诉讼。三是赋予检察官或检察机关对民事判决以上诉权，以维护民事公共利益。各国法律都不同程度地赋予了检察官或检察机关以民事上诉权，检察官或检察机关可以通过上诉来维护公共利益。如法国《民事诉讼法典》规定，对检察官提起诉讼和参与诉讼的民事案件，如果检察官认为法院的判决确有错误，则有权提出上诉。在我国，《民事诉讼法》规定，检察机关认为法院生效的民事判决或裁定确有错误的，有权提出抗诉。根据该规定，我国检察机关可以通过行使民事再审抗诉权来保护公共利益。但是，检察机关参与民事诉讼活动的方式单

---

① 江伟、刘家辉：《美国民事诉讼法》，法律出版社 1983 年版，第 36 页。

一，难以有效地保护公共利益。为了发挥检察机关的监督职能，更好地保护公共利益特别是国家利益，近年来在实践中，有的检察机关开展了提起民事公诉、支持民事公诉、建议提起民事公诉等活动，取得了良好的效果。但由于缺乏明确的法律规定，这些工作难以全面开展。因此，根据公益原则的要求和我国的实际情况，我国法律应当赋予检察机关提起民事公诉的权力，以有效地保护公共利益。

3. 通过行政诉讼保护公共利益。在现代社会管理中，国家行政机关行使的行政权对国家利益和社会公共利益影响极大，因而现代法治国家都将监督制约行政权放在突出地位，并制定了许多法律制度。其中，就检察机关对行政权的监督制约来说，国外主要采取了以下措施：一是赋予检察官提起行政公诉的权力。检察官发现行政机关违法行使权力，侵害国家利益或社会公共利益时，在其他适格主体没有提起诉讼的情况下，可以公益代表人的身份，向法院提起行政公诉，请求法院予以处罚。例如英国《行政法》规定："检察长的职责是保护国家和公共利益，为保护国家和公共利益，检察长有责任代表公共利益监督行政机关的行为并提起诉讼。"英国学者认为，检察官提起行政公诉这种"特别救济不仅是为了私人利益，而且是为了公共利益而存在，它是公法制度的核心。检察总长也能按照公共利益的需要行动"①。二是检察官或检察机关可以参与行政诉讼。例如在英国，根据有关法律规定，总检察长有权参加涉及公共权利和利益并受到颁布训诫令或宣誓保护的行政诉讼案件；检察官有权参加法院审理有关选举权的案件；总检察长有权参加因公共机构的越权行为而损害公民权益和社会公共利益的行政诉讼案件；总检察长对于公民告发的行政诉讼案件，经核实以后可以授权公民以总检察长的名义提起行政诉讼。法国和德国的检察机关也有权参与所有的行政诉讼案件，如德国《行政法院法》第35条第1款规定："在联邦行政法院中设有一名检察官，为维护公益，该检察官可以参与在联邦行政法院中的任何诉讼。但不包含纪律惩罚审判庭的案件以及军事审判庭的案件。"三是

① ［英］威廉·韦德：《行政法》，中国大百科全书出版社1997年版，第367页。

允许检察官或检察机关对法院行政判决提出上诉。例如在德国，根据《行政法院法》规定，检察机关对于行政法院违背公益的判决，不论原、被告是否同意，参与诉讼的检察官有权径自提起上诉，要求变更。[①] 但是在我国，根据《行政诉讼法》的规定，检察机关只能通过提起行政再审的方式参与行政诉讼，这种保护公共利益的方式难以适应实际的需要，不利于充分发挥检察机关的法律监督职能。因此，为了有效地保护国家利益和社会公共利益，促进行政机关依法行政，实现公益原则，我国应当赋予检察机关以行政公诉权，建立我国的行政公诉制度。

第四节　保障人权原则

人权，就是人的权利。从人权的主体看，只要是人，就有权享受法律和道德赋予的种种权利，而不论该人的民族、种族、年龄、贫富状况、人品、是非、功过等因素。人权的这种确定性和广泛性正是我们通常把人权称为普遍权利的重要原因。从人权的内容来看，人权的范围非常广泛，不仅包括宪法和法律规定的公民权利，而且包括国际公约和我国参加或批准的有关人权条约确认的各种权利[②]；不仅包括本国公民的权利，而且包括外国人、无国籍人的权利；不仅是一种法定权利，而且是一种道德权利。人权作为人类进步的标尺，其实质意义不仅在于维持人的生存或生活，而且要追求更高的品格和尊严，追求理性的生活方式。

---

① 参见胡建森：《十国行政法比较研究》，中国政法大学出版社 1993 年版，第 223 页。

② 联合国在 1966 年制定了两个重要的人权公约，对人权内容做了划分，受到世界上大多数国家的肯定和认同：一是《公民权利和政治权利国际公约》（我国 1998 年签署，现正审议），二是《经济、社会及文化权利国际公约》（我国 1997 年签署，2001 年批准）。这两个人权公约把人权的内容划分为两大类。前者叫做公民权利和政治权利，主要指的是生命权、人格尊严权、不受任意逮捕权、无罪推定权、法律面前人人平等权等。后者叫经济、社会及文化权利，主要指工作权、财产权、休息权、受教育权等。——作者注

人权，不仅反映了人与人之间关系的应然状态，而且反映了公民与国家之间关系的应然状态，强调国家保障人权的法律义务和道德责任。从国家与人权的关系来说，国家有义务通过法律手段、行政手段和其他政策措施为人权提供具有普遍约束力的制度保障和救济措施，防止一切侵犯人权的行为。"在宪制政体下，在管理当局与被管理者的关系中，后者具有同前者一样的法人资格，并得到这种资格所提供的同样的保护。管理当局所能对被管理者提出的要求，在道德上和法律上必须同尊重这种资格保持一致。这表明在宪制政权下，如果法律内容的限制条件得到满足，从事商业贸易的所有人的人权是安全的。然而，必须加上某些限定。"① 从人权与法律的关系来说，人权既是法律保护的对象，也是现代法律的精神和价值目标。没有人权意识的普遍觉醒，就没有政治民主，就没有现代法治。现代法律处理权利问题的方法与传统道德的或宗教的方法存在很大差别：在传统道德或宗教上，有罪就没有权利；而在现代法律上，有罪的人也是人，应当享有法律未正式剥夺的各项权利。因此，我们必须消除"有罪就没有权利"的错误观念，尊重公民依法享有的一切权利。从人权与人类文明的关系来说，人权的确立是人类理性的胜利，是人道主义的胜利，是现代文明的重要成果。在国际社会里，人权已经是社会文明和进步的标尺。保障人权是民族国家作为国际共同体成员的权利和义务。否定人权，实质上就是否定现代文明和社会进步。任何侵犯人权的制度和行为，本质上都是对人类文明成果的践踏、对人格和人性的否定，都是反人类的，我们必须旗帜鲜明地予以反对。

一、新中国人权观念的变迁

新中国的诞生是中国人民争取民族独立和人民解放的胜利，是中国人权状况从根本上得到改善的标志。社会主义制度的建立和发展是中国人民从政治制度、经济制度和社会制度等方面建立全面而彻底的人权保障制度的社会实践，是建立一种不同于资本主义制度的人权保

---

① ［英］A. J. 米尔恩：《人权哲学》，王先恒等译，东方出版社 1991 年版，第 313、316 页。

障制度的巨大努力。然而，在社会主义初级阶段，人权保障的理论、制度和实践都经历了曲折的发展过程。在建国后的相当长一段时间里，由于"左"的错误观念的影响，人权观念被歪曲，人权理论被否定，以致在实际工作中人权没有得到足够的重视。

新中国历史上发生过几次大规模的侵犯人权的运动和事件，危害最烈、持续时间最长的当属"文化大革命"。"文化大革命"的悲剧之所以会发生，从人权的角度来看，第一个原因就是阶级观点代替了人权观点，否定了人权作为人类文明和社会进步的普遍尺度的重大意义。不过，从国外的历史经验来看，人权的恶劣状况并不起因于意识形态的一元化，而是起因于个人凌驾于法律之上这一事实。第二个原因就是我国的封建文化起到了推波助澜的作用，官本位、特权、等级差别等封建传统文化因素根深蒂固，难以在短时期内全面清除，而这种封建文化整体上是反人权的。以儒家思想为核心的政治文化，虽然有民本主义的成分，但是这种成分是从属于君臣的专制理念和国家主义的，没有把作为社会主体的个人放在应有的崇高地位上，也没有把人作为社会和国家的目的，而是仅把人作为手段。在以阶级斗争为纲的时代，这种传统文化获得了新的表现形式，甚至发展成为一系列新的政治原则和理念。例如，个人权利绝对服从国家权力，个人利益绝对服从国家利益和集体利益。在这样的一种文化环境和政治氛围之下，以崇尚个人独立、自由和平等为特征的人权观念难以生成，也难以深入和发展。在刑事诉讼领域也是如此，人权观念缺失的问题具有深刻的历史文化根源和大众基础。第三个原因就是初步创立的社会主义政治制度及其运作缺乏透明度和公众参与，人民群众了解政治过程的渠道非常有限。这在一定程度上损害了公民的政治知情权，削弱了人民群众对国家权力运行的监督。

应该看到，虽然人权不是解决社会争端和政治争端的途径，也不是矫治社会或国家弊端的方法，但是，人权确实是判断社会文明状态、社会生活和政治生活正常性的重要标准。人权在社会政治生活中得到保障并发挥重要作用，需要两个基本条件：一是全社会形成依法办事的传统，国家实现法治；二是不存在严重的社会和政治冲突，特别是明显的阶级冲突或者利益集团的严重冲突。

改革开放以来特别是近 10 年来，随着国家对人权的重视，我国公民的人权意识普遍提高。同时，党和国家确立了建设社会主义政治文明和司法文明的目标。随着经济、政治和社会的发展，中国的人权理论、人权保障制度和人权状况已经和正在取得实质性的进展。1991年，中国政府第一次发表了题为《中国的人权状况》白皮书，正式肯定了人权的概念，并指出："享有充分的人权，是长期以来人类追求的理想。"对人权的肯定和重视同时也反映在刑事立法和实践中，对犯罪嫌疑人、被告人以及其他诉讼参与人的人权保障措施和程序逐渐完善。从人权运动的历史来看，人权观念和相关制度的发展，最大的、最关键的进步在于以人为本的思想得到确立。这种思想要求充分认识和承认人的独立价值，对每一个人与他人平等的价值和尊严予以肯定，个人不是国家或者社会的手段而是目的。国家有义务通过立法建立符合人性的基本制度和规则，将应有人权转化为实有人权。

2004 年通过的《宪法》第 24 条修正案规定："国家尊重和保障人权。"把尊重和保障人权确定为一项宪法原则，不仅可以保证价值法则在向政治法则和程序法则转化的过程中不出现偏差，而且便于立法和司法机关在面对不同利益的权衡时能够做出有利于保护人权和公民权利的解释和推理。尊重人权是一种观念，而保障人权则是一种权利救济制度。

人权观念的提升，既要靠宣传工作，又要靠保障人权的实践，而根本上要靠人权保障的实效。要取得人权保障的实效，关键在于健全人权保障制度，从法律上说，就是权利救济制度。"有救济才有权利"（又称为"救济先于权利"）是一句得到普遍认同的法律格言。公民只有在受到侵害后得到救济，才谈得上享有权利。为了建立必要的救济程序和制度，现代国家的法律和国际人权公约在规定若干权利的同时，把诉诸司法的权利规定为一项公民权利或人权。按照人权公约的要求，在裁定针对任何人的指控或确定他在法律讼案中的权利与义务时，人人皆有接受法庭审判的平等权利。这意味着，由法庭而不是由其他任何机构和实体来判定涉讼的权利与义务，是出自公民权利的一项硬性的要求。公民能否以及在多大程度上诉诸司法，诉诸司法之后能够受到什么样的保护，一方面，取决于现行制度尤其是司法制度，另一方面，取决于公民的实际能力和条件。不仅如此，在公法领域，由于国家和政府总是处在强势的地位，公民在受到政府和国家的侵害或以政府和国家的名义实施的侵害时，寻求有效的救济就更为困难。改革开放以来，在成功完成大量的平反昭雪工作后，公法救济开始出现并逐渐制度化。但总的来说，公法的发展相对于私法的发展还明显迟缓，公法权利救济在范围、机制和水平上还远远不能满足社会的需要。

2007年10月，党的十七大提出了保障人权的新要求：尊重和保障人权，依法保证全体社会成员平等参与、平等发展的权利，必须进一步深化司法体制改革，优化司法职权配置，规范司法行为，建设公正高效权威的社会主义司法制度，完善中国特色社会主义法律体系，保证审判机关、检察机关依法独立公正地行使审判权、检察权。同时，要加强政法队伍建设，做到严格、公正、文明执法。深入开展法制宣传教育，弘扬法治精神，形成自觉学法、守法、用法的社会氛围。同年12月25日，胡锦涛同志在同全国政法工作会议代表和全国大法官、大检察官座谈时，就政法机关全面贯彻落实党的十七大精神，做好政法工作提出了五点要求。在论及维护人民权益时指出，这是党的根本宗旨的要求，也是做好政法工作的目的。政法工作要坚持以人为本，坚持执法为民，坚持司法公正，把维护好人民权益作为政法工作的根本出发点和落脚点，着力解决人民最关心、最直接、最现实的利益问题，为人民安居乐业提供更加有力的法治保障和法律服务。

二、人权理念与刑事诉讼程序

在刑事诉讼中，作为犯罪嫌疑人、被告人或犯罪人，无论处于何种诉讼阶段、被处以何种刑罚，除依法剥夺的权利外，其他权利均受到法律的保护，也受到道德上的尊重。一个人并不因为犯罪而丧失一切权利，丧失人的尊严。在现代法治国家里，非依正当程序不得剥夺任何人的任何权利。侵犯犯罪嫌疑人、被告人或犯罪人的权利，如同侵犯普通人的权利一样，既是违法的，也是不道德的。一个国家的刑事诉讼理念和价值取向决定了处理人权与国家权力冲突的原则和程序。在现代民主国家的刑事诉讼价值观中，为了维护程序正义，宁愿放纵犯罪，也不愿牺牲犯罪嫌疑人、被告人的人权，法律程序明显地向着保护人权的方向倾斜。非法证据排除规则就是这方面制度的典型例证，它迫使国家侦查机关严格地约束自己的行为，从制度上有效地保障犯罪嫌疑人、被告人的人权。在司法程序中，查明和认定犯罪事实既是一个认识的过程即发现案件真相的过程，也是一个实现程序正义的过程，一个保障人权的过程。我们必须兼顾人权与真相、实体正义与程序正义，并使其保持适当的平衡。现代刑事司法的目的不是追究犯罪人的刑事责任，对其判处刑罚，而是预防犯罪，包括个别预防和一般预防。我们不能容忍为了处罚犯罪而侵犯人权，因为任何可能导致或不能防止侵犯人权行为的刑事司法制度，不但无助于预防犯罪，反而会诱发犯罪，最终会损害甚至摧毁整个刑事司法体系。

现实中的犯罪行为是千变万化的，但是有一个共同特点，那就是直接或间接地侵犯人权。例如，某种危害到公共安全的犯罪行为，其实质危害是使处于特定时空范围内的人的生命权、财产权等权利和自由受到威胁或者损害。通过刑事诉讼惩治犯罪，就是要保护普遍的人权。如果犯罪得不到有力的惩治，一定范围的人权就会受到直接的威胁或损害。惩治犯罪与保障人权是统一的，而且惩治犯罪的目的就是保障人权，或者说，惩治犯罪是工具性价值，而保障人权是目的性价值，因而保障人权比惩治犯罪具有更高的价值。

为了惩治犯罪，国家通过法律赋予侦查机关、检察机关和审判机关采取拘留、逮捕等强制措施的权力。刑事强制措施是保障刑事诉讼顺利进行的手段，但是，如果法律不能同时有效地控制这些强制措施的运用，防止其误用和滥用，它们也可能成为侵犯犯罪嫌疑人和被告人乃至其他人人权的手段。惩治犯罪的手段必须服从预防犯罪的目的，运用惩治犯罪的手段必须着眼于预防犯罪而不能着眼于报复犯罪。惩治犯罪是预防犯罪的重要措施，同时，惩治犯罪和预防犯罪都是保障人权的重要措施。不论是惩治犯罪，还是预防犯罪，都必须以保障人权为目标，以不侵犯人权为限度。因此，保障人权是现代刑事诉讼的基本理念，是构筑刑事诉讼程序的指南针；同时，能否有效地保障人权也是评判刑事诉讼制度和刑事诉讼活动合理性和正当性的标准。

虽然在两大法系之间人权理念和相关制度的发展道路和进程有所不同，但是趋同的迹象比较明显。过去，在惩治犯罪和保障人权方面，英美法系国家突出保障人权，在制度安排上最大限度地保护人权，曾经因为犯罪率居高不下而受到指责；而大陆法系国家突出保障社会利益，强调对犯罪的惩治，保障人权的价值没有受到特别的推崇。20世纪70年代以来，人权意识普遍加强，刑事诉讼程序的人权理念获得了更加突出的地位，两大法系在刑事诉讼价值取向上互相借鉴、逐步融合，相关的程序和制度也渐趋接近。

在现代刑事诉讼的价值观中，保障人权固然位于价值序列的高端，但并不是唯一的价值。特别是在当代中国，无论在观念上还是在制度设计上，如果片面地、孤立地强调保障人权，就会削弱国家控制犯罪的能力，危及社会秩序，难以为社会所普遍接受。同时，如果片面地强调控制犯罪，忽视保障人权这一根本价值，必将脱离建设社会主义政治文明的轨道，背离现代刑事司法的发展方向。因此，我们要树立以人为本的观念，尊重个人的理性与尊严，把惩治犯罪、预防犯罪和保障人权三者有机地统一起来，使控制犯罪与保障人权保持适当的平衡，在不断提高控制犯罪能力的同时，不断提高保障人权的水平。

程序是权利的保障，没有救济程序就没有权利。我国刑事诉讼法的任务，就是保证准确、及时地查明犯罪事实，正确适用法律，惩罚犯罪分子，保障无罪的人不受刑事追究，教育公民自觉遵守法律，积极同犯罪行为作斗争，以维护社会主义法制，保护公民的人身权利、财产权利、民主权利和其他权利，保障社会主义建设事业的顺利进行。为此，刑事诉讼法在总结中外司法实践经验的基础上，结合我国国情，确立了保障人权的原则和制度，建立了比以往更加有效的人权保障程序。

三、检察机关在保障人权中的特殊职责

检察机关既是与行政机关和审判机关并行的执法机关，也是对行政机关和审判机关具有一定监督和制约职能的法律监督机关。法律监

督就是监督法律实施、保障法制统一，保障人权。检察机关不仅负有所有执法机关共同的保障人权的义务，而且在刑事诉讼的各个阶段都负有通过法律监督保障人权的特殊职责。

1. 立案阶段。任何公民均有权向公安机关和司法机关报案或者举报犯罪事实或犯罪嫌疑人，并且有权得到司法保护。对于报案、控告、举报和自首的材料，有关机关应当按照管辖范围进行审查和处理。检察机关对于公安机关应当立案而不予立案的情况，有权通知公安机关立案侦查，以纠正其错误行为，保障有关人员的合法权利；对于公安机关不应当立案而立案的情况，也有权进行法律监督，以防止执法机关滥用刑事诉讼程序处理民事纠纷，侵犯人权。

2. 侦查阶段。由于犯罪行为已经发生，侦查机关往往要通过一系列强制手段获得相关证据，如对犯罪嫌疑人的拘传、拘留、逮捕、扣押相关证据等，通常容易发生对犯罪嫌疑人或相关人员的人身权利和财产权利的侵犯。逮捕犯罪嫌疑人，必须经过人民检察院批准或者人民法院决定，由公安机关执行。对于其他强制措施或侦查措施适用中是否违法，检察机关有权进行监督，形成对侦查机关的制约，以最大程度地保护犯罪嫌疑人和其他公民的合法权利。

3. 审查起诉阶段。检察机关对侦查终结的案件进行审查和起诉，在一定意义上是对侦查合法性的审查和监督。我国《刑事诉讼法》规定，经过两次退回补充侦查的案件，人民检察院仍然认为证据不足，不符合起诉条件的，可以作出不起诉的决定，从而保护犯罪嫌疑人的权利。同时，《刑事诉讼法》还赋予被害人对不起诉决定享有申诉权，上级人民检察院接到申诉后，如果发现原不起诉决定错误时，可以要求下级人民检察院重新处理，这有利于保障被害人的合法权利。

4. 审判阶段。在审判程序中，保障被告人的辩护权是核心内容。检察机关行使国家公诉权，要求法院对被告人定罪量刑。被告人不仅不承担自证无罪的义务，而且享有充分的辩护机会，有权全面地阐述自己的意见。1996年修订的《刑事诉讼法》和2007年修订的《律师法》进一步扩大了辩护律师的权利，如会见嫌疑人无需批准、不被监听，有权查阅、摘抄和复制与案件有关的诉讼文书及案卷材料，律师可以依法收集证据，律师在法庭上发表的代理、辩护意见不受法律追究，等等。扩大辩护人在诉讼中的权利，实质上就是扩大了被告人的辩护权利，以充分保障被告人的人权。此外，法律规定了对诉讼参与人比较有效的权利救济程序，如被告人的上诉权，当事人及其法定代理人、近亲属的申诉权等。检察机关享有对确有错误的判决的抗诉权，这既是对审判公正的维护，也是对被告人和被害人的人权保障。

5. 刑罚执行阶段。我国《刑事诉讼法》规定，人民检察院有权对监狱、看守所、未成年人管教所等刑罚执行场所和执行机关的活动依法进行监督，对死刑的执行要进行临场监督，对暂予监外执行的批准决定要进行审查。这些诉讼监督的宗旨在于保障刑罚执行的合法性，防止和纠正侵犯人权的行为。

我国《刑事诉讼法》对不同诉讼阶段的程序设计体现了惩治犯罪和保护人权并重的指导思想。总体上看，在中国刑事诉讼中，通过严格控制立案、侦查、起诉和审判程序，防止对无罪者的追诉，及时纠正已经发生的错误追诉；通过在诉讼中赋予被追究者广泛的诉讼权利，并保障其实现，维护其合法权利；通过设立审判监督程序，纠正可能发生的错判，并把这三个方面有机结合起来，形成了我国刑事诉讼中的人权保障机制。

四、保障人权原则的基本内涵

保障人权原则是国家机关普遍适用的一项宪法原则，也是诉讼活动中的一项基本原则。在刑事诉讼活动中，保障人权具有丰富的内涵。根据有关法律规定，我们认为，保障人权原则主要包括以下几方面的内容：

1. 保护公民的合法权益。国家通过打击犯罪来防止广大人民群众的利益受到犯罪的侵犯，从而保护公民的合法权益。在任何一个国家，惩罚犯罪归根结底是为了保护人权，国家行使刑罚权与保障人权是完全一致的，是没有矛盾。因此，保护公民的合法权益是保障人权原则的根本要求。

2. 保障无罪的人不受刑事追究。国家在打击犯罪的同时不能冤枉无辜的人。也就是说，国家在追究犯罪时，要正确行使国家权力，准确追究犯罪，防止侵犯无辜者的合法权益，要做到有罪必究，无罪受保护。

3. 保障所有诉讼参与人特别是犯罪嫌疑人、被告人和被害人的合法权利。在刑事诉讼中，人权表现为所有诉讼参与人的合法权利，包括实体权利和诉讼权利。从司法实践看，犯罪嫌疑人和被告人是被国家追究犯罪的对象，其合法权利最容易受到国家权力的侵犯，因而保护犯罪嫌疑人和被告人的合法权利就成为保障人权原则的最重要内涵。同时，由于被害人是被犯罪行为所侵害的人，其合法权利已经遭到犯罪的侵害，因而在刑事诉讼活动中，国家要特别注意保护其合法权利，使其免遭受第二次侵害，所以保护被害人的合法权利也成为保障人权原则的重要内容。

4. 使有罪的人受到公正的惩罚。使有罪的人受到公正的处罚就是保障有罪的人的人权。在刑事诉讼中，即使国家证明了某人有罪，也要按照法律规定的条件、程序和标准，对犯罪嫌疑人或被告人采取强制措施或判处刑罚，要做到程序合法、证据确实充分、量刑适当。同时，对于有罪的人，除了法律规定被剥夺或限制的权利外，其他合法权利都受到法律保护，任何机关和个人都不得任意剥夺或限制犯罪嫌疑人、被告人和犯罪人的权利，这也是保障人权原则的一项重要内容。

五、保障人权原则的适用

人权的司法保护机制是人类政治文明的重要成果。刑事诉讼的根本目的在于维护国家的法治秩序和民主政治制度，直接目的就是惩治犯罪和保障人权。现代刑事诉讼法不仅注重一般的人权保障，而且特别注重对被追诉者人权的保障。综观各国刑事诉讼法的有关规定，检察官的工作职责无一不渗透着对人权保障的程序义务。正如1990年第八届联合国预防犯罪和罪犯待遇大会通过的联合国《关于检察官作用的准则》第12条所规定的："检察官应始终一贯迅速而公平地依法办事，尊重和保护人的尊严，维护人权从而有助于确保法定诉讼程序和刑事司法系统的职能顺利地运行。"因此，我国检察机关作为法律监督机关，检察官作为行使检察权的具体主体，要在刑事诉讼中切实有效地贯彻保障人权原则。

1. 要充分认识保障人权的重要性。检察机关和检察官要在刑事诉讼中有效地保障人权，首先必须认识保障人权的重要意义。在现代社会，各项社会活动都要以人为本，以保护人权为宗旨，刑事诉讼活动更不例外。在刑事诉讼活动中，贯彻保障人权原则具有以下重要意义：

第一，它间接地保护着社会的每一个成员免受国家司法权滥用的侵犯。虽然我们认为诉讼活动中人权保障的主体主要是进入刑事诉讼中的犯罪嫌疑人和被告人、被害人和证人及其他诉讼参与人，但它间接保护的主体却是社会的每一个成员。这是因为，在一个国家中，每一个社会成员都可能犯罪或被犯罪所侵害，一旦某人犯罪而启动刑事诉讼或因他人犯罪而被卷入刑事诉讼时，刑事诉讼法所设定的各种人权保障就会对他发生作用，因而社会的每一成员都是刑事诉讼的潜在主体。换言之，诉讼活动中人权反映的不仅仅是实际上已进入诉讼程序的诉讼参与人的诉讼地位问题，而是整个社会成员相对于国家的法律地位问题。如果诉讼参与人的诉讼权利得不到保障，必然导致社会成员面临来自司法权不法侵害的风险增加和法律地位的下降，反之亦然。因此，加强诉讼活动中对所有诉讼参与人特别是犯罪嫌疑人和被告人、被害人及证人的人权保障，实际上是加强对社会每一个成员的保护。

第二，它有助于实现司法公正。查明案件事实真相是刑事诉讼的一个重要目标。"刑事诉讼是发现真理的一种方法，不是证明已被接受的真理的一种方法。要充分理解诉讼程序的推理功能，就要牢记，我们不是从答案开始而是从问题开始；只有在我们寻找最初未占有的答案，而且可能是最佳答案的前提下，全套诉讼机制才是可以理解的，站得住脚的。即使实体法不合理，诉讼程序仍然是合乎逻辑的。这就是说，诉讼程序起到的是逻辑推理的作用，其结果并非如愿。不论最终判决如何，合乎逻辑的诉讼程序为发现必要的答案提供了最佳的工具。"① 所谓合乎逻辑的诉讼程序，就是公正的程序。人权保障是现代刑事诉讼的一大特点，是程序公正的重要内容之一，如保障犯罪嫌疑人和被告人的辩护权、上诉权等。因此，在保障人权的基础上查明事实真相，是实现程序公正的必由之路。

第三，它有利于实现依法治国，提高社会的文明程度。在现代社会，依法治国是治理国家的基本方略，而依法治国的关键问题是程序问题，依法治国就是严格依照法定程序处理国家事务，因而依法治国实质上就是依程序法治国。然而在司法实践中，司法权力侵犯人权的现象时有发生，有时还相当严重。例如，不立案就对他人采取强制措施；为获取证据不惜采取刑讯逼供、体罚虐待等非法手段；只注重收集有罪证据，不注重收集无罪证据；办理案件久拖不决，犯罪嫌疑人和被告人被超期羁押；对被害人造成第二次伤害；对证人变相关押，非法限制其人身自由；等等。这些现象的产生固然有多种原因，但是司法人员的人权保障观念不强、不重视程序则是其中的重要原因。因此，要改变这种状况，树立程序法的权威，司法人员必须要有严格的程序观念，当出现坚持程序与发现真相冲突时，则必须坚持程序优先原则。这是因为，程序是普遍的，而个案的真实则是个别的，程序一经立法机关确定为法律，就必须得到严格遵守，违反程序或许可能查明某一个案的真实，但它损及的是程序的整体价值与法律尊严。如果为了个案的真实而可以牺牲具有普遍性价值的程序，那么便无法防止程序违法的屡屡发生，程序的功能和价值则无以保证，最终必将动摇整个法治的基础。因而，在处理程序法与实体真实的关系时，应当坚持程序合法为前提，维护程序法的权威，促进依法治国的实现。此外，诉讼实践中侵犯人权的行为，实质上是对人的不尊重，反映的是封建专制意识，是一种野蛮的行为。因此，加强对各诉讼参与人的人权保障，体现了以人为本，尊重人格的现代人权保护理念，标志着社会的文明和进步。

2. 要充分认识保障人权原则对检察机关的要求。从检察职能的

① Jerome Hall: "Cases and Readings on Criminal Law and Procedure" 1949, p. 27.

角度来看，保障人权原则对检察机关提出了以下三个方面的要求：
（1）尊重和保障人权是检察机关和检察官的宪法义务和道德责任。
《宪法》第 33 条第 3 款规定："国家尊重和保障人权。"这就给所有
国家机关和国家工作人员确立了一条宪法义务和道德责任，检察机关
和检察官当然负有同样的义务和责任。一个人并不因为犯罪而丧失权
利保障，检察机关和检察官也不因为一个人犯罪而不必履行尊重和保
障其人权的义务。（2）保障人权是贯穿法律监督职能始终的重要目
标之一。宪法和法律把检察机关规定为国家的法律监督机关，赋予检
察机关以职务犯罪侦查权、公诉权和诉讼监督权等职权，其主要目的
就是要通过检察机关的法律监督职能保障法制统一、保障人权和维护
司法公正。在刑事诉讼中，检察机关肩负着追诉犯罪和保障人权的双
重使命。从职能配置上看，检察机关既要通过侦查和公诉职能追诉犯
罪，又要通过诉讼监督职能保障人权。从根本上看，检察机关的所有
职能包括追诉犯罪等都直接或间接地与保障人权联系在一起。（3）严
格执行法定程序，通过诉讼程序保障人权，是检察机关尊重和保障人
权的基本途径和着力点。检察机关保障人权的途径和特点取决于检察
机关的性质和检察权的内容。检察机关实行法律监督必须遵循法定的
程序，同时法律监督的效力也主要是启动相应的司法程序。法律监督
职能中除了极少一部分消极处分权（如撤销案件、不起诉等）以外，
一般不具有实体性的处分权，更没有行政处分权和司法裁决权。正是
因为法律监督职能的这种程序审查和程序启动功能，使它与国家的其
他职能形成一定的监督制约关系，而且这种监督制约关系构成了不同
于行政、审判等国家职能的保障人权的途径和特点。

　　3. 要坚持惩治犯罪和保障人权并重。惩治犯罪和保障人权是刑
事诉讼的两大目的，检察机关和检察官在刑事诉讼中要正确处理二者
之间的关系。从目前司法实践看，检察机关和检察官在观念结构中比
较重视惩治犯罪，相对缺乏人权意识。在诉讼活动的价值取向上，往
往是"重社会控制，轻人权保障"，"重实体，轻程序"，对涉诉公民
的权利不够尊重。在侦查职务犯罪案件过程中，检察机关也不时发生
超期羁押、违法取证等情形。作为专门的法律监督机关，检察机关承
担着刑事公诉、职务犯罪侦查和诉讼监督等职能，不仅要在侦查和公

诉环节中自觉地履行好尊重和保障人权的义务，而且要对公安机关等侦查部门的侦查活动、刑罚执行活动是否侵犯人权进行监督。因此，检察官人权观念的强度和深度在很大程度上影响着刑事司法保障人权的水平，甚至影响着全国的人权保障状况。检察官必须自觉地培养和树立全面的人权观念，不断加强人权意识，提高人权保障的自觉性，在刑事司法中更加有效地发挥保障人权的职能作用。

在当前和今后一个时期里，结合现实的问题与条件，我们要着力培养和树立惩罚犯罪与保障人权并重的观念。《刑事诉讼法》和《刑法》开宗明义地规定，要惩罚犯罪，保护人民。"保护人民"的具体法律形式就是"保障人权"。中国历史上有"治乱世用重典"的思想，封建刑律规定的死刑和肉刑名目繁多，执行方法残酷，出现了惩罚与严刑苛罚之间存在密切联系的思维定势。强调重刑主义，往往不自觉地以牺牲人权保障机能为代价，违反刑法的公正、谦抑与人权的价值目标。在特定历史阶段，惩治犯罪的能力往往决定着保障人权的程度，而保障人权的程度决定着刑事司法的文明水平。我们要结合我国惩治犯罪能力的实际，建立健全保障人权的程序和制度，使保障人权与惩治犯罪两个方面保持适当的平衡，不能偏废。在具体的刑事诉讼活动中，惩罚犯罪是人权保护的主要手段，正确地惩罚犯罪离不开对被告人实体权利和诉讼权利的保障，如果在刑事诉讼中违反《宪法》和《刑事诉讼法》有关权利保障的规定，滥用司法权力，不尊重被告人的人格，甚至刑讯逼供、诱供等，往往会造成冤假错案。同时，保障人权也离不开公正地惩治犯罪，如果不去查明案件事实、惩治犯罪，不仅被害人的实体权利得不到维护，被告人的实体权利也会受到侵犯。具体到检察官的起诉职责，应兼顾惩治犯罪与保障人权的双重需要。严格起诉条件，对于严重威胁社会的案件及时提起公诉。对社会危害较小的案件，如果证据不能达到确实、充分的要求，则不能随意提起公诉，以保证无罪的人不受刑事追诉。

此外，检察机关要以保障人权为宗旨，促进刑事法律的全面实施。人权是法治的重要价值，法治是人权的确认和保障。刑事法律是惩治犯罪最强有力的法律手段，也是"公民权利保障之宪章"。刑法在定罪量刑和保障人权之间划了一条静止的界线；刑事诉讼法则以控诉、辩护、审判为基本构架，规范国家机关追究犯罪的一系列活动，保障当事人的人权。我国的刑事法律比较全面地体现了保障人权的精神。例如，我国《刑法》明确规定了罪刑法定原则，以保障人们的权利自由不可侵犯。为保障生命权，《刑法》虽然保留了死刑，但却规定了严格的适用条件和适用的罪名，以防止死刑的滥用，有效保障公民的生命权。为保障人身自由权，我国法律赋予检察机关审查批准或者决定逮捕犯罪嫌疑人的职权，保证在追诉犯罪的侦查活动中正确运用逮捕这种强制措施并保障无辜者的人身权利不受侵害。为保障人身权利不受侵犯的权利，《刑事诉讼法》规定，严禁刑讯逼供和以威胁、引诱、欺骗及其他非法方法收集证据，对国家工作人员的以上行为从重处罚，等等。检察官应深刻理解刑事法律的精神，全面正确地执行法律，不可片面强调惩治犯罪，既要有力地追诉犯罪，维护国家法律的尊严，又要依法保障人权，维护司法公正。

第五节　检察一体原则

虽然检察一体原则在很大程度上是一个学术概念，是人们对检察制度中有关"上命下从"的权力运行方式的概括，立法上少有明确而直接的表述，但是，在行使检察权的过程中，它是检察制度中一项独有且最能反映检察制度特点的原则。从检察一体原则的适用范围来看，它不仅是行使检察权的原则，也是检察机关的组织原则即领导体制的重要内容。在本章中，我们把有关检察一体原则和检察一体制两个方面的内容集中加以阐述。

一、国外检察制度中的检察一体原则

检察一体，又称"检察一体制"、"检察一体化"、"检察官一体"，有时称为"检察一体主义"，有时也称为"检察一体原则"。大多数国家特别是大陆法系国家把检察系统和检察职能的一体化作为保障检察机关统一有效地行使检察权，从而维护国家统一和法制统一的制度安排和检察活动的基本原则。

在日本，检察一体原则是指检察权的行使必须保持整体的统一，由每个作为独立机关的检察官组成一个统一的组织。在这个组织中，上级对下级享有指挥监督权、事务调取权、转移权、代理权。根据日本《检察厅法》的有关规定，法务大臣对检察官的业务进行一般的指挥监督，而对每个案件的调查和处理则由检事总长进行指挥。同时，上级检察官可以通过两种方式决定或改变下级检察官管辖的事项：一是上级检察官可以接替下级检察官办理的案件，由自己亲自办理；二是将下级检察官办理的案件交给另一个检察官来办理，从而间接地实现自己对案件处理的意见。①

在作为近代检察制度发源地的法国，检察院和检察官分为若干等级，上级检察院和检察官对下级检察院和检察官可以下达命令和指示，整个检察系统受司法部部长领导。在检察业务方面，上级检察院（或检察官）有权制定业务活动规则或程序，或者发布某种指令，对下级检察院（或检察官）如何行使检察权进行指导。如《法国刑事诉讼法典》规定，司法部长有权就其知悉的违法情况向检察长揭露。为此，可以通过书面的形式指示检察长接受某一案件，并要求检察长履行或由检察长指令其下属履行调查程序，或者向有管辖权的法院提起公诉。检察长对上诉法院管辖区内的所有检察官都有支配权。

在英国，1985年通过的《犯罪起诉法》设立了独立的检察机关，1999年进行了一次体制改革，检察区由13个增设到42个，与警区完全一致，原来平行的全国总部主任和中央办案局主任检察官转变为后者隶属于前者，加强了总部的统一。皇家检察院的所有法律工作者和所有皇家检察官都有与检察长同样的权力，但他们必须在检察长的控制和指导之下行使那些权力。根据有关规定，英国总检察长可以制定刑事起诉方面的规则或政策，或者发布有关指令，对检察官的刑事起诉活动进行指导。

在美国，检察组织和活动也实行检察一体化原则。根据有关法律规定，总检察长有权授予司法部一切机构和其他官员、雇员以权力和职责；有权任免各联邦司法区首席检察官；有权要求联邦首席检察官

①　参见徐益初："司法公正与检察官"，载《法学研究》2000年第6期，第65页。

汇报工作；有权制定检察官履行职责程序的内部规定等。同时，总检察长还有权调查联邦检察官、执行官、书记官、缓刑官、执法官、记录官等人的行为、记录、公文、账目；有权颁布规章制度，规定在一定情形下，取消联邦检察官及其职员、司法部任何官员、雇员参加调查和起诉的资格，免除故意违反规定者的职务；有些州的检察长对地方检察官的违法行为，有权予以处分。①

在俄罗斯，检察一体化程度比较高，1995 年修订的《俄罗斯联邦检察院组织法》明确规定："俄罗斯联邦检察机关实行下级检察长服从上级检察长并服从于俄罗斯联邦总检察长的统一集中的体制。"而且，检察机关工作人员包括检察官和侦查员必须经检察长授权并按检察长的指示和决定进行检察职能活动。否则，检察长有权对其实施以下纪律处分：予以训诫；予以谴责；予以严厉谴责；降低衔级；取消"为俄罗斯联邦检察尽职工作"的胸章；取消"俄罗斯联邦检察院荣誉工作者"的胸章；予以警告；开除出检察机关。俄罗斯联邦总检察长有权实施各种纪律处分；有权责成有关领导去追究责任。

由于历史文化等方面的原因，各国检察一体原则的内容和制度安排都有自己的特色，有的一体化程度比较高，如俄罗斯，有的一体化程度比较低，如美国。一般而言，检察一体原则是指检察系统内上下级检察院之间、检察院内检察长等领导机构与检察官之间以及上下级检察官之间存在以指令权、监督权、事务调取权、移转权和代理权为主要内容的领导关系，其目的在于保证检察机构作为统一的整体执行检察职能。

二、我国检察一体原则的历史渊源

1949 年 12 月颁布的《中央人民政府最高人民检察署试行组织条例》是新中国第一部有关检察制度的单行法规。该条例规定，全国各级人民检察署均独立行使职权，不受地方干涉，只服从最高人民检察署指挥，即在检察系统实行垂直的领导体制。这种垂直领导体制借

---

① 参见王以真主编：《外国刑事诉讼法学》，北京大学出版社 1990 年版，第 190、198 页。

鉴了当时前苏联的检察体制。但是，前苏联的检察体制是在"十月革命"后苏俄地方党组织不够健全、分裂势力比较强的情况下建立的，当时通过检察机关的职能作用维护和加强国家统一的需要十分迫切。而新中国的检察体制是在中国共产党各级组织比较健全、民主集中制得到有效落实的情况下建立的，对检察机关维护国家统一和法制统一的功能的要求并不强烈。相对检察机关而言，中国共产党的组织体系承担了更大的维护国家和法制统一的责任和功能。由于这样的历史背景，新中国创立的检察系统的垂直领导体制很快因为与地方党委领导体制存在冲突而受到质疑，被认为"有些窒碍难行之处"，要求把检察机关及其维护法制统一的职能纳入党的领导之下，形成地方各级党委领导本级检察机关及其工作的体制。1951 年通过的《最高人民检察署暂行组织条例》和《各级地方人民检察署组织通则》反映了这种历史要求，将垂直领导体制改为双重领导体制，即地方各级人民检察署既受上级人民检察署的领导，又是同级人民政府的组成部分，受同级人民政府领导。不过，在随后几年里开展的镇压反革命、"三反"、"五反"、司法改革等一系列政治斗争和社会改革运动中，由于检察机关的性质及其职能作用没有被全党和全社会充分认识，检察机关的组织体系和执法能力不够健全，人们对公安机关、审判机关和检察机关之间的关系也缺乏正确的认识，一些地方检察机关不但没有全面履行检察职能，反而受地方党委和政府的指派做了其他部门的工作，因而引起了新中国历史上第一次检察机关存废之争。

在党中央的支持下，1954 年 3 月召开的第二届全国检察工作会议批判了关于检察机关"可有可无"的错误观点，从思想认识上巩固了检察机关作为专门维护法制统一的机关在人民民主专政国家机构中的地位。新中国检察体制的发展和演变体现了事物的辩证运动规律：1949 年确立的垂直领导体制在 1951 年被否定，取而代之的是双重领导体制，1954 年《宪法》和《人民检察院组织法》又否定了双重领导体制，重新确立了垂直领导体制。但是，这时的垂直领导体制已经不同于 1949 年确立的垂直领导体制。1954 年《人民检察院组织法》规定：地方各级人民检察院均独立行使职权，不受地方国家机关的干涉；地方各级人民检察院和专门人民检察院在上级人民检察院的领导下，并且一律在最高人民检察院的统一领导下进行工作；在人民检察院内部，按照民主集中制原则设立检察委员会，检察委员会在检察长的领导下决定检察工作中的重大问题。同时，由于当时在一定程度上明确了党政分开的体制，检察机关不属于地方人民政府，不受地方人民政府的领导。但是，按照中共中央有关指示，各级检察机关要受同级地方党委的领导和监督，而且检察机关要主动向同级党委请示和报告工作，各级党委也要加强对各级人民检察院的领导，保障国家法律正确实施。因此，这种垂直领导体制实质上只是指国家机构系统内的检察领导体制，在实际的检察工作中，各级检察机关仍然要受党的领导体制和检察系统的领导体制的双重领导。经过曲折的发展过程而形成的这种双重领导体制是对最初建立的简单的垂直领导体制的辩证否定，是符合我国政治体制和检察事业发展需要的领导体制。在实践中，这种领导体制也有力地推动了检察制度的建设和检察工作的发展。

1978 年《宪法》使我国的人民代表大会制度得以重建并有效地运行起来。在人民代表大会制度的框架之下，1979 年制定的《人民检察院组织法》确立了新型的领导体制：最高人民检察院领导地方各级人民检察院和专门人民检察院的工作，上级人民检察院领导下级人民检察院的工作；同时，地方各级人民检察院对本级人民代表大会及其常务委员会负责并报告工作。由于地方各级人民检察院对同级人民代表大会的从属关系并不是严格意义上的领导关系，因而新型的领导体制也不是严格意义上的双重领导体制。不过，地方党委对同级人民检察院的领导体制基本上没有发生变化。从我国检察机关在现行政治体制中的定位来看，地方各级人民检察院实际上是由地方人大产生，受人大监督，并受上级人民检察院和同级党委的双重领导的地方国家机关。1979 年《人民检察院组织法》还调整了检察机关内部的领导关系，即将检察长领导检察委员会的工作改为检察长主持检察委员会的工作，并明确了检察委员会实行少数服从多数的民主集中制，加强了检察委员会对检察长的制约，形成了检察长与检察委员会相结合的领导体制。

1979 年确立的检察领导体制一直沿用至今，保证了我国社会主义检察事业的健康发展。不过，随着依法治国进程的推进和检察事业的发展，检察一体制不够健全的问题日益突出，已经成为制约检察工作的体制因素之一。党的十五大、十六大和十七大一再把从制度上"保证审判机关和检察机关依法独立公正地行使审判权和检察权"作为司法改革的目标和任务之一，为检察一体制的完善指明了方向。加强和完善检察一体制是保障检察机关依法独立公正地行使检察权的重要措施，也是当代中国社会主义检察制度发展的必然要求。我们要本着与时俱进和求真务实的精神，从理论上、法律上和规章制度上理顺和完善检察系统和检察院内部的领导体制，牢固地树立检察一体原则并将其作为指导检察改革和检察机关职能活动的准则之一。

三、检察一体原则的精神实质和法理根据

长期以来，我国社会主义检察制度一直存在着检察一体原则不明确、领导体制几经调整和相关制度不健全的问题。这既有政治体制方面的原因，也有对检察工作的性质和规律认识不足等方面的原因。

从国外的情况来看，虽然大多数国家实行检察一体原则，但是，对于这一原则的精神实质和法理根据，学术界一直存在着较大的分歧，大致有惩治犯罪说、防止误用和滥用权力说、国会责任说、统一追诉标准说四种学说。

惩治犯罪说认为，检察一体的目的在于全国检察系统紧密联系、统一指挥、协同办案，形成打击合力，有效地惩治犯罪，而不是为了防止检察官查办政治敏感的案件。这一学说的缺陷主要是，它没有体现检察制度的另一宗旨，即制约侦查权和审判权以保障人权。检察制度是在纠问式审判方式向控辩式审判方式转变的过程中形成和发展起来的，其原始的目的不是进一步加强惩治犯罪的功能，而是要弥补保障犯罪嫌疑人、被告人的人权不足，维护侦查程序、审判程序的公正。另外，在加强惩治犯罪方面，最能发挥作用的是加强检警一体和警检合力，而不是检察系统内部的一体。因此，惩治犯罪说有失片面。

防止误用和滥用权力说认为，由于检察机关没有类似审判机关的审级制和合议制，特别是在实行起诉垄断主义的国家，检察官的不起

诉使法院丧失了审判的机会，如果误用起诉裁量权，具有极大的危险，同时在检察机关内部检察长具有指挥命令检察官的权力，如果检察长滥用指挥命令权，必须有上级检察机关加以监督和纠正。有检察官的独立就要有检察长的领导，有检察长的领导就必须有上级检察机关的监督和纠正，因而必须形成检察一体的控制权力机制。这一学说也受到质疑：权力越集中，滥用权力的可能性就越大。上级权力比下级的大，滥用权力的可能性不会更小，而且越是上级，受政治干涉的可能性越大。因此，防止误用和滥用权力的根本措施不在于集权，而在于分权。另外，检察系统的上级对下级的指挥和命令是不公开的，不具有审级制度的公开性，难以监督，更易滥用权力。

国会责任说认为，只有在检察机关内部实行检察官向检察长负责、上命下从，在检察系统内实行层层向上级负责，最高检察机关才能向国会负责。这一学说的实质是，检察一体的宗旨是保障外部监督的内部化，使国会的监督通过检察一体而得到有效地实现。但是，这一学说也受到了质疑：检察一体如何防止检察权的集中和检察机关的行政化？

统一追诉标准说认为，在审判系统有审级制度作为统一执法的保障，在检察系统就应当有检察一体作为统一执法的保障，通过检察一体可以统一追诉标准，统一司法解释，从而确立起诉自由裁量的标准，保证检察职能的统一行使，维护法制统一和平等适用法律。这一学说在西方国家受到质疑的原因主要是：在"三权分立"体制下，法院享有终局的司法解释权，检察院是行政系统的准司法机关。检察一体的功能只是防止下级检察机关滥用不起诉权。在起诉便宜主义原则确立以后，强调检察机关从刑法的目的出发，因案制宜，检察机关享有相当大的不起诉自由裁量权。如果完全容忍个别检察官或检察机关放宽不起诉标准，容易使人们产生检察权可能架空审判权的忧虑。因此，统一追诉标准确实是检察一体的宗旨和法理根据之一。

我们认为，上述诸学说都有一定的合理性，都揭示了检察一体原则的某些方面的本质和根据，但是，这些学说大多以"三权分立"为立论基础，难免存在这样或那样的片面性或不足。在实行人民代表大会制度的社会主义中国，作为检察机关职能活动的基本原则之一的检察一体原则，其精神实质在于保障检察职能的统一行使，其法理根据主要有四个方面：（1）有效惩治犯罪和纠举违法行为，保证法律统一正确的实施。（2）切实保障人权，制约侦查权和审判权，维护程序公正。（3）统一追诉标准和执法标准，保证执法的法律效果、政治效果和社会效果的统一，对国家权力机关全面负责。（4）加强上级检察机关的领导职能，防止下级检察机关在执行职能过程中受到外部干涉，保障检察机关依法独立行使检察权。

虽然检察一体原则体现了检察工作的规律和特点，但是，与许多国家的立法一样，我国现行法律还没有明确规定检察一体原则。严格地说，检察一体原则只是对我国检察职能行使特点和要求的一种学理解释。不过，从我国检察工作的客观要求和检察制度的发展方向来看，我国应当将检察一体确立为行使检察权的一项基本原则，并按照该原则的要求，结合我国国情，逐步完善检察一体制度。

四、检察一体原则的基本内涵

各国检察体制和制度不同，检察一体原则在各国的具体表现或者所包含的内容，是不完全一致的。在我国，根据有关法律规定和检察实践，一般认为，检察一体原则的基本内涵主要有以下三个方面：

1. 在上下级检察机关和检察官之间存在着上命下从的领导关系。在检察系统，它是指上级人民检察院对下级人民检察院的领导、上级检察官对下级检察官的领导、最高人民检察院对地方各级人民检察院和专门人民检察院的领导。最高人民检察院的决定，地方各级人民检察院和专门人民检察院必须执行；上级人民检察院的决定，下级人民检察院必须执行。最高人民检察院可以撤销或者变更地方各级人民检察院和专门人民检察院的决定；上级人民检察院可以撤销或者变更下级人民检察院的决定。在人民检察院内部，它是指检察长对其他检察官的领导、上级检察官对下级检察官的领导以及检察委员会对本院检察官的集体领导。

2. 各地和各级检察机关之间具有职能协助的义务。全国各级检察机关是执行检察职能的统一整体，虽然各地人民检察院、各级人民检察院以及专门人民检察院都具有明确的管辖范围，但是在执行检察职能的过程中，如果确实需要其他检察机关的协助，例如，调查取证、扣押等侦查措施和强制措施的适用，相应的检察机关有进行职能协助的义务。这种协助有两种方式：一是代为执行有关职能；二是协助其他检察机关的检察官在本辖区执行有关职能。

3. 检察官之间和人民检察院之间在职务上可以发生相互承继、移转和代理的关系。从检察官的角度来说，某个检察官在执行职务的过程中因故不能继续执行职务或者检察长认为其不适宜继续执行某项职能时，检察长或上级检察官有权指派其他检察官承继或者代理其职务，有关诉讼程序可以继续进行，不必重新开始。这是检察官职务与法官职务的重要区别之一。从检察机关的角度来说，上级人民检察院在必要的时候，可以处理下级人民检察院管辖的案件，也可以将自己管辖的案件交由下级人民检察院办理；上级人民检察院可以指定下级人民检察院将案件移送其他下级人民检察院办理。

在上述三个方面的内容和要求中，"上命下从"的领导关系是检察一体原则的核心内容，职能协助以及职务的移转、承继和代理是检察一体原则的必然要求，也是检察职能和检察官职务的重要特点。

五、检察一体原则的适用

正确理解和适用检察一体原则事关检察权的行使方式和检察体制改革的发展方向。然而，检察一体原则是历史的、具体的，往往因时代和国情而有不同的内容和要求，表现为不同的制度设置，并没有统一的模式。我们必须本着求真务实的精神，立足国情和检察工作实际，研究和探索符合中国特色社会主义检察制度内在要求的检察一体的体制和工作机制，保障检察权的有效和统一行使。

首先，强化检察一体的体制和工作机制要根据检察工作规律和我国国情，逐步推进。当前，我国检察体制在贯彻和落实检察一体原则方面存在的主要问题是，检察系统的检察一体化比较弱，而人民检察院内部的检察一体化则比较强。因而，强化检察一体，主要应当是指强化检察系统上下级之间的领导关系。从社会经济发展状况来看，我国幅员辽阔，人口众多，社会经济发展不平衡，实行检察一体，既有必要，又有困难；从政治体制来看，在人民代表大会制度中，检察机关既有一定的独立性，又受到多重领导和监督，一体化与外部领导存在一定的冲突；从法律传统来看，司法制度和诉讼程序与大陆法系比较接近，从体制上保证检察一体原则的实现，既有现实的可行性，又有客观的障碍。推进检察系统一体化的进程，实质上是要在检察系统逐步或在一定程度上实行业务、人事和经费的统一领导和调配。这些制度安排都涉及政治体制和财政体制等方面的改革进程，由检察机关单方面推进是有限的。

鉴于目前在全国检察系统推进业务、人事和经费的一体化制度还有相当大的难度，一些学者根据我国实行分税制的条件，主张建立省级以下人民检察院垂直领导体制作为一种过渡模式。省级以下人民检察院垂直领导体制，是指省、自治区、直辖市人民检察院在同级党委和最高人民检察院的领导下，对本辖区各级人民检察院的人员、业务工作和经费实行统一管理，辖区检察机关统一由省级人民代表大会产生，对它负责，受它监督。这种以省级检察院为枢纽的检察一体制度比较符合我国国情，是加强检察一体化的有效措施，有利于在省级辖区内提高人力和物力资源的配置效率，特别是在办理大要案的时候，更能发挥统一行动、协调指挥的优势。但是，这种体制也涉及人民代表大会制度的改革和党的领导方式的改革。

其次，检察一体应以各级人民检察院依法独立行使检察权为基础，增强检察工作整体上的一体化，不能片面强化上下级人民检察院内设机构或部门之间的一体化。近年来，最高人民检察院和地方人民检察院为了找到推进检察一体化的突破口，进行了加强上下级人民检察院某些内设机构或部门一体化的探索，有的从侦查、公诉等部门开始，加强有关业务工作的上下一体化。现在看来，这方面的改革总体上取得了积极的成效，但是个别方面的制度设计和具体做法有失偏颇，有脱离各级人民检察院检察长和检察委员会领导的"部门主义的一体化"倾向。检察一体不只是某些业务部门在系统内的一体化，也不应将"整体的一体化"演变为"部门的一体化"。一方面，检察一体化是检察机关的一体化，而不是检察机关内部各部门的一体化；另一方面，上级人民检察院的内设机构和部门对下级人民检察院的对口机构和部门有业务指导的职责，检察一体化也包含部门一体化的内容，或者说，各部门在适当程度上的一体化是实现检察一体化的途径和形式。譬如，我们强调和落实上级人民检察院对下级人民检察院的侦查工作的领导，反贪局、反渎局等部门是具体的承办者、提议者和执行者，这些部门的一体化是实现检察一体化的途径，有利于加强检察一体化。同时，我们要反对以部门的一体化代替检察机关的一体化，防止部门脱离检察长和检察委员会的领导，以部门的意见代替本级人民检察院的意见，因为我国宪法和法律明确规定"人民检察院"独立行使职权，不是业务部门或者检察官独立行使检察权。

最后，在人民检察院内部，要处理好检察一体化业务工作机制与检察官责任制的关系。检察长和检察委员会对全院工作具有领导权，内设机构及其负责人对本部门工作具有领导权，检察官在统一领导下开展工作，这是现行组织法确立的工作机制。在这种工作机制中，检察官没有独立的法律地位，也没有独立的办案权，只是承办案件的工作人员。这种过于强化的检察一体化业务工作机制削弱了检察官的个人责任，不利于调动检察官的积极性，容易造成办案效率低下，办案责任不明确。近几年来，全国推行了几种模式的主诉检察官责任制和主办检察官责任制，在一定程度上弥补了人民检察院内部的检察一体化业务工作机制过于强化的不足，但是由于体制等方面的局限，各地主诉（主办）检察官责任制的发展并不平衡，有的甚至名存实亡，难以发挥其应有的作用。对此，我们要结合我国的政治制度和司法制度及其基本原理，根据现实的条件和需要，来分析其深层次的原因。检察官能否作为一种机构设置，能在多大程度上和多大的范围内独立行使检察权，必须由《人民检察院组织法》来规定。

第六节　接受监督原则

检察机关是专门的法律监督机关，也是受到各方面的监督和制约的机关。《人民检察院组织法》第 7 条规定："人民检察院在工作中必须坚持实事求是，贯彻执行群众路线，倾听群众意见，接受群众监督，调查研究，重证据不轻信口供，严禁逼供信，正确区分和处理敌我矛盾和人民内部矛盾。各级人民检察院的工作人员，必须忠实于事实真相，忠实于法律，忠实于社会主义事业，全心全意地为人民服务。"《检察官法》第8条规定，检察官应当履行接受法律监督和人民群众监督的义务。这些规定表明，接受监督是检察机关和检察官行使检察权应当坚持的一项原则，也是正确行使检察权的保证。

党的十七大报告指出，要加强对权力的制约和监督，加强对执法活动的监督，加强对司法工作的监督。这就要求我们检察机关和检察官不仅要自觉地履行接受各方面监督的法定义务，而且要把接受监督当做行使检察权的一项基本要求，奉为行使检察权的一项基本原则。我们要努力树立和贯彻接受监督原则，主动地把外部监督当做改进工作的动力和契机，创新外部监督的方式、方法，从制度上保障外部监督制约机制特别是人民群众的监督更加有效地发挥作用。

一、接受监督原则的基本内涵

接受监督原则，是指检察机关和检察官在行使检察权的过程中必须依照有关法律和规章制度接受检察机关外部的各个方面的监督和制约，认真听取、研究并及时地反馈监督意见。① 具体而言，接受监督原则主要包含以下两个方面的内容：

1. 执行并不断完善检务公开的制度和程序，保持和增强检察工作的透明度，为外部监督创造必要的、便利的条件。进行监督，要了解相关的情况；接受监督，也要让别人能够了解相关情况。没有透明度，人民群众就难以进行监督；没有一定公开性和介入程序的渠道，有关机关和组织等外部监督也无法发挥作用，更难以取得积极的效果。最高人民检察院1998年发布的《关于在全国检察机关实行"检务公开"的决定》和2005年发布的《关于进一步深化"检务公开"的决定》等文件，对公开的范围、原则、方式和保障措施都作了明确规定，具有较强的可操作性，对推动检察改革，保证检察机关公正执法、文明办案和司法廉洁都发挥了重要作用。今后，随着我国民主

---

① 本章主要讲检察权作为一个整体的国家权能在行使的过程中应当遵循的原则，检察系统和人民检察院内部的监督则属于业务工作机制和领导机制的范畴，故不属于接受监督原则的内容。

法治建设的推进，特别是检察事业的发展，我们要研究新情况、解决新问题，不断地推动检务公开制度的发展。

2. 建立处理监督意见的工作程序和业务机制，保障监督意见得到及时、有效和适当的处理，使监督成为检察机关改进工作方式、加大工作力度和提高执法水平的动力。检察机关必须建立一套处理监督意见的程序，使来自社会各界和人民群众的监督意见能够及时地纳入检察工作程序，得到适当的处理。要保障外部监督的持续性和有效性，就要靠常规的程序和制度，不能因为检察长注意力的转移而削弱或者废弃，也不能靠个别人的决心和工作能力来推行。

接受监督是检察权作为社会主义国家权力的本质要求，也是检察机关依法独立公正地行使检察权的保障。因此，检察机关和检察官都必须坚持接受监督原则，树立接受监督的意识，提高检察工作的透明度，从制度上保障外部监督制约机制特别是人民监督员制度发挥应有的作用。

二、接受监督原则的法理根据

为了防止滥用权力，保证正确行使权力，把人民赋予的权力真正用来为人民谋利益，必须"建立结构合理、配置科学、程序严密、制约有效的权力运行机制，从决策、执行等环节加强对权力的监督"①。接受监督原则的法理根据具体包括以下几方面：

1. 一切权力属于人民

我国是人民当家做主的社会主义国家，人民是国家的主人，一切权力属于人民。一方面，人民通过授权的方式委托经过法定程序产生的国家机关和公职人员代为行使管理国家和社会公共事务的权力，受委托者必须按照人民的意志来行使权力，必须始终用来为人民谋利益；另一方面，人民仍然保留依照法律规定通过各种途径和形式，参

---

① 江泽民：《全面建设小康社会，开创中国特色社会主义事业新局面——在中国共产党第十六次全国代表大会上的报告》（2002 年 11 月 8 日）。

与和监督管理国家事务、管理经济和文化事业、管理社会事务的权力。① 因此，人民享有监督国家权力运行的权力，人民团体和受人民委托的国家机关及其工作人员也都享有监督国家权力运行的权力。

一切权力属于人民，是社会主义政权建设的根本原则。列宁在《国家与革命》中指出，工人阶级在夺取国家政权后，必须"立刻转到使所有的人都来执行监督和监察的职能，使所有的人暂时都变成'官僚'，因而使任何人都不能成为'官僚'"②。中国共产党在革命战争时期是代表人民并领导人民夺取政权的，革命胜利以后则要代表并领导人民掌握和行使好国家的各项权力。党的执政地位、社会主义国家的一切权力，都来自人民，党政领导干部手中的权力都是人民赋予的。在现实生活中，一些领导干部对此认识不清，在权力从何而来、为谁而用等基本问题上出现了认识错误，因而把人民赋予的权力当做私有财产或者谋取私利的工具，把制约和监督当做实现自身利益、地方利益或部门利益的障碍而加以抵制和破坏。只有一切公职人员包括政法干部都必须对权力的来源和归属、权力的人民性和公共性保持清醒的认识，才能对各种监督保持理性的态度。

权力必须始终用来为国家和人民谋利益，是我们党和国家对公职人员的一贯要求，也是绝大多数公职人员的自觉行动。毛泽东同志把全心全意为人民服务确定为党的宗旨。邓小平同志提出了"领导就是服务"③ 的论断，并把人民拥护不拥护、人民高兴不高兴、人民赞成不赞成、人民答应不答应作为判断权力行使得正确与否的标准。江泽民同志提出："我们的权力是人民赋予的，一切干部都是人民的公

---

① 夏勇指出："至今有些同志仍然把人民对政府的监督归于'下级对上级的监督'，把人民对人民代表的监督看做一般社会监督。这类在原理上颠倒主仆关系、忽视人民是国家的主人和人民监督的起始性和根本性的认识，应该加以纠正。"参见夏勇：《宪政建设——政权与人民》，社会科学文献出版社 2004 年版，第 135 页。

② 《列宁选集》（第 3 卷），人民出版社 1960 年版，第 226 页。

③ 邓小平："把教育工作认真抓起来"（1985 年 5 月 19 日），载《邓小平文选》（第 3 卷），人民出版社 1993 年版，第 121 页。

仆，必须受到人民和法律的监督。"① 胡锦涛同志用精练的语言向全党鲜明地提出了"权为民所用，情为民所系，利为民所谋"② 和"为民、务实、清廉"③ 的要求。这些精辟而深刻的论述科学地回答了"权力为谁服务"的问题。因此，公职人员只有树立正确的权力观，牢记权力必须始终用来为国家和人民谋利益的宗旨，才能自觉地接受各方面的监督。

2. 监督是社会主义法治系统的重要环节

社会主义法治系统包括立法、执法（司法）、守法和法律监督等环节，是一种动态的秩序。在这一秩序中，既要保持法制的统一，又要保持法律的普遍遵守。为了保证法律的统一正确实施，就必须对法律的实施进行监督。经过多年的努力，我国初步建立起了中国特色的社会主义法律监督体系。它主要包括人民群众的监督、党的监督、国家权力机关的监督、专门机关的监督、社会团体的监督、新闻媒体的监督等，同时，在国家机关内部也建立了纵向和横向的监督机制。这一监督体系对于维护国家法律的统一、尊严和权威，保证法律的正确实施，发挥了巨大的作用。因此，加强对国家机关及其工作人员的监督，是发扬民主、健全法制的一个重要方面，是社会主义法治的重要环节。接受监督是社会主义国家的民主集中制原则的基本要求。

3. 监督是防止权力的滥用和腐败的必要措施

历史经验表明，一切有权力的人都有可能滥用权力。要防止滥用

---

① 江泽民：《高举邓小平理论伟大旗帜，把建设有中国特色社会主义事业全面推向二十一世纪——江泽民在中国共产党第十五次全国代表大会上的报告》（1997 年 9 月 12 日）。

② 胡锦涛：《在新进中共中央委员、候补委员学习"三个代表"重要思想和贯彻十六大精神研讨班上的讲话》（2003 年 2 月 18 日）。

③ 胡锦涛：《在中国人民政治协商会议全国委员会新年茶话会上的讲话》（2004 年 1 月 1 日）。

权力，既要有以权力监督权力的机制，又要有以权利监督权力的机制。① 权力的运行是动态的，要保证权力始终沿着正确的轨道正常运行，有效防止权力的滥用、蜕变和腐败，就必须加强对权力运行全过程的监督，包括对权力的授予、行使和运行结果等环节的监督。② 抓住那些容易滋生腐败的领域和环节，完善权力配置和运行程序，提高透明度，加强制约和监督；完善政绩考评机制和执法责任追究制度，加强对权力行使结果的监督。

加强对权力运行的监督，既是社会主义民主建设的重要内容，也是社会主义民主的重要保证。③ 按照十六届四中全会的要求，加强对权力运行的监督，首先要进一步加强党内监督，同时，把党内监督与国家专门机关的监督、民主党派监督和社会监督结合起来，把以权制权和依法治权有机地结合起来，形成监督的整体合力。当前，党员领导干部和所有的公职人员都要强化监督意识，自觉接受党组织和人民群众的监督，支持和保证人大、政府专门机关、司法机关依法履行监督职能，支持和保证人民政协依照章程开展民主监督，切实保障公民的检举权、控告权、申诉权。每个公职人员都应当自觉地把监督视为帮助、支持和关爱，主动把自己置于党组织、国家机关和人民群众的监督之下。

---

① 黄宗良教授指出："权力腐败的重要原因是权力缺乏制约和监督，遏制腐败必须加强对权力的制约和监督。"参见南叶："反腐重在建立权力制约机制——访北京大学世界社会主义研究所所长黄宗良教授"，载《中国改革报》1998年6月10日。亦见于《新华文摘》1998年第8期。

② 列宁说："监督是把共产主义社会第一阶段'调整好'，使它能正确地进行工作所必需的主要条件。"参见《列宁选集》第3卷，人民出版社1972年，第258页。

③ 李铁映说："用什么力量和方式监督制约权力，是民主政治发展的一个世界性课题。实践证明，以权利制约权力和以权力制约权力是行之有效的力量和方式。社会主义民主政治是一个权力系统，权力的起点是人民主权原则下的国家一切权力属于人民；人民通过选举将权力授予人民代表大会；人民代表大会产生行政、司法等机关，由它负责执行和实施人民代表大会制定的法律。"参见李铁映：《论民主》，人民出版社、中国社会科学出版社2001年版，第203页。

三、接受监督原则的适用

我国检察权是法律监督权，这种权力本身也面临着如何被监督的问题。从制度设计上说，检察权既可能因监督制约不足或缺位而导致检察权的滥用和腐败，也可能因监督制约过度或者不当而导致检察权的独立性缺乏保障。因此，对中国检察权监督制约机制的建构，既要在容易产生检察权滥用和腐败的环节上设置合理的制约机制，保障检察权的合法运行，又要排除检察权监督制约机制中干扰、妨碍检察权独立行使的不利因素。

1. 树立检察权要接受监督的观念，加强接受监督的意识

检察机关是国家的法律监督机关，检察官是执行法律监督职能的国家工作人员，本职工作就是监督别人，因而容易形成监督别人的习惯，而不容易形成被别人监督的习惯。然而，在社会主义政治制度下，一切权力属于人民，为了防止权力的滥用和腐败，就必须设置权力监督机制，使任何机关、任何国家工作人员行使任何国家权力都要受到必要的监督。检察权作为一项国家权力当然要受到外部的监督和制约。因此，检察官既要加强依法履行监督职责的意识，也要加强依法接受监督的意识，这两个方面的意识都是履行好法律监督职能的重要条件。在我国，对法律实施的监督是通过多种途径实现的，除检察机关的法律监督以外，还包括党的监督、人大监督、行政监察监督、民主党派监督、舆论监督、群众监督以及其他形式的监督，构成了一个完整的监督体系。检察机关的法律监督是社会主义监督体系的一个重要组成部分，而不是超然于其他权力包括监督权之上的监督机关。我们必须清晰地认识到，检察机关和检察官既是监督者也是被监督者，既要发挥好自身的法律监督职能，又要在履行法律监督职能的过程中自觉地接受各方面的监督。在现代民主国家里，任何公共权力都应当受到监督，任何机关、任何人都没有不受监督的权力。这是防止权力滥用的必要制度安排，也是权力有限原则的必然要求。

2. 检察机关和检察官要处理好坚持依法独立行使检察权原则与坚持接受监督原则的关系

在人民代表大会制的框架下，由人大授权产生的检察权应当且必

须接受其监督。但是，这种监督应以不损害检察权的独立行使为界限，我们必须在"制约检察权的滥用"和"检察权独立行使"之间寻找一个合理的平衡点。要使独立行使检察权原则与接受监督原则并行不悖，必须处理好检察机关与同级党委、检察机关与国家权力机关的关系。从党的领导来看，检察机关不仅要服从同级党委的领导，而且要主动争取同级党委的领导和支持；同时，各级党委对同级检察机关的领导也要坚持政治领导、思想领导和组织领导，对具体案件等检察业务问题的介入要特别慎重，防止以党代政，防止检察长推卸责任，防止下级检察机关以党委领导对抗上级检察机关的领导。从人大权力本身的特点和行使的方式看，其对检察权的监督重点，应当是切实行使好对人民检察院检察长的选举、罢免权和对检察员的任免权；严把检察官的入口关，以确保符合《检察官法》资质要求的人员进入检察官队伍，杜绝不符合资质要求的人员进入检察官队伍；通过建立统一、严格、科学的检察官弹劾、惩戒机制，监督检察官在司法中的职务违法犯罪行为，既要改变人大一直以来对检察机关的人事监督和执法情况监督比较薄弱的局面，也要防止把监督的重点放在个案上。

3. 检察权的外部监督与检察权的内部监督应当结合起来，形成合理、系统的监督制约机制

政治监督和职能监督等外部监督有特定的责任追究机制和保障机制，如党委对检察长的组织考察、人大对检察长的任命和罢免这些外部监督制约通常是有效的，舆论监督通过外部监督也比较容易转变为政治监督和职能监督。但是，群众监督等社会监督往往缺乏必要的政治压力，有时容易落空，特别是需要建立健全相应的责任机制，近年创造的"控告申诉案件首办责任制"就是一个成功的范例。只有把外部监督与内部监督有机地结合起来，才能发挥它们的最大作用，才能发现这两个方面存在的问题和缺陷，并及时地加以解决，才能形成系统的监督制约机制。

关于外部监督，在制度设计上，检察机关的法律监督职能基本上属于程序性监督，即主要是依法启动程序或作出程序性的决定来发挥监督作用。它不具有实体性的行政处分权或司法裁决权，必须接受权

力机关或司法机关的裁决，而这些裁决本身就构成了对法律监督权的监督和制约。从国家监督体系来看，法律监督属于国家监督体系的一个组成部分，各个具有监督职能的部门之间具有一定的监督制约关系，因而法律监督本身必然要受到多重外部监督和制约。从外部监督制约的主体来说，检察机关要接受的外部监督主要有以下几个方面：

一是接受党对检察工作的领导和监督，有关职务犯罪侦查工作中涉及的重大决策、重大工作部署、重大问题，要及时向党委请示报告。坚持和主动接受党的领导，既是我们做好检察工作的根本保证，也是检察机关和检察官必须遵循的一项基本政治原则和政治纪律。只有在党的领导和监督下，自觉地把检察工作纳入党和国家工作的大局来考虑和谋划，才能保证检察工作坚持正确的政治方向，才能保证党的路线、方针、政策更好地在检察工作中得到落实，才能用好检察权。

二是接受人民代表大会及其常务委员会的监督，包括工作报告的审议、人事任免、质询、特定问题的调查及决定、逮捕人大代表须经许可等。检察机关接受人大监督是人民代表大会制度的一项重要内容，也是宪法规定的一项基本原则。人大监督是一种宪法监督，是国家监督体系中最高层次、最高权威的监督。检察机关既要加强同人民代表的联系，主动听取意见和建议，更要注意接受人民代表大会及其常务委员会和内设机构的集体监督意见，以及接受人大及其常委会的质询、检查和评议。

三是接受政协的民主监督。中国人民政治协商会议是中国人民爱国统一战线的组织，是中国共产党领导的多党合作和政治协商的重要机构，是我国政治生活中发扬社会主义民主的重要形式。政协由中国共产党、各民主党派、无党派人士、人民团体、各少数民族和各界的代表，香港特别行政区同胞、澳门特别行政区同胞、台湾同胞和归国侨胞的代表以及特别邀请的人士组成，主要职能是政治协商、民主监督、参政议政。民主监督是对国家宪法、法律和法规的实施，重大方针政策的贯彻执行，国家机关及其工作人员的工作，通过建议和批评进行监督。参政议政是对政治、经济、文化和社会生活中的重要问题以及人民群众普遍关心的问题，开展调查研究，反映社情民意，进行协商讨论。通过调研报告、提案、建议案或其他形式，向中国共产党和国家机关提出意见和建议。检察机关和检察官在行使检察权的过程中要自觉接受政协的民主监督，认真听取和研究政协提出的意见、批评和建议。

四是接受群众监督和舆论监督。检察工作的根本目的是为人民服务，因此必须保持同人民群众的血肉联系，争取最广大人民群众的支持。接受人民群众的监督，不断改进检察工作是保持检察工作与人民群众密切联系和争取人民群众支持的重要保证。检察工作要关注人民群众的具体利益，考虑社会效果，把人民满意不满意作为评价工作绩效的重要标准。舆论监督包括社会舆论监督和新闻舆论监督，是指通过报纸、刊物、广播、电视、网络等传播形式，反映情况和表达意见，以促进有关问题的解决。对检察工作的舆论监督，就是各种传媒反映检察工作中存在的问题并提出批评和意见。舆论监督具有广泛性、公开性和及时性等特点，社会影响较大，检察机关和检察官必须给予高度重视，把它作为改进工作的动力。

五是接受公安机关、人民法院和律师在法律程序上的制约。在我国司法体制中，人民法院是国家的审判机关，行使审判权；人民检察院是国家的法律监督机关，行使检察权；公安机关是国家的治安保卫机关，行使侦查权。它们担负着惩治犯罪，保障人权，维护社会主义法制和法律秩序的共同任务。三机关的不同性质和共同任务，决定了它们在刑事诉讼中要分工负责、互相配合、互相制约。除了三机关之间的相互制约外，检察机关还要接受社会监督，这既有利于保障当事人的权利，又有利于诉讼程序的合法、文明进行。

第六章　检察业务管理机制

检察业务管理机制，是为实现检察业务管理目标而构建的、有关检察业务管理活动内在机理及其过程的总和，是检察业务管理制度和管理体制的动态形式和核心内容，是中国特色社会主义检察制度的重要实现方式。① 检察业务管理的目标是保障各项检察职能严格、公正、文明行使，有效实现法律监督职责。建立科学的检察业务管理体制，借鉴和运用现代管理科学的技术和方法，改善检察业务管理，保证检察业务管理目标的实现，是推进中国特色社会主义检察制度建设所不可少的，② 也是检察机关全面提高法律监督能力、执法水平和社会公信力的客观需要。

第一节　案件管理机制

一、案件管理机制概述

案件管理机制，是检察业务管理机制的核心。加强案件管理，是

---

① 检察管理就是计划、组织、领导和控制检察活动以实现检察职能。从内容上说，它包括检察业务管理、检察队伍管理和检务保障等；从形态上说，它包括检察管理制度、检察管理体制、检察管理机制、检察管理技术、检察管理理念等。本书限于篇幅和条件，专列两章论述检察业务管理机制（第六章）和检察官制度（第七章），对我国检察业务管理和检察队伍管理中最重要的方面进行研究和探讨。

② 参见孙谦："论检察管理的主体和客体"，载《检察理论研究》1994 年第 3 期。

开展检察业务活动的客观需要。这里的案件管理①，是指检察机关制定办案规程、运用组织、计划、控制等管理职能，创制有利于严格公正文明办案、充分发挥检察职能作用的执法环境，确保案件质量的一项综合性活动，具有以下主要特征：一是案件管理主体是特定的检察机关，并由相应业务部门领导及上级检察机关业务主管部门履行管理职责；二是案件管理对象是各类案件，包括检察机关依法办理的刑事案件、民事案件和行政案件；三是案件管理的措施和手段是多样的，可采取计划、组织和控制等职能和手段进行管理；四是案件管理目的是提高办案水平，保证案件质量。

案件管理机制是为实现案件管理目标而构建的，是有关案件管理活动的内在机理及其过程的总和。建立案件管理机制的目的，是为了保障案件管理目标的实现。近年来，地方各级检察机关都在积极探索案件管理和案件管理机制建设。如有的设立案件管理中心，对全院内设各业务部门办理的案件实行集中统一管理；有的在公诉部门设立法制科，专司公诉案件的程序审查；有的明确规定由控告申诉部门统一受理案件，并监控案件流程，评估案件质量。② 这些探索对于加强案件管理是有益的，但也存在法理依据、管理目标、管理方式及管理内容等需要深入探讨的问题。为进一步规范检察执法活动，提高执法水平，保证办案质量，最高人民检察院在 1999 年公布施行的《人民检

---

① 根据有关管辖的法律规定，检察机关办理的案件包括刑事案件、民事案件和行政案件。刑事案件是指检察机关按照《刑事诉讼法》的规定，在行使刑事侦查权、批捕权、公诉权和抗诉权等监督职权过程中涉及的案件，具体包括直接受理侦查的职务犯罪案件，由公安机关、国家安全机关、海关等侦查机关移送审查批准逮捕或移送审查起诉的刑事案件，对人民法院确有错误的判决、裁定提出抗诉的案件，受理当事人申诉或申请赔偿的刑事案件等。民事案件是指检察机关按照《民事诉讼法》的规定，在行使民事审判监督职权过程中，对人民法院已经生效的裁判发现违反法律、法规而依法提出抗诉的民事案件。行政案件是指检察机关按照《行政诉讼法》的规定，在行使行政诉讼监督职权过程中，对人民法院已经生效的裁判发现违反法律、法规而依法提出抗诉的行政案件等。

② 参见《检察日报》2004 年 4 月 30 日，第三版。

察院刑事诉讼规则》，规定了检察机关参与刑事诉讼的程序和制度；在 2003 年 5 月制定了《关于加强案件管理的规定》，涉及十个方面的内容。① 2006 年和 2007 年相继出台了批捕、起诉、不起诉等一系列办案质量标准等。这些都是新时期加强案件管理的重要规范性文件，对于进一步规范检察执法活动，提高执法水平，保证办案质量，具有重要意义。按照《人民检察院刑事诉讼规则》、《关于加强案件管理的规定》等，案件管理机制主要包括案件线索管理、案件线索移送、办案流程管理、案件信息管理和重大案件督办等机制和制度。

二、案件线索管理机制

案件线索管理机制，是检察机关为规范职务犯罪侦查工作，加强对案件线索的管理而建立的制度。实行案件线索管理，是从制度上防止有案不查、压案不办等现象发生的一个重要途径和措施，是促进案件线索管理规范化、程序化的根本保证。主要内容包括：

1. 线索登记。对有关职务犯罪案件的线索要逐件进行登记。登记内容主要包括线索来源、举报线索的举报人和被举报人的基本情况、举报线索的流向及其办理情况等。

2. 分级备案管理。对控告、举报和犯罪人自首的要案线索应当依法受理，指定专人逐件登记，实行分级备案审查制度。一是对县处级干部的举报线索，一律报省级人民检察院备案，其中涉嫌数额特别巨大或犯罪后果特别严重的，层报最高人民检察院备案；二是对厅、局级以上干部的举报线索，一律报最高人民检察院备案；三是备案应在受理后 7 日内办理，对情况紧急的应在备案前报告；四是接到备案的上级人民检察院应指定专人及时审查，如有不同意见，应在 10 日

---

① 这十方面的内容具体包括：一是实事求是地做好统计月报工作；二是完善重大典型案件专报制度；三是建立办案情况定期分析和上报制度；四是完善办案信息审查和对下指导工作机制；五是加强重大案件督办工作；六是进一步加强案例编纂工作；七是积极推行办案流程管理；八是加强案件管理工作的信息网络建设；九是进一步完善办案工作考核办法；十是加强对案件管理工作的领导。转引自《反贪工作指导》（总第 16 辑），中国检察出版社 2003 年版，第 148—150 页。

内将审查意见通知上报线索的人民检察院。

3. 保存待查。对有一定侦查价值但暂时不具备查处条件的线索，应当保存待查。

4. 催办和督办。检察机关举报中心向侦查部门移送案件线索时，要附上查处情况回复单。侦查部门接到举报中心移送的案件线索后，应在 1 个月内将处理情况回复举报中心；下级人民检察院接到上级人民检察院移送的案件线索后，应在 3 个月内将处理情况回复上级人民检察院举报中心；逾期不回复的，举报中心应进行催办。

5. 定期分析、清理。管理案件线索的内设部门应当在一定期间对案件线索进行分析、清理，并针对案件线索管理中存在的问题，提出加强和改进的意见，完善案件线索管理制度。

三、案件线索移送制度

案件线索移送制度，是指在检察机关与纪检监察、审计、工商、税务、海关、国有资产监管及安全、公安、法院、司法行政等执法、司法部门之间依法建立的互相移送有关案件线索的制度，目前已有不少的规定，① 是案件线索移送的主要依据，主要内容如下：

1. 向检察机关移送案件线索。执法机关或部门在执法过程中，

---

① 这些规定，如 1987 年最高人民法院、最高人民检察院、公安部《关于在审理经济纠纷案件中发现经济犯罪必须及时移送的规定》，1988 年中央纪律检查委员会、最高人民检察院就联合下发了《关于党的纪律检查委员会与国家检察机关建立联系制度的通知》，1988 年最高人民检察院、监察部联合下发了《关于检察机关与监察机关在查处案件工作中加强协调配合的暂行规定》，1993 年中共中央纪委、最高人民检察院、监察部又联合下发了《关于纪检监察机关与检察机关在反腐败斗争中加强协作的通知》，1999 年最高人民检察院、公安部、海关总署、国家税务总局等 10 个部门《关于在查办渎职案件中加强协调配合建立案件移送制度的意见》，2000 年最高人民检察院、审计署《关于建立案件移送和加强工作协作配合制度的通知》，2001 年国务院《行政执法机关移送涉嫌犯罪案件的规定》，2006 年最高人民检察院、全国整顿和规范市场经济秩序领导小组办公室、公安部、监察部《关于在行政执法中及时移送涉嫌犯罪案件的意见》等。

经调查认为有关行为已经构成职务犯罪并需要追究刑事责任的，应当将案件移送检察机关，并将有关证据和建议一并移送。

2. 检察机关对移送案件线索的审查处理。检察机关对其他执法机关或部门移送的案件线索应当及时审查。经审查，应当作出是否立案侦查的决定，并及时通知案件线索移送机关或部门。如决定立案侦查的，经侦查后应将查办情况及结果及时通报案件线索移送机关或部门。如决定不立案侦查的，应将不立案的决定及理由及时通告案件线索移送机关或部门，并退还有关案件线索材料。有关机关或部门对不立案侦查的决定有异议的，可以在收到不立案通知书的 10 日以内向检察机关申请复议，检察机关应当在收到复议申请的 30 日以内作出复议决定，并将复议通知书送达申请复议的机关或部门。

3. 协助检察机关收集证据。检察机关决定立案侦查后，在侦查中如认为需要案件线索移送机关或部门协助收集有关证据的，该机关或部门应当予以配合。

4. 检察机关向其他执法机关或部门移送案件线索。检察机关在办案中发现应当由其他机关或部门管辖的案件时，应当将有关案件线索移送有管辖权的机关或部门。有关机关或部门应当将案件处理结果及时通报检察机关，以便检察机关对其进行监督。

5. 检察机关向其他机关或部门移送有关案件材料和检察建议。检察机关在办案中如发现应当对有关人员给予党纪或行政处分时，应当将有关材料及检察建议送达其主管机关予以处理，有关机关应当将处理结果及时通报检察机关。例如，发现有关单位有违反国家规定的财政、财务收支行为，属于审计监督范围的，应当将违法案件线索移送审计机关处理，审计机关应当及时向检察机关通报处理结果。

6. 建立联席会议制度。检察机关应当与其他执法机关或部门加强联系，经常互通情况，加强协调配合，也可根据工作需要，建立联席会议制度等。

四、办案流程管理制度

建立办案流程管理制度，是推进检察办案规范化、制度化和程序化的客观需要，也是提高办案水平、保证案件质量的重要措施。由于案件性质和类型的不同，办案流程管理制度的内容各有不同，如职务犯罪侦查案件、审查批捕案件、审查起诉案件、民事行政抗诉案件等，其流程管理的具体内容和程序有所不同。当前，最高人民检察院于1999年公布施行的《人民检察院刑事诉讼规则》，是检察机关办理直接受理侦查案件、审查批捕案件、审查起诉案件、刑罚执行和控告申诉案件等的流程管理制度。最高人民检察院《关于民事行政审判监督程序抗诉工作暂行规定》（1992年）、《人民检察院举报工作规定》（1996年）、《关于检察机关反贪污贿赂工作若干问题的决定》（1999年）、《人民检察院办理民事行政抗诉案件公开审查程序试行规则》（1999年）等，是办理举报业务及民事行政抗诉案件的流程管理制度。但从总体上说，上述这些规定还不健全，与检察实践要求还有一定差距，同时由于各地做法很不统一，难以适应新时期检察机关办案实际需要。因此，要重视加强办案流程管理制度建设，具体要根据各类案件的性质和类型分步骤、分阶段进行：一是要根据法律规定的诉讼程序，建立科学的办案流程管理机制。二是对受理控告举报、初查、立案侦查、审查逮捕、审查起诉、抗诉、办理申诉案件等各个环节，都要制定明确的操作规范。三是上级人民检察院特别是省级人民检察院要及时总结各地实行办案流程管理的经验，适时制定本地区统一的办案流程管理办法。四是最高人民检察院要在总结各地经验的基础上，就反贪污贿赂、反渎职侵权、侦查监督、公诉、民事行政诉讼检察等重要业务工作，制定全国统一的检察机关办案流程。

五、案件信息管理制度

加强对案件信息的管理，是案件管理的重要组成部分。实行案件信息管理制度，主要内容体现在以下方面：

1. 统计月报制度。检察统计月报制度，涉及检察业务各个方面，包含检察机关每月办案情况的主要内容，为上级领导机关提供办案总体情况，有利于上级领导机关决策。实行统计月报制度，具体要求地方各级人民检察院每个月必须向上级检察机关报送检察业务工作的统计资料，提出统计分析报告，强化统计咨询和监督功能。一是统计分析报告，主要是为领导机关决策提供咨询服务的，要从定性和定量两方面分析、预测。这里的定性分析，是在办案经验和逻辑推理等基础上，采取调研的方式对发案、办案等情况进行直观分析、预测，判断案件发生情况及办案情况的未来趋势。定量分析相对于定性分析而言，是运用统计学方法，通过对大量案件统计数据的推算，对案件发生情况及办案情况的未来趋势做出分析、预测。二是实行决策监督。检察统计工作对决策的监督主要从两方面进行：一方面，通过对决策实施情况的分析监督，及时发现和解决问题，使决策不断调整、完善，改进办案方式方法，推动办案工作；另一方面，通过对决策实施情况的分析监督，及时对决策的正确性进行监测、评定，及时反馈实施信息，对不适应形势发展要求的决策进行调整，避免发生大的决策失误。三是检察统计要求。要坚持实事求是，确保统计资料的及时性、准确性和完整性，严禁弄虚作假及各种违反统计法规和统计制度的行为。上报的统计资料须经本院领导审核签发，省级人民检察院每年要组织一次检察统计执法检查。

2. 重大典型案件专报制度。为进一步理顺关系，提高效率，加强上级检察院对下级检察院的领导，促使请示报告工作和报送材料的规范化、制度化、科学化，最高人民检察院先后制定了《关于下级检察院向最高人民检察院请示报告工作和报送材料的暂行规定》（1994 年）、《关于加强检察信息工作的通知》（1995 年）、《关于加强和改进请示报告制度的意见》（1998 年）、《关于加强案件管理的规定》（2003 年）、《关于加强上级人民检察院对下级人民检察院工作领导的意见》（2007 年）等。实行重大典型案件专报制度，主要内容包括：

（1）专报范围。按照检察机关层级不同，专报范围分为两个方面：①省级人民检察院办理下列"五类"案件时，要向最高人民检察院报告办理进展情况或结果：一是有关案件备案和报告制度中规定的需要向最高人民检察院备案和报告的案件；二是最高人民检察院列为重点督办的案件；三是在全国或本地区有重大影响、新闻媒体关注的案件；四是人民检察院直接受理立案侦查的县处级以上干部犯罪案件中，作出撤销案件、不起诉决定的案件，以及人民法院判决无罪的案件；五是最高人民检察院要求报告的其他案件。②地方各级人民检察院办理重大典型案件时，应将办理情况和结果及时向上级人民检察院报告。重大典型案件的范围，根据有关案件备案和报告制度等界定。

（2）专报的内容和要求。①主要内容，包括案由、案情、处理意见、法律依据及其他需要报告的事项。②专报要求。一是准确、全面、及时、保密、安全；二是逐级上报，遇有特殊情况必须越级的，应抄送被越过的上级机关；三是一文一案；四是向最高人民检察院请示报告的案件，必须事实清楚、证据确凿，并经过检察委员会讨论等。

（3）有关注意事项。①对需要传真的，使用密码电传；②因情况紧急，在不违反保密规定的情况下可使用电话；③上级人民检察院收到案件专报材料后，应及时报告领导，并指定专人审查，对需要回复的应及时给予回复。

3. 办案情况定期分析和上报制度。建立案情定期分析和上报制度，是推动办案工作、保证案件质量的重要途径和措施。主要内容包括：（1）各级检察机关对本地区检察机关一定时期办理的所有案件，包括刑事案件、民事和行政案件，都要进行分析。（2）地方各级人民检察院每个季度都要就本地区检察机关办案的总体情况进行总结分析，并向上一级人民检察院报告。报告的主要内容包括：办案的一般情况、办案质量分析、发案特点和规律分析、办案机制和执法问题分析、对办案中倾向性问题的对策和建议等。（3）有关注意事项。一是分析要做到全面、准确、鲜明、生动，防止和克服官僚主义、形式主义和文牍主义。二是分析要有针对性，对刑事和民事、行政案件的办理情况的分析要分别进行，提出的对策意见和建议既要符合法律规定等实际情况，也可以有所突破，具有前瞻性。三是对涉及秘密的事项，要注意严格执行法律、法规和有关保密规定，确保国家秘密安全。

4. 办案信息审查和对下指导制度。建立办案信息审查和对下指导制度，是最高人民检察院加强对地方各级人民检察院、上级人民检察院加强对下级人民检察院领导的一个重要载体和重要途径。办案信息审查和对下指导机制，与案件定期分析和上报制度既有相同点，如针对的都是案件及办案情况，也有不同之处，两者侧重面有所不同。这项制度主要内容包括：（1）上级人民检察院研究室每个季度都要对下级人民检察院报送的办案总体情况进行综合分析，向本级检察长或检察委员会提交分析报告，为检察长或检察委员会提供办案情况咨询，以及为最高人民检察院和省级人民检察院对地方检察院或下级检察院加强宏观业务指导提供决策咨询意见和建议。（2）检察委员会在听取汇报时，要研究解决办案工作中存在的问题，对下级检察机关反映的带有普遍性的问题，要及时作出有关规定或提出指导性意见，从宏观上加强对下级检察院办案工作的指导。（3）上级人民检察院研究室对下级人民检察院报送的办案总体情况或有关业务工作情况，要及时进行综合分析，并写出分析报告，报告要求准确并要有针对性。

六、重大案件督办制度

建立重大案件督办制度，是上级人民检察院加强对下级人民检察院办案工作领导的重要途径和手段，实质是一种"特事特办"机制，主要内容包括：一是各级人民检察院要加强对重大案件的督办，健全督办机制，完善督办制度；二是上级人民检察院对列入督办范围的案件要做好备案，加强督促检查，定期向主办单位了解情况；三是省级人民检察院对最高人民检察院列为重点督办的案件，一般要每两个月专报一次办理进展情况或结果，重要案件的进展情况和结果要随时报告；四是最高人民检察院办公厅要及时汇总督办案件的办理情况，定期向各省级人民检察院通报。

第二节　检察业务决策机制

一、检察业务决策机制概述

检察业务决策机制，是检察业务管理机制的重要组成部分。实行检察业务决策，是检察机关有效发挥法律监督职能作用，实现检察业务目标，运用科学的理论、方法和手段，制定、选择并实施最符合职责要求的业务工作方案的一项综合性活动，具有以下主要特点：

1. 鲜明的政治性和明确的目的性。从政治要求讲，检察机关必须根据党在一定历史时期的路线方针政策，按照法律规定开展业务工作，发挥法律监督职能作用。在现阶段，检察工作要围绕为构建社会主义和谐社会、夺取全面建设小康社会新胜利提供有力司法保障的政治要求，制定、选择和实施符合这一要求的计划方案，发挥法律监督的职能作用。

2. 很强的实践性和完整的过程性。检察业务决策的根本任务，是解决检察业务实践问题，包括完成检察执法任务、解决业务活动中遇到的困难和问题等。这就要求决策活动必须紧贴检察执法活动，着眼于实践，有利于问题的解决。同时，决策实质是在多种可能性中筛选一种理想方案的活动，要按照一定的程序和步骤，包括确立检察业务决策目标、拟定选择实施决策方案及纠正、控制决策实行等，需要一定的过程，决不是一时一瞬之念。因此，这就要求决策时必须充分考虑检察执法各种因素，充分权衡检察执法需要与现实可能之间的关系，经得起历史和实践的检验。

3. 严格的规范性和高度的时效性。检察机关负有维护国家法律统一正确实施的神圣职责，所有执法活动都以国家强制力为保障，必须依法、规范，不能有随意性。这不仅要求检察业务决策程序必须规范化，而且要求决策的形式、内容和效力等必须规范化。与此同时，由于社会政治经济形势的发展变化，影响检察业务活动的各种因素随之发生变化，按照特定时期的形势和任务所作的检察业务决策，必须因时因势而变，具有时效性，这样才能防止因检察业务决策的僵化或滞后而影响检察执法整体效能。

检察业务决策机制是检察机关为实现检察业务决策目标而构建的，是各项检察业务决策活动内在机理及其过程的总和，属于检察业务管理的范畴。建立检察业务决策机制的目的，是为规范检察业务决策活动，提升检察业务决策水平，保证检察业务决策质量，确保检察业务工作目标的实现。按照《人民检察院组织法》的规定，检察长统一领导检察院的工作。各级人民检察院设立检察委员会，检察委员会实行民主集中制，在检察长的主持下讨论决定重大案件和其他重大问题。如果检察长在重大问题上不同意多数检察委员会委员的意见，可报请本级人民代表大会常务委员会决定。根据 2008 年 2 月通过的《人民检察院检察委员会组织条例》第 14 条的规定，地方各级人民检察院检察长在讨论重大案件时不同意多数检察委员会委员的意见的，可以报请上一级人民检察院决定；在讨论重大问题时不同意多数检察委员会委员的意见的，可以报请上一级人民检察院或者本级人民代表大会常委会决定，在报请本级人大常委会决定的同时，应当抄报上一级人民检察院。据此，检察机关按照业务性质、种类及决策效力等不同，建立相应的不同业务决策机制。近年来，检察机关根据执法环境的变化、人民群众对实现和保障司法公正的强烈愿望和要求等实际，在现有检察业务决策机制基础上进行改革探索，创新检察业务决策机制取得了一定成效，主要体现在：一是健全检察委员会业务决策功能。自 1998 年以来，最高人民检察院为提高检察委员会的议事水平和议事效率，先后制定了《最高人民检察院检察委员会议事规则》、《最高人民检察院关于改进和加强检察委员会工作的通知》、《最高人民检察院议案标准（试行）》、《最高人民检察院检察委员会秘书处工作规则（试行）》和《关于认真做好最高人民检察院决定事项督办落实工作的通知》、《人民检察院检察委员会组织条例》等规范性文件，健全了检察委员会业务决策等职能。二是建立业务决策辅助机构。为发挥专家在检察业务决策中的作用，提高检察业务决策的科学化水平和民主化程度，最高人民检察院及地方各级人民检察院建立专家咨询制度，成立专家咨询委员会或专家咨询小组，作为检察业务决策辅助机构，为决策服务。三是探索检察官办案责任制。为发挥检察官在检察业务工作中的主观能动性和生力军作用，各地检察机关探索试行主诉、主办检察官办案责任制，赋予对一般案件一定的处分决定权，包含一定决策职能，丰富和发展了检察业务决策机制。

二、检察业务决策程序

检察业务决策程序，又称检察决策过程或决策步骤，主要包括以下五个环节：

1. 确立检察业务决策目标。这是检察业务决策活动的开始阶段，是检察机关领导部门及其领导者进行决策首先必须解决的课题。确立检察业务决策目标，首先是通过检察执法活动发现问题。这里的"问题"，就是检察业务活动存在的矛盾，是检察执法活动期望达到的结果与现实状态之间的差距。发现问题的前提，是认识检察业务工作与人民群众对检察机关公正执法、维护社会公平正义要求之间的差距，并从这种差距状况中发现问题。发现问题只是确立检察业务决策目标的第一步，还要进一步分析产生这些问题的症结或原因，进而确立解决检察业务问题所期望达到的目标，为检察业务工作指明正确的方向。由于检察机关执法活动具有多样性和复杂性，执法活动中出现影响业务决策的问题也各异。如一些地方检察机关在办理直接受理立案侦查案件时，由于办案人员的失误等原因发生办案安全事故，当事人家属反映强烈，社会各界反响也很大。这显然与最高人民检察院对办案安全的一贯要求相违背。当各地情况汇总到最高人民检察院后，最高人民检察院业务主管部门及时进行分析，找出其中的原因，提出防范对策，并向领导建议通过会议或文件的形式，统一各地执法思想，要求各地做好落实安全办案、防范办案事故等工作。这里的"问题"，就是出现办案事故、明显违反了安全办案的要求。针对这种情形，检察业务决策"目标"就是防止和杜绝办案事故的发生。

2. 拟定检察业务决策方案。检察业务决策方案，是检察机关根据业务决策目标设计出的业务活动方案，是实现检察业务决策目标的整体规划。拟定检察业务决策方案是检察业务决策活动的第二个阶段，是检察业务活动的核心内容。检察业务决策方案从不同角度规定了实现检察业务决策目标的途径、阶段步骤和做法。一般由检察机关相应的综合部门、业务部门按照决策者确定的目标，通过发挥集体智慧，拟定多种方案供决策者选择。由于检察决策方案的质量和数量直接影响检察决策效果，在拟定检察决策方案时应当尽可能考虑到社会政治经济等各种因素对检察业务工作的影响，考虑到检察工作理想目标与现实可能性之间的权衡，科学地进行利弊分析和评价，并制定完整详细的多种备选方案。

3. 选择检察业务决策方案。这是检察业务决策活动的第三个阶段，也是检察决策的一个关键性环节，要着重把握以下内容：一是明确标准。检察业务决策者首先要制定一个标准，对各种检察决策方案进行评估和优选。这个标准要在检察执法的最高价值、最佳执法效果和期望实现的执法目标等各种决策方案评选标准体系的基础上进行综合、权衡来确定。二是精确优选。要从全局的高度运用经验判断、试点及数学分析等方法，审视各种拟定的检察决策方案，权衡其中利弊，选定最佳方案。三是制定预案。在评估、优选检察决策方案时，不仅要考虑如何达到检察业务工作预期目标，还要对所选检察决策方案的潜在问题进行分析与防范。在预估、评价潜在问题危险程度的基础上，要制订防范、应急措施的预案，做到防患于未然。

4. 实施检察业务决策方案。检察决策的实施是将检察决策方案现实化的过程，将不可避免地遇到各种新情况、新问题。要重视对这些新问题、新情况的研究分析，以完善检察决策方案。实施检察决策方案，要按照实事求是、统筹安排、突出重点和预测未来等原则制定实施计划。制定实施计划，是实施检察业务决策的开始，也是实现检察业务决策目标的前提，还是合理分配检察决策实施资源的重要条件。在组织实施过程中，要做到：一是严密组织。结合检察业务工作实际，确定组织，明确职责，抓好落实。二是正确指挥。运用指挥职能，促使实现检察业务决策目标成为各级检察机关领导和具体业务部门及其人员的自觉行动，促使各个相关内设部门及检察决策机制各个环节处于高效、协调运行，进而保持完成检察业务工作既定任务的良性状态。三是及时协调。要对检察决策机制运行中出现的问题，及时进行协商和调节，消除检察管理诸要素之间及检察管理过程各阶段或各环节之间的矛盾，整合检察决策实施资源，提高决策实施效能。

5. 纠正和控制检察业务决策。这是检察业务决策运行过程的重要阶段。为确保检察业务决策的实施，要及时检查决策实施中的问题。一旦发现决策出现偏差，应及时纠正并有效控制决策的实施。从实践看，需要纠正和控制的问题主要包括：一是检察决策目标是否符合实际、能否达到检察执法所期望的目标。如果实现不了既定目标，就要及时调整。二是实施检察决策的手段是否正确。如果发现不符合检察机关执法规律和要求，应当及时纠正。三是实施检察决策的力量是否具备。如果没有足够的力量，就无法实现检察决策目标，需要及时调整和充实。四是检察决策的内容是否符合实际。如果发现检察决策时的客观或主观情况已经发生变化，或者检察决策的内容与检察执法的实际相偏离，甚至可能带来一些负面影响，就应当对检察业务决策内容及时进行调整，弥补检察决策方案的缺陷。

三、检察业务决策方式

根据有关法律规定和检察职权配置要求，实行检察业务决策，一般可采用以下几种方式：

（一）检察委员会决策机制

检察委员会决策机制，也称重大案件和其他重大问题决策机制。由检察委员会行使检察业务决策权，主要内容包括：

1. 决策主体。检察委员会是检察机关业务决策的最高权力机构，检察委员会决策机制的决策主体是检察委员会，日常事务由检察委员会办事机构或者专职人员负责。各级人民检察院检察委员会由本院检察长、副检察长、检察委员会专职委员以及有关内设机构负责人组成。检察委员会委员应当具备检察官资格，其员额一般为：最高人民检察院为17人至25人；省、自治区、直辖市人民检察院为13人至21人；省、自治区、直辖市人民检察院分院和自治州、省辖市人民检察院为11人至19人；县、市、自治县和市辖区人民检察院为7人至15人。同时，各级人民检察院检察委员会委员人数应当为单数。检察委员会如达不到最低员额标准的，应当报告上一级人民检察院。其中，检察委员会委员的职责和义务：一是参加检察委员会会议，对检察委员会会议讨论的议题发表意见和进行表决；二是经检察长批准向检察委员会提出议题或者提请复议；三是受检察长或者检察委员会指派，对本院检察委员会决定事项的落实情况进行督促检查；四是未经检察长或者主持会议的副检察长批准，不得缺席；五是遵守检察委员会议事规则和各项工作制度；六是保守国家秘密和检察工作秘密。检察委员会专职委员的其他职责则另行规定。检察委员会办事机构的职责：一是对提交检察委员会讨论的案件或者事项材料是否符合要求进行审核；二是对提交讨论的案件或者事项提出法律意见；三是对提交讨论的有关检察工作的条例、规定、规则、办法等规范性文件提出审核意见;四是承担检察委员会会议通知、会议记录、会议纪要和会议材料归档工作;五是对检察委员会决定事项进行督办;六是检察委员会交办的其他工作。

2. 决策原则。检察委员会讨论和决定问题实行民主集中制,遵循少数服从多数的原则。具体体现在:一是检察委员会会议必须有全体组成人员过半数出席,才能召开;必须有全体组成人员过半数同意,才能作出决定。二是委员意见分歧较大的,检察长可以决定不付表决,另行审议。三是检察委员会在审议有关议题时,可以邀请本院或者下级人民检察院的相关人员列席会议。四是检察委员会在讨论决定案件时,检察委员会委员具有法律规定的应当回避的情形的,应当申请回避并由检察长决定;本人没有申请回避的,检察长应当决定其回避。检察长的回避由本院检察委员会决定。五是地方各级人民检察院检察长在讨论重大案件时不同意多数检察委员会委员意见的,可以报请上一级人民检察院决定;在讨论重大问题时不同意多数检察委员会委员意见的,可以报请上一级人民检察院或者本级人民代表大会常务委员会决定。在报请本级人民代表大会常务委员会决定的同时,应当抄报上一级人民检察院。六是下级人民检察院对上一级人民检察院检察委员会的决定如果有不同意见,可以提请复议。上一级人民检察院应当在接到复议申请后的 1 个月内召开检察委员会进行复议并作出决定。经复议认为确有错误的,应当及时予以纠正。

3. 决策任务。检察委员会的任务是讨论决定重大案件和其他重大问题。具体是指:一是审议、决定在检察工作中贯彻执行国家法律、政策和本级人民代表大会及其常务委员会决议的重大问题。二是审议、通过提请本级人民代表大会及其常务委员会审议的工作报告、专题报告和议案。三是总结检察工作经验,研究检察工作中的新情况、新问题。四是最高人民检察院检察委员会审议、通过检察工作中具体应用法律问题的解释以及有关检察工作的条例、规定、规则、办法等;省级以下人民检察院检察委员会审议、通过本地区检察业务、管理等规范性文件。五是审议、决定重大、疑难、复杂案件。六是审议、决定下一级人民检察院提请复议的案件或者事项。七是决定本级人民检察院检察长、公安机关负责人的回避。八是其他需要提请检察委员会审议的案件或者事项。

4. 决策方法和程序。检察委员会决策时，一般采取以下三种方法：（1）召开检察委员会会议，研究解决重大案件的方案，或者讨论检察业务工作中面临的形势、任务和存在的问题，并作出决策，制定相应的对策措施。检察委员会实行例会制，定期开会。有特殊情况时，可以提前或者推迟召开。其具体程序：一是提出议题草案、书面报告。检察委员会讨论的议题，由承办部门或者承办人员提出议题草案、书面报告。二是批准提交审议。议题草案、书面报告经分管副检察长同意并报检察长批准后，提交检察委员会审议。三是主持会议。检察委员会会议由检察长主持召开。检察长因故不能出席时，应当委托一名副检察长主持。四是报告决议和决定情况。受检察长委托主持会议的副检察长，应当在会后及时向检察长报告该次会议作出决议和决定的情况。委员意见分歧较大的，应当报告检察长决定。（2）征求意见，研究制定决策。最高人民检察院或上级人民检察院需要研究制定某项决策时，事先拟定初步方案，广泛征求下级人民检察院的意见，然后对各种意见或建议进行分析归纳，形成正式决策，予以组织实施。（3）文件批复，研究制定决策。上级人民检察院包括最高人民检察院收到下级人民检察院检察业务工作遇到疑难问题而提出的请示、报告后，经过深入分析研究，作出决策，以书面形式给下级人民检察院批复，要求其执行。

5. 决策效力。检察委员会的决策具有最高法律效力，检察长和其他任何检察人员都无权予以撤销。检察委员会作出决策后，根据不同情况以本院或本院检察长的名义发布。

6. 决策实施及其督办。最高人民检察院检察委员会的决定，地方各级人民检察院和最高人民检察院内设各部门都必须执行。如有异议，应在收到会议纪要或决定事项通知后15日内书面向最高人民检察院检察委员会提出复议。经复议后作出的决定，地方各级人民检察院和最高人民检察院内设各部门必须执行。检察委员会秘书处负责对最高人民检察院各承办部门执行检察委员会决定情况的督办，每半年向最高人民检察院检察长和检察委员会报告一次，遇有重大问题要及时报告。最高人民检察院承办部门负责检察委员会决定执行情况的对下指导、检查、督办，并在检察委员会作出决定2个月内，将决定执行情况向检察委员会秘书处备案。

(二) 检察长决策机制

检察长决策机制，也称一般案件和日常性业务问题的决策机制。按照《人民检察院组织法》等法律，检察长为保证检察业务工作有序进行，提高检察业务管理决策效率，可依照法定职权，运用三种途径和方式对检察业务活动进行决策：

1. 根据日常所掌握的信息资料，运用本人的智慧和经验进行分析、研究，并作出决策。

2. 由检察长组织综合部门有关人员先行调研并提出论证意见，向有关部门包括下级检察机关征求意见后，在综合各方面意见基础上进行决策。在决策实践中，检察长对一般案件和日常性业务问题，实行由检察长统一领导、副检察长分工负责并协助检察长组织执行的业务管理决策模式，包括决定对犯罪嫌疑人立案、侦查，批准逮捕犯罪嫌疑人或被告人，决定把被告人向人民法院提起公诉，对判决、裁定提出抗诉等一般案件和日常性业务问题的管理决策。内设业务部门要按照检察院领导分工，将需要由检察长审批决定的案件或业务问题，由承办人提出处理意见，经部门负责人审核或业务部门讨论后呈报分管检察长，由分管检察长决定或报检察长提交检察委员会讨论决定。

3. 检察长直接办理案件。从某种意义上讲，检察长包括副检察长直接办案，包含了相关业务决策的内容，为此将其作为业务决策方式之一。按照2007年10月13日最高人民检察院党组会议通过的《最高人民检察院关于各级人民检察院检察长、副检察长直接办理案件的意见》，办理案件是检察长、副检察长的法定职责，具体地说：(1) 直接办理案件的重点。检察长、副检察长应当在职务犯罪侦查、审查逮捕、审查起诉、诉讼监督和控告申诉检察等环节，抓住重点，有选择地办理在当地有重大影响的案件；疑难、复杂的案件；新类型的案件；对于履行法律监督职能具有重大创新意义的案件和由检察长、副检察长直接办理更为适宜的其他重大案件。(2) 直接办理案件的主要方式。检察长、副检察长除依法履行领导、指挥办案，主持检察委员会讨论决定重大、疑难案件，列席人民法院审判委员会会议等职责外，还应当采取讯问重要犯罪嫌疑人、询问关键证人、主持对重大职务犯罪案件的侦查突破，主办审查逮捕或者审查起诉案件、通过阅卷审查等依法提出案件处理意见（其中检察长审查办理的案件，提请检察委员会讨论决定；副检察长审查办理的案件，报检察长或者检察委员会讨论决定）；出席法庭支持公诉、支持抗诉，发表出庭意见，参加法庭辩论；主持不起诉、刑事申诉等案件的必要的公开审查；直接接待重大控告申诉案件或者长期上访的涉检案件当事人，并进行复查处理。（3）考评考核。检察长、副检察长直接办理案件的情况，应当作为履行检察职责的一项重要内容，纳入对其工作的考评范围。地方各级人民检察院检察长、副检察长每年直接办理案件的数量标准，由本级人民检察院根据本地实际情况规定。省级人民检察院规定的标准，报最高人民检察院备案。分、州市级人民检察院和基层人民检察院规定的标准，层报省级人民检察院备案。同时，对各级人民检察院检察委员会专职委员、各业务部门负责人直接办理案件参照该意见执行。

（三）主诉（办）检察官决策机制

主诉（办）检察官决策机制，即办案责任制，也称为主诉、主办检察官办案责任制。这种业务决策机制是由检察长决策派生出来的，实质是检察长分权机制。主诉、主办检察官办案责任制，是检察机关贯彻党的十五大关于推进司法改革精神的产物。按照最高人民检察院在2000年制定的《关于在审查起诉部门全面推行主诉检察官办案责任制的工作方案》，主诉检察官办案责任制主要内容包括：

1. 主诉检察官的选任。主诉检察官从参加考试并经考评合格的检察员中选任；优秀的助理检察员通过参加考试并经考评合格，经提请同级人民代表大会常务委员会任命为检察员后，也可被选任。

2. 主诉检察官的职权。主诉检察官在承办案件时，可以行使法律明确规定由检察长、检察委员会行使以及检察长、检察委员会认为应当由其行使的职权①以外的权力，包括案件和诉讼事项的决定权。

3. 主诉检察官的责任。主要包括：（1）由主诉检察官决定的案件或者诉讼中的事项，主诉检察官对案件事实、证据的认定和所作的决定负责；（2）由主诉检察官提出意见报检察长或者检察委员会作出决定的案件或者诉讼中的事项，主诉检察官只对案件事实和证据的认定负责，检察长或检察委员会对所作的决定负责；（3）检察长或者检察委员会改变主诉检察官对事实和证据的认定意见，而所作决定发现属于错误的，主诉检察官对此不承担相应责任。

4. 主诉检察官的监督和制约。主诉检察官主要由检察长、检察委员会、公诉部门负责人进行监督或制约。（1）检察长有权决定、变更、撤销主诉检察官的决定，主诉检察官应当执行；如有异议，应由检察长提请检察委员会讨论决定；（2）检察委员会有权决定、变更、撤销主诉检察官的决定，主诉检察官应当执行；（3）公诉部门负责人有权监督、检查主诉检察官及其助手的办案，不同意主诉检察官的意见时可提出自己的意见，一并报检察长或经检察长提请检察委员会讨论决定；（4）检察长、检察委员会和公诉部门负责人应当适时对主诉检察官出庭支持公诉的案件进行跟庭考察，检查主诉检察官的办案质量；（5）对提起公诉的案件，实行起诉意见书、起诉书、判决书、裁定书备案制度，并由检察长和公诉部门负责人进行审查，及时发现并纠正办案中的错误和问题。

5. 主诉检察官的奖惩。一是对承办案件量大、承担更多责任的主诉检察官，给予适当的利益性奖励；二是对办案工作失职或者犯有严重错误的主诉检察官，给予一定惩戒，具体按照《检察官法》有关规定进行。

---

①　这些权力具体包括：需要采取、变更、撤销逮捕措施的，需要改变管辖的，拟作不起诉决定的，变更起诉的，决定抗诉、撤回抗诉的，需要对有关单位提出书面纠正违法意见或者检察建议的，下级人民检察院书面请示和公安机关提请复议、复核的案件中需要检察长决定的事项，上级交办的案件以及本地区有重大影响的案件中需要检察长决定的事项等。

（四）专家咨询制度

专家咨询制度，是检察业务决策的一种辅助机制，为检察业务决策服务。按照最高人民检察院先后制定的《检察工作五年发展规划》（1999 年 4 月）、《关于设置最高人民检察院专家咨询委员会的决定》（1999 年 6 月），专家咨询制度主要内容包括：

1. 范围和机构。最高人民检察院、省级人民检察院、较大城市和有条件的地市级人民检察院，建立专家咨询制度或专家咨询组。为方便开展工作，最高人民检察院专家咨询委员会主要由在京的有关专家组成，并由最高人民检察院向被聘任的专家颁发"最高人民检察院专家咨询委员会委员聘书"。

2. 内容和作用。专家咨询委员会由在法律、经济、金融、证券、自然科学等领域有较高造诣的资深专家组成。在检察决策实践中，最高人民检察院就检察工作中的重大决策和发展战略、涉及特殊领域的专门知识、重大疑难复杂案件的处理、重要司法解释和具有重要指导意义的规范性文件制定等，认真听取专家咨询委员会或专家咨询委员会委员的论证意见。设立专家咨询委员会或咨询组的各地检察机关，要认真听取专家对疑难复杂案件的论证意见，发挥专家知识优势。

3. 运行方式、程序和要求。最高人民检察院通常采用召开专家咨询委员会会议、专题咨询论证、个别咨询等方式，向专家咨询委员会或委员进行决策咨询。专家咨询委员会全体会议、专题会议根据检察工作需要不定期召开，并由检察长主持。最高人民检察院为专家咨询委员会开展工作提供条件和便利，并组织专家咨询委员会委员进行调研、邀请参加有关会议，定期或不定期地通报检察工作情况，向专家咨询委员会提供与咨询有关的最高人民检察院的工作计划、总结、信息简报、图书资料等文件档案以及正在办理的需要专家论证的重大疑难复杂案件材料，供专家咨询委员会委员查阅。设立专家咨询委员会或咨询组的各级地方人民检察院，在开展专家咨询活动中可以参照最高人民检察院的运行方式和程序。

四、提高检察业务决策能力的策略和措施

检察机关执法办案活动具有政治性、人民性和司法性。在我国人大领导下的"一府两院"的宪政体制下，检察机关作为国家法律监督机关，在促进和实现社会公平正义中发挥重要职能作用。提高检察业务决策水平，对于增强检察机关维护社会公平正义能力具有重要作用。这里的公平正义，就是社会各方面的利益关系得到妥善协调，人民内部矛盾和其他社会矛盾得到正确处理，社会公平和正义得到切实维护和实现。我国要实现的社会公平正义，始终同广大人民群众的切身利益、共同愿望和社会实践紧密联系，包含了权利公平、机会公平、规则公平及分配公平等诸多实质性内容，而非仅仅限于收入分配、利益调节等经济方面。

从现阶段看，我国经济社会发展正面临以下突出矛盾和问题：一是城乡、区域、经济社会发展不平衡的矛盾更加突出，缩小发展差距和促进协调发展的任务艰巨；二是人民群众的物质文化需要不断提高并更趋多样化、多层化，社会利益关系更趋复杂，统筹兼顾各方面利益的难度加大；三是收入差距拉大，劳动就业、社会保障、收入分配、教育、医疗、住房、食品安全、社会治安、资源环境等关系群众切身利益的问题比较突出；四是体制创新进入攻坚阶段，触及深层次矛盾和问题，触及利益关系的调整；五是人民内部矛盾多发且多样化，利益诉求和表达呈现新特点。产生这些矛盾和问题的原因是错综复杂的，但在相当程度上同公平正义相关联，这对促进和实现社会公平正义提出了新的更高要求。促进和实现社会公平正义新要求带来的复杂性、多样性和交错性，决定了解决问题过程的艰难性和解决机制的多元性，需要综合运用政治的、经济的、法律的和道德的调整方式。其中，采取法律调整方式或者手段，离不开检察机关有效发挥法律监督权能，因此，检察机关应积极履行批捕、立案和侦查监督、审查起诉和提起公诉、查办和预防职务犯罪、对诉讼活动法律监督等职能，促进和规范社会行为，调整社会关系，化解社会矛盾，维护民主法制和社会秩序，保障社会公平正义。具体地说，检察机关依法履行法律监督职能的主要作用体现在以下方面：（1）惩治和防范各种犯

罪，维护国家安全和社会稳定。始终突出重点打击境内外敌对势力的渗透、颠覆、破坏活动，严重危害国家经济安全、金融安全的犯罪，黑社会性质组织犯罪、严重暴力犯罪、影响人民群众安全感的多发性犯罪和严重危害农村稳定、侵犯农民利益的黑恶势力犯罪，制假售假等严重侵害民生、损害民益的犯罪，重大环境污染事故和破坏森林、土地、矿藏等自然资源的犯罪，保证国家长治久安和百姓安居乐业，促进和维护社会公平正义。（2）查办和预防职务犯罪，维护政权安全。始终突出重点严肃查办党政领导机关和领导干部的犯罪案件，国家工作人员利用人事权、司法权、行政审批权、行政执法权进行权钱交易的犯罪案件，严重危害社会主义市场经济建设、危害改革发展稳定大局、危害群众合法权益的犯罪案件。坚持严格、文明、公正办案，加大办案力度，规范侦查行为，讲究方式方法，加强犯罪预防，为巩固执政地位、维护执政安全、促进和实现社会公平正义发挥积极的职能作用。（3）加强诉讼活动监督，维护司法公正。紧紧抓住影响和制约司法公正的薄弱环节和司法不公问题：一是加强刑事诉讼监督，重点监督纠正有案不立、有罪不究、以罚代刑等问题，各种违反诉讼程序、侵犯人权的违法行为和违法减刑、假释、暂予监外执行及漏罪、漏犯等问题，做到使有罪的人不漏网、无罪的人被保护、诉讼参与人诉讼权利不受侵犯。二是加强民事审判和行政诉讼监督，重点监督审判人员贪赃枉法、徇私舞弊或者严重违反法定程序以致错误裁判，或者因地方、部门保护导致错误裁判等问题，加强对司法不公背后职务犯罪的查办，增强人民群众对司法的信心。三是整合诉讼监督资源。加强检察机关侦查监督、公诉、监所检察、民行检察等部门与侦查部门的配合协作，健全工作机制，形成监督合力，增强监督效果。（4）发挥公共政策形成功能，促进和保障社会公平正义。通过履行查办职务犯罪案件或者诉讼活动监督等职责，针对政策和法律的真空或者规定不明确等问题，按照法治原则和法律原理妥善处理，促使有关行业、部门制定或者修改相关政策法律。如近年来检察机关查办发生在药品监管行业严重受贿腐败案件后，促使整个药品监管行业进行整顿，调整修改相关政策和规章制度。这表明，检察机关通过行使办案等检察职能，发挥公共政策制定或修改的促进作用，从而保障社会公平正义法律制度的统一实施，推动国民经济又好又快发展。

实践表明，提升检察业务决策能力，对于增强检察机关法律监督能力、提升维护公平正义的水平等具有十分重要的意义。具体地说，可以采用以下一些策略和措施，用以提升检察业务决策能力：

1. 提高按政策办事和依法办事的水平。由于实现社会公平正义的复杂性，必将遇到一些困难和问题，有的问题可能复杂、棘手并无法预料，还可能在政策法律的衔接协调上出问题，这就要求加强政策与法律的衔接，提高按政策办事和依法办事的统筹协调水平。政策与法律的关系在于：（1）政策是法律的依据和灵魂。这是从总体政策层面讲的。党和国家大政方针作为总体政策，无疑是制定法律的依据和灵魂。（2）法律是政策的工具。这是从总体政策层面讲的，将党和国家总体政策即党和国家的意志通过立法活动上升为法律，使政策成为人们必须普遍遵守的法律规则。从这个意义上讲，法律是政策的工具，也是执行政策的措施。（3）法律是政策的界限。这是从具体政策层面讲的。具体政策的制定应当遵循法律，脱离法律、超越法律的具体政策是违法甚至无效的。检察机关通过行使法律监督职能促进和保障社会公平正义，就要在理论认识上准确把握法律和政策的辩证关系，在思想方法上防止和克服重政策轻法律的片面性，在实际工作中具体分析和正确处理政策代替法律的特定问题，① 不断提高促进、保障和实现社会公平正义的水平。

2. 深化检察体制和工作机制改革。党的十七大报告中强调，"深化司法体制改革，优化司法职权配置，规范司法行为，建设公正高效权威的社会主义司法制度"。检察机关要以十七大精神为指导，深入推进检察体制、机制、制度改革创新，优化职能配置，进一步完善法律监督的内容、程序和工作制度，建立健全公正高效权威的检察制度，促使检察干警严格公正文明执法，尊重和保障人权，增强法律监督的针对性和实效性，有力维护法制的统一、尊严和权威，更好地发

---

① 参见詹复亮："加强职务犯罪侦查政策研究，提升反贪工作的政策水平"，载最高人民检察院反贪污贿赂总局编：《反贪工作指导》2004年第3期，中国检察出版社2004年版。

挥法律监督职能对促进和实现社会公平正义的作用。

3. 找准促进和保障社会公平正义的重点、途径和措施。在现阶段突出强调社会公平正义，主要是针对新的利益关系和利益格局，着眼于营造促进、保障和实现社会公平正义的制度环境和社会环境。检察机关促进和保障社会公平正义，就要立足职能，认真分析影响和制约社会公平正义的各种因素，采取有针对性的途径、措施和策略。一是按照法律监督职能及其不同的性能和特点，研究寻找工作的重点、切入点和突破口，着眼于消除影响和制约社会公平正义的各种障碍。二是加强研究保障社会公平正义遇到的新情况、新问题，研究行使法律监督职能解决矛盾、促进社会公平正义的途径和方式方法，提高保障社会公平正义的水平和质量。三是建立动态监测分析机制，及时加强适应性调整，提高履行法律监督职责解决实际问题、化解矛盾纠纷、促进和保障社会公平正义的能力。

4. 加强检察队伍能力建设。检察机关为保障社会公平正义，将会涉及大量以往不曾有的新的理论和实践问题。这就对检察队伍的能力水平提出了新的挑战和要求。尤其是在经济社会发展面临不少新情况、新问题的新形势下，迫切要求加强队伍能力建设，不断推进查办案件、加强监督、解决纠纷、协调利益关系、处理人民内部矛盾、维护社会稳定、服务大局等方式方法的转变和制度机制创新，增强工作效果。加强能力建设，最主要的是要围绕经济社会发展，着力提高六项能力。一是提高维护国家安全和社会稳定的能力，确保重要战略机遇期社会和谐稳定；二是提高维护社会主义市场经济秩序的能力，让一切创造社会财富的源泉充分涌流，推动国民经济又好又快发展，造福于民；三是提高处置各类案件纠纷的能力，充分运用检察权为构建社会主义和谐社会服务；四是提高保障社会公平正义的能力，有力维护最广大人民的合法权益和社会正义；五是提高服务经济社会发展的能力，为经济社会发展努力创造公正高效权威的司法环境；六是提高促进社会主义法制建设和完善中国特色检察制度的能力，为推动科学发展、促进社会和谐提供司法保障。这些方面抓住了，队伍能力提高了，法律监督职能的发挥就会更有成效，也更有利于保障社会公平正义。

5. 运用行政生态理论加强检察机关法律监督职能。按照行政生态理论原理①，检察机关法律监督职权的配置、运行与发展，都是在与外界环境的生态互动过程中发生的。提高法律监督职权运用的效力、效益和效果，必须加强这种职权运用环境研究，从我国经济的、政治的、文化的和社会的角度，不断建立和完善法律监督职权配置及其运用所需的环境条件。一是加强党对检察工作的绝对领导，提升法律监督职权配置的合理性及其运用的实际效能；二是加强检察机关与公安、法院等司法行政机关的制约和协作，节约乃至消解因部门摩擦所带来的制度耗损和工作推诿扯皮，提高法律监督职能运用的实际效率；三是加强检察机关与行政执法部门及其他部门的联系协作，整合执法资源，增强法律监督职能发挥的实际效果；四是加强检察机关与新闻媒体的联系协作，提高宣传工作力度，塑造和树立依法规范文明公正办案的形象，提升检察机关整体形象和执法公信力；五是加强检察机关上下级之间的领导及内设职能部门的协作配合和职能制约，整合法律监督职能运用的系统资源，发挥法律监督职能运用上下一体的整体效能和软实力，进一步丰富和完善中国特色社会主义检察制度。②

第三节　办案质量管理机制

一、办案质量管理机制概述

办案质量管理机制，是检察业务管理机制的重要组成部分，是为实现办案质量管理目标而构建的。办案检察机关实施法律监督职能的主要方式，是检察机关践行执法为民的重要载体。从某种意义上讲，检察机关实施的法律监督活动具有公共活动性质，检察机关办理的案件具有公共活动性质，属于公共产品，必然体现社会各界的需求，包

---

①　行政生态理论认为，行政系统的存在、运行与发展都是在与外在环境的生态互动过程中发生的。参见陈世香：《行政价值研究——以美国中央政府行政价值体系为例》，人民出版社 2006 年版，第 180 页。

②　参见詹复亮："论检察权的运用与社会公平正义"，载《中国法律》2008年第 2 期。

括政治的、社会的和法律的要求，也对检察机关的执法公信力具有重要影响。从这个意义上讲，办案质量作为检察机关依法履行法律监督职能所取得的工作成果，是衡量符合法律规定和满足社会各界对公正执法需求程度的标志，是检察工作的生命线。建立办案质量管理机制，加强办案质量管理，根本目的是为了保证案件质量，实现保障国家法制统一正确实施的使命，维护社会公平和正义。

（一）办案质量优劣的衡量标准

办案质量以什么为标准？目前有的认为以法院判决为标准，有的认为以社会各界的评价为标准，也有的认为以法律规定是否赔偿为标准等。我们认为，办案质量优劣的衡量标准，主要有三项：一是政治标准。这是党的路线方针政策对检察业务工作的根本要求。二是法律标准。这是国家法律对检察业务活动的原则、程序及其规范运作的基本规定和要求。三是社会标准。这是社会各界对检察公正执法的期望和要求。其中，政治标准是法律标准的前提和基础，社会标准是法律标准的出发点和落脚点，法律标准是政治标准和社会标准的制度化、具体化，三者相辅相成，是不可分割的有机整体，整合为统一的检察机关执法价值标准体系。根据检察机关执法实际，办案质量标准应具体化为办案的力度、质量、效率和效果的有机统一上，树立以效果为核心的执法导向。一是增加办案力度。办案力度主要由办案的数量、重点等体现。没有一定的办案数量，案件质量就无从体现。没有反映突出重点的办案活动，也就没有质量可言。这里的重点，主要体现在案件性质的严重程度、人民群众反映的强烈程度、党委政府和社会各界的高度关注以及对国家利益的严重危害或者威胁等方面。二是确保办案质量。办案质量是检察工作的生命线。没有质量保证，办案越多负面影响就越大。任何时候都要十分注重办案质量。从实践看，办案质量因案件类型和性质不同而不同。近年来，最高人民检察院相继出台了查办职务犯罪、审查逮捕、起诉、不起诉等案件质量标准，这些

标准是保证检察机关办案质量的准则，也是检察机关执法的导向标。① 三是提高办案效率。惩罚犯罪的刑罚越迅速和及时，就越是公

---

① 这些办案质量标准，具体包括：（1）贪污贿赂等案件质量标准。这个标准明确指出贪污贿赂等案件质量标准包括初查符合规定的范围和程序；立案符合管辖规定、立案条件和法定程序；依法传唤、拘传犯罪嫌疑人，未发生传唤、拘传犯罪嫌疑人持续时间超过法定时限以及以连续传唤、拘传的形式变相拘禁犯罪嫌疑人的情形；采取、变更或者撤销强制措施符合法律规定的条件和程序；依法全面、客观收集证据，既重视收集有罪、罪重的证据，也重视收集无罪、罪轻的证据，没有伪造、隐匿、毁灭证据等情形；讯问犯罪嫌疑人、询问证人程序合法，未发生不履行法律规定告知义务或者指派非检察人员讯问（询问）、一人单独讯问（询问）等情形；依法保障犯罪嫌疑人、证人等诉讼参与人的合法权利，未发生刑讯逼供、暴力逼取证人证言或者采取威胁、引诱、欺骗等非法手段收集证据以及对犯罪嫌疑人、证人进行体罚、虐待等情形；依法保障律师参与刑事诉讼的权利，未发生违反规定阻碍律师依法执业的情形；依法进行勘验、搜查，依法调取、扣押物证、书证和视听资料，在鉴定、查询等侦查活动中，手续完备，未发生违反规定使用技术侦查手段的情形；依法扣押、冻结并处理涉案款物；严格执行办案期限，提高办案效率；侦查终结移送审查起诉的案件犯罪事实清楚，证据确实充分，适用法律正确；撤销案件符合法律规定，未发生应当撤销而不撤销或者不应当撤销而撤销的情形；严格遵守办案纪律、文明办案、没有违反办案纪律以及侮辱他人人格等行为；高度重视办案中的安全防范工作，未发生因失职或者违法办案导致犯罪嫌疑人脱逃、自杀、自残、行凶以及其他人员伤亡的情形。凡是符合上述各项指标要求的，符合贪污贿赂案件质量标准。（2）审查逮捕质量标准。这个标准明确指出逮捕质量问题包括逮捕错案、逮捕质量有缺陷和办案程序有瑕疵等方面。如果没有这些情形，就属于符合办案质量标准要求。（3）办理起诉案件质量标准，对于符合指控的犯罪事实清楚、证据确实充分、适用法律正确、诉讼程序合法、依法履行法律监督职责等要求的，就属于达到起诉标准，符合起诉要求。（4）不起诉案件质量标准。这个标准包含三种情形：一是存疑不起诉案件质量标准。对于符合据以定罪的证据存在疑问并无法查证属实的，犯罪构成要件事实缺乏必要的证据予以证明的，据以定罪的证据之间的矛盾不能合理排除的，根据证据得出的结论具有其他可能性的，从而作出存疑不起诉处理的，符合不起诉标准要求。二是绝对不起诉案件质量标准。对于犯罪嫌疑人具有《刑事诉讼法》第15条6种情形之一的、犯罪嫌疑人没有违法犯罪行为的或者犯罪事实并非犯罪嫌疑人所为的案件而书面说明理由退回侦查机关作撤案或者重新侦查的、侦查机关坚持移送而经检察长决定作绝对不起诉处理的，符合不起诉标准要求。三是相对不起诉案件质量标准。对于犯罪情节轻微、依照刑法规定不需要判处刑罚或者免除刑罚并经检察委员会讨论决定作出不起诉处理的，具体包（转下页）

正和有益。特别是对于职务犯罪侦查而言，侦查情况瞬息万变，机会稍纵即逝，侦查中必须把握机会，提高效率，否则稍有迟延，就可能贻误战机。强调侦查效率，就是为了解决打击职务犯罪及时性问题。保证案件得到及时处理，避免久拖不决，杜绝超期羁押，这是对犯罪嫌疑人人权的重要保护。四是讲求办案效果。检察工作特别是职务犯罪侦查工作是一项政治性很强的工作，不仅仅涉及法律问题。检察工作特别是职务犯罪侦查工作是否取得成效，最终要看是否有利于党的执政地位的巩固、法治尊严和权威的维护、全社会道德风气的净化，是否得到人民群众的支持，党委是否满意、人民群众是否满意、干警是否满意。这就要求检察工作特别是职务犯罪侦查工作不能就案办案、机械执法，为追求单纯法律价值而不顾其他价值取向，而要统筹兼顾，努力实现办案工作政治效果、法律效果和社会效果的有机统一。总之，办案力度是基础，办案质量是关键，办案效率是保证，办案效果是归宿，四者统一于以效果为核心的执法导向上。这是开展新时期检察工作的总纲领。深刻认识这一点，我们就能更加自觉地把握检察工作全局，更好地履行检察机关法律监督职责；认真坚持这一点，我们就能在更高层次上提升检察工作的新水平，保证检察工作的正确政治方向；积极践行这一点，我们就能更好地自觉服从服务于党和国家工作大局，不断推动检察工作科学发展、全面进步。

（二）办案质量管理的特性及其需要解决的问题

办案质量管理是检察机关通过对影响案件质量优劣的要素进行优化组合和控制，确保办案质量的综合性活动，主要具有以下特征：一是检察办案质量管理主体是检察机关；二是检察办案质量管理对象是

（接上页）括未成年、老年犯罪嫌疑人主观恶性较小、社会危害不大的，因亲友、邻里及同学同事之间纠纷引发的轻微犯罪中的犯罪嫌疑人认罪悔过、赔礼道歉、积极赔偿损失并得到被害人谅解或者双方达成和解并切实履行、社会危害不大的，初次实施轻微犯罪的犯罪嫌疑人主观恶性较小的，因生活无着偶然实施盗窃等轻微犯罪的犯罪嫌疑人人身危险性不大的，群体性事件引起的刑事犯罪中的犯罪嫌疑人属于一般参与者的等情形之一，作出相对不起诉处理的，符合不起诉标准要求。

检察办案质量，包括办案活动的政治质量、法律质量和社会质量；三是实行办案质量管理，可运用计划、组织和控制等职能和手段；四是办案质量管理的目的是为保证检察案件质量，提升检察工作法治化水平和执法公信力。

当前，加强办案质量管理机制建设，加大办案质量管理力度，要解决以下几方面问题：一是衡量办案质量优劣标准的具体化和制度化。如前所述，衡量案件质量的优劣，主要根据政治的、法律的和社会的三项标准，但这些标准是抽象的，属于价值评判范畴，可操作性不强，需要具体化和制度化，使之细化为可操作的具体指标，便于检察执法活动"有法可依"。二是办案质量标准的统一性。近年来，各地检察机关都在积极探索办案质量管理和建设办案质量管理机制，制定了各不相同的办案质量标准和办案质量考评机制。但是，由于各地制定的检察办案质量管理的对象、范围、内容、手段、程序及目标等管理制度或办法等各不相同，在一个省乃至一个地区（市）辖区内的检察院之间都存在差异。这显然不利于维护国家法律统一正确实施，也难以保证检察执法的公正性和公信力。特别是有的地方按照企业产品质量管理模式对检察执法实行 ISO 质量管理，虽然出发点是好的，但脱离了实际，不符合检察执法的特点和规律。因为，企业实行 ISO 质量管理主要目的是为了提高效益，强调效率，但并不关注公平、正义等社会价值，即使是 ISO 质量管理体系也是有特定范围限制的。而检察执法办案活动既要以法律为依据又不是纯粹的法律事务，包含了政治活动的性质，特别是要强调对社会公平正义的维护。这就决定了对办案质量评价的特殊性，其更加强调的是民意也就是人民群众的认同，与纯粹的产品质量是两回事。因此，客观上需要尽快按照案件的性质和类型，研究建立全国统一的办案质量标准及其考评、奖惩机制。三是重视加强对办案质量的动态管理和监督。从实践看，案件质量的优劣与检察人员依法办案的水平和能力密切相关，更与对办案活动的动态监管能力和力度分不开。保证办案质量的关键是建立办案质量管理机制，从机制上加强对办案活动的动态监管，及时控制办案中出现的各种问题，纠正在办案过程中发生的违法行为甚至徇私枉法现象，做到监控有力，令行禁止，奖惩分明。

（三）　实行办案质量管理的内容和途径

从实践看，检察机关办案活动的内容，主要涉及立案、侦查、公诉、刑事诉讼监督、民事审判监督和行政诉讼监督等各个环节和方面，其中还涉及法律文书制作、案卷归档等具体工作内容。从全面质量管理的角度讲，办案质量管理是涉及计划、控制及检察执法全过程的全面管理活动，是一个完整的管理系统，并非简单的办案质量检验。要提高办案水平、保证案件质量，单纯通过加强内部执法监管是不够的，还需要其他外部单位的通力合作。实行办案质量管理，要按照党的政策、国家法律和社会各界对案件质量的要求，结合检察执法实际，树立"全面质量管理"的现代管理理念，具体可从以下四个主要途径入手：一是树立"办案质量第一"的理念。检察机关是国家法律监督机关，检察执法活动必须依法进行，办案工作必须坚持"质量第一"。这就要求将"质量第一"作为办案质量管理的方针，各级检察机关及其全体检察人员要牢固树立"办案质量第一"的执法理念，办案质量管理机制设计和运行也要体现"质量第一"的要求。二是要加强对办案活动的过程控制。办案活动是一个动态执法过程。对办案质量实行过程管理，可以通过办案流程管理的途径，规范检察执法各环节的操作程序和质量标准，实现检察执法管理的职能前移、实时监控和过程纠错相结合。三是要实行办案绩效管理。要建立体现科学发展观的办案绩效考核体系、以办案质量和执法效果为核心的检察执法导向，明确并强化内设各部门在办案质量控制方面的责任，严格实行考核与奖惩相结合的检察业绩考核。四是要改进和完善办案质量管理方式和方法。办案质量管理是一个不断强化和完善的动态过程，一旦发现办案质量存在的问题，就应及时予以纠正，并相应地改进和完善办案质量管理流程，防止和避免同类问题的再次发生，促进办案质量管理机制不断趋于科学和完善。

二、办案质量管理机制的建立

办案质量管理机制，是有关办案质量管理活动内在机理及其过程的总和。建立科学的办案质量管理机制，是全面实行办案质量管理的根本途径和制度保证，主要内容包括：

1. 办案质量管理制度。这是统揽办案质量管理制度的总纲，具体包括办案质量管理目标及其标准、办案质量管理组织及其职责、办案质量管理流程及其控制、办案质量考评及其奖惩措施的落实等。

2. 办案质量考核标准。这是实行办案质量管理的基本依据和具体要求。办案质量涉及检察业务决策、办案活动、办案效果、业务活动保障、办案机构及其人员素质等办案活动各个环节和方面，具体包括侦查质量标准、侦查监督质量标准、公诉质量标准、审判监督质量标准、刑罚执行监督质量标准及民事行政检察质量标准、控告申诉检察质量标准等。每一项质量标准，其要求都有所不同。如最高人民检察院反贪污贿赂总局和渎职侵权检察厅联合制定《最高人民检察院关于考评各省、自治区、直辖市检察机关查办职务犯罪案件工作办法（试行）》（2003 年），围绕办案力度、质量和安全，采用被考评地区检察干警人均办案数，对全国各省级检察院实行办案工作考评，具体考评项目分解为七项指标：立案数、起诉数、起诉比例、有罪判决数、有罪判决比例、起诉大案要案数和违法违规办案致使涉案人员自杀死亡数，并采取量化计分办法进行考评。这里的"五数两例"，实质是衡量查办职务犯罪案件工作质量的标准，即职务犯罪侦查质量标准。这些考评指标是根据职务犯罪侦查实际确定的。①　其中，考评核

---

①　2004 年实行对全国省级检察院考评职务犯罪侦查工作以来，根据工作发展情况，每年对考评项目进行适当调整，使考评办法更加符合实际。2005 年修改为"立案数、起诉数、起诉比例、有罪判决数、有罪判决比例、起诉大案要案数、反贪干警违法违纪数、刑事赔偿案件数和违法违规办案发生涉案人员死亡人数"，简称"七数两例"；2006 年修改为"立案数、起诉数、起诉比例、有罪判决数、有罪判决比例、起诉大案要案数、反贪干警违法违纪数和违法违规办案发生涉案人员死亡人数"，简称"六数两例"。2007 年，按照全国检察长会议部署，为适应贯彻宽严相济刑事政策要求，将考评项目修改为"立案数、退侦后撤案数、不构成犯罪决定不逮捕数、起诉数、起诉比例、起诉大案要案数、法定不追究不起诉数、证据不足不起诉数、有罪判决数、有罪判决比例、无罪判决数、反贪干警违法违纪数和违法违规办案发生涉案人员死亡人数"，简称"十一数两例"。从历次修改情况看，考评工作基本精神和考评办法总体框架没有发生根本性变化，从而较好地保持了工作评价导向的稳定性和连续性。

心指标包括人均立案人数、人均起诉人数和人均有罪判决人数，这既是对办案数量的要求，也是对办案质量的要求，很大程度上影响和制约了一个地区的办案考评得分，对于提高办案数量和质量、保证办案安全等具有重要的引领和调控功能。其他各项指标，有的起基础或者补充作用，如干警违法违纪人数等；有的起重要影响作用，如办理大案要案、办案安全事故等。最高人民检察院公诉厅近期制定印发的《检察机关办理公诉案件考评办法（试行）》（2008年5月23日修改实施），围绕审查起诉、诉讼监督、出庭、办案纪律等工作环节，实行对各省级检察院公诉工作的考评，具体考评项目分解为十七项指标：无罪判决率、撤回起诉率、不起诉率、不起诉被确认错误的人数、超审限办案造成超期羁押人数、纠正违法通知书份数、检察建议份数、纠正漏诉人数、抗诉率、撤回抗诉率、抗诉采纳意见率、检察长列席审判委员会次数、移送办案发现的违法违纪件数、组织观摩庭或考核庭个数、检察长出庭支持公诉或抗诉案件数、干警违法违纪人数和办案安全事故人数。这里的"十一数六率"，实质是衡量公诉工作质量的标准，即公诉质量标准。其他各项业务质量标准如侦查监督、控告申诉等质量标准也应当如此细化，使实际工作中具有可操作性。

3. 办案质量管理细则。这是办案质量管理制度的运行机制，主要内容是对各项办案质量管理工作进行规范，使之具有可操作性，以便于实现办案质量管理目标。

三、办案质量管理机制运行方式

为使办案质量管理机制有效运行，需要科学规范办案质量管理机制的运行方式，具体包括以下主要内容：

1. 设立专门机构，加强组织保证。按照检察机关内设各业务部门的职能设置，人民检察院检察委员会办事机构即法律政策研究室具体负责办案质量检查、监督和考评等日常工作。

2. 实行办案质量流程管理。按照刑事、民事和行政案件的不同特点和办理程序，要分别编制办案质量流程，重点是监控容易发生案件质量问题的主要环节。如对职务犯罪侦查部门，要重点加强对线索受理、立案或不立案、逮捕、侦查终结、移送起诉或者不起诉、撤案等环节的监控，包括诉讼程序是否合法、案件定性和适用法律是否准确、证据是否依法调取、扣押赃款赃物处理是否合法等；对侦查监督、公诉部门，要重点加强对案件受理、批准逮捕、审查起诉、提起公诉或不起诉、判决有罪或无罪等环节的监控，包括案件受理是否符合法定条件、批捕和起诉决定是否正确、对诉讼违法行为是否提出纠正、有无漏捕漏诉或者错捕错诉、有无因超审限而超期羁押，以及各类案卷归档是否及时、法律文书制作是否规范；等等。

3. 制作管理档案。按照办案流程管理制度的具体内容，规定办理每一起案件都要建立一个档案。由办案人员填写规定的内容，对前一个环节的办案质量进行监督；由业务部门负责人、分管副检察长、检察长及检察委员会在审核、研究办案工作时对办案质量进行监督，从而形成全员参与监督、人人接受监督的全面业务质量管理氛围。

4. 严格考评制度，兑现奖惩政策。按照办案质量考评标准和全面案件质量管理目标要求，及时开展办案质量考评工作，依据考评结果落实奖惩措施，该奖则奖，该罚则罚，奖罚分明。

第四节　检察业务监督制约机制

一、检察业务活动监督制约机制的必要性

权力缺乏有效的监督制约，必然会产生腐败。检察机关作为国家法律监督机关，通过依法履行法律监督职能，保障侦查活动、审判活动和行政执法活动的公正，维护国家法律统一正确实施。但是，在履行法律监督职责的过程中，如果缺少相应的监督制约机制和环节，检察机关在执法活动中同样会出现法律监督权力滥用甚至腐败现象。如近些年来检察机关在执法活动中，有的检察人员执法犯法、贪赃枉法；有的检察干警耍特权、逞威风，作风霸道，态度蛮横；有的检察人员违反规定乱办案，乱拉赞助，乱用强制措施，对犯罪嫌疑人体罚虐待，刑讯逼供，造成犯罪嫌疑人伤残、死亡等事故；甚至极少数检察人员充当黑恶势力后台和"保护伞"等。这些问题给检察机关提

出了一个需要解决的现实课题，就是如何加强对自身执法活动强有力的监督制约。针对近些年来检察执法中存在的问题，检察机关采取了积极而有效的措施，将重点放在遏制和防止检察权的滥用和检察人员违法违纪方面，做了大量工作，也取得了明显成效。据统计，检察人员违法违纪数 2003 年以来持续下降，2007 年受理群众对检察人员的控告、举报比 2003 年下降了 37.6%，因违纪违法被查处的检察人员下降了 51.4%。

近年来，最高人民检察院相继制定了《人民检察院刑事诉讼规则》、《关于人民检察院办理直接受理立案侦查案件实行内部制约的若干规定》、《人民检察院直接受理立案侦查案件立案、逮捕实行备案审查的规定（试行）》、《关于省级以下人民检察院对直接受理侦查案件作撤销案件、不起诉决定报上一级人民检察院批准的决定（试行）》、《人民检察院讯问职务犯罪嫌疑人实行全程同步录音录像的规定（试行）》、《最高人民检察院检务督察工作暂行规定》、《检察人员执法过错追究条例》及《最高人民检察院关于实行人民监督员制度的规定（试行）》等规定，在加强检察业务内部制约、保证检察权正确行使方面发挥了积极作用，但从实践看，由于当前检察机关对自身执法活动的监督制约，主要是通过设置中间环节、实行内设部门分权以及纪检监察部门查处违法违纪的办案人员等途径进行，监督制约效果还不够理想，检察人员利用职权违法违纪的现象还没有得到有效遏制。社会各界一些人士对检察机关提出"谁来监督监督者"的疑问，特别对职务犯罪侦查工作，从受理、立案侦查、决定逮捕到决定起诉、撤案等"一竿子到底"的做法仍有意见，要求对检察执法活动加强监督的呼声较高。同时，随着主诉检察官办案责任制等检察改革的深入，检察官手中的权力逐步加大，客观上需要进一步加强对检察官行使职权的内外监督制约。总之，加强对自身执法活动监督制约的制度建设，加大监督制约力度，仍然是检察机关的一项现实而迫切的重要任务。

二、检察业务活动监督制约机制概述

实践表明，健全和完善检察业务活动的内外部监督制约机制，是提升检察工作公信力的重要途径，也是检察业务管理机制建设的重要内容。检察机关业务活动的监督制约机制，是为了实现对检察业务活动监督制约的目标而构建的，对检察机关及其工作人员行使职权进行约束、检查和督促的内在机理及其过程的总和。其具有以下主要特点：

1. 建立监督制约机制的目的。即为了防止检察机关滥用权力，保证检察职权的依法正确行使，提高检察效能、权威和执法公信力。

2. 监督制约的主体。即检察机关除了必须接受党的领导、人民代表大会的监督外，还包括其他的国家机关、社会团体和公民个人及社会舆论的外部监督，以及检察机关的内设各业务部门和纪检监察部门的内部监督。

3. 监督制约的对象。即检察机关履行对职务犯罪立案侦查、批准和决定逮捕、刑事立案和侦查监督、提起公诉、决定不起诉、抗诉、刑事审判、刑罚执行、民事行政判决裁定监督等职权的全部执法办案活动。

4. 监督制约的效力和效果。对检察机关执法活动实行监督制约的效力和效果，整体上是通过各个具体监督制约机制在运行中发挥作用来体现的。从监督制约的途径看，有的要体现政治层面，如必须接受党的绝对领导；有的直接体现在法律规定上，如刑事诉讼活动中公安、检察和法院三机关互相制约；有的体现在检察机关内部办案规则上，如检察机关内设各业务部门对各自业务活动的相互制约；等等。从加强内部监督制约的角度讲，检察机关业务工作内部制约机制，作为从内部对法律监督权的行使进行制约的一种运行制度，体现了诉讼活动中的"权力制衡"原则，有利于保障诉讼秩序公正和当事人的人身权利。从某种意义上讲，检察机关实施法律监督职能，主要是采用司法的手段和途径进行的，这是中国特色社会主义检察制度的核心实质，也是检察制度发挥作用的核心基础。按照司法的规律和要求，我国宪法和法律赋予检察机关对职务犯罪立案侦查、批准和决定逮捕、刑事立案和侦查监督、提起公诉、决定不起诉、抗诉、刑事审判、刑罚执行、民事行政判决裁定监督等职权，这种集侦查、起诉和法律监督权于一体的司法制度安排，具有多角色、多职能相兼容的特殊性，符合制约和监督兼具、确保法律监督取得实效的制度安排要求。但为防止权力的滥用以致发生执法不公甚至徇私舞弊等现象，客观上要求检察机关加强对自身执法活动的监督，提升法律监督实效性、权威性和执法公信力。

三、检察机关执法活动监督制约机制运行方式和途径

加强对检察机关执法活动的监督制约，是检察机关加强自身廉政建设和反腐倡廉工作、保障检察机关公正执法和维护公平正义的重要内容，也是加大对自身执法办案监督力度的客观需要。近年来，最高人民检察院高度重视加强对检察机关执法办案活动的监督制约，制定了许多制度规范，明确了检察机关执法办案活动监督制约的措施和途径。检察机关执法活动监督制约机制运行，应当依照这些规范，重点采取以下几种方式和途径：

1. 实行职能内部分工制约。从权力的来源讲，检察权是宪法和法律赋予检察机关整体的权力，不是赋予检察机关某个内设部门的。各个内设机构只是承担法律监督整体职能中的一项职责，如职务犯罪侦查、审查起诉、诉讼监督等。这就要求检察机关的各个内设机构既要认真按照职能分工的要求依法履行好自身的职责，又要树立全局观念，将监督意识、审查意识与侦查意识有机结合起来，增强整体的法律监督意识，形成法律监督的合力。从具体权能的配置讲，检察权虽是检察机关整体的权力，但在权力运行过程中进行合理分工和制约是必要的。因此，实践中可从以下两个方面进行：一是实行检察机关法律监督职能内部分工，合理配置职务犯罪侦查、审查批捕、立案和侦查监督、审查起诉、监狱看守所检察、控告申诉以及民事行政检察等职能，由不同的内设部门行使，并强调在相关的业务活动中加强制约。二是实行检察长分管业务分离制度。明确规定主管业务的检察长或副检察长不能同时分管举报、侦查监督、公诉、监所检察、申诉等两项及两项以上的检察业务工作。

2. 突出监督重点。从检察执法办案的特点和规律看，监督的重点是容易发生执法不公、违法违纪而影响检察执法质量的部门、环节和案件，具体包括：一是抓部门。重点抓拥有法律监督职能的业务部

门。二是抓环节。重点抓控告、申诉、立案侦查、审查批准逮捕、审查起诉、提起公诉、提出刑事抗诉和民事行政抗诉等诉讼环节。三是抓案件。重点抓由于检察机关及其人员违法违规办案致使当事人伤亡或者由于检察人员玩忽职守等原因致使国家财产、人民生命财产权利遭受重大损失或造成恶劣影响的案件。

3. 灵活运用各种法定手段和方式方法。近年来，检察机关在开展对自身执法办案监督实践中，探索出不少有效的监督措施和方式方法，对检察业务质量管理的监督，发挥了积极作用，各地可以结合实际加以运用。一是实行"一案三卡"制度①；二是加强重点案件的回访工作，听取发案单位、案件当事人及其家属、社区等方面对检察机关执法办案的意见，从中及时发现问题并予以纠正；三是采取各类案件抽样监察、重点案件监察和对不起诉、扣押赃款赃物等专项监察等多种形式开展执法办案监督；四是抓好案前教育、案中监督和案后检查等执法办案全程监控工作；五是充分吸收科技强检的成果，运用现代科技手段，加强对检察业务质量管理的监督，增强监督的科技含量，提升监督的水平和能力。

4. 建立执法办案管理监督长效机制。加强对执法办案管理的监督，要从制度和机制建设上下工夫，建立完善具有检察机关内部监督特色的、切实可行的监督长效机制。一是进一步健全检察机关直接受理立案侦查的内部制约机制、人民监督员制度、案件质量评估机制、办案工作考评机制、办案安全防范机制、防止超期羁押的内部制约机制、检察人员执法过错责任追究机制。同时，要加强对现行的各项制度和机制运行情况的督促检查，抓好落实工作。二是针对执法办案管理监督实践中出现的新情况、新问题和新特点，运用改革的精神提出

---

① 这里的"三卡"，是指对案件当事人的"告知卡"、办案人员的"廉洁自律卡"和案件办结后的"征求意见卡"。"一案三卡"制度是山东省检察机关率先实行的，实践证明是切实可行的。参见叶青纯："认真履行纪检监察职能，加强内部执法办案监督——在检察机关加强内部执法办案监督座谈会上的讲话"，载《检察机关内部执法办案监督经验材料汇编》，中国方正出版社 2004 年版，第 7 页。

相应对策，改进和完善执法办案管理监督制度和机制，逐步建立教育、制度、监督"三位一体"的执法办案管理监督体系，防止检察执法办案中违法违规、执法不公等现象的发生，确保办案质量，提高检察机关执法办案水平，增强检察机关法律监督权威和执法公信力。

5. 加强检务督察。加强检务督察，是加强检察机关内部监督，保障检察机关及其工作人员依法履行职责、正确行使职权、严肃检察纪律和确保检令畅通的现实需要，对于保证办案质量管理机制的落实、案件质量的提高和执法公信力的增强等发挥重要的作用。2007年10月8日最高人民检察院制定实施《最高人民检察院检务督察工作暂行规定》，依照有关法律和制度规定对全国检察机关及其工作人员履行职责、行使职权、遵章守纪、检风检容等方面进行监督检查和督促落实。具体地说，检务督察制度的主要内容：（1）机构和职责。最高人民检察院设立检务督察委员会，下设检务督察室，作为检务督察委员会办事机构。检务督察委员会主要职责是：领导和组织检察机关检务督察工作，制定检务督察工作制度，审查和批准检务督察工作年度计划和执行情况报告，听取检务督察工作汇报，研究处置督察中发现的违法违纪问题并作出督察决定，同时办理检察长交办的其他任务。检务督察室主要职责是：指导和协调地方各级人民检察院和专门人民检察院的检务督察工作，了解和掌握地方各级人民检察院和专门人民检察院检务督察机构履行职责的情况，起草检务督察工作决定和工作制度，制定最高人民检察院检务督察工作方案，组织、指导检务督察人员的教育和培训，办理检务督察委员会交办的其他任务。（2）检务督察的主要事项。最高人民检察院检务督察的主要事项包括：一是遵守和执行国家法律法规以及最高人民检察院重大工作部署、决议、决定、指示的情况；二是在执法办案活动中遵守办案程序和办案纪律、落实办案安全防范措施的情况；三是执行各项规章制度的情况；四是严明执法作风、遵守检容风纪的情况；五是办理检察长交办的其他事项。（3）检务督察工作方式。最高人民检察院检务督察委员会根据工作需要，经检察长批准派出检务督察组，委任督察工作人员采取暗访督察、现场督察、专项督察等方式依法履行督察职责，具体方式包括：一是参加或者列席与督察事项有关的会议；二是听取被督察单位、部门和人员的汇报；三是听取地方党委、人大、政府、政协和有关单位、新闻媒体及人民群众对检察机关及其工作人员的意见和建议；四是要求被督察对象就督察事项涉及的问题作出解释和说明；五是要求被督察对象提供与督察事项有关的资料，包括案件卷宗、音像资料、电子文档、财务账册等材料，进行查阅或者复制，经检察长批准可以暂予扣留、封存；六是经检察长批准，深入执法办案现场进行督察，或者以其他身份进行暗访督察；七是符合法律规定的其他督察方法。（4）督察措施。最高人民检察院检务督察室在履行职责时，可以采取以下措施：一是对违反法律法规和上级人民检察院决议、决定的行为责令督察对象予以纠正；二是对督察对象违法违纪行为或者队伍管理上存在的问题，提出建议并督促其整改；三是对正在发生的违法违纪行为或者有损检察机关形象的行为进行现场处置，要求行为人停止错误行为并说明情况，必要时通知其所在单位领导到场协助处置；四是对违反枪支、警械、车辆等警用装备使用规定的，暂扣其枪支、警械、车辆等；五是对违法违纪情节严重、影响恶劣或者抗拒督察的，建议所在检察院检察长暂停其执行职务。需要指出的是，各省级检察院可以参照《最高人民检察院检务督察工作暂行规定》，制定检务督察工作实施细则。

6. 强化办案工作考核。加强办案工作考核机制建设，推进办案工作考核的规范化、制度化和程序化，既是加强案件管理机制建设的重要环节，也是检察机关规范执法行为、促进公正执法、保证案件质量的一种刚性手段。各级人民检察院要结合实际，制定或完善办案工作考评标准，为开展办案工作考评提供依据。考评标准的主要内容包括：认真履行职责、依法办案、准确适用法律、规范制作法律文书、遵守办案纪律等方面。考核要定期进行，考评结果要作为检察官年度考评的重要组成部分和晋职、晋升的主要依据。

7. 实行执法过错责任追究。建立检察人员执法过错责任追究机制，是保证检察人员严格执法、依法办案及维护司法公正的现实需要，对于保证办案质量管理机制执行和案件质量的提高等发挥重要的作用。2007 年 7 月 5 日最高人民检察院制定颁布了《检察人员执法过错责任追究条例》，明确规定对具有执法过错的检察人员，要依照

《检察人员执法过错责任追究条例》和有关法律、纪律规定追究执法过错责任。具体地说，执法过错责任追究机制的主要内容包括：一是执法过错。这是指检察人员在执法办案活动中故意违反法律和有关规定，或者工作严重不负责任，导致案件实体错误、程序违法以及其他严重后果或者恶劣影响的行为。二是追究执法过错责任。对具有执法过错的检察人员，应当依照本条例和有关法律、纪律规定追究执法过错责任。追究执法过错责任，应当遵循实事求是、主观过错与客观行为相一致、责任与处罚相适应、惩戒与教育相结合的原则，根据执法过错责任人的过错事实、情节、后果及态度作出处理。三是执法过错责任调查和处理。检察人员执法过错线索，由人民检察院监察部门统一管理。没有设置监察部门的基层人民检察院，由政工部门统一管理。对执法过错线索，应当在职责范围内进行初步审查或者初步核实，认为需要进一步调查和追究执法过错责任的，应当及时移送执法过错线索管理部门处理。执法过错线索管理部门收到执法过错线索后，应当及时填写执法过错线索受理登记表，并在 1 个月内审核完毕，分别情况作出处理。在执法过错线索调查结束前，调查部门应当听取被调查人的陈述和申辩，并进行调查核实。对查证属实的申辩意见应当予以采纳，不予采纳的应当说明理由。在执法过错责任调查结束后，调查部门应当制作执法过错责任调查报告，并提请检察长办公会审议。调查报告应当包括下列内容：被调查人的基本情况；线索来源及调查过程；调查认定的事实；被调查人的申辩意见及采纳情况的说明；被调查人所在单位或者部门的意见；调查结论及处理意见等。检察长办公会决定给予执法过错责任人批评教育的，由检察长办公会指定的部门或者人员承办；决定给予执法过错责任人组织处理的，由政工部门承办；决定给予执法过错责任人纪律处分的，由监察部门承办。需要追究执法过错责任人刑事责任的，由执法过错线索管理部门依法移送司法机关处理。追究执法过错责任包括批评教育、组织处理、纪律处分和刑事处理，既可以单独适用，也可以同时适用。

　　检察业务外部监督制约，是监督制约一个十分重要的方面。这个问题已经在第五章中论述，此处不再赘述。

第七章　　检察官制度

　　检察官制度是关于检察官的设置、选任、考核评价、晋升、待遇、奖惩、职业保障的一系列制度的总称。它直接关系到国家检察权的正确行使和检察职能的有效发挥，是检察制度的重要组成部分。我国规定检察官制度的基本依据是《公务员法》和《检察官法》。《公务员法》规定，"法律对公务员中的……检察官等的义务、权利和管理另有规定的，从其规定"。据此规定，关于检察官管理规则，《检察官法》未作规定的，应当适用《公务员法》。同时，《检察官法》已经颁行十几年的时间，之后只对个别内容作过修改，在充分考虑检察官职业特点的基础上，研究论证修改《检察官法》，实现《检察官法》与现行公务员制度有效对接，是当前的一项紧迫任务。限于篇幅，本章着重介绍检察官管理的专门理论和特殊规则。

第一节　　检察官的性质和地位

　　检察官是经过法定程序任命的，依法行使检察权的检察机关在编人员。检察权都是由检察官来具体行使的，可以说，检察官是检察权的行使主体。

一、检察官的概念和定位

　　检察官是依法行使国家检察权的检察人员。明确检察官的概念，应当从以下三方面进行理解：（1）检察官必须是在编的检察机关工作人员。（2）检察官是依法行使国家检察权的检察人员。检察人员是指在检察机关从事检察事务的所有公职人员。其中，只有依法行使职务犯罪侦查权、审查批准或决定逮捕权、公诉权和诉讼监督权的人员，才是检察官。其他检察人员，包括书记员、司法警察和司法行政人员等，是检察辅助人员，不是检察官。（3）检察官是经过法定程序取得检察官职务的检察人员。按照现行法律，检察官包括检察长、副检察长、检察委员会委员、检察员和助理检察员。

从历史上看，检察官职业是随着人们对司法规律的认识，根据法律职业分工的要求而形成的法律职业。世界各国检察官在法律中的角色地位因其司法制度的不同而有所区别。各国宪政体制模式的不同以及文化和法制传统的差异等因素，造成对检察官角色和职责定位的困难。

从检察官制度的创设目的来看，检察官扮演国家权力的双重控制的角色，既要保护被告免于法官的擅断，也要保护其免于警察的恣意，本来就暗含着其双重功能和中间位置。

（一）关于检察官定位的各种观点

关于检察官的定位，历来有"行政官说"、"等同法官说"、"司法官署说"等观点。

"行政官说"认为，检察官是行政官员，主张维持检察官"上命下从"的原则，但以法定主义为限。因为，作为行政官员，检察官"上命下从"的规定既不违背宪法，也符合法理。其论据是：法律规定检察官"上命下从"，而司法权只能由具有人身和事务独立性的法官行使，且检察官的追诉活动既不属于司法事项也不属于立法事项，因而属于行政事项。由于许多因素受"三权分立"理论和国家体制的限制，国家难以排除在立法、行政、司法权之外存在其他权力类别的可能性等，因而检察官被确定为行政官。虽然"行政官说"自有检察官制度以来就被提出，但一直受到人们的质疑。

"等同法官说"主张检察官同法官一样享有身份和职务保障；检察官不受行政机关首长的指挥；检察系统内部的上级指令权并不违反宪法。其根据是：检察官如同法官，执行司法领域的重要功能，其行为准则与法官的是最接近的；检察官和法官认定事实和作法律判断，应当依据同一目标行事；尤其在法定主义之下，基于强制追诉的义务，检察官职务严格受制于法律的程度，与法官的裁判职能相同。"等同法官说"在理论上和实践中仍然存在一些问题：一是它认为检察官的工作指向及其行事准则与法官具有高度的近似性，值得赞同。然而，从近似性到等同性，中间尚有一段距离。二是它最重要的推论是否定行政机关首长的指挥监督权，但在实务中各国行政首长很少介入检察机关对个案的处理，这一推论已无实践意义。三是它并不主张废除检察系统内的"上命下从"，而法官在审判系统之内绝无"上命下从"的问题。这样，检察官与法官在最关键的地位上并不等同。

"司法官署说"认为检察官是居于行政与司法之间的具有双重性的司法官署。检察官在执行职务趋近刑事司法范围时，应按照自我负责和自主办案的司法准则行事，在其执行职务趋近一般行政政策的范畴时，则依"上命下从"的行政原理处理。"司法官署说"的主张主要集中在两个方面：一是关于"上命下从"，其基本立场是维持检察机关内部的阶层式建构，但应严格设定"上命下从"的法定界限。检察官作为"法律守护人"，应该而且只能探求法律的意旨，而非上级或他人的意旨。就功能分配来说，法官虽然拥有裁判权，但决定把什么被告以及什么案件提交法庭的是检察官。如果这个重要决定取决于行政首长，无异于纵容行政权限制审判权。二是关于身份保障，"司法官署说"主张检察官应该与法官适用相同的身份保障和任用资格。

"行政官说"、"等同法官说"和"司法官署说"的共识是：法律关于检察官"上命下从"的规定应有界限，不得逾越刑事诉讼法为检察官所设的强制义务；在法定的裁量幅度内，检察机关内部实行上级指挥监督下级是必要的；检察官与法官应当实行相同的任命资格和薪俸报酬。唯一不同的，"行政官说"没有涉及检察官的身份保障问题；"等同法官说"认为检察官的身份保障问题是基于宪法的要求；而"司法官署说"也认为检察官的身份有保障的必要，但是属于法律而不是宪法层次上的要求。"司法官署说"与其说是理论上解决了争论百余年的行政官—司法官之争，不如说是跳出了争论的思考窠臼。"司法官署说"承认欧陆检察官的固有属性，从检察官具体的任务与义务出发，探究"上命下从"的界限和身份保障的必要，这是该学说提出后获得通说地位的原因。根据"司法官署说"，检察官不是"上命下从"的行政官，也不是独立自主的法官，而是处于两者之间，实现客观法意旨并追求真实与正义的司法官署。①

从制度层面来看，大陆法系国家的检察官制度与"司法官署说"基本是一致的。法、德、意等国的检察官和法官同属司法官，享有相同或相似的职务独立性。德国的检察官和法官同属一个行业协会，他们可以按照一定的程序进行职务上的互换。法国的检察官俗称"站着的法官"或"立席司法官"，检察官和法官在任职资格、待遇等方面完全相同。在日本，学理上认为，承认检察官拥有广泛权限，是因为检察官不单是一方当事人，也被赋予了准司法官的地位。在荷兰，公诉人、法官（包括地方预审法官）在毕业后均要经过同样的至少为期 4 年的挑选和训练，这样的经历使得荷兰的检察官更倾向于认同自己的司法官地位。在意大利，检察官现在是司法系统的成员之一，有着和法官同等的地位以及同等的不受外界干涉的自由②，检察官和法官都是由司法官资格评审委员会选拔和任命的。

（二）我国检察官的定位

我国检察官制度经历了一个独特的发展过程，它是随着社会主义法制的发展而逐步建立和发展起来，根据维护国家法制统一和尊严的实际需要确立的。建国以后的四十多年里，我国并没有关于保障检察官和检察人员履行职责的系统的规范，法律和政策均未对检察人员的法律专业素质提出特别要求，国家对所有检察人员适用管理"国家干部"的模式进行管理。虽然没有法律文本的正式规定，但长期以来，官方和公众一直将检察院和法院视为司法机关，将检察人员视为司法人员，从而区别于行政机关工作人员。1979 年《人民检察院组织法》规定了检察长、副检察长、检察员等的检察官职务，为检察官制度的建立奠定了法律基础。但是，国家对检察官、法官和党政干部以同样的方式进行管理。1987 年，党的十三大决定建立国家公务

---

　　① 参见孙谦："维护司法的公平和正义是检察官的基本追求——《检察官论》评介（二）"，载《人民检察》2004 年第 3 期。

　　② 参见谢佑平、万毅："检察官当事人化与客观公正义务"，载《人民检察》2002 年第 5 期。

员制度。与此同时，中央明确要求检察机关建立类似国家公务员的管理制度。最高人民检察院于 1988 年开始起草《检察官法》。整个起草过程坚持的指导思想之一是，要求检察官各项管理制度既要类似于又要区别于国家公务员制度，以体现我国检察机关法律地位、职能要求、工作性质和特点。为保证国家干部制度的同一性，检察官的基本制度和管理的各环节应与公务员制度协调一致。当然，检察权不同于审判权和行政权，对检察官的管理也不宜照搬公务员管理模式，而是应当适度体现检察官职业特点，突出检察官的职责、权利义务，建立检察官等级序列。

1995 年《检察官法》明确了"检察官"的法律称谓和法律地位，规定了检察官的任职条件、权利义务、任免、考核、奖惩和保障，初步建立了体现检察工作和检察官职务特殊要求的检察官制度。根据《检察官法》规定，最高人民检察院先后制定了有关检察官选拔任用、培训、考核、奖励、回避、辞职、辞退、纪律处分的规范性文件。2001 年，全国人大常委会通过了《检察官法》的修正案，进一步完善了检察官制度。

从检察官职责来看，我国检察官属于专事国家法律监督职责的官员。法律监督活动是一种适用法律的专门活动。《检察官法》规定，检察官负有依法进行法律监督工作，代表国家进行公诉，对法律规定由人民检察院直接受理的犯罪案件进行侦查，以及法律规定的其他职责。可以说，检察官职责的核心内容就是进行法律监督，目的是维护国家法律的统一正确实施。

检察官的特殊职责决定了检察官管理制度的基本取向，从而决定了检察官作为国家司法官员的属性。检察官不应隶属于以执行法律的方式进行社会管理为职责的国家行政机关，而应当单独进行管理。为此，需要建立考核、培训、奖惩、任免辞退、退休以及职务保障、身份保障、经济保障等制度。我国《检察官法》与《法官法》同时经全国人大常委会审议通过。从具体内容来看，除了体现检察机关上下级领导体制的内容之外，《检察官法》的规定与《法官法》关于法官制度的规定基本上是一致的，检察官和法官在权利义务、任职条件、等级设置、待遇和职务保障等方面遵循相同的管理规则。甚至对于某些应当有所区别的内容，《检察官法》和《法官法》也做了同样的规定①。检察官制度与法官制度的同一性，进一步表明我国检察官属于司法官员。

综上，我国检察官属于专事法律监督职责的司法官员，这也是由检察机关的特殊性质和职能决定的。

二、检察官的职责与义务

检察官的职责，是指检察官在检察工作中，应当行使的职权和必须承担的法定责任。对检察官来说，职权和责任互为一体，不可截然分开。检察官的义务，是指为保证法定职责的实现，检察官必须担当的任务和必须遵守的行为准则。检察官的职责和检察官的义务是不同的法律范畴，但二者有着内在的一致性：职责是核心，义务是保证。

（一）检察官的职责

我国《检察官法》对检察官的职务作了明确规定：（1）依法进行法律监督工作；（2）代表国家进行公诉；（3）对法律规定由人民检察院直接受理的犯罪案件进行侦查；（4）法律规定的其他职责。同时，《检察官法》还规定：检察长、副检察长、检察委员会委员除履行检察职责外，还应当履行与其职务相适应的职责。法律规定检察官职责的意义在于：一是明确检察官依法履行职责，受法律保护；二是检察官不履行职责或者不依法履行职责，要承担相应的法律责任。具体地说，检察官职责包括以下内容：

1. 依法进行法律监督工作

法律监督是我国宪法和法律确定的检察机关的基本职责，因而成为检察官的首要任务。根据有关法律规定，检察官的法律监督职责是通过行使具体的职权而体现在各项诉讼活动中，即主要通过对公安机关的侦查活动进行监督，对报请批准逮捕的案件进行审查，对刑事、民事和行政审判活动进行监督，对刑罚执行活动进行监督等，以保证

---

① 例如，《检察官法》与《法官法》均规定，奖励的条件之一是"勇于同违法犯罪行为作斗争，事迹突出"。

国家法律的统一正确实施。

2. 代表国家进行公诉

公诉是检察机关代表国家对各种犯罪行为提出指控，要求人民法院对被告人进行审判，追究其刑事责任的重要活动。这是检察官的一项重要职责，检察官通过对刑事案件进行审查、作出起诉或不起诉决定、提起公诉、出庭支持公诉、提出抗诉等工作，履行公诉职责。

3. 对法律规定由人民检察院直接受理的犯罪案件进行侦查

人民检察院直接受理的案件，主要是国家工作人员滥用职权实施的犯罪案件，包括贪污贿赂犯罪案件、国家机关工作人员渎职犯罪案件、国家机关工作人员利用职权实施的侵犯公民人身权利、民主权利的犯罪案件；国家机关工作人员利用职权实施的其他重大犯罪案件，需要人民检察院直接受理时，经省级以上人民检察院决定，可以直接受理。对于这些案件的侦查，由检察官负责进行。

4. 法律规定的其他职责

除上述三项职责外，检察官还承担着其他职责。例如，检察工作中发现有关单位存在诱发犯罪的制度隐患，检察官有提出检察意见或检察建议的职责。此外，基于检察机关自身管理需要，检察员有指导助理检察员和书记员的职责，助理检察员有协助检察员工作的职责，等等。对于法律赋予的各项职责，检察官应当依法履行。

5. 检察长、副检察长、检察委员会委员除履行检察职责外，还应当履行与其职务相适应的职责

检察长、副检察长、检察委员会委员是担任一定职务的检察官，首先应当履行检察官的职责，同时还应当履行与其职务相适应的职责。比如检察长要履行统一领导检察工作的职责，负责全面的检察业务管理及其他组织协调、指挥、决策性工作，并代表人民检察院向同级人民代表大会负责并报告工作；副检察长应当履行协助检察长工作的职责；检察委员会委员应当履行法律规定的相应的职责。

（二）检察官的义务

《检察官法》关于检察官义务的总的要求是：检察官必须忠实执行宪法和法律，全心全意为人民服务。同时，该法还对检察官义务作

了以下具体规定：

1. 严格遵守宪法和法律

这是检察官的首要义务。作为行使国家检察权的司法官员，检察官在行使各项职权的活动中，必须严格遵守宪法和法律，既要做到正确运用法律确保案件的公正处理，又要依法行使职权，不能滥用职权，侵犯公民权利。

2. 履行职责必须以事实为根据，以法律为准绳，秉公执法，不得徇私枉法

以事实为根据，以法律为准绳，是我国司法工作的基本准则。检察官在办理案件的过程中，要恪守这一准则，在查明案件事实的基础上，正确适用法律。在事实和法律之外，其他任何因素都不能成为影响办案的理由，特别要做到不徇私、不枉法。

3. 维护国家利益、公共利益，维护自然人、法人和其他组织的合法权益

这是检察官履行法律监督职责的根本目的所在，也是检察官所承担的不同于其他国家公职人员的一项特殊义务。这项义务要求，检察官在行使检察职权的活动中，既要代表国家追究犯罪，维护法律的统一正确实施，又要维护和保障诉讼参与人和其他公民、组织的合法权益。

4. 清正廉明，忠于职守，遵守纪律，恪守职业道德

这是检察官必须遵守的行为准则。清正廉明，要求检察官不得贪污受贿，不得利用手中的权力谋取私利，影响公正执法；忠于职守，要求检察官严格履行法律赋予的各项职责，不能疏于职责，也不能越权办案；遵守纪律，要求检察官不得违法办案、执法犯法，办案中不得态度蛮横粗暴、要特权；恪守职业道德，要求检察官要忠诚、公正、清廉、严明，时刻维护检察官的职业荣誉。

5. 保守国家秘密和检察工作秘密

对于办案中涉及的国家秘密，检察官有义务不打听、不泄露，自觉维护国家利益。对于工作中所涉及的案件情况，要严格按照办案纪律的要求保守秘密，不得在法律不允许的时间和场合向他人透露，这不仅是保证办案工作顺利进行的需要，同时也是保护案件当事人的需要。

6. 接受法律监督和人民群众监督

任何权力都要受到制约，任何权力的行使者都要受到监督。检察官的各项职权是由法律赋予的，检察官履行职责的行为，是要向人民负责的。因此，检察官行使职权的行为，必须要接受来自法律规定的机构和人民群众的监督，这是检察官正确履行各项法定职权的重要保证。

三、检察官职务的特殊性

检察官既是国家公职人员，又是法律职业者，它既要信守国家公职人员的职业伦理，又要符合法律职业者的职业特征，即"受过系统的法律职业教育和训练，有着以权利和义务为中心概念的参照系"，有着以理性思维和独特的推理去实现法律的确定性，有着"以维护社会正义和自由，维护法律权威为价值追求的职业意识"①。但是，检察官的职责既不同于其他国家公职人员，也不同于其他司法职业者。

（一）检察官职务相对于行政机关公务员职务的特殊性

检察官与行政机关公务员都属于国家公职人员，但二者的职责要求和行为准则等均有所不同。其一，检察官的主要职责是法律监督，而行政机关公务员的职责主要是代表行政机关从事社会管理。法律监督是一项高度专业化的社会活动。行政系统内部虽然也设置了一些具有监督职能或者专司监督工作的官职、机构或部门，但这些行政官员的职责主要不是法律监督，而是立足于监督行政纪律和某方面的法律、法规的实施。其二，虽然检察官与行政公务员都要遵循"上命下从"的行为准则，但是检察官的"上命下从"受到客观义务和法定义务的严格限制。另外，检察官在任职条件和任免程序等方面亦不同于行政机关公务员。

---

① 郭立新："检察官的职业特点"，载《检察日报》2004 年 3 月 2 日。

（二）检察官职务相对于法官职务的特殊性

检察官和法官就工作指向（真实与正义）和行事准则（合法性与客观性）来看没有质的区别，二者都承担着对法律秩序的维护职能。检察官和法官的任职条件相同，职业发展道路相同，可以相互转任。检察官和法官职务的共同特点是判断性。对案件的判断是认知的过程，而认知过程不容许绝对的命令与服从。因此，我国法律规定检察机关和审判机关依法独立行使职权，不受行政机关、社会团体和个人的干涉。但是，检察官与法官在诉讼中担任的角色、承载的社会功能毕竟不同。法官的基本职责是裁判案件、解决法律争议；而检察官的职责主要是通过追诉犯罪和主动的法律监督，维护国家法制的统一实施。这就要求检察官在履行职务中适用统一的执法尺度，按照一体化的原则共事，既要履行法律职责，又要受上级指令的拘束和限制。体现在领导体制上，检察官实行上下级领导、"上命下从"，检察权在检察机关内部分工并不严格；而上下级法院的法官之间没有领导关系，审判权在法院内部具有适当的分工，审级划分在法律上非常清楚。例如，在法、德、意等欧洲国家，检察官和法官虽然同属于司法官，但检察官与法官在职务独立性方面存在一定的差别，即检察长和上级检察官可以对检察官下达指示和命令，法官则不能。这一点，在我国的司法体制中也得到鲜明的体现。我国检察机关上下级之间是领导关系，而上下级法院之间是监督关系。

（三）检察官职务相对于律师职务的特殊性

检察官与律师同为法律职业者，都应当具有追求公正的信念。但是，二者的社会分工、社会功能却有显著的区别，在诉讼中也扮演着截然不同的角色。检察官承担追诉犯罪的职责，而律师充当的是辩护、服务者的角色。作为法律职业者，律师应当坚持法律的立场，维护公共利益，实现公正，捍卫人权，具有公益性；作为被委托人，律师立足于委托人的立场，捍卫当事人的合法权益，有权获得当事人给予的报酬，具有对价性。律师职务公益性的一面与检察官严守客观公正义务的职业伦理是一致的。有所不同的是，检察官作为国家公职人员，代表国家行使检察权，其地位独立于刑事犯罪被害人，虽然在有些案件中要考虑被害人的利益，但要始终依据法律，代表公益，不能被被害人所左右。这也决定了检察官只能从国家获取薪俸，不能获取薪酬之外的利益。律师虽然也受严格的职业道德准则支配，但是，律师的特点决定了他可以为了谋取经济利益而与同行进行有序竞争。正因为如此，我国律师才从具有公职身份的"国家的法律工作者"演变为"依法取得律师执业证书，接受委托或者指定，为当事人提供法律服务的执业人员"①。

（四）检察官职务相对于检察机关其他工作人员的特殊性

检察官是依法行使国家检察权的官员。由检察权行使的重要性和复杂性所决定，检察官只能是在编的检察机关工作人员。在检察机关内部，只有那些真正行使检察权的检察机关在编人员才是真正意义上的检察官，才有必要获得检察官职务。检察权的行使并不是简单机械地套用法律条文的过程，而应当是在一定的法律意识和法学理论指导下，通过严谨的法律思维和严密的逻辑推理作出判断的过程。为了保障检察权的正当行使，检察官的任职条件较高，且由法律明确规定。其他检察人员的任职条件虽然相对较低，但却是法律人才步入检察官队伍的一个最重要的阶梯。无论是出于管理的需要还是保障检察机关依法履行职责的需要，检察官在检察机关工作人员中应当保持一个科学的比例。为此，《检察官法》授权最高人民检察院根据工作需要，会同有关部门制定各级检察院的检察官在人员编制内员额比例的办法。据此，最高人民检察院制定的《2004—2008 年全国检察人才队伍建设规划》提出："要按照检察机关的职能需要和各类人员的岗位特点，将检察人员分为检察官、检察事务官（检察官助理）和检察行政人员。要依据工作职能、职责权限，合理设置和划分各类人员职位和职务层次，实行规范化管理。要科学确定各类人员的员额比例，

---

① 参见 1980 年《律师暂行条例》第 1 条；2007 年 10 月 28 日修订的《律师法》第 2 条。

一般情况下，检察官、检察事务官（检察官助理）和检察行政人员分别占人员总数的 30%、40% 和 30% 左右。"

第二节　检察官选任制度

现代社会，法律规则日益细密，国家适用法律的活动日益专门化。没有受过良好的法律教育和专业训练，即使具有良好的政治素质和对国家的赤诚之心，也难以胜任检察官工作。包括法官、检察官、执业律师等在内的法律职业者，应当是精通法律并实际操作和运用法律的人，必须具备特殊品质，掌握法律知识和技能，并以此作为力量源泉；须致力于社会福祉，以其专业知识和技能为社会大众服务；须为社会所尊重，享有良好的社会地位。为此，世界上大多数国家对检察官等法律职业者实行严格的职业准入制度，包括严格的任职条件，特别的任免程序。

一、检察官的任职条件

检察官的任职条件，是指国家对担任检察官这一特定职业者所应具备的身份条件、政治思想条件、专业条件、资格条件等方面的具体要求，它从总体上决定了检察官队伍的素质。检察官作为一种特殊的法律职业，其素质高低直接关系到法治的实现程度。因此，世界各国对检察官的法律知识、法律经验、职业伦理具有较高要求。在我国，1995 年之前，国家对担任检察官的条件只有行政职级上的要求，而无其他任职条件的规定。1995 年《检察官法》首次全面地规定了担任检察官的条件。2001 年《检察官法》修正案根据法学教育发展情况和法制发展状况，对检察官任职条件进行了调整：一是提高了检察官任职的学历要求；二是提高了初任检察官考试的规格，从过去检察系统组织初任检察官考试，改为由国家组织统一司法考试。根据修订后的《检察官法》的规定，担任检察官应当具备以下几方面的条件：

（一）身份条件

根据《检察官法》规定，担任检察官必须具有中华人民共和国国籍；年满 23 周岁；身体健康。其一，关于检察官的国籍。检察官属于国家公职，由本国公民担任检察官是世界各国通行的做法。其二，关于检察官的年龄限制。法律规定检察官必须达到一定的年龄，其必要性在于：检察官作为行使国家检察权的官员，必须具有独立判断的能力，而判断力通常以一定的法律知识、生活阅历和社会实践为前提。这些能力的养成需要年龄的积淀。《检察官法》规定的年龄条件是最低年龄限制。在实践中，一直以来很少有人在 23 岁的时候被任命为检察官。其三，关于检察官的身体状况。检察官必须身体健康。拥有健康的体魄，是检察官履行法定职责的基本前提。

（二）政治思想条件

政治思想条件，即检察官必须具备的思想政治观点和政治立场等方面的基本素质。在法治社会，检察官不需要个个都是政治家，但是，特定的职责和身份决定了检察官只有具备较高的政治素质，才有可能保证检察工作沿着正确的方向健康发展。为此，《检察官法》规定，担任检察官，必须拥护中华人民共和国宪法；有良好的政治、业务素质和良好的品行。这是担任检察官的政治条件。拥护中华人民共和国宪法，就是拥护我国宪法确立的政治制度、政治原则和行为准则，自觉维护中国共产党的执政地位和宪法的权威。具有良好的政治素质和良好的品行，就是要坚持正确的政治方向和政治立场，最根本的是坚持马列主义和科学发展观等重要思想，用科学的理论武装头脑、指导行动，坚定理想信念，具有正确的世界观、人生观和价值观，具有坚定不移、清醒不渝的党性修养，具有忠于法律、忠于职守的思想品质，具有清正廉明、克己奉公的思想品格，具有刚正不阿、不畏权势的执法精神。

（三）专业条件

随着法律规则的系统化和法律活动的专门化，检察官如果没有一定的法律素养、法律知识和专业技能，就难以准确地适用法律。作为专门从事法律监督的官员，检察官职务由精通法律、具备较高专业素质和较强专业能力的专门人才担任，是由检察工作的规律性和特殊性决定的，也是法治国家的一个重要标志。

1995 年《检察官法》即对担任检察官必须具备的法律专业知识、学历和法律工作经历等专业条件作了明确规定。此后，为保证检察官的业务素质，提高检察工作水平，2001 年《检察官法》修正案提高了对检察官的学历要求和法律工作经验要求：高等院校法律专业本科毕业或者高等院校非法律专业本科毕业具有法律专业知识，从事法律工作 2 年，其中，担任省、自治区、直辖市人民检察院、最高人民检察院检察官，应当从事法律工作满 3 年；获得法律专业硕士学位、博士学位或者非法律专业硕士、博士学位具有法律专业知识，从事法律工作满 1 年，其中担任省、自治区、直辖市人民检察院、最高人民检察院检察官，应当从事法律工作满 2 年。其中，具有相应的法律工作经验，是检察官审查证据、认定事实、适用法律的前提，也是担任检察官的必要条件。

提高初任检察官的专业条件，有利于提高检察官专业化程度，有利于增强检察活动的社会认同感，从而有利于保障法律的统一正确实施。但是，从我国法律教育的规模、社会对法律人才的需求和现有检察官学历状况来看，在短时间内要求所有检察官均达到较高的专业水准并不现实。为此，《检察官法》对于担任检察官的专业条件作了两条灵活性的规定：其一，我国幅员辽阔，各地区经济发展水平不同，可供选拔的人员数量和素质也有较大差距，对法律人才的吸引力差别更大，欠发达地区按照法律统一规定的学历条件选任检察官难以做到。为此，《检察官法》规定，适用上述学历条件确有困难的地方，经最高人民检察院审核确定，在一定期限内，可以将担任检察官的学历条件放宽为高等院校法律专业专科毕业。其二，《检察官法》修正案施行前任命的检察官不具备新法规定的任职资格条件的，应当接受培训，虽然不能达到法律规定的学历条件，经过培训以后仍然可以担任检察官。

（四）资格条件

1995 年之前，担任检察官无须通过法律考试。1995 年《检察官法》规定，初次担任检察官，应当通过检察官资格考试。自 1995 年起检察系统开始实行初任检察官资格全国统一考试。初任检察官资格考试是检察官资格条件的最初表现形式，它对于提高检察官专业化程度发挥了积极重要的作用。

检察官的职业特点要求检察官具有不同于行政官员的任职条件。检察官与法官、律师虽然存在着业务分工和司法功能的对立，但是，从根本上讲，他们都是实施法律的重要支柱，都以维护法律秩序和公民、组织合法权益为己任。因此，检察官、法官、律师应该具有共同的专业背景，对法治也应该有着统一的认识和理解。2001年，为推进法律职业专门化进程，保证和提高法律职业人员素质，保障依法独立行使检察权、审判权，保障司法公正，九届全国人大常委会通过修订《检察官法》、《法官法》和《律师法》，规定国家对初任检察官、法官和取得律师资格实行统一司法考试，从资格条件上对检察官和法官适用统一的标准。自2002年起，国家实行统一的司法考试制度，国务院司法行政部门会同最高人民检察院、最高人民法院共同制定了司法考试实施办法，由国务院司法行政部门负责实施。

国家司法考试是一种法律职业资格水平考试，是进入法律职业的"第一道门槛"。它作为国家司法官制度的一项重要内容，连接着司法职业培训与大学法律教育。统一司法考试不仅仅是考试规格的提高，更重要的是其考试内容与评价标准的变化，通过消除三类法律职业的行业考核测评差异，实现了法律职业者的同质化要求，有利于在法律职业者之间形成统一的理念和思维方式。按照最高人民法院、最高人民检察院和司法部制定的《国家司法考试实施办法》，现行的统一司法考试融合了检察官、法官、律师三类资格考试的核心内容，基本涵盖了大学法学教育的主干课程。

实行统一司法考试，对检察官制度的积极影响是显而易见的。其一，它在很大程度上提高了检察官职业的准入门槛，有利于提高检察官队伍素质，有利于提高检察官队伍专业化程度。其二，它有利于检察官对法律业务的全面了解，有利于促进不同法律职业的相互尊重，从而既有利于法律职业者队伍共同法律理念和法律素养的形成，也有利于树立法律职业者的良好形象。其三，它为面向社会选拔检察官和面向社会录用检察人员奠定了制度基础，有利于规范检察人员录用制度，从而有利于检察官素质的提高。其四，它使检察官、法官的选拔建立在一个共同基础之上，有利于检察官与其他法律职业者根据工作需要和个人意愿调任或者流动。当然，我国的统一司法考试制度是法律职业资格考试，而不是任职考试。通过统一司法考试者并不能当然地被任命为检察官。通过统一司法考试仅仅是担任检察官的一个必要条件，担任检察官还需要符合其他法定条件。通过考试取得资格者只有在检察机关出现检察官岗位空缺的情况下，才能按照竞争、择优原则经法定程序任命担任检察官。

一般而言，任何制度从产生到成熟都需要一个过程。我国目前的统一司法考试制度尚处于初级阶段，还不能作为所有检察官的任职条件，它没有挑战法律作出规定之前任命的检察官的身份。而且，根据法律规定，"通过国家统一司法考试取得资格"只是初次担任检察委员会委员、检察员和助理检察员的条件，检察长、副检察长"从检察官或者其他具有检察官条件的人员中择优提出人选"，无须通过统一司法考试。

（五）消极条件

担任检察官的消极条件，是指具有某种情形的人不能担任检察官职务。《检察官法》规定，曾因犯罪受过刑事处罚的或曾被开除公职的人员，不得担任检察官。这实际上是担任检察官的品行条件。无论是作为一种国家公职，还是作为一种法律职业，检察官都应当具有高尚的道德情操，这是检察官保障司法公正，保持清正廉洁的必要前提。当然，客观、公允地对人的品质作出评价是非常困难的，评价标准、评价主体或者评价环境不同，评价的结论自然不同。但是，检察官必须具有"优良的品行"这一标准不能降低。法律对担任检察官的品行条件仅仅作了最低限度的规定，选拔品德高尚的人担任检察官，应当借助于完善的检察官选拔程序而不是法律规定的品行条件本身来实现。

二、检察官的选拔任命

科学、完善、有效的选拔任命制度不仅可以通过公平竞争，实行优胜劣汰，为高素质人才进入检察官队伍创造条件，而且可以降低检察机关人员初任培训和能力开发的费用，缩短检察官培养周期，从而为检察机关提供人力资源保障。完善的检察官选拔任命制度，应当包括严格的任职条件，规范、科学的检察官选拔任命程序和标准。为保证检察官具备较高的素质，西方国家任命检察官一般采用较为严格的程序。我国过去虽然按照管理行政公务员的方式管理检察官，但是，检察员以上的检察官的任命自新中国恢复检察制度以来一直遵循严格的法律程序。

（一）检察官的选拔

选拔任命检察官制度是保证检察官具备较高素质的关键环节。法律规定的检察官任职条件，是保障检察官素质的最低标准，只是为提高检察官素质提供了一种制度可能性。要使这种可能性成为现实，必须遵循竞争、择优的原则，按照法定的任职条件，经过公平、公正、公开、科学的选任程序选拔检察官。

1. 检察官选拔方式

（1）各级人民检察院检察长的选拔。根据法律规定，最高人民检察院检察长实行选举制，由全国人大主席团提出人选，经各代表团酝酿协商后，再由主席团根据多数代表的意见确定正式候选人名单，提交全国人民代表大会选举产生。地方各级人民检察院检察长，实行选举和任命结合制，由本级人大主席团或者 10 名以上代表联合提名，经本级人民代表大会选出后，报上一级人民检察院检察长提请该级人大常委会批准。

检察长由选举产生或者主要由选举产生的制度优势是：有利于保证检察长产生的公信力；有利于保证检察长依法独立履行职责。该制度的缺陷是：单纯的选举制难以保证检察长的专业素质。为此，《检察官法》规定：检察长、副检察长应当从检察官或者其他具备检察官条件的人员中择优提出人选。这一规定隐含了以下含义：检察长应当主要从具有丰富经验和理论素养的检察官中产生，在检察官中没有合适人选的情况下，也可以从其他具备检察官条件的人员中择优提出人选；检察长应当是检察官中的优秀者或者优于普通检察官的人员。

（2）其他检察官的选拔。根据《检察官法》规定，检察委员会委员、检察员、助理检察员实行考核任命制。初次担任上述职务的，采取严格考核的办法，按照德才兼备的标准，从通过国家统一司法考试取得资格，并且具备检察官条件的人员中择优提出人选。

根据法律规定，检察官采取严格考核的办法，按照德才兼备的标准，从通过国家统一司法考试取得资格，并且具备检察官条件的人员中择优选任。在实践中，存在违法任命检察官的问题。为了保证检察官的任职资格能够得到严格执行，《检察官法》规定了保障措施，即对于违反法律规定任命检察官的，一经发现，作出该项任命的机关应当撤销该任命；上级检察院发现下级检察院检察官的任命有违反《检察官法》规定的条件的，应当责令下级人民检察院依法撤销该任命，或者要求下级检察院依法提请同级人大常委会撤销该任命。对于不具备《检察官法》规定的条件被选举为人民检察院检察长的，上一级人民检察院检察长有权提请该级人大常委会不批准任命。

2. 检察官遴选制度

检察机关恢复重建以后二十多年的时间里，除任命检察长、副检察长和安置军转干部之外，国家基本上不面向社会直接选拔检察官。过去的实践中，每个检察院的初任检察官人选基本上来自本院的在编人员。检察官来源的单一性制约了检察官素质的提高。检察官遴选制度的核心内容是公开选拔检察官。具体可包括两个层面：一是面向社会公开选拔初任检察官；二是上级检察院从下级检察院选拔检察官。

（1）面向社会公开选拔初任检察官。《公务员法》规定，确定初任法官、初任检察官的任职人选，可以面向社会，从通过国家统一司法考试取得资格的人员中公开选拔。这也是关于检察官选拔制度的一项重要改革举措，是我国司法官管理制度的巨大进步。

面向社会公开选拔初任检察官，应当遵循公开、平等、竞争、择优的原则，为精通法律、品行端正、广受尊重的，符合检察官任职条件的优秀人才进入检察官队伍创造条件。一是面向社会选拔检察官时，应当事先公告，公开录用程序和录用标准、方式和结果。二是凡具备条件的公民，都享有参加竞争和按照统一标准录用的平等权利。三是坚持德才兼备的标准，通过公开、平等竞争，选拔录用优秀的合适的人才。检察机关面向社会通过公开竞争、择优录用的方式招录的检察人员，从事检察业务工作满法定年限，完全符合检察官任职条件的，在检察院缺额的情况下，经考核合格，可以被任命为检察官。

面向社会，不能狭隘地理解为面向检察系统之外，而将检察官拒之门外；面向社会也不能狭隘地理解为面向本机关之外，从而将本机关符合条件者拒之门外。

近年来有人主张，通过司法考试的人可以不经过公务员录用考试进入检察官队伍。这个观点值得探讨。按照现行规定，事业单位、国有企业工作人员，通过司法考试，取得法律职业资格，进入担任检察官的，不需经过公务员考试。检察机关主任科员以下职位工作人员的录用，应当通过公务员考试择优选拔。有人认为，司法考试难度远远大于公务员考试。国家规定通过司法考试者进入公务员队伍不再需要通过公务员考试，有利于缓解西部地区检察官断档问题。我们认为，公务员录用考试与司法考试存在诸多差异。从考试目的来看，司法考试是从事法律职业必须通过的"门槛"，而公务员考试是选拔优秀人才进入公务员队伍的考试；从考试规则来看，国家司法考试是一种竞争性较弱的考试，达到标准即可通过，而公务员考试是一种高度竞争的考试，择优录用是第一准则；从测试内容来看，司法考试考察的是考生的法律专业知识，而公务员考试主要考察的是从事国家公职必须具备的基本知识、思维和技能。因此，二者难以互相替代。而且，如果规定凡通过司法考试者，即可不经过公务员考试进入公务员队伍，不符合公开选拔、公平竞争的干部人事改革方向。

（2）上级检察院从下级检察院选拔检察官。近年来，国家正在推行上级检察院从下级检察院工作人员中公开选拔检察官的做法，从高检院到一些分州市检察院，面向全国检察系统或本辖区检察系统公开选拔检察官，这既为基层检察人员开辟了一条新的职业发展道路，又有利于保证上级检察院检察官具有丰富的检察实践经验。

（二）检察官的任免权限

检察官职务的任免，是指有权机关按照法律规定的权限和程序，将具备检察官条件的人员任命为检察官，对具有法定免除检察官职务情形的人员免除其检察官职务的活动。

1. 各级人民检察院检察长的任免

根据宪法和法律规定，各级人民检察院检察长的任免分四种情况：（1）最高人民检察院检察长的任免实行选举制，由全国人民代表大会选举和罢免。（2）地方各级人民检察院，即省、市、县人民检察院检察长的产生，实行选举和批准相结合，由地方各级人民检察院选举和罢免，但须报上一级人民检察院检察长提请该级人大常委会批准。（3）省级人民检察院分院和派出检察院检察长，由其主管上一级检察院检察长提请本级人大常委会任免。在上一级人大常委会批准之前，下一级人大的选举不能生效。如果上一级检察院检察长提请不予任命或该级人大常委会不予批准，则下一级人大的选举便为无效。（4）军事检察院检察长的任免，适用特别程序，其中，中国人民解放军军事检察院的检察长，由最高人民检察院检察长提请全国人大常委会任免；大军区以下的各级军事检察院检察长，经上级军事检察院检察长同意，按军队干部任免权限和程序任免。

为了保证检察长等检察官符合法律规定的任职条件，《检察官法》特别赋予了上级检察院监督纠正权，对于违反法定程序被选举为人民检察院检察长的，上一级人民检察院检察长有权提请该级人大常委会不批准；最高人民检察院和省级人民检察院检察长可以建议本级人大常委会撤换下级人民检察院检察长、副检察长和检察委员会委员。

法律关于检察长产生和检察官任命的制度安排，对于保证各级检察长的基本法律素养、落实检察机关领导体制，进而保障检察机关依法公正行使职权，具有重要意义。宪法和法律关于地方各级人民检察院检察长须经上级人民检察院检察长提请该级人大常委会批准产生的程序，是由检察机关承担的维护法制统一的职责和任务决定的，不同于其他政法机关"一把手"的产生程序。今后，应当在坚持党管干部原则的前提下，探讨检察长产生的党内程序与宪法程序相一致的可行性，探索加强上级检察院对下级检察院领导成员协管力度的有效方式。

2. 其他检察官的任免

检察长以外的其他检察官的任免，分四种情况：（1）最高人民检察院、省、市、县（区）人民检察院检察员以上职务的检察官包括副检察长、检察委员会委员和检察员，由各级人大常委会任免，本级人民检察院检察长有提请权。（2）省级人民检察院分院和派出检察院副检察长、检察委员会委员、检察员，由其主管上一级人民检察院检察长提请本级人大常委会任免。（3）助理检察员则由本级人民检察院检察长任免。（4）中国人民解放军军事检察院的副检察长，经最高人民检察院同意，按军队干部任免权限和程序任免，其检察委员会委员，经最高人民检察院同意，由人民解放军总政治部任免；大军区以下的各级军事检察院副检察长，经上级军事检察院检察长同意，按军队干部任免权限和程序任免，其检察委员会委员经上级军事检察院检察长同意，由本级政治部任免。

为了确保法定的任职条件得以执行，《检察官法》还规定，对于违反本法规定的条件任命检察官的，一经发现，作出该项任命的机关应当撤销该项任命；上级人民检察院发现下级人民检察院检察官的任命有违反法律规定的条件的，应当责令下级人民检察院依法撤销该项任命，或者要求下级人民检察院依法提请同级人民代表大会常务委员会撤销该项任命。

我国《宪法》规定，检察员以上检察官由国家权力机关产生，这是由宪法确立的政治体制决定的，实践证明是符合中国国情的。但也有同志提出，检察官的任命权完全由地方掌管，容易使检察官受制于地方，不利于维护国家法制的统一。关于如何强化上级检察院在检察官任命程序中的作用，尚需进一步研究论证。

三、检察官职务的免除

检察官职务的免除，是指当出现检察官不能或不宜履行职务，或者检察官的职务发生变动、不再担任现任职务等法定事由时，由有任免权的机关依法免除其检察官职务的活动。根据《检察官法》规定，检察官职务的免除，应当具备以下条件：

（一）免除检察官职务的事由

免除检察官职务，必须具备法定事由。根据《检察官法》规定，免除检察官职务的法定事由是：（1）丧失中华人民共和国国籍的；（2）调出本检察院的；（3）职务变动不需要保留原职务的；（4）经考核确定为不称职的；（5）因健康原因长期不能履行职务的；（6）退休的；（7）辞职或者被辞退的；（8）因违纪、违法犯罪不能继续任职的。所谓免除检察官职务的法定事由，有两层含义：一是检察官职务的严肃性要求只要具备上述法定情形之一的，就应当提请免除检察官职务；二是检察官履行职务的保障性要求，不具备上述法定事由的，不能随意免除检察官的职务。

（二）免除检察官职务的程序

免除检察官职务必须由有权机关依照法定程序进行，检察官职务的任命是慎重、严肃的法律行为，对其职务的免除也应当依法进行。这里的有权机关是指对检察官职务有任免权的机关，包括同级或上级人民代表大会及其常务委员会和本级人民检察院检察长。具体来说，对于由检察长任命的检察官，检察长应当依照程序予以免除；对于不是由检察长任命的检察官，检察长应当依法提请有任免权的人民代表大会及其常务委员会予以免除。

四、检察官任职的特殊要求

检察官作为国家公务员，应当符合《公务员法》规定的任职条件。同时，为了维护检察机关的执法威严和检察官履行职权活动的严肃性，检察官还应当符合法律规定的特殊任职要求。例如，检察官不得在担任检察官职务的同时兼任其他可能会影响检察机关严格执法的相关职务。根据《检察官法》规定，检察官不得兼任以下职务：（1）人民代表大会常务委员会的组成人员；（2）行政机关、审判机关以及企业、事业单位的职务；（3）律师。这三类职务都与法律活动密切相关，与检察官分属不同的职业分工，因而检察官不能兼任。根据《检察官法》对检察官任职的这一特殊要求，对于担任检察官职务之前担任这三类职务的，一经任命检察官职务，即应免除其他职务；对于已经担任检察官职务的，必须经法定程序免除其检察官职务后，才能担任其他职务。这种规定是为了确保检察官严格依法、公正地履行各项检察职权，免除各种外来因素和其他利益驱动的影响，从而维护检察活动的严肃性和权威性。

五、检察官的任职回避

检察官的任职回避，是指根据法律规定，检察官之间具有某种亲属关系的，不得同时担任检察官职务，或者曾经担任过检察官的人员在一定期限内或在原任职的检察院，不得担任诉讼代理人或辩护人的一种任职制度。任职回避制度，旨在确保检察官在履行职责的活动中，不受亲属关系或其他人情关系的影响，从而依法公正地办理案件。

我国《检察官法》对检察官的任职回避作了明确的规定，检察官之间有夫妻关系、直系血亲关系、三代以内旁系血亲以及近姻亲关系的，不得同时担任下列职务：（1）同一人民检察院的检察长、副检察长、检察委员会委员；（2）同一人民检察院的检察长、副检察长和检察员、助理检察员；（3）同一业务部门的检察员、助理检察员；（4）上下相邻两级人民检察院的检察长、副检察长。检察官从人民检察院离任后2年内，不得以律师身份担任诉讼代理人或者辩护人。检察官从人民检察院离任后，不得担任原任职检察院办理案件的诉讼代理人或者辩护人。检察官的配偶、子女不得担任该检察官所任职检察院办理案件的诉讼代理人或者辩护人。

根据上述规定，检察官的任职回避有以下两种情形：

（一）担任检察官职务的回避

检察官任职回避，《公务员法》和《检察官法》均有规定。具有某种亲属关系的检察人员，不得同时担任检察官职务。符合这种回避情形的，要具备以下两方面的条件：（1）检察官之间有亲属关系。这里的亲属关系包括血缘关系和亲情关系，具体是指下列亲属关系：①夫妻关系；②直系血亲关系；③三代以内旁系血亲，即兄弟姐妹及其子女，父母的兄弟姐妹及其子女；④近姻亲关系，即配偶的父母、配偶的兄弟姐妹，子女的配偶及子女配偶的父母。（2）检察官职务之间有直接的工作关系。即具有上述亲属关系的检察官不得同时担任的检察官职务之间，是直接的隶属关系、监督指导关系或工作协助关系。具体包括以下关系：①同一人民检察院的检察长、副检察长、检察委员会委员；②同一人民检察院的检察长、副检察长和检察员、助理检察员；③同一业务部门的检察员、助理检察员；④上下相邻两级人民检察院的检察长、副检察长。

具备这两方面条件的检察人员，如果未担任检察官职务的，任职时应当回避上述工作关系的检察官职务；如果已担任的检察官职务之间出现上述应当回避的工作关系的，应当进行相应的工作调整。

（二）离任后的检察官及检察官的近亲属担任诉讼代理人或辩护律师的回避

这是《检察官法》和《法官法》关于检察官、法官离任后从业限制的特殊规定。《检察官法》对这种回避规定了以下三种情况：（1）检察官从人民检察院离任后 2 年内，不得以律师身份担任诉讼代理人或者辩护人；（2）检察官从人民检察院离任后，不得担任原任职检察院办理案件的诉讼代理人或者辩护人；（3）检察官的配偶、子女不得担任该检察官所任职检察院办理案件的诉讼代理人或者辩护人。

这种回避情形是检察官任职回避的一种特殊情况，不是担任检察官职务时的回避，而是担任检察官职务以后，其配偶、子女应当回避担任相关案件的诉讼代理人或辩护人，以及检察官离任后其本人应当回避担任某种案件的诉讼代理人或辩护人。

第三节 检察官考核与奖惩制度

一、检察官考核制度

检察官考核制度，是有权机关按照法定管理权限，依据《检察官法》规定的考核原则、内容、标准和程序，对检察官进行定期或不定期的考察和评价，并以此作为检察官奖惩、晋升、任用、培训、调资和辞退依据的制度。对检察官进行定期和不定期的考察、评价，是检察官管理的重要环节。《检察官法》在总结以前检察官考核的实践经验的基础上，专章规定了检察官考核的组织、权限、原则、内容、方法以及考核结果等，从而确立了较为规范的检察官考核制度。根据法律和有关规定，检察官的考核由所在人民检察院组织，在本院检察官考评委员会的指导下进行，具体由政工部门具体实施。根据干部管理权限，每个检察院负责考核本院检察长、副检察长之外的普通检察官。

（一）检察官考核的原则

《检察官法》规定："对检察官的考核，应当客观公正，实行领导和群众相结合，平时考核和年度考核相结合。"据此，检察官考核应当遵循客观公正原则，领导和群众相结合的原则，平时考核与年度考核相结合的原则。

1. 客观公正原则。客观公正，是所有考核工作必须坚持的基本原则，也是对检察官考核的基本要求，应当贯穿于检察官考核工作的全过程。客观、公正、科学、严格地评价检察官，有利于促进检察官管理的科学化，有利于增强检察官的公平感、成就感和组织认同感，有利于调动检察官的积极性和创造性，从而有利于促进检察机关依法独立公正地行使职权。客观公正原则对考核工作的要求是：如实、全面地评价检察官，不因检察官任职年限长短或者与领导的远近亲疏而采用不同的标准。考核标准的确定，应当以检察官履行职责的情况和效果为基础，要严格标准、量化内容，明确质量要求，而不是以主观印象代替客观考察。同时，要通过公正的考核程序，全面了解情况，确保考核结果的客观性与公正性。

2. 领导和群众相结合原则。这是民主集中制原则在检察官管理中的具体体现，是对检察官考评的程序要求。领导与群众相结合，表明检察机关领导和普通工作人员都是检察官考核程序的参与者；各级检察院检察长组织并参与检察官考核，检察人员广泛参与检察官考核工作；检察官考核结果在领导和群众意见的基础上形成。在检察官考核工作中，既要按照首长负责制的要求，坚持以领导考核为主，又要让群众直接参与考核，多层次、多角度地对检察官进行全面评价。考核中，要注意听取其他检察官和检察人员的评价，以增加考核工作的透明度，避免考核工作神秘化，杜绝个人专断。当然，领导和群众相结合原则应当服从客观公正原则，确保领导和群众对检察官的评价建立在一定的客观事实的基础之上，既不能仅仅按照领导意图办事，也不能任由群众随意评价。

3. 平时考核与定期考核相结合原则。平时考核主要是对检察官日常工作实绩进行翔实记载，根据需要进行阶段评定。定期考核即年度考核，是对检察官在过去一年内履行职责情况以及遵纪守法情况进行全面考察和评价。年度考核是平时考核的总结，平时考核是年度考核的基础，只有坚持二者的有机结合，做到平时考核记录翔实，年度考核考之有据，才能客观、全面地反映检察官的工作实绩。

（二）检察官考核的内容

《检察官法》规定："对检察官的考核内容包括：检察工作实绩，思想品德，检察业务和法学理论水平，工作态度和工作作风。重点考核检察工作实绩。"这几项考核内容相互关联、互为补充、不可分割。缺少对任何一方面的考核都不可能得出全面、客观的考核结果。

1. 检察工作实绩。主要是检察官履行职责情况及其实际效果。实绩是工作能力的具体体现。通过考察检察官的工作实绩，可以准确地判断每个检察官的业务能力、专业水平和发展潜力。对检察官工作实绩的考核评价，是考核检察官的重点内容，也是考核评价检察官思想品德、业务水平和工作态度的基础。重点考核工作实绩，是客观公正原则在考核内容方面的要求。工作实绩比较具体、明确，易于掌握，是确定考核结果的最具客观性的依据。以工作实绩作为重点，有利于鼓励检察官干实事、求实效，有利于防止以个人好恶或主观印象评价检察官。为此，1995 年最高人民检察院《检察官考核暂行规定》规定："检察官考核标准以检察官的职务（岗位）规范和工作任务为依据。"考察检察官的工作实绩，不仅要考察检察官完成工作指标的情况和承办案件的数量，更重要的是考察检察官承办案件的质量、数量和法律效果，以及履行职责过程中是否存在违法行为。为了确保考察检察官工作实绩的客观性，杜绝以主观评价代替考察工作实绩、以年终总结和评优代替考核的现象，应当研究制定更为科学、详细的检察官职责规范，并在此基础上确定与检察官职责、地位和作用相适应的考核评价标准。

2. 思想品德。良好的思想品德，是合格的检察官必须具备的基本素质。对检察官的政治思想素质、职业道德修养和个人道德品质进行考察和评议，是考核检察官的重要内容。考察政治思想素质，旨在了解检察官思想上是否忠于党、忠于祖国、忠于人民、忠于法律和事实；考察职业道德修养，旨在了解检察官是否清正廉明、忠于职守、遵守纪律，保守国家秘密和检察工作秘密，是否秉公执法，不徇私枉法；考察个人道德品质，旨在了解检察官是否正直无私、谦虚谨慎、严于律己、遵守社会公德等。考核检察官的思想品德，既要考察检察官遵守职业道德规范的情况，也要考察检察官作为一个普通公民遵纪守法和遵从社会公德的情况。

3. 检察业务和法学理论水平。考察检察业务和法学理论水平，旨在了解检察官的工作能力，以准确地评价其是否具备必要的检察业务能力和法学理论水平，进而判断其能否胜任本职工作。考核检察官的检察业务水平，主要是考核检察官在履行检察职责活动中所表现出来的法律政策水平、分析判断能力、业务决策水平和表达能力等。检察业务本身就是严格的法律活动，法学理论水平是检察业务能力的基础，检察业务能力是检察官法学理论水平的反映。考核检察官的能力，应当把检察官的业务水平和法学理论水平有机统一起来进行考察。既不可将二者截然分开，也不能以考察检察业务水平代替对法学理论水平的考察。

4. 工作态度和工作作风。工作态度是检察官责任心、事业心、敬业精神的体现。考察检察官的工作态度，旨在了解考核对象是否热爱本职工作，是否勤勤恳恳、恪尽职守，是否积极主动、认真负责，是否刻苦钻研、努力进取。工作作风是检察官思想品德、精神风貌、人格修养的外在表现。考察检察官的工作作风，旨在了解考核对象能否实事求是、理论联系实际、密切联系群众，是否具有吃苦耐劳、无私奉献的精神，能否做到严格执法、公正无偏。

在长期的实践中，各级检察机关围绕履行检察职责，在检察官工作量化考核等方面进行探索，积累了经验，为进一步完善检察官考核制度奠定了基础。为了保证检察官考核的科学性，应当进一步研究探索检察官考评委员会主导检察官考评工作的可行性措施。为防止从单纯的印象出发和受人际关系的不正常影响，今后要研究制定考评各级检察院检察官的统一标准。《检察官法》对检察官的职责作了明确规定，表明检察官承担的特定职责有别于其他检察人员。因此，对检察官考核的内容也应当有别于其他检察人员。对检察官的考核，应当以评价其履行法律监督职责的情况和能力为主，重在考察检察官对案件的处理是否公正、合理，是否违反了法律或有明显不当，是否遵守办案纪律，是否服从上级检察院的命令或者指示。

（三）检察官考核结果及其作用

年度考核是对检察官一年内工作和其他表现的综合考察和评价，是平时考核的集中体现和反映。以恰当的方式表示出检察官年度考核结果，是建立科学的考核制度的必然要求。过去，我国在干部考核中曾长期以评语作为考核结论，考核结果不分等次，难以为奖惩和任用干部提供依据。《检察官法》在借鉴各国考核制度和我国国家公务员考核制度的基础上，结合检察工作实践，将检察官的年度考核结果分为优秀、称职、不称职三个等次。根据1995年最高人民检察院《检察官考核暂行规定》，优秀的标准是：正确执行法律和贯彻党的路线、方针、政策，模范遵守各项规章制度，熟悉检察业务，能运用法学理论解决司法实践中的重大疑难问题，工作勤奋、成绩突出；称职的标准是：正确执行法律和贯彻党的路线、方针、政策，自觉遵守各项规章制度，熟悉或比较熟悉检察业务，能较好地运用法学理论解决司法实践中的问题，工作积极，能够完成工作任务；不称职的标准是：政治、业务素质较差，难以适应工作要求，或工作责任心不强，不能完成工作任务，或在工作中出现严重失误。

检察官考核结果具有以下作用：一是作为奖惩检察官的依据。检察官考核工作，只有做到明辨是非，才有可能得出客观的考核结果；只有依据客观的考核结果，才有可能做到赏罚分明；只有做到客观评价、赏罚分明，才有可能真正发挥奖励的激励作用和惩戒的约束作用。二是作为培训检察官的依据。通过考核，全面了解检察官的检察业务能力和法学理论水平，在此基础上确定检察官培训内容和培训方式，以保证培训的针对性，增强培训效果。三是作为辞退检察官的依据。只有经过考核，才有可能客观地评价检察官是否胜任现职。四是作为调整检察官等级和工资的依据。检察官的等级根据检察官所任职务、德才表现、业务水平、检察工作实绩和工作年限确定。在检察官职务不变的情况下，调整检察官的级别必须以考核结果为依据。

　　考核作为评价检察官的一种手段，以及对检察官工作情况和成绩的确认方式，只有与检察官晋升、奖惩相结合，才能真正成为提高检察官业务素质和检察机关执法水平的重要措施。将考核结果与检察官的个人利益和职业前途相联系，赋予考核结果以法律效力，既是考核制度存在的目的，也是考核制度发挥作用的最有效方式。为此，《检察官法》规定："考核结果作为对检察官奖惩、培训、免职、辞退以及调整等级和工资的依据。"据此，检察官年度考核的结果，将直接影响检察官的个人利益和职业前途。例如，检察官在年度考核中被确定为优秀、称职的，才具有晋职、晋级、晋升工资和获得奖金的资格；获得优秀等次的检察官，符合一定条件的，可提前晋级或破格参加检察员选任等；被评为不称职等次的检察官，实行待岗、换岗或辞退等制度；检察官在年度考核中，连续两年确定为不称职的，检察机关可以予以辞退。当然，辞退考核中不称职的检察官，应当考虑考核制度与检察官身份保障制度的有效衔接，以保障检察官的合法权益。

二、检察官奖惩制度

（一）检察官奖励制度

　　奖励通常是指国家机关或者其他组织依照有关规定对作出优异成绩或者有突出贡献者给予的精神的或者物质的鼓励。它是通过满足人们的物质和精神需要，提高人的积极性，从而刺激人们的潜能，鼓励其为社会作贡献的管理手段和激励措施。检察官奖励制度，是指国家或者检察机关根据《检察官法》或者其他有关规定，对在检察工作中表现突出或者有特殊贡献的检察官，依法给予精神鼓励和物质鼓励的制度。它旨在通过奖励，褒奖和肯定检察官的工作实绩和工作能力，以调动检察官的积极性，激发其荣誉感和责任感，发挥其先进模范和先导作用，带动检察官队伍整体素质的提高。

《检察官法》规定，对检察官的奖励，实行精神鼓励和物质鼓励相结合的原则。精神鼓励是给予检察官的精神鼓励和褒奖，旨在满足检察官的精神需要，从而调动其积极性，增强其职业荣誉感和责任感，主要形式有：嘉奖、记功、授予荣誉称号等。物质鼓励是具有一定物质内容的奖励，旨在满足检察官一定的物质需要，主要形式有：奖金、奖品、提升工资和晋级等。在奖励检察官时，可以给予精神上的褒扬，可以给予物质上的鼓励，也可以同时给予精神奖励和物质奖励。考虑到检察官作为国家公职人员，由国家按月支付薪酬，为国家和社会作贡献是其职责，物质奖励不具有报酬的性质，因此，对检察官的奖励应当以精神奖励为主。

《检察官法》对检察官的奖励条件作了具体规定，即检察官只要有下列表现之一的，就应当依法给予奖励：（1）在检察工作中秉公执法，成绩显著的；（2）提出检察建议或者对检察工作提出改革建议被采纳，效果显著的；（3）保护国家、集体和人民利益，使其免受重大损失，事迹突出的；（4）勇于同违法犯罪行为作斗争，事迹突出的；（5）保护国家秘密和检察工作秘密，有显著成绩的；（6）有其他功绩的。这些奖励条件可以概括为两个方面：一是在检察工作中有显著成绩和贡献的；二是有其他突出事迹的。2001年最高人民检察院制定的《检察机关奖励暂行规定》根据《检察官法》和检察工作实际明确了应受奖励的8种行为。

为了切实发挥奖励制度对检察官的激励作用，对检察官的奖励应当坚持客观公正的原则，事先制定科学的、公平的，对检察工作发展具有引导性的奖励标准并予以公布，按照公开的、正当的程序确定受奖励人。

根据检察官工作的特点，对在本职工作中作出突出成绩的检察官，应当结合年度考核工作进行奖励；对在特定环境、专项任务和突发事件中作出突出贡献的检察官，应当及时给予奖励。在运用奖励措施的策略上，应当充分考虑检察官职责特点，以鼓励检察官严格执法为主。

（二）检察官惩戒制度

惩戒是国家机关或者其他有权组织依照法律或者章程规定的条件和程序对其成员违背职责或违反义务的行为施加制裁的管理手段，旨在通过制裁规范组织成员的行为，制止和预防违背职责的行为。检察官作为国家检察权的载体，尽管其专业能力使其掌握了影响社会的强大力量，但是，检察权一旦被利用作为牟取私利的手段，必然会贻害社会。检察机关能否依法公正行使检察权，很大程度上依赖于检察官能否遵守法定职责和职业操守。为防止检察官的行为损害法制尊严，《检察官法》专章规定了检察官惩戒制度，对应受惩戒的行为、惩戒的种类、惩戒的权限和程序作了明确规定。为落实《检察官法》的规定，最高人民检察院先后制定了《检察官纪律处分暂行规定》、《人民检察院错案责任追究条例》、《检察人员纪律处分条例（试行）》等规范，进一步明确地规定了应受惩戒的行为、相应的惩戒措施以及惩戒程序。

检察官惩戒制度，是有权机关依照法定条件和程序，对于检察官在履行职责活动中违反法律、违背职业道德或者职业纪律的行为予以制裁的制度。它旨在通过设定禁止性行为规范及惩处措施，促使检察官遵守纪律、公正执法、恪尽职守，依法行使检察职权；通过对检察官违背职责或者违反职业道德行为的否定性评价和法律制裁，规范、约束检察官行为，提高检察官遵纪守法的自觉性，警示检察官严格依法办事。检察官惩戒制度不仅着眼于惩罚的不可避免性，而且凭借其威慑力监督和保障检察官依法履行职责。它与检察官奖励制度相辅相成，分别从反正两方面激励、促进检察官模范履行职责。

检察官依法承担的法定职责和义务，是检察官惩戒制度存在的前提；检察官违背其职责和义务，是对检察官实施惩戒的条件。惩戒是影响检察官权益的制裁行为。开除、辞退等惩戒措施不仅影响检察官权益，而且会影响检察官的公民权益。为了切实保障检察官的合法权益，惩戒检察官必须依法进行，包括：由法律规定的有权机关作出惩戒决定，惩戒措施针对法定情形而适用，按照法定权限和程序作出。

由于检察官承办的绝大多数案件，在关键环节上都是由检察长决定的，普通检察官与检察机关领导都可能为了避免被追究责任而阻挠查处违法违纪行为，而《检察官法》没有明确规定检察官惩戒机构及其工作程序，实践中主要是由检察院的纪检监察部门具体实施。这会使惩戒制度的作用大打折扣。正是由于缺乏惩戒机构及工作程序的明确规定，也使公民的检举、控告缺乏合理的反映途径和回应机制。从另一个角度看，没有严格的惩戒程序，检察官的权益就会失去保障，就会影响检察官的独立判断。

为了有效发挥检察官惩戒制度的作用，同时保障依法履行职责的检察官不受追究，应当完善检察官惩戒制度，重点解决以下问题：一是提高检察官惩戒制度的法制化程度。惩戒检察官是严肃的执法活动，必须严格依据法律实施，建议由全国人大常委会制定《检察官惩戒法》或者修改《检察官法》，详细规定惩戒机构、惩戒条件、惩戒种类、惩戒程序等内容。二是确立公正的程序规范，将检察官惩戒制度与健全检察官职业保障制度结合起来，保障检察官申辩的权利。三是变部门惩戒为国家惩戒，考虑到防止长官意志和部门保护主义的必要性，检察官惩戒权与检察官任免权相一致，检察官惩戒程序与任免程序相协调等因素，有必要论证建立相对独立的检察官惩戒机构的可行性。四是建立开放式的检察官惩戒程序启动机制，将保障宪法赋予公民的控告、检举权与有关机关发现检察官违法违纪情况、履行监督惩戒职责结合起来，充分发挥纪检监察和信访工作的联系沟通、信息反馈、监督保障作用。五是将惩戒检察官程序与检察机关业务工作中的监督程序衔接起来，发现错案，及时调查，确定责任承担者。

第四节　检察官晋升制度

检察官晋升制度，是指有权机关依照法律规定的条件、权限和程序，对成绩突出的检察官予以职务、等次晋升的制度。《检察官法》

确立了检察官等级序列。检察官在其职业生涯中，随着经验的积累、阅历的丰富，其地位在检察系统内部应当得到相应的提升。《公务员法》颁行之前，检察官管理虽然从法律上不受《国家公务员暂行条例》约束，但实际上，每个检察官都有一个行政职级。根据法律和有关规定，我国衡量检察官地位的标准有三个：一是检察官职务；二是检察官等级；三是检察官的行政职级。三者构成了检察官的职务等级体系。《公务员法》将检察官纳入了国家公务员的范围，检察官管理的一般原则和规则，适用《公务员法》。其中，检察官职务与行政职级的对应关系，是落实《公务员法》的一项重要内容。本节着重介绍检察官职务晋升和检察官等级晋升。

一、检察官职务晋升

根据法律规定，检察官职务从高到低分为：检察长、副检察长、检察委员会委员、检察员和助理检察员。检察官职务的晋升，是指检察官在检察官职务序列中所处位置的上升，职权的加重，责任范围的扩大以及工资、福利等方面待遇的相应提高。《检察官法》没有专门规定检察官职务晋升制度。但是，该法规定：检察长、副检察长应当从检察官或者其他具备检察官条件的人员中择优提出人选。实践中，检察官职务晋升是一种普遍存在的现象。随着检察官专业化程度的提高，检察官职务晋升将成为大多数检察官职业生涯中越来越重要的发展阶梯。检察官职务晋升制度，关系到检察官个人的职业前途和人生追求，应当成为任用检察官的一种激励竞争机制。而且，检察官职务晋升所承载的巨大利益，也决定了其重要的导向作用。它既有可能促进检察事业的发展，提升检察官的职业满足感，也容易刺激不良动机和占有欲望。这要取决于是否具有科学的检察官晋升制度。检察官职务晋升作为检察官制度的一项重要内容，目前在我国尚未形成系统的制度体系，是研究和讨论检察官制度不可回避的重要课题。

根据法律和政策规定，每个检察官都拥有与其检察官职务大致相对应的行政职级。检察官职务与其行政职级之间存在一种互动关系。行政职级的晋升常常伴随着检察官职务晋升，而检察官职务晋升通常必须以具有一定的行政职级为前提①。目前，检察官的工资、福利待遇主要也是由其行政职级决定的。大多数检察官更为关心的是行政级别的晋升，按照这种思路谋求晋升机会，从理论上可以通过三种方式实现：一是在本单位或者同级检察院晋升检察官职务；二是到上级检察院担任检察官职务；三是到下级检察院担任检察长或副检察长职务。第三种情况适用《党政领导干部选拔任用工作条例》和《人民检察院组织法》、《检察官法》的规定。第一种情况是大多数检察官的发展路径。第二种情况，即上级检察官从下级检察官中遴选，为社会各界所推崇，是检察官中的精英人才的发展道路，但是目前这两种晋升渠道的规范化程度较低。

近年来，各级检察机关与组织人事部门围绕检察官职务晋升做了大量具体的、卓有成效的调研工作，为建立统一、科学的检察官晋升制度积累了一些经验。同时，由于缺乏统一的规范，检察官职务晋升仍然存在透明度不够、标准不清晰、程序不完备等问题，实践中难以避免暗箱操作和主观臆断。

检察官行使重要的国家权力，自身的职业发展前途却毫无保障，不符合法治的精神。为了激励检察官积极进取的工作热情，促进检察官素质的提高，有必要研究建立公开、平等、竞争、择优的检察官晋升制度，具体应着重解决以下问题：其一，制定各级检察院各类检察官职务的岗位规范和职位要求，规范检察官职务晋升的条件。法律规定的只是检察官任职的最低限度的条件保障，不同的检察官职务应有其特定的任职要求；其二，制定针对晋升领导职务与非领导职务、较高职务与较低职务的晋升标准和晋升方式，正确对待检察官工作能力、工作实绩与组织认同的关系，以保障检察官公平获得晋升机会；其三，制定符合最低透明度要求的检察官职务晋升程序。事先公布职位空缺、拟任职位的要求和参与竞争的资格条件，破除神秘化、封闭式的选拔方式。探索实行检察官职务晋升公示制，对拟晋升检察官职

---

①　例如，2004 年 5 月 31 日《最高人民检察院公开遴选高级检察官公告》规定，报考者"一般应担任副处级以上检察官职务，特别优秀的可放宽到正科级检察官职务"。

务的人选的基本情况以及拟任职务进行公示，接受社会监督。

二、检察官等级晋升

根据法律规定，我国检察官实行等级制度。检察官等级，是表明检察官身份和级别的称号，是国家对检察官专业水平的确认，也体现了国家给予检察官的荣誉。我国在借鉴各国检察官等级晋升制度经验的基础上，结合中国现行管理制度，在《检察官法》中规定了四等十二级等级制。《检察官法》原则规定了检察官等级和晋升制度。该法规定，检察官等级的确定，以检察官所任职务、德才表现、业务水平、检察工作实绩和工作年限为依据。而检察官晋升制度一般被认为是褒扬检察官的工作贡献，肯定检察官专业水平的激励机制。但事实上，检察官等级主要是根据检察官职务和检察官的行政级别确定的①。

检察官等级晋升，是指检察官等级初次评定后，按照规定的年限和条件，经过严格的考核和培训，经有权机关批准而晋升为上一等级检察官。检察官等级晋升与检察官等级评定、检察官考试及培训等制度相结合，形成了检察官等级制度。根据规定，晋升一级大检察官、二级大检察官、一级高级检察官、二级高级检察官和最高人民检察院其他检察官的等级，由最高人民检察院检察长批准；省以下各级人民检察院的三级高级检察官、四级高级检察官、一级检察官、二级检察官和省级人民检察院的其他检察官的等级，由省级人民检察院检察长批准；省级人民检察院分院、市级及县级人民检察院的三级检察官、四级检察官、五级检察官，由省级人民检察院分院和市级人民检察院检察长批准。

---

① 有的同志主张取消检察官的行政职级，以淡化检察官管理和检察工作中的行政色彩。事实上，按照检察官的行政职级确定其检察官等级虽然弱化了检察官等级的作用，但是，目前检察官管理和检察工作中存在的层层审批等现象与检察官是否具有其行政级别没有必然联系。检察官职业的特殊性决定了有必要建立单独的检察官职务序列。也许，问题的关键在于，如果建立单独的检察官职务序列，还有无必要保留检察官的行政职级。

按照有关规定，检察官等级的晋升分为随职务提升而晋升、按期晋升和择优晋升三种情况：（1）随职务提升而晋升。检察官由于职务提升，其等级低于新任职务编制等级的，应当晋升至新任检察官职务编制等级的最低等级。（2）按期晋升。在所任职务编制等级幅度内按照规定的年限，经考核合格逐级晋升。这种方式适用于较低等级检察官的晋升。按期晋升范围内的检察官，在检察工作中有突出贡献的，可以提前晋升。但为了保证提前晋升的质量和维护等级晋升制度的严肃性，其批准权限也不同于一般的等级晋升，须由最高人民检察院检察长批准。（3）择优晋升。即根据限额和需要，按照规定的条件择优晋升。择优晋升适用于晋升为高级检察官和高级检察官的晋升。高级检察官主要是担任了较高的检察官职务或工作年限较长的资深检察官，地位较高。高级检察官必须保持一定的结构比例，以维护检察官等级的荣誉性和严肃性。所以，晋升高级检察官须在有空缺的前提下，根据工作需要和检察官的德才表现和工作实绩，实行择优晋升。同时，对于择优晋升的高级检察官，需经专门培训合格，方可晋升。

第五节 检察官培训制度

检察官培训，是指检察机关按照法律和有关规定，对检察官进行任职前及任职后的专门的教育和训练的活动。它是针对检察官应具备的政治、业务素质和工作能力而设置的在职培训，旨在把即将成为检察官的人培养成合格的检察官，或者为在职检察官及时补充新的业务知识，不断提高其理论素养，以适应检察工作的发展要求。检察官培训不同于国民教育，也不同于其他行业的在职培训。

随着社会的发展，法律制度和司法制度在不断适应社会需要而更新和完善，检察官要经常面对一些新类型的复杂案件。严格的任职条件尚不足以保证检察官在任职期间始终胜任工作并维持其素质。而且，检察官长期陷于办理具体案件，很少有时间研习专业理论，因而需要不断通过培训而补充新的知识，以保证其专业素质不断提高，从而适应不断发展的检察工作的需要。为了培养合格的检察官并始终维持其较高的素质，许多国家都建立了完备的司法官培训制度和专门的培训机构。国际检察官联合会于 1999 年 4 月 23 日通过的《检察官专业责任守则和主要职责及权利的声明》也指出，检察官应"永远保持专业水准，依法办事并符合专业规则"，"不断求知，以掌握法律专业的最新发展"。有计划地对检察官进行任职前和在职培训，不仅是提高检察官素质的需要，而且是保障检察机关依法公正履行职责的需要。当然，对检察官而言，参加培训是一项权利，它有利于提高检察官的工作能力，有利于满足检察官实现自身价值的需要。

一、检察官培训的必要性

从法律规定和司法实践看，对检察官进行培训是保证检察官能够从事检察职业并正确行使检察权的必要措施。之所以如此，是因为：

第一，对检察官进行培训是保证初任检察官获得必要的检察实践技能的必要途径。众所周知，检察活动是一种专业性实践活动，从事检察官职业不仅需要很强的专业知识，而且要具备一定的专业技能和实践经验。虽然各国对检察官资格的取得都规定了严格的条件，如获得检察官资格的人员要经过严格的国家统一司法考试。但是，这只是保证获得检察官资格的人员具备法律基本知识和认定事实的能力，并不能保证其能够胜任检察官的特殊工作，因为作为一名职业法律家将要面对的是纷繁复杂的现实生活，要处理复杂的人际关系和社会关系，必须具有处理问题的实际能力和必要的专业技能。要获得这种从事检察官职业的能力和技能，只有通过一定时间的专业培训和实习，因而培训对初任检察官是必不可少的。

第二，对检察官进行培训是保证检察官获得专业新知识的有效措施。近些年来，随着社会发展的不断加快，为适应社会的变化，各国都在进行司法改革和制度创新，在此过程中，新的法律理论和法律法规不断出现，需要检察官了解和掌握。但是，从司法实践看，由于案件有增无减，为了及时处理案件，检察官往往陷于办案的实务中，很难抽出时间进行专业理论和新知识的学习和提高，这必将影响检察官的专业知识的更新和保持较高的素质。因此，对任职期间的检察官，定期或不定期地进行新知识、新法规的培训学习，则是保证检察官能够始终胜任工作的有效措施。

第三，对检察官进行培训是造就复合型检察人才的重要措施。随着社会发展速度的日益加快，各领域的知识也日新月异，新的技术和工具不断出现，这虽然大大丰富和方便了人们的生活，但同时也为某些人实施犯罪提供了便利条件，从而出现犯罪手段和犯罪所涉及的领域不断增多的现象，例如计算机犯罪、证券犯罪、洗钱犯罪等智能型犯罪不断增多。这给检察官的工作提出了新的挑战。为了保证检察官能够及时掌握新知识和新技能，能够正确地行使各项检察权，必须对检察官进行有关专业知识的培训，以提高检察官的综合能力，造就适应社会发展需要的复合型、专家型检察人才。

二、检察官培训的原则

根据《检察官法》规定，检察官培训贯彻理论联系实际、按需施教、讲求实效的原则。

（一）理论联系实际原则

理论联系实际是我党一贯坚持的学风，体现在检察官管理中，既是对检察官素质的基本要求，也是检察官培训工作必须坚持的一项原则。为了使检察官成为兼具较高检察业务能力和深厚的法学理论功底的法律职业者，检察官培训应当始终贯彻理论联系实际的原则。既要注重政治理论、法学理论的培训，也要突出检察工作技能训练。在培训方式上，可以聘请一些具有丰富实践经验的检察官担任培训教师，也可以采取座谈、研讨等方式进行经验交流。

（二）按需施教原则

只有按需施教，才能使检察官队伍平衡发展、整体提高，才能使检察官素质适应检察机关履行职责的需要。在检察官培训中，要根据履行法律监督职能的需要，规划检察官培训的整体目标和阶段性目标；根据不同检察工作对检察官的素质要求，科学设置培训内容和培训方式。同时，结合我国目前检察官素质的实际状况，针对不同知识结构的检察官，设计不同的培训重点。对长期从事检察业务工作或法律工作实践的检察官，要侧重其理论知识的培养；对于受过良好的法学教育的检察官，要侧重其检察工作技能的训练和提高。

（三）讲求实效原则

检察官培训不能搞形式主义，应当讲求实效，通过培训使检察官的法学理论水平和检察业务技能得到充实提高。为此，检察官培训工作要有切合实际的教学计划、教学大纲和高质量的教材；要有严格、明确、正规的教学管理制度；要有一支实力雄厚的教师队伍；要有正确、科学、严谨的培训评价制度，将培训结果与检察官的其他管理制度结合起来。

三、检察官培训的内容

培训检察官，从长远和总体上看有利于促进检察机关依法履行职责，从眼前和局部来看，既不能影响检察机关的正常工作，又要保证每一位检察官在其职业发展过程中都能够接受适当的培训。为了不断提高检察官队伍整体素质，全面促进检察工作发展的需要，《检察官法》要求，对检察官进行有计划地培训。检察官培训是一种特定的在职培训，对处于不同任职阶段、不同职务、不同部门、不同岗位的检察官，应有不同的培训目标和具体的培训要求。

由于历史的原因，过去我国检察官的文化、理论和专业水平普遍较低。早期的检察官培训，既包括政治理论、法学理论、检察理论和检察业务，也包括科学技术和其他社会科学知识等内容。根据《检察官法》规定，检察官培训的基本内容包括理论培训和业务培训。其中，理论培训包括政治理论培训和法学理论培训。前者旨在提高检察官正确理解、掌握党和国家的方针、政策，以及执行、运用这些方针、政策的能力；通过思想教育，提高检察官的政治思想觉悟，促使其树立正确的是非观及荣辱观。后者旨在提高检察官的法学理论修养，从而提高其检察业务能力。国家实行统一司法考试，必然在很大程度上促进检察官法学理论水平的提高。今后，随着国家教育事业特别是法学教育事业的发展，在司法考试制度的规制之下，检察官的素质在近期内将有一个大幅度提高的过程。检察官培训应逐步从学历教育为主转向以岗位培训为主，从基础教育转向高层次法律职业教育，从知识型法律教育转向能力型、素质型法律教育。法学理论培训，将以新情况、新问题、新制度作为主要内容。业务技能培训将逐渐成为检察官培训的重点，以直接提高检察官的办案技能和运用现行法律解决问题的能力。

最高人民检察院根据《检察官法》制定的关于检察官培训的规范性文件，将检察官培训的形式分为领导素能培训、任职资格培训、专项业务培训和岗位技能培训四类。其中，领导素能培训包括在任检察长和副检察长领导素能培训，后备干部领导素能培训；专项业务培训，是根据不同业务的特点，针对工作中遇到的新情况、新问题，适时开展的专项业务培训；岗位技能培训，是根据检察机关各类工作岗位的需要，采取灵活多样的方式，广泛开展以计算机、公文写作、外语等通用性基础技能为重点的岗位技能培训。

任职资格培训是检察官培训的重要方面，包括拟任资格培训、晋升资格培训、续职资格培训和预备资格培训。其中，拟任资格培训，即拟任检察官职务的人员，应在任职前接受培训，分两种情况：一是新调进检察机关、拟任地方各级检察院检察长、副检察长的，须接受为期半年的任职资格培训，培训重点是法学理论、检察概论和检察管理；二是通过统一司法考试，拟任检察官的，需接受为期2个月的任职资格培训，培训重点是法治理念、检察实务和检察官职业规范。晋升资格培训，凡晋升高级检察官职务的，须接受为期3个月的任职资格培训，培训重点是法学前沿理论、检察改革理论、高级检察官实务和国外司法制度与实践。续职资格培训，是指检察官、高级检察官每5年要接受一次续职资格培训，培训重点是检察工作的新情况、新问题、新政策和新理论以及与检察实践相关的新法律、新知识。

四、检察官培训的制度保障

检察官培训是关系到检察官队伍建设的长远大计，必须统筹规划、认真落实。从理论和规范层面上讲，根据检察官的职务规范，统一确定检察官培训的类别、内容和标准，不仅必要，而且可行。但是，从操作层面上讲，科学、严谨的检察官培训内容和标准，需要相应的培训经费保障制度做支撑。

在现行体制下，各级检察机关所需经费实行财政分级负担，加上检察官人数众多等原因，检察官培训面临不少困难和问题，主要表现在：一是法制化程度不够，法律关于检察官培训的规定过于原则，缺乏可操作性；二是培训与任用、晋升相脱节，存在着训与不训一个样的现象，对应训对象缺乏足够的约束力；三是确定具体培训内容的随意性较大；四是多级实施的培训制度导致培训投入不均衡，经济发达地区检察机关对检察官培训的投入相对较多，而经济欠发达地区检察机关落实检察官培训制度缺乏必要的经费保障。

为解决这些问题，应当增强检察官培训的经费保障和其他制度保障，促进培训资源的合理配置，逐步实现检察官培训规范化。要坚持培训与任用相结合；检察官培训的经历、成绩和鉴定按规定进行登记并存入本人档案，作为任职、晋升的依据之一；非经培训并考试考核合格，不得任用和晋升。各级检察机关要服从最高人民检察院的统一规划，合理安排检察官参加培训，处理好检察官培训与开展检察业务工作的关系。

第六节　检察官职业保障制度

检察官职业保障制度，是指为了保障检察官依法公正地履行职责而设定的关于检察官行使职权、检察官的身份、工资保险福利、人身财产、退休等方面的保障制度。检察官职业保障制度是检察官制度中的一项重要内容，在一定程度上是检察官制度是否完备的重要标志。在我国，检察机关的法律监督职能，必须通过检察官依法公正行使职权、履行职责来实现。检察权的正当行使，有赖于检察官的独立判断。检察官履行职责，应当以法律为依据，在办理案件中只服从法律，不为监督对象或其他干扰因素所左右。法律监督，简言之，就是对其他国家机关及其工作人员和公共部门的监督。检察官个人的命运往往并不直接掌握在立法者手里，而是掌握在公共部门的官员手里。因此，在现实生活中，检察官履行职务容易受到干扰而面临各种压力，甚至遭到报复。为保证使检察官不致因独立、公正行使职权而受人身、财产乃至社会地位等方面的贬损，维护法律监督的有效性与公正性，需要为检察官履行职责提供充分、全面的职业保障。这里仅介绍检察官的履职保障、身份保障和经济保障。

一、检察官的履职保障

检察官的职权，是法律赋予检察机关的职权的再配置，基于检察官职务而产生，是检察官处理职责范围内的事务的支配力。检察官职权是依附于检察官职务的权力，只有履行职务时才能行使。同时，检察官职权不得放弃、逾越或滥用。《检察官法》规定："检察官依法履行职责，受法律保护。"具体地说，检察官的职权保障包括两个方面：

（一）履行检察官职责的职权和工作条件

检察官拥有检察职权不仅是其履行法律监督职责的必要条件，而且是检察机关依法独立公正地行使检察权的基本保障。国家赋予检察官职权的同时，应当为检察官行使职权提供必要的工作条件，包括办公场所、技术装备、交通通讯工具、服装及办公用品等。同时，为确保检察官要把主要精力用在把握案件事实、分析案件证据、研究法律适用上，办案中的事务工作，如记录、通知、复印等应由检察官之外的人员专司其职，检察官应当具有一定数量的助手。

（二）检察官履行职责的相对独立性

《检察官法》规定，检察官"依法履行检察职责不受行政机关、社会团体和个人的干涉"。这是检察机关依法独立行使检察权的宪法原则在《检察官法》中的体现，是宪法和法律为检察官依法履行职责而提供的保持检察官对外独立性的保障。因为检察官负有同社会上违法犯罪现象作斗争的职责，对违法者必须依法追究其法律责任。由于违法现象错综复杂，有些违法者有权有势，会利用手中的权势或其他手段进行对抗，这使得发现违法、追究违法者的责任成为一场严峻的斗争。因此，为排除这些障碍，保证检察官依法行使检察权，确立检察官对外具有独立性，是十分必要的。我国检察官行使检察权是以检察机关的名义进行的，是代表检察机关在行使检察权，因而不受行政机关、社会团体和个人的干涉和不当影响。检察官履行职责过程中，对任何来自行政机关、社会团体和个人的干涉，有权予以抵制。《检察官法》还规定，行政机关、社会团体或者个人干涉检察官依法履行检察职责的，应当依法追究其责任。

检察官职权保障的前提是，每个检察官的职权在法律上界限分明。也就是说，检察权应当在不同职务的检察官之间有明确的分工。但是，我国法律关于检察职权的规定不够明确具体，法律授权的对象主要是人民检察院、检察机关、检察人员等，除了对检察长的职权作了一些明确规定外，对普通检察官没有明确具体的职权范围。在这种情况下，检察权应当按照一定的规则在检察机关内部进行分工。但是，由于缺乏相应的规范，实践中，检察机关通常以行政命令分配检察官的工作，在办案中又过多地采用层层审批和集体讨论的方式决策。由此导致检察官在检察机关和检察权行使中的地位和作用下降，检察官的职业责任感弱化，影响了检察机关的执法效率。为此，有必要根据检察机关履行检察职责的需要，确定不同职务检察官的职责分工，赋予普通检察官与其地位、能力相适应的职权。在此基础上，应加强对检察官尤其是普通检察官的职权保障，使检察官真正成为行使检察权的主体。当然，考虑到检察一体原则的要求，以及当前检察官素质普遍不高等因素，普通检察官的职权不宜过大，在履行职责中应当接受检察长的统一领导①。关于不同职务检察官的职权范围与分工，尚需要根据检察工作实际进行深入的分析论证。

二、检察官的身份保障

检察官的身份保障，是指检察官依照严格的法定程序任命，非因法定事由、非经法定程序不被免职、降职、辞退或者处分。检察官对

---

①　无论是基于保障检察官职权的考虑，还是从促进检察机关合理分工出发，都有必要进一步探讨检察长领导其他检察官的方式。有的学者提出，检察官在职务上应当是独立的，对自己的职务行为承担责任；在检察官不听从命令或指示时，检察长可以亲自办理此案，也可以指派其他检察官办理此案；检察官在遇到疑难案件时，可以主动征求检察长的意见。

检察机关的免职、降职、辞退或者处分决定不服的，可以依法提出申诉或者控告。对检察官予以特殊的身份保障，是由检察活动的性质和特点决定的。检察官作为从事法律监督的司法官员，要贯彻其追求真实和正义的准则以及合法性与客观性的义务，缺乏相应的身份保障是不可能实现的。在"不告不理"原则之下，检察官实施侦查、提起公诉、支持公诉、提起上诉等，如果缺乏人身保障，检察权就有被其他权力操纵的可能①。为此，联合国《关于检察官作用的准则》指出：检察官作为司法工作的重要行为者，应在任何时候都保持其职业的荣誉和尊严。各国应确保检察官得以在没有任何恐吓、阻障、侵扰、不正当干预或者不合理地承担民事、刑事或其他责任的情况下履行其专业职责。如若检察官及其家属的安全因其履行检察职能而受到威胁，有关当局应向他们提供人身安全保护。在过去的实践中，检察官因恪守法律、履行职责而受到非法干预，被随意撤职、调动的事件偶有发生。为此，《检察官法》确立了检察官身份保障制度，具体包括以下内容：

（一）非因法定事由、非经法定程序不被免职、降职、辞退或者处分

根据《检察官法》规定，检察官一经任命，其身份不能随意剥夺。检察官的公正执法在很大程度上依赖于其身份的稳定性。如果受到身份随时被剥夺的威胁，检察官在执法时必然会瞻前顾后，容易受到各种内在、外来因素的影响，从而无法独立公正地履行职责。为此，《检察官法》对任免、辞退和处分检察官的条件和程序作了明确规定。不具备法定条件、未经法定程序，任何组织或个人不得随意剥夺或改变检察官的身份。

---

①　不仅如此，检察官的专业化程度直接决定了检察官培养的社会成本。检察官专业化程度越高，国家和社会为培养检察官所付出的成本也就越高。因此，在符合最低限度专业化要求的前提下，维持检察官队伍的稳定性，为检察官提供必要的身份保障，既是保障检察官履行职责的需要，也符合节约人力资源的精神。

为了切实保障检察官权益，现行的检察官身份保障制度有待于进一步完善。检察官身份保障制度的基本要求是，罢免、辞退、处分检察官的理由应当是法定的、客观的。然而，《公务员法》和《检察官法》关于"在年度考核中，连续两年确定为不称职的"检察官予以辞退的规定；《检察官考核暂行规定》关于"当年考核被确定为不称职等次的，免除现任职务和降低行政职级"的规定，仅仅建立在主观判断的基础之上。在具体操作中，检察官的罢免、辞退、处分，必须以客观事实为依据，不得仅仅根据群众的投票或者"末位淘汰"辞退检察官或者予以降级。

（二）非因法定事由不退休

检察官退休制度，涉及检察官的身份保障和经济待遇保障的双重内容，对于确立检察官的社会地位及职业尊荣，有着特别重要的意义。《检察官法》提出，检察官退休制度，根据检察工作特点，由国家另行规定。该法对检察官应享受的退休权利作了明确规定：检察官退休后，享有国家规定的养老保险金和其他待遇。退休保障制度可以使检察官免除后顾之忧，更加珍惜检察官的身份和工作。此后，国家对检察官退休的年龄一直未作专门规定。实践中基本上参照党政干部的退休年龄，由此出现了一些问题。在地方主导的人事制度改革中，一些具有丰富实践经验、身体健康、尚未达到法定退休年龄的检察官被强制提前退休。这一现象说明，检察官退休制度由国家作出专门规定是十分必要的。《公务员法》对公务员退休年龄仍然没作具体规定。今后需要结合检察工作实际和检察官身份保障，深入研究检察官退休制度的特殊性。

（三）依法享有申诉权

检察官对涉及本人的处分、处理不服的，有权提出申诉。申诉权是检察官依法享有的一项重要权利，旨在保障检察官的身份不被随意剥夺，是检察官实现其他权利的必要保障。从实践情况来看，检察官的权利受到国家机关及其工作人员的侵害的可能性最大，甚至有可能受到来自检察机关内部的侵害。检察官本人对这种侵犯往往是难以抵御的，所以法律必须对其加以特殊保护。检察官在接受调查期间，有权进行辩解与说明。处分决定作出后，检察官不服处分决定的，有权向作出处分、处理决定的机关或者其上级机关提出申诉，受理申诉的机关必须按规定作出处理，发现"对检察官处分或者处理错误的，应当及时予以纠正；造成名誉损害的，应当恢复名誉、消除影响、赔礼道歉；造成经济损失的，应当赔偿。对打击报复的直接责任人员，应当依法追究其责任"。

三、检察官的经济保障

检察官的经济保障，是指为了使检察官能够依法公正地行使职权，国家设定的检察官在职和退休后获得经济收入、物质待遇方面的法律保障。检察官的特殊职责决定了其应当具有相对于检察体系之外的独立性，不受行政干预；独立于刑事案件被害人，不收取当事人以任何方式支付的报酬。但是，如果检察官的经济地位缺乏有力的法律保障，可能导致检察官为物欲所动，产生腐败，从而破坏司法公正。因此，现代西方各国普遍注意提高检察官待遇，通过高薪养廉来保障检察官公正执法。我国《检察官法》专设"工资保险福利"一章，确立了我国检察官的经济保障。其具体包括以下内容：一是检察官的工资制度和工资标准，根据检察工作特点，由国家规定。二是检察官实行定期增资制度。检察官经考核确定为优秀、称职的，可以按照规定晋升工资；有特殊贡献的，可以按照规定提前晋升工资。三是检察官享受国家规定的检察津贴、地区津贴、其他津贴以及保险和福利待遇。

《检察官法》施行十几年了，其间，围绕落实检察官待遇问题，各级检察院作了大量的工作，由于种种原因，法律关于检察官经济待遇的规定仍未落实。现在，检察官的准入门槛提高了、素质提高了，但检察官的待遇却没有相应的提高。而且，我国实行分级负担的经费保障体制，在经济欠发达地区，检察官待遇无法落实，检察官岗位对法律人才缺乏吸引力。为了维持检察官队伍的合理年龄结构，落实检察官待遇的问题，必须尽早解决。为此，耐心细致的协调工作必不可少，而建立与检察职能相适应的经费保障体制，是从制度上解决检察官经济保障的根本出路。

后　记

　　党的十七大报告从发展社会主义民主政治、加快建设社会主义法治国家的战略高度，提出了"深化司法体制改革，优化司法职权配置，规范司法行为，建设公正高效权威的社会主义司法制度，保证审判机关、检察机关依法独立公正地行使审判权、检察权"的战略任务，为我国社会主义司法制度的发展指明了方向和目标。

　　中国特色社会主义检察制度是中国特色社会主义政治制度、司法制度的重要组成部分，是以马克思主义在现在中国的最新成果——中国特色社会主义理论为指导，紧密结合我国国情，在总结检察实践经验，借鉴其他国家有益做法的基础上建立起来的，是检察制度发展史上的伟大创造。这一制度也构成了中国政权组织形式和司法制度的重要特色，即人民代表大会制度中"一府两院"的国家机构体制和审检并立、检察机关作为国家法律监督机关的司法体制。当代中国的检察制度具有鲜明的特色，在于这一制度植根于中国的土地、文化和政治经济环境，而不是简单的照抄照搬；在于这一制度不仅具有存在的科学理论根据和自身系统的逻辑体系，而且具备近现代世界检察制度的普遍性元素。因此，中国特色社会主义检察制度是适合我国国情和历史发展需要的检察制度，它充分体现了政治性、人民性和法律性的有机统一。

　　人民检察院是国家司法机关，是国家机构的重要组成部分，肩负着守护法律、推进依法治国的重要使命，在巩固党的执政地位，维护国家长治久安，保障人权，保障人民群众安居乐业，促进社会主义和谐社会建设方面，使命光荣、责任重大、任务艰巨。

　　检察机关和广大检察人员要承担起光荣的使命，肩负起重大的责任，完成好艰巨的任务，很重要的一个方面是做好广大检察人员的理论武装，客观、准确、完整地认识我国现有的检察制度。应该说，相对于审判制度和警察制度，人们对于检察制度的了解要少得多，这既与检察制度发展历史有关，也与我们对中国检察制度的理论探索不足有关。因此，对当代中国检察制度的基本问题、基本经验、基本规律进行系统、完整的概括并使更多的人真正认识中国检察，一直是我们的夙愿。

本书是在 2004 年 10 月人民出版社出版的《中国检察制度论纲》的基础上修订完成的。党的十六大以来，中国特色社会主义事业的伟大实践有了新发展，理论有了新成果，这集中体现为党的十七大提出的高举中国特色社会主义的伟大旗帜，坚持中国特色社会主义道路、坚持中国特色社会主义理论体系。检察实践和检察理论在中国特色社会主义理论体系的指导下也有新发展、新成果。鉴于此，这次修订，我们将书名改为《中国特色社会主义检察制度》，并且在体例和内容上做了较多的修改，以更好地体现当代中国检察制度的时代特征。我们力图对当代中国检察制度的主要内容，尤其是改革开放和检察机关恢复重建 30 年以来所形成的符合国情和社会主义司法制度规律的检察体制和工作机制等进行一个阶段性的理论总结，将近年来中国特色检察理论的最新成果反映出来。

编写出版此书，希望能为全国检察人员和社会各界学习了解中国特色社会主义检察制度提供一个较为系统的读本，也希望这一读本有助于检察人员加深对中国特色社会主义检察制度合理性和优越性的认识，牢固树立社会主义法治理念，始终坚持党的事业至上、人民利益至上、宪法法律至上。

本书的出版凝聚着很多人的心血和努力。参加编写和修订的同志反复斟酌、几易其稿。为厘清一些理论上的基本问题，邀请有关专家学者深入研讨。2008 年 5 月中旬，专门在北京西郊的香山饭店召开了书稿专家论证会，广泛听取有关专家学者和实务工作者的意见和建议。不同专业、不同部门的同志汇聚在一起，深化对这些问题的认识。我们深知，目前书中提出的一些观点和表述未必完全准确、妥帖，尚有待于在丰富的检察工作实践中不断发展和完善，也希望广大读者提出宝贵意见。

本书由孙谦主持编写、修订和统稿。写作的具体分工是：导论：

孙谦、谢鹏程；第一章：徐鹤喃；第二章：张智辉；第三章：郭立新；第四章：万春、高景峰；第五章：谢鹏程；第六章：詹复亮；第七章：张步洪。修订工作由谢鹏程同志具体负责，邓思清同志参加了书稿的修改、校勘工作。

　　在本书出版之际，谨向关心、支持本书编写、审稿和出版的专家学者、检察同仁表示诚挚的谢意！

孙　谦

2008 年 10 月 6 日于北京

图书在版编目（CIP）数据

中国特色社会主义检察制度/孙谦主编．—北京：中国
检察出版社，2008.11
ISBN 978－7－80185－911－2

Ⅰ．中…　Ⅱ．孙…　Ⅲ．检察机关－司法制度－研究－
中国　Ⅳ．D926.3

中国版本图书馆 CIP 数据核字（2008）第 176558 号

中国特色社会主义检察制度

孙　谦　主编

出 版 人：袁其国

出版发行：中国检察出版社

社　　址：北京市石景山区鲁谷西路 5 号 （100040）

网　　址：中国检察出版社（www. zgjccbs. com）

电子邮箱：zgjccbs@ vip. sina. com

电　　话：（010）68630384（编辑）　68650015（发行）　68636518（门市）

经　　销：新华书店

印　　刷：保定市中画美凯印刷有限公司

开　　本：A5

印　　张：10.75 印张

字　　数：315 千字

版　　次：2009 年 1 月第一版　2012 年 11 月第四次印刷

书　　号：ISBN 978－7－80185－911－2/D·1887

定　　价：30.00 元